JN412307

제4회 나라 안팎 한국인기록문화상
집중취재기 갈래 당선작

박용만과 한인소년병학교

안형주

지식산업사

박용만과 한인소년병학교

초판 1쇄 발행 2007. 1. 30
초판 2쇄 발행 2018. 3. 30

지은이 안형주
펴낸이 김경희
펴낸곳 ㈜지식산업사
서울시 종로구 통의동 35-18
전화 (02)734-1978(대) 팩스 (02)720-7900
한글문패 지식산업사
영문문패 www.jisik.co.kr
전자우편 jsp@jisik.co.kr
jisikco@chollian.net
등록번호 1-363
등록날짜 1969. 5. 8.

책값은 뒤표지에 있습니다

© 안형주, 2007
ISBN 978-89-423-1096-8 03910

이 책을 읽고 지은이에게 문의하고자 하는 이는
지식산업사 전자우편으로 연락 바랍니다.

우성 박용만과
그의 동지 교사들,
자랑스러운 생도들,
그리고
미국 대평원의
철도 공사장, 탄광, 사탕무 농장에서 노동하며
'병학교'를 성원하였던
한인 노동자들에게
존경과 감사의 마음으로
이 작은 책을 바칩니다.

책을 내면서

이 책은 미국 네브래스카 주에 있었던 한인소년병학교(韓人少年兵學校, 1909~1914)의 민족운동에 관한 저술이다. 한인소년병학교는 국내외를 막론하고 조국의 자주독립을 위해 제일 먼저 세워진 무관학교로, '민족운동'을 전개할 젊은 선비들을 양성한 교육원이었다. 졸업생들은 각 전문 분야에서 민족운동가로 활약하였다. '민족운동'이란 '독립운동'보다 넓은 뜻으로, "다른 민족의 국가로부터 압박을 받는 약소민족이 독립하려고 하는 운동이며, 여러 다른 나라에 산재하는 같은 민족이 힘을 모아서 한 민족국가를 건설하려고 하는 운동"[1]이라고도 풀이된다. 그러므로 민족운동을 하려면 그 민족의 특유한 문화와 민족성을 밝히고 발전시켜야 하며, 동포들 사이에 공감대를 형성하고 문화의 가치를 확립해야 한다. 한인소년병학교의 교과목과 졸업생들의 삶을 살펴보면, 이들이 민족문화를 연구하고 새로운 가치관을 세우려 힘썼으며 또 이를 실행했다는 점이 분명히 드러난다.

1) 이희승, 《국어대백과사전》(서울 : 민중서관, 1982).

한인소년병학교 출신들은 한국 근대사에서 훌륭한 민족운동가들로 활동하였다. 그러나 광복 뒤 초대 대통령이 된 이승만의 반대파라는 이유로 일시 귀국도 허용되지 않았고, 미국에서 영주한 탓에 그들의 활동은 역사의 그늘에 묻힌 경우가 많았다. 지금까지 발표된 한인소년병학교 관련 연구논문은 두 개가 있는데, 모두 독립운동을 위한 '무관학교'라는 데 초점을 맞추고 있다.[2] 나는 기존 연구를 좀더 진전시켜, 미국으로 유학한 개화파 선비들이 모인 소년병학교가 우리 겨레의 민족주의와 그 구현 방향을 제시하였으며, 나아가 이를 꾸준히 연구·실천했다는 것을 밝히려고 한다.

현재 전하는 한인소년병학교 사진들은 거의 대한인국민회 회장을 역임한 문양목의 삼남 한소[Dr. William Moon]가 소장하고 있던 것들이다. 또한 한인비행학교 사진은 대한인국민회 회장 강영소의 막내동생으로 하와이 한인 영자보 《영 코리아(*Young Korea*)》의 편집인을 지낸 강영각의 부인 강메리 여사가 소장하고 있던 것들이다. 그리고 정양필과 관련한 자료와 사진들은 맏딸 로잘리 깅(Rosalie Ging) 여사가 나에게 기증한 것이며, 유일한의 사진들은 유한양행에서 제공한 것임을 밝혀둔다. 20세기 초 커니 시와 헤이스팅스 시 풍경은 네브래스카 주립역사박물관에서 구입한 것이다. 아울러 한말 한국의 사관학교·규율·무기 등에 대한 부분은 나의 고교 동창인 구상모(具相謨) 장군과 서진태(徐鎭泰) 장군이 자문을 맡아주었음을 밝혀둔다.

이 연구에 재정적 지원을 해준 유한양행(柳韓洋行)의 연만희(延萬熙)

2) 朴永錫, 〈韓人少年兵學校 硏究〉, 《한국독립운동사 연구》 제1집(천안 : 독립기념관, 1987) ; 방선주, 〈박용만평전〉, 《재미한인의 독립운동》(춘천 : 한림대학교, 1989) ; 安炯柱, 〈박용만의 한인소년병학교〉, 《한국민족학연구》 제4권(서울 : 단국대학교 한국민족학연구소, 1999).

고문과 연강재단(蓮崗財團) 그리고 혜양섬유(惠陽纖維)의 고(故) 양문현(楊汶鉉) 회장께 깊이 감사를 드린다. 아울러 2차에 걸쳐 원고를 꼼꼼히 읽고 적절히 수정해주신 목포대학교 정병준(鄭秉峻) 교수와 보충할 점들을 지적해주신 인하대학교 명예교수 윤병석(尹炳奭) 님에게도 깊은 감사의 마음을 전한다.

2007년 1월 10일

지은이 안 형 주

네브라스카 주 링컨 시 주립대학의 주립역사박물관 겸 문서관리국 앞에 서 있는 저자(1992년)

그림 목록

그림 목록

그림 목록

그림 목록

제1장 머리글

한인소년병학교는 1909년 6월 초 개신교도들이 많은 미국 중서부 네브래스카 주 커니에 하기군사훈련학교의 일종으로 재미 한인이 세운 것이다. 그 뒤 1910년 헤이스팅스 시로 옮겨져 1914년까지 6년 동안 존립하였다.

재미 한인들이 '병학교'라고 불렀던 한인소년병학교의 단기 목적은 광복군을 이끌 핵심 장교들을 양성하는 데 있었다. 재외동포가 많은 극동으로 이들을 보내 광복군을 조직하려고 하였기 때문이다. 이들은 평상시에는 농사를 짓다가 유사시에 병사로 탈바꿈하는 둔전병(屯田兵)이 됨으로써, 조국의 강점을 노골화하는 일본과 대전하여 국권을 지키고자 하는 장기적인 목표도 가지고 있었다. 일본은 1894년 청일전쟁에 이어 1904년에는 러일전쟁을 일으켜서 한반도를 유린하며 국권을 침탈하고 있었다.

한인소년병학교의 뿌리

우리나라 최초의 근대적 사회·정치 단체인 독립협회(1896. 7~1898. 12)는 자주국권·자주민권·자강개혁 사상을 주장하면서 민족주의·민주주의·근대화운동을 전개하였다. 그러나 국내 수구파와 일제의 탄압으로 독립협회가 해체되면서 주도자 서재필(徐載弼)이 미국으로 돌아가고 중심 인물들이 옥고를 치르게 되자, 젊은 회원들은 독립협회에서 폭넓게 활동하던 전덕기(全德基)의 상동교회(尙洞教會)로 모여들었다. 독립협회의 성격은 기독교에 가까운 편이었다. 게다가 전덕기가 1902년 감리교 선교회에서 전도사로 임명받고 상동교회의 주도적인 위치에 있었기 때문에, 회원들은 자연스레 상동교회로 모이게 되었다.[1] 전덕기 목사는 독립협회의 목적인 자주독립·자유민권·자강개혁운동이 기독교 복음의 방략과 일치함을 깨달았으며, 그의 신앙은 자연스럽게 민족운동과 직결되었다.[2] 전덕기 목사는 1903년에 감리교의 청년회인 '엡웟 청년회'를 재조직하고, 모여드는 동지들을 규합해 전국적인 구국전도 운동을 벌였다.

상동청년회

독립협회의 지도층으로 옥고를 치르고 나온 이상재·윤치호·유성준·

1) 신용하, 《독립협회연구》(일조각, 1985) ; 윤춘병, 《全德基牧師와 民族運動》(한국감리교회사학회, 1996), 19쪽.

2) 《한국민족문화대백과사전》 제19권, 177쪽.

이원긍 등 10여 명은 황성기독청년회(YMCA)로 가고, 이승만·박용만·정순만·남궁억·이동휘·이준 등은 상동교회 전덕기 목사에게 모여들었다. 이 밖에 이동녕·조성환·김구·노백린·안태국·신채호·이회영·유일선·이필주·최남선·양기탁·주시경·이용태·김진호·최재학 등도 상동교회로 모여들었다.[3] 이들의 배경은 여러 갈래였다. 남궁억과 정교는 동도서기파(東道西器派)에서 발전한 유교 혁신파였고, 이동휘·이갑·이필주 등은 무관 출신이었으며, 주시경은 최초의 한글학자였다. 또한 이상설은 성균관 관장을 지낸 경력이 있었다.

상동청년회의 회원들은 여러 구국 단체를 만들어 투쟁하였다. 1905년까지 행적을 살펴보면, 이상설은 보안회(1904)를 조직해 일본이 황무지 개척을 요구하며 토지를 강탈하려는 것을 대중적 반대운동을 일으켜 철퇴하도록 하였고, 이준과 양한묵은 헌정연구회(1905)를 조직해 친일파 일진회와 맞서 일본군 점령 아래에서도 국민을 대변하였다.[4] 상동청년회 지도자들은 나중에 크게 세 파로 나뉘었는데, YMCA에서 기독교를 중심으로 모인 구국개화운동파, 한글을 연구하는 구국문화운동파, 그리고 해외에서 광복운동을 하는 파가 그것이다. 그들은 청년 시절 상동교회에서 사귀던 애국청년 동지들이었다. 박용만은 옛 동지와 꾸준히 서신을 주고받으며 흩어져 있는 해외 독립투사들의 동성과 독립운동 상황을 파악할 수 있었다.

상동청년회와 관련해 일제 통감부(統監府)가 1910년에 보고한 바에 따르면, "조선에는 청년회 두 단체가 있는데, 하나는 상동청년회요 다

3) 심길섭, 《民族運動의 先驅者 全德基牧師》(상동교회, 1979) ; 윤춘병, 앞의 책, 19쪽.

4) 李基白, 《韓國史新論》(서울 : 一潮閣, 1992), 397쪽, 417~418쪽.

른 하나는 황성기독교 청년회이다. 상동청년회는 10년 전에 스크렌턴에 의해 창립되었는데, 독립협회가 해체되자 그 세력이 위축되어 소수의 회원이 교회에 모여 전도운동을 벌이고 있었다. 회장 전덕기, 부회장 정순만, 그리고 정응설·서상팔 등이 협력하여 전국을 상대로 회원을 모집해 세력을 확대해나갔다. 그 목적은 미국의 보호를 받는 것으로, 당시 궁내부대신 이재극과 기타 대관(大官) 등이 가입하여 1주 만에 회원이 1,400여 명에 이르렀다. 그 가운데 무뢰배[민족운동가]도 들어있어서 배일주의(排日主義)에 기세를 올리고 있다"고 하였다.[5] 통감부가 보고한 상동청년회 회원 수가 이처럼 1,400명이나 된다는 것은, 그 수치에 대해 구체적인 근거를 알 수는 없으나, 전국에 걸쳐 구국계몽신앙운동 조직이 마련되었음을 추정해볼 수 있게 하며, 당시 통감부가 상동파의 인맥 단체인 상동청년회를 주시하고 두렵게 보았음을 분명히 알려준다.

3·1 운동이 일어났을 때 조선총독부는 방대한 정보를 바탕으로 〈조선 독립운동의 근원〉이라는 총괄적인 보고서를 작성하였다. 이 보고서는 동학 농민항쟁부터 청일전쟁 뒤의 독립협회까지 간단히 서술하고는, 상동청년회를 심도 있게 분석하면서 독립운동의 심장부가 상동청년회임을 밝히고 있다(부록 〈상동청년회〉 참조).

상동청년학원

갑오경장(1894) 이후 정부는 신교육을 실시하는 학교를 몇 개 세웠

5) 조선내부 경무국, 《顧問警察小誌》(아세아문화사, 1973), 96~97쪽.

다. 그런데 이곳에는 주로 관리나 양반 자손들이 다니고 학교 자체도 관리를 육성하는 경향이 컸던 탓에, '배우는 것이 힘이다'라는 당시 민간의 교육열을 충족시킬 수는 없었다. 상동청년회는 1904년 10월에 이승만을 교장으로 하는 상동청년학원을 세워 국어·역사·수학·영어·체육·군사·성경 등을 가르쳤다.[6] 청년학원에서는 체육시간에 운동을 시킨다는 구실로 목총을 메고서 군사훈련을 하였는데, 학생들은 다음과 같은 군가를 불렀다.[7]

무쇠 골격 돌 근육 소년 남자야
애국의 정신을 분발하여라
다달았네 다달았네 우리나라에
소년의 활동시대 다달았네
만인대적 연습하여
후일 전공 세우세
절세 영웅 대사 없이
우리 목적 아닌가

뒤에서 다시 설명하겠지만, 이 노래는 연해주를 거쳐 미국의 한인소년병학교로 전해지며, 가사도 바뀌어 야구 응원가인 〈소년남자가〉로 불리게 된다.

상동청년학원을 창출시킨 상동청년회의 회원들은 을사늑약(1905)을 겪고부터 많은 수가 간도와 연해주로 떠나게 된다. 광복 투쟁을 하기 위해서였다. 이상설·정순만·이동녕 등은 서간도 용정에 서전서숙(瑞甸

6) 李基白, 앞의 책, 422쪽 ; 윤춘병, 앞의 책, 21~22쪽.

7) 전택부, 《한국기독교 청년운동사》(정음사, 1978), 100쪽.

書塾, 1906)을 세웠다. 이는 민족주의에 입각해 세운 신교육 학교로서, 국외에는 처음으로 세워진 것이었다. 이 학교는 비록 1년 만에 폐교되었으나, 그 정신은 헤이그 밀사로 출국한 뒤 거의 1년 동안 미국에 머문 이상설과 소식을 주고받던 정순만·박용만에게 이어졌던 것이다. 뒤에서 다시 말하겠지만, 미국 중부에 세워진 박용만의 한인소년병학교(1909)는 서간도에 세워지는 이회영의 신흥무관학교(1911)에 교재와 교과 내용 등에서 많은 영향을 주게 된다. 박용만과 안창호는 미주에서, 김구 등은 중국에서 임시정부를 만들어 해외 독립운동의 지도자들이 된다.

한인소년병학교의 '선비' 양성운동

미주로 간 한인들에게 조국을 위한 당면 과제는, 한인소년병학교를 세워 민족문화를 비롯해 경제·정치·교육 등 각 분야에 걸쳐 개혁과 근대화를 이끌면서, 일제에 유린된 조국을 다시 찾을 창조적인 새로운 '선비'들을 양성하는 일이었다. 미국에서 최고 학부를 졸업하여 문무를 겸하고 동서양 문명을 섭렵한, 새시대에 걸맞는 지도자들을 양성·고무하는 일이 한인소년병학교의 사명이었다. 따라서 한인소년병학교는 한말에 상투를 자르고 도포 대신 양복을 걸친 채 미국으로 유학 온 젊은 개화파 선비들의 이상을 실현하는 마당[場]이었다. 박용만(朴容萬)을 비롯해 백일규(白一圭) 등이 솔선하여 한인소년병학교를 세웠다. 또한 임동식(林東植)·조진찬(曺鎭贊)·안재창(安載昌)·권종흡(權鍾洽) 등은 후원을, 김현구(金鉉九)·홍승국(洪承國)·정태은(鄭泰殷)·박처후(朴処厚) 등은 설립자의 뜻을 이어서 운영을, 구한말 군인들이었던 김장호

(金長浩)·이종철(李鍾徹) 등은 생도들의 조련을 맡았다. 게다가 샌프란시스코의 문양목(文壤穆)은 한국과 하와이에서 오는 유학생들과 재미교포 자녀들에게 소년병학교를 선전하면서 박용만의 지도를 받으라고 권유하였다.

청운의 뜻을 품고 조국을 떠나온 이 선비들이 미국에 당도한 뒤 얼마 안 되어 어떻게 이와 같은 '병학교'를 세울 착상(着想)을 하게 되었는지, 어떤 과정을 거쳐 '병학교'를 세우고 조국을 회복할 민족운동의 인재를 양성하게 되었는지 살펴보자.

구한말 도미 유학생들

19세기 중엽 유구한 역사를 지닌 조선왕조는, 밖으로는 한반도 진출을 노리는 서구 열강과 일본의 각축전으로 시달리고, 안으로는 부패한 데다 근대적 통치력마저 결여한 임금과 대신들 그리고 어설픈 개혁을 주장하는 개화파들 사이에서 방향을 잃고 있었다. 한반도 패권을 다투며 일어난 청일전쟁(1884~1885)을 겪은 조선 정부는 서구 기술 도입의 필요성을 절실히 느끼게 되었다. 일부 지식인들은 서구 기술 도입과 아울러 서구 정치제도와 사회사상의 도입도 동반되어 한다고 주장하였다. 국민들 사이에서도 차츰 개국진취(開國進取)를 내세우며 한인이 해외에 나가 외국 기술을 배우고 통상의 길을 열어야 한다는 풍조가 일어났다. 이와 같은 배경에서, 근대국가 체제를 지향하던 대한제국 정부는 1902년 9월에 수민원(綏民院)을 세워 역사상 처음으로 집단적인 하와이 이민을 허락하였다. 개화파 청년들 가운데서도 친미파(親美派)들은 미국에 가서 서양 교육을 받으며 그 문명을 배우고 모방하는 것이 일본을 통하는 것보다 더 빠른 길이라고 생각하였다.

한국 지식인들이 미국 유학을 시작한 것은 19세기 말로 거슬러 올라간다. 소수의 개화파 청년들은 1883년 한미수호통상조약(韓美修好通商條約) 체결 뒤 몇 차례에 걸쳐 미국으로 건너갔다. 이 소수의 한국 유학생들은 한·미 교류와 민족운동에 막대한 영향을 미쳤다.

최초의 한국 유학생들은 보빙사절단(報聘使節團) 전권대신(全權大臣) 민영익(閔泳翊)을 따라 미국에 들어간 뒤 바로 돌아오지 않고 그곳에 머물며 공부한 유길준(兪吉濬)과 변수(邊燧)였다. 유길준은 귀국하여 《서유견문록(西遊見聞錄)》을 썼는데, 이것은 한인이 서양에 대해 쓴 첫번째 저서였다. 그는 또 《대한문전(大韓文典)》이라는 한국어 문법책도 저술하였다.

두번째 그룹의 유학생들은 1884년 갑신정변(甲申政變)에 실패하고 미국으로 망명한 서재필(徐載弼)·서광범(徐光範) 등이었다. 서재필은 미국에서 교육받은 최초의 한인 의사가 되었고, 서광범은 대학을 마친 뒤 미국 연방정부에서 일하다가 귀국하였다. 서재필은 귀국하여 1895년에 한국 최초의 민간 신문인 《독립신문》을 발간하였고, 국민 계몽을 위하여 독립협회를 세웠다. 그리고 전국에 지부를 조직하여 자주독립과 국민국가를 바라는 국민의 여론을 조성할 목적으로 회의진행(parliamentary procedure) 방법을 가르쳤다.

세번째 그룹은 견문을 넓히기 위한 시찰단이었다. 이들은 1887년 초대(初代) 주미 전권대사(駐美 全權大使) 박정양(朴定陽)을 따라간 수행원들로, 거기에는 이상재(李商在)도 끼어 있었다. 이상재는 귀국한 뒤 독립협회와 기독교청년회 그리고 국산장려운동을 주도했으며, 일제 식민지 아래에서는 신간회(新幹會)를 조직하여 광복운동을 이끌었다.

네번째 그룹은 대한제국 국비유학생들로, 1893년 미국에 도착하여

버지니아 주 로녹 대학(Roanoke College)에서 공부하였다. 그들 가운데는 의화군(義和君) 이강(李堈)과 박희병(朴羲秉, 일명 박장현〔朴長玹〕) 등이 있었다. 박희병은 귀국한 뒤 운산(雲山) 금광에서 통역으로 일하였으며, 아울러 지방 유지들과 손잡고 사립학교를 설립하여 신학문과 서양의 새로운 사상을 가르쳤다. 그 밖에도 소수 양반집 자제들이 자비나 미국 선교부의 도움으로 유학을 갔는데, 윤치호(尹致昊)·백상규(白象圭)·김규식(金奎植) 등이 이에 해당한다. 윤치호는 귀국 뒤 개성에 한영학원과 제중원병원을 세우고 기독교청년회의 계몽운동에 힘썼으며, 김규식은 귀국한 뒤 경신학교(儆新學校)에서 교편을 잡다가 중국으로 망명하여 광복운동에 일생을 바쳤다.[8] 러일전쟁(1904. 5~11) 이후에는 자비로 미국 유학길에 오른 학생 수가 증가하였는데, 이들은 독립협회의 친미 개혁파 청년인 안창호·신흥우·이승만·박용만 등이 미국 유학길에 오를 때 함께 갔던, 일찍 개화한 가정의 어린 소년들이었다. 독립협회 청년들은 승전한 일본이 한국을 통치하고 해외여행을 통제할 것이라 예측했으며, 이 때문에 어린 소년들을 데리고 갔던 것이다.

소년들을 데리고 미국으로 건너간 청년 지도자들

독립협회 청년회 회원 가운데 제일 먼저 미국에 도착한 이는 신흥우(申興雨)였다. 그는 한국에 온 선교사 셔먼 부인(Mrs. Florence M. Sherman)의 주선으로 1903년에 로스앤젤레스(Los Angeles)의 남가주대학(南加州

8) 김원용, 《재미한인오십년사》(Reedly, California : Charles Ho Kim, 1959), 29~30쪽 ; 李庭植, 《金奎植의生涯》(서울 : 신구문화사, 1974) ; 좌옹윤치호문화사업회 편, 《윤치호의 생애와 사상》(서울 : 을유문화사, 1998), 47~49쪽.

大學, University of Southern California)을 다녔으며, 셔먼 부인을 도와 한인 전도관(Methodist Episcopal Korean Mission)에서 전도사로 일하였다.[9]

다음으로는 1904년 12월 6일에 샌프란시스코(San Francisco)에 도착한 29세의 이승만(李承晩)이 있다.[10] 그는 목적지인 미국의 수도 워싱턴으로 가는 길에 로스앤젤레스에 들러서 배재학당 동창이며 옥중동지인 신흥우를 만나는 한편, 은인 셔먼 부인을 찾아 그녀의 남편이 사망한데 대한 조의(弔意)를 표하였다(〈그림 1〉). 셔먼 내외는 서울에 있을 때(1898~1900) 이승만을 숨겨주었고, 투옥된 뒤에는 고문을 당하지 않았는지 번갈아가며 감옥을 방문해준 인연이 있었다(〈그림 2〉).[11]

이승만이 도착하고 석 달 뒤인 1905년 2월 19일에 박용만(朴容萬)이 이승만의 네 살 난 아들 태산(泰山, 족보의 이름은 鳳秀)을 데리고 샌프란시스코에 도착하였다.[12] 박용만은 옥중동지로 의형제를 맺은 이른바 '삼만'〔이승만·박용만·정순만(鄭淳萬)〕의 아들들인 이태산과 정양필(鄭良弼)을 데리고 미국으로 건너갔는데, 일곱 살이던 정양필을 우선 하와이 동지들에게 맡기고, 어린 태산만을 데리고 샌프란시스코에 도착했던 것이다.[13] 이승만과 박용만의 미국 여행 비용과 휴대금은 상동교회 청년회에서 담당하였는데, 미국에 도착하자 바로 돌려주었다.[14]

9) Harold Garnet Black, "The Church of the Lighted Cross : History of the First Methodist Church of Los Angeles, California", *Horizon*(1932), 9~45쪽 ; *Harvester*(October, 1904), 3면 ; *Los Angeles Times*(April 1, 1911), 8면.

10) The Manifest for Commissioner of Immigration of Alien Immigrants of S. S. Siberia arrived on December 6, 1904 in San Francisco. Microfilm M1410, Reel no. 12(이하 마이크로필름의 출처는 *National Archives*).

11) 이승만, 《독립정신》(호놀룰루 : 태평양잡지사, 1917), 232쪽 ; 윤치호, 《윤치호 일기 : 1897~1902》(서울 : 국사편찬위원회, 1975), 198쪽(이승만과 신흥우).

12) 샌프란시스코도착 선박. Microfilm M1410, no. 13.

13) 《우라키》 제4호, 〈北美洲同胞實業界覇王 鄭安株式會社〉, 90쪽.

〈그림 1〉 이승만, 장경(張景, 뒤에 서 있는 사람), 신흥우(1904년 12월 로스앤젤레스에서)

박용만은 1881년 철원(鉄原)에서 태어났다. 어릴 때 부모를 잃어 삼촌 박장현의 양육을 받았다. 박용만은 삼촌을 따라 상경하여 모교인 서울 관립외국어학교에서 일어를 배웠으며, 일년 뒤 일본유학시험에 합격하였다.[15] 박용만은 국비 장학생으로 일본에 가서 중학교를 마치고, 이어 경응의숙(慶応義塾)에서 2년 동안 정치학을 공부하였다 이 무렵 일본에 망명하고 있던 박영효 등 유신당 인사들을 사귀어 활빈당에도 가입하였다. 나아가 활빈당의 국내 지방 조직을 확장하기 위하여 귀국길에 올랐으나 도중에 체포되었는데, 삼촌 박장현과 미국 선교사

14) 조선통감부 헌병기밀 제167호, 《기독교에 관한 여러 보고》(상동청년회, 1910. 6).

15) 방선주, 《재미한인의 독립운동》(춘천 : 한림대학교, 1989), 12쪽 ; Dae Sook Suh, *The Writings of Henry Cu Kim*(Honolulu : University of Hawaii Press, 1987), 253~254쪽 ; 《밀성박씨족보(密城朴氏族譜)》(1920).

〈그림 2〉 셔먼 가족

들의 도움으로 수개월 만에 겨우 석방되었다. 출옥한 뒤로 박용만은 삼촌이 세운 선천(宣川)의 사립학교에서 국어·산술·중국고전을 가르쳤다.[16] 박용만은 결혼하여 딸을 낳았다.[17]

박용만의 뒤를 이어 1905년 봄에 선천(宣川) 출신 10대 소년 정한경(鄭翰景)·이희경(李喜儆)이 차례로 미국에 도착하였다.[18] 한편 선천에서 학교를 운영하던 29세의 박장현이 열한 살 된 이종희(李鍾熙)와 일곱 살 된 유일한(柳一韓) 그리고 여섯 살 된 이관수를 데리고 1905년

16) 방선주, 같은 책, 13쪽.

17) 박용만의 사촌 누이동생 박용경(朴容卿)과 인터뷰(1995년 여름, 서울).

18) Sonia Shinn Sunoo, *Korea Kaleidoscope*(Davis, Calif. : Sierra Mission Area, United Presbyterian Church, 1982), 34~35쪽.

9월 27일 샌프란시스코에 도착하였다.[19] 미국 이민국에 보고된 목적지를 보면, 박장현은 워싱턴의 한국공사관에, 이종희는 오클랜드의 박용만에게, 유일한과 이관수는 로스앤젤레스의 셔먼 부인에게 간다고 기록되어 있다(〈그림 3〉).

박장현은 당시 멕시코 유카탄 반도에서 농노 같은 대우를 받으며 노동하는 멕시코 이민 동포의 현지 사정을 조사하러 가는 길이었다. 이때 선천과 평양 출신의 어린 소년들을 동반한 것은 그가 미국 유학을 마치고 귀국한 뒤 운산금광에 영어 통역으로 있으면서 학교를 세우고 가르쳤던 인연 때문이다.[20] 동행한 소년들은 모두 그의 제자들이었다.

어린 소년 유학생 가운데 한 명인 정한경은 미국 유학을 떠나게 된 동기를 다음과 같이 설명하였다.

> 그때 한국 사람들은 '민주주의'라는 단어를 들어본 적이 없었다…… 그리고 외국을 다녀온 사람들은 조선 왕실의 운명이 다되었다는 것을 알았다. 조선 정부는 보수파들이 장악해서 개화·혁신은 엄두도 못 내고 있었다. 개화파 인사들은 밑에서부터 개혁을 해야 한다고 생각하게 되었다. 그래서 선천의 박장현이 지방 유지들과 새 학교를 세우고 신학문을 가르치게 되었다. 우리는 학교생활 수개월 만에 일본 뒤 바다 건너 큰 대륙이 있다는 것을 처음 배웠다.[21]

외국 유학을 하고 견문을 넓힌 개화파 청년들은 서구 제도와 기술을

19) 미국 이민국. Microfilm M1410, no. 14. 1905년 9월 27일자 S. S. Korea 승객 명단.

20) Wayne Patterson, *The Korean Frontier in America*(Honolulu : University of Hawaii Press, 1988), 30쪽 ; 방선주, 앞의 책, 12~13쪽.

21) Sonia Shinn Sunoo, 앞의 책, 33~34쪽.

〈그림 3〉 워싱턴의 대한제국 공사관

도입하려면 서양 유학으로 서양 문물을 익혀야 하고, 서양에서 교육을 받으려면 외국어를 먼저 배워야 한다고 주장하였다. 외국어는 어릴수록 배우기 쉽다는, '삼만'을 포함한 개화파 청년들의 말을 옳다고 생각한 선천의 지방 유지들은 어린 아들들을 청년 지도자들에게 맡기고 먼 미국 유학길에 딸려 보냈던 것이다. 예를 들면, 유일한의 아버지 유기연(柳基淵)은 일찍 개신교에 입교하여 개화사상에 눈뜬 사람으로, 개화파 청년들을 믿고 어린 장남 일한을 박장현에게 맡겨 미국 유학길에 오르게 했던 것이다(〈그림 4〉).[22]

박장현과 박용만을 따라 미국 유학길에 오른 소년들은 서양 문명을 배우고 귀국하여 조국의 개화에 이바지함으로써 부모들의 기대에 어긋나지 않겠다는 큰 뜻을 품고 있었다. 이들은 비교적 부유하고 개화한 집안의 자제들이었다. 그런데 이들이 캘리포니아에 도착할 무렵 샌프란시스코에서는 일본 아동의 등교를 거부하는 사건이 생기는 등, 중국인을 겨냥한 동양인 배척 감정이 격화되어 유학 환경이 좋지 못하였다.

19세기 말 극동 삼국의 소년 구미 유학생들

국가 지원 없이 미국에 유학을 간 한인 소년유학생들과는 대조적으로 중국은 국가적 차원에서 이홍장(李鴻章)의 배려 아래 1872년부터 4년 동안 총명하고 인물이 좋은 양가집 소년 120명을 뽑아서 후견인을 딸려 미국에 보냈다.[23] 또한 일본은 중국보다 앞서 1869년부터 수백 명의 유학생을 유럽 각국에 보내어 1873년에는 1,000명을 넘었다. 메이지 천황은 소년들 사이에 끼어가는 소녀까지 격려하였다.[24]

---

22) 柳韓洋行, 《柳韓五十年》(서울 : 유한양행, 1976), 74쪽.

23) 첸강·후진조, 《유미유동》(서울 : 시니북스, 2005), 87~103쪽.

〈그림 4〉 박장현과 유일한(1905년 미국으로 가기 직전 찍은 사진)

24) 같은 책, 269~273쪽.

극동 양 대국의 초기 구미 유학생들은 조선의 동학농민군 항쟁으로 시작된 청일전쟁(1894~1895)에서 각기 조국의 해군 장교들로 혁혁한 무공을 세우고 전사하였다.[25] 미국으로 유학을 다녀온 중국 학생들은 중국의 첫 철도와 기관차를 만들었으며, 철도청장 같은 주요 직책을 맡은 것은 물론 전신망을 구축하는 등 분망한 활동을 하였다. 1912년 중화민국이 세워졌을 때 첫 국무총리직을 맡은 이도 이 유학생들 사이에서 나왔고, 그 밖에 외무부장관·변호사·대학총장 등의 활동과 더불어 중국 고전인 《노자》를 영역하는 등 근대화에 공헌하였다. 이들은 평생 동안 신속하고 모범적으로 근대화를 이룩해 동양의 군사제국이 된 일본과 맞서 싸워야 했다. 다시 말하겠지만, 한인 유학생들은 소년병학교를 통해 한국의 '얼', 조국의 근대화 방향, 그리고 남자로서 마음가짐과 몸가짐을 배워 중국·일본의 외국 유학생들 못지않게 조국의 광복과 근대화에 평생 헌신하였다. 이런 면에서 한인소년병학교는 청나라가 국비 유학생을 관할하고 주기적으로 전통 유교문화를 '중국유학생사무국'을 통해서 실시한 것과 같은 구실을 수행하였던 것이다.[26] 그러면 미국으로 건너간 초기 한인 소년유학생들이 재미 한인들 그리고 재미 중국인들과 어떻게 교류하였는지 살펴보자.

대동보국회(大同保國會)와 재미 보황회(保皇會)

1882년에 미국 정부가 중국인 이민을 금지한 뒤로 재미 중국인들은

25) 같은 책, 362~377쪽.

26) 같은 책, 124~136쪽, 186쪽.

미국사회에서 공개적으로 멸시받고 박해당하느니 돈을 벌어 귀국하는 것이 낫겠다고 생각하게 되었다. 자연히 조국에 대한 관심도 많아졌다. 재미 중국인들의 최대 관심사는 조국의 개혁과 근대화였다. 당시 중국에서는 서양 문물의 영향으로 개혁파들이 형성되었고, 그들은 근본적인 정치개혁을 통하여 다수의 국민들이 더욱 넓게 정치에 참여함으로써 소수의 특권계급으로 말미암은 부와 권세를 견제하려는 개혁 이념을 실현하려고 하였다. 이러한 개혁파는 국내의 절대왕권 아래에서 정치 세력으로 형성되지 못하였으나, 해외에서는 사정이 달랐다. 개화파 집단인 보황회(保皇會)는 광서개혁(光緖改革)을 주도했던 강유위(康有爲)로 말미암아 1899년 캐나다 빅토리아에서 창설되었다. 보황회는 재미 중국인들뿐만 아니라 해외에서 서구 문명을 접한 전체 화교들 가운데 8분의 1이 회원이 될 정도로 성장했고, 강유위의 참모 양계초(梁啓超)가 조직을 이끌고 있었다.[27]

보황회의 주목적은 서태후(西太后)를 물리치고 개혁에 관심이 있던 광서황제(光緖皇帝)를 내세워 입헌군주국을 이루는 것이었다.[28] 보황회는, 이러한 목적을 달성하려면 청(淸)조를 무력으로 전복할 수 있는 군대를 육성하고 장교를 훈련시켜야 한다고 생각했고, 이에 따라 미주에 군사학교를 세우게 되었다.

---

27) Jane Leung Larson, "New Sourse Materials on Kang Youwei and the Baohuanghui : The Tan Zhangxiao(Tom Leung) Collection of Letters and Documents at UCLA's East Asian Library", *Chinese America : History and Perspectives*(Los Angeles : Chinese Historical Society of America, 1993), 151쪽.

28) L. Eve Armentront Ma, *Revolutionaries, Monarchists, and Chinatown : Chinese Politics in Americas and the 1911 Revolution*(Honolulu : University of Hawaii Press, 1990), 51쪽 ; Key Ray Chong, *Americans and Chinese Reform and Revolution, 1888~1922 : The Role of Private Citizens in Diplomacy*(New York : University Press, 1984), 53쪽.

한편 진취적인 일부 재미 한인 지도자들 가운데서도 재미 중국인들의 보황회와 밀접한 관계를 맺은 그룹이 있었다. 특히 재미 한인 장경(張景, 본명 장홍경)은 강유위·양계초와 편지를 주고받고 재미 화교(華僑)들과도 폭넓게 교제하며, 그들을 상대로 부지런히 인삼 장사를 하였다.[29] 장경은 도산 안창호가 이끄는 공립협회가 서북 지역의 중심인데 불만을 품고, 1905년 12월 대동교육회(大同教育會)를 조직하였다. 목적은 교육진흥과 계몽에 두었다.

을사조약(乙巳條約) 이후 조국에서 국권수호운동이 거세어지자, 대동교육회는 1907년 3월 대동보국회(大同保國會)로 이름을 바꾸고 《대동공보(大同公報)》를 발행하기 시작하였다. 대동보국회 간부들은 버클리 대학에서 공부하는 재미 일인(日人) 개혁파들과도 접촉하고 있었는데, 이들은 일본에 입헌군주국 대신 공화국을 세우려는 사회주의자들이었다.[30] 또한 대동보국회가 접촉한 재미 중국인들 가운데는 조선의 사정을 동정하는 샌프란시스코 중국 총영사를 비롯하여 샌프란시스코에서 제일 큰 중국 잡화상 등이 있었다. 보황회 로스앤젤레스 지부에서는 대동보국회에 의연금(義損金)을 내기도 하였다.[31] 재미 한인과 화교들은 같은 동양인으로 미국에서 배척당하는 처지인데다, 일본 등 강대국의 침략으로 조국의 왕권이 무너지고 있다는 동병상련의 공통분모를 가지고 있었다. 또한 이들은 한문 필담(筆談)으로 의사소통이 가능했기

29) 방사겸, 《평생일기》(천안 독립기념관 소장).

30) 《대동공보》(1907. 10. 4/11. 14) ; Yuji Ichioka, *Issei : The World of the First Japanese Immigrants, 1885~1924*(New York : The Free Press, 1988), 105쪽. 1906년에 재미 일본인의 사회당이 버클리에서 결성되었고, 이들은 샌프란시스코·오클랜드에서 정치적 활동을 하였다.

31) 《대동공보》(1907. 10. 17). 재미 중국인 역사가 맥예겸(麦禮謙) 씨가 중국인 이름과 1950년까지 존속하였던 잡화상 이름을 확인해주었다.

〈그림 5〉 신흥우(왼쪽)와 박용만(1905년 로스앤젤레스에서)

때문에 친밀한 교류를 지속할 수 있었다.

재미 한인들은 이렇게 재미 중국인과 교류하면서, 군사학교를 설립하고 조국을 위한 인재 양성이라는 방략을 실현하는 데 큰 영향을 받았다. 장경의 측근으로 대동교육회 회원 모집에 앞장섰던 방사겸(方四兼)의 자서전에는 새로 도착한 정동(貞洞) 클럽계의 청년들인 신흥우·이승만·박용만 등이 장경을 비롯한 간부들과 가까웠다고 기록되어 있다. 장경과 박용만·이승만의 관계는 대동보국회를 통한 보황회의 이념 전파를 보여주는 구체적인 증거이다. 이승만과 박용만이 대동보국회와 긴밀한 관계였음을 보여주는 사례는 많다(〈그림 5〉).[32]

1907년 박용만이 덴버 시에서 한인 노동자를 위한 직업 알선소와 여관을 경영할 때, 대동보국회는 같은 곳에 경찰서를 두기도 하였다.[33] 장경이 출판 사업을 하려고 1908년 상해로 떠난 뒤, 문양목을 비롯한 대동보국회 간부들은 이승만에게 영수가 되어달라며 혈서를 써서 보낸 적이 있었다.[34] 문양목은 나중에 이승만의 《독립정신》을 출판하였고, 《대동공보》의 주필 백일규(白一圭)는 박용만과 함께 네브래스카 주에 한인소년병학교를 세우고 교사가 되었다. 한마디로, 대동보국회는 재미 한인 지도자인 박용만·이승만을 통하여 자신들의 이념을 구현하려고 한 것이다. 그리고 그 배경에는 중국혁명을 이끌던 재미 중국인 개혁파의 이념과 활동이 자리하고 있었다. 뒤에서 자세히 다루겠지만, 보황회의 이념과 활동은 대동보국회라는 매체를 통하여 미국에 유학 온 개화파 청년들에게 무엇을 하고 어떤 길을 택해야 할지 선례를 보여

32) 방사겸, 《평생일기》 제2권(천안 독립기념관 소장).

33) 같은 책 참조.

34) 유영익, 《이승만의 삶과 꿈》(서울 : 중앙일보, 1996), 64~65쪽.

주었다고 할 수 있다.

간성학교(干城學校)

재미 보황회의 군사학교는 미국인이 군사교육을 담당하는 운영체제를 택하였다. 미국인 호머 리(Homer Lea)는 20세기 초 스탠포드 대학을 다니며 중국인 친구들을 통해서 중국 문제에 관심을 갖게 되었다. 그는 지방 유지 다섯 명의 도움으로 1904년 11월 로스앤젤레스에 주정부의 허가를 받은 무관학교(Western Military Academy)를 세웠는데, 미국 이사들에게는 무관학교의 참목적을 말하지 않았다(〈그림 6〉).[35]

중국인들이 간성학교라고 부른 이 무관학교는 1904년 11월부터 보황회 군대(Chinese Imperial Reform Army)의 장교들을 양성하였다. 미국 곳곳의 차이나타운에서 온 중국인 생도들은 간성학교에서 군사훈련을 받고 돌아가 동료 중국인들을 훈련시켰다. 그들은 미국 퇴역장교에게 영어로 훈련을 받았지만, 생도들이 중국어밖에 몰랐기 때문에 중요한 군사용어들은 모두 중국어로 번역해 사용하였다(〈그림 7〉, 〈그림 8〉).[36] 미국 안에는 모두 21개의 보황회 중대가 산재해 있었는데, 작은 중대는 15명 정도의 규모였으나 제일 큰 중대인 간성학교에는 150명이나 되는 성원이 있었다. 그들은 차이나타운이 있는 로스앤젤레스·필라델피아·

35) Thelma Fleming, "Homer Lea and the Decline of the West", *American Heritage*, vol. 39, no. 4, 100쪽 ; Franklin Ng, "The Western Military Academy in Fresno", *Origins and Destinations*(Los Angeles : Chinese Historical Society of Southern California, 1994), 154쪽.

36) Carl Glick, *Double Ten : Captain O'banion's Story of the Chinese Revolution*(New York : Whittlesey House, 1945), 58~59쪽 ; Chong, 앞의 책, 69쪽, 72쪽.

〈그림 6〉 호머 리(Homer Lea). 자신이 도안한 중국 옷을 입고 있다

〈그림 7〉 보황회 소속 간성학교 생도들이 주말에 로스앤젤레스 시외에서 미 육군 퇴역장교 대위 오브라이언에게 훈련을 받고 있다(1904년경)

세인트루이스·시카고·뉴욕·보스턴·덴버·포틀랜드·스포케인·시애틀·피닉스 같은 도시와 캘리포니아 주 농장지인 헨포드·프레스노·옥스나드·산버나디노·산타바바라·베이커스필드 등지에 거주하였다. 각

〈그림 8〉 주말에 로스앤젤레스 교외에서 훈련받고 있는 간성학교 생도들(1905년)

중대는 훈련의 대가로 매달 150달러씩을 미국 퇴역장교들에게 지불하였다. 군사훈련은 주중에는 오후 8시 이후 실시되었으며, 주말에는 시외의 한적한 곳에서 은밀하게 진행되었다.

미국 연방정부 정보국이 이러한 보황회 개혁군대에 관하여 정보를 입수한 때는 1905년이었다. 이미 미국에는 약 2,100명의 보황회 개혁군들이 있었다(〈그림 9〉).[37] 보황회 개혁군대가 처음 정체를 드러낸 것은 1905년 1월 1일 로스앤젤레스의 로즈 퍼레이드(Rose Parade)에 참가하면서부터였다.[38] 그해 6월 강유위가 미국 군사시설을 시찰하러 왔을 때, 뉴욕 시에서 보황회 군대가 행진을 한 것이 법적 문제로 비화되었다. 미국 사람들이 시비 삼은 일은, 폭동이나 민란이 일어날 경우 보황회

37) Glick, 같은 책, 70쪽.

38) *Los Angeles Times*(1905. 1. 3), 3부, 4면.

〈그림 9〉 로스앤젤레스 차이나타운 속에 높은 담을 쌓아놓고 훈련하는 간성학교 통신원들 (1905년경)

개혁군인들의 군복이 미군 군복과 너무나 같기 때문에 분별하기 어렵다는 것이었다.[39]

간성학교의 종말

프레스노에는 캘리포니아 주에서 세번째로 큰 차이나타운이 있었는데, 비교적 성공적으로 2,000명에 이르는 화교들의 성원을 받은 이곳에서 뜻밖에도 결정적인 사건이 발생하였다. 과수원에 설치한 프레스노 간성학교 중대에서는 1904년 8월 보황회 회원 26명이 길게 딴 머리를 자르고 '차이나타운 민병대(Chinatwon Militia)'라는 이름 아래 미군 퇴역 장교를 고용하여 군사훈련을 시작하였다. 이들은 이듬해 미국을 방문할 강유위와 양계초 그리고 손문(孫文)에게 애국심이 넘치는 영웅다운

39) *New York Times*(1905. 3. 19/6. 6/6. 12).

모습을 보여주고 싶었던 것이다.[40] 간성학교 생도들은 정기적으로 차이나타운 보황회 사무실 건너편의 중국 악극 극장(Chinese Opera House) 앞에 모여 군사훈련을 하였다. 보황회 사무실 가운데에 있는 벽에는 시어도어 루스벨트 대통령 사진과 중국 개혁에 관한 사진 그리고 중국 지도 등이 걸려 있었고, 사무실 입구 양쪽 벽에는 350명가량 되는 회원들의 이름이 쓰여 있었다.[41] 1905년 3월 12일 강유위는 호머 리와 프레스노 보황회를 방문하였고, 미국 지역신문들은 이를 크게 보도하였다.[42] 한편 캘리포니아 주 향토방위군(California National Guard) 본부는 프레스노 향토방위군 중대에 대한 정기 조사를 나왔다. 이들은 중국인들이 군사훈련을 받는다는 것, 더구나 현역 소위가 은퇴한 장교와 함께 미국 시민이 아닌 중국인에게 군사훈련을 한다는 것은 군사재판에 회부할 사안이라고 주장하였다. 게다가 외국인이 무기를 가지고 군사훈련을 하는 것은 캘리포이아 주 형법을 어기는 것이라고 주장하였다. 프레스노 카운티의 검사까지 참여하여 조사한 뒤, 간성학교가 주정부와 지방정부의 법적 절차를 밟은 학교이기는 하지만, 학술적 교과목은 없고 군사훈련만 하는 것을 문제 삼았다. 더구나 미국과 친선을 유지하고 있는 중국 정부를 타도하는 것이 목적이라면, 이는 미국의 중립주의와 국제법에 문제가 된다는 점을 제기하였다. 뿐만 아니라 조사 과정에서 탄약과 화약을 저장하고 있음이 드러났다.[43]

이렇게 시끄러울 때, 미국 전역에서 간성학교 생도들을 모집·훈련하던 또 한 명의 미국인 포큰버그(R. A. Folkenberg)는 강유위가 호머 리를

40) Ng, 앞의 글, 158~159쪽.
41) 같은 글, 155~156쪽.
42) 《中西日報》(1905. 3. 25).
43) Ng, 앞의 글, 161쪽.

간성학교 총책임자로 선택한 데 불만을 품고 캘리포니아 주지사 파디(Pardee)에게 다음과 같은 밀고를 하였다. 즉, 간성학교 생도들이 조총을 가지고 로스앤젤레스와 오클랜드에서 군사훈련을 하고 있으며, 중국인과 일본인을 배척하는 미국 시민들은 중국인들의 군사훈련이 불법이라 생각하고 나름대로 조사를 벌이고 있다는 것이었다.[44)]

1905년은 캘리포니아에서 동양인을 배척하는 분위기가 절정인 때였다. 파디 주지사는 검사들에게 조사를 지시하였다. 간성학교는 모든 법적 절차를 밟은 학교였으나, 외국인들이 실제 무기를 가지고 군사훈련을 받는 것과 탄약을 저장한 일은 끝내 문제가 되었다. 프레스노 간성학교는 1905년 5월 주지사의 건의를 받아들여 문제가 해결될 때까지 군사훈련을 중단하기로 결의하였고, 그 뒤로 끝내 간성학교 전체가 문을 닫고 말았다.[45)]

무력운동에 관심을 가지고 있던 재미 한인들은 간성학교 운동을 선망의 눈으로 바라보다가 뜻하지 않은 종말을 지켜보았다. 이로 말미암아 재미 한인들은, 미국에서 동양인의 군사훈련은 법적인 문제만이 아니라 치밀한 계획 그리고 인근 주민들의 이해와 도움이 없이는 불가능하다는 것을 깊이 깨달았을 것이다.

호머 리와 간성학교의 미국인 교관들은 중국의 혁명이 불가피하다고 보았다. 그들에게 혁명은 오직 시간문제일 따름이었다. 그러나 미국 남북에 걸쳐 거주하는 중국인들은 점차 늦어지는 혁명에 인내심을 잃어가고 있었다. 한편 호머 리를 포함한 미국 보황회 지도자들은 유학자(儒學者)인 강유위와 양계초가 군사혁명을 지도하기에는 너무 유교적

44) 같은 글, 165쪽.

45) 《中西日報》(1905. 5. 15).

이라고 판단하고, 그 대신 미국에서 교육을 받고 공화국을 세울 뜻을 품고 있는 혁명파 손문을 지지하게 되었다.[46]

군사혁명에 뜻을 두고 비밀리에 미국 보황회와 연락하고 있던 청국군의 일부 장군들은 외국에서 훈련받은 군대를 청나라의 의심을 피해 숨겨두기가 어렵다는 이유로 호머 리의 군대를 거절하였지만, 무기는 받아들였다.[47] 이제 남북미에 있던 중국인들의 마음을 움직인 재미 중국인 일간지 《중서일보(中西日報)》에 관하여 알아보도록 하자.

《중서일보》와 재미 한인들

《중서일보》는 샌프란시스코에서 1900년부터 1915년까지 발행되었다. 이는 재미 중국인 기독교인들이 만든 일간지로, 멕시코를 포함한 북미대륙의 차이나타운 상인들을 대변하는 신문이었다.[48] 《중서일보》의 1면은 넓은 안목과 뛰어난 편집 솜씨를 보여주는데, 여기에는 논설과 그날의 중요한 기사 목차가 실려 있다. 2면에는 미국 주요 신문의 톱뉴스를, 3면에는 세계 곳곳에서 들어온 소식을 정리해 게재하였으며,

---

46) Chong, 앞의 책, 96쪽.

47) 호머 리는 그의 불후의 전략서 《무지의 용기(*The Valor of Ignorance*)》에서 미국이 점령한 태평양의 섬들을 일본이 하나씩 빼앗고 미국 서해안으로 공격해올 것이라고 상세히 설명하였다. 그의 예언은 30년 뒤 정확히 맞아떨어졌다. 이 책자는 당시 선풍적인 인기를 얻으며 미국 대평원의 작은 도시인 네브래스카 주 헤이스팅스 시 신문에도 게재되었다. *Hastings Daily Tribune*(1909. 1. 21).

48) Korl Ko and Him Mark Lai, *Chinese Newspapers in North America 1845~1975*(Washington D. C. : Center for Chinese Research Materials Association of Research and Libraries, 1977). 《中西日報》의 대표자는 기독교인 오반조(伍盤照)였다.

4면에는 중국 여러 신문들의 지방 뉴스를, 5면과 6면에는 문화·문예 소식을, 7면부터 10면까지는 전면 광고를 실었다. 그리고 논설과 서방 뉴스에는 읽기 쉽게 점을 찍어 표시를 하였다. 이 신문은 많은 재미 중국인들과 한인 교포들에게 세상을 내다보는 창문 구실을 하였다.

1900년 창간 때부터 1911년 손문이 혁명에 성공하기까지 《중서일보》 사설을 훑어보면, 우선 국민무장운동에 관한 제목들이 눈에 띈다. 〈논둔전지리(論屯田之利)〉(1903. 12. 3), 〈논중국육군(論中國陸軍)〉(1908. 11. 2), 〈무장국민(武裝國民)〉(1911. 1. 17~18), 〈각성선조직국민군이구망(各省宣組織國民軍以救亡)〉(1911. 5. 21~22) 등의 글은 중국 국토를 분할해 식민지화하려는 서구 열강에 대항하기 위한 국민무력운동을 제창하고, 서구식 군인양성소가 근대화에 기여한다고 역설하고 있다. 재미 중국인 유학생들도 이 운동에 호응하여 미국 대학 간부후보생훈련(ROTC)을 받은 학생들 사진(〈그림 10〉)과 함께 이를 소개하고 장려하였다.[49] 이러한 재미 중국인들의 글과 간성학교를 통한 적극적 구국운동은 재미 한인 지식인들을 자극하였다. 이를 계기로 한인 지식인들은 국내에서 동학에도 참가했던 문양목·백일규 등과 재미 중국인들의 활동을 연구하고, 나름대로 재미 한인들이 나갈 길을 생각하게 되었다.

《중서일보》는 일본이 한국을 병합하고 만주를 공략한 뒤 결국 중국 본토를 넘겨다볼 것이라 예견하고, 기울어가는 한국의 국운을 깊은 관심을 가지고 지켜보았다(〈그림 11〉).

한국과 관련한 사설의 제목들을 살펴보면, 〈논아일량국와쟁고려지리(論俄日兩國瓦爭高麗之利)〉(1900. 3. 13), 〈통수한신민영환지사죄(痛數韓臣閔泳渙之死罪)〉(1906. 2. 16~17), 〈일본대한인지상황(日本待韓人

49) 《中西日報》(1904. 5. 23).

〈그림 10〉《중서일보(中西日報)》(1904년 5월 23일, 2면)에 소개된 중국 유학생 태승지(학사 학위를 받고 버클리 대학 간부후보생 훈련을 마친 뒤 찍은 사진)

〈그림 11〉 샌프란시스코에서 발행한 화교신문 《중서일보》의 1904년 3월 5일자 삽화. 자주권이 없는 쇠약한 한국이 러일전쟁에 엮여 진퇴양난에 빠진 상황을 묘사하고 있다

之狀況)〉(1907. 6. 26), 〈논고려인애국지열성(論高麗人愛國之熱誠)〉(1908. 8. 3), 〈한인역유미외자(韓人亦有媚外者)〉(1909. 12. 6), 〈중일한지관계관(中日韓之關係觀)〉(1910. 7. 1), 〈오호한인금일시지망국지참야(嗚呼韓人今日始知亡國之慘耶)〉(1910. 7. 13), 〈오호일본단행합병한국의(嗚呼日本斷行合併韓國矣)〉(1910. 8. 25), 〈고려멸망여만주지관계(高麗滅亡与滿洲之關繫)〉(1910. 9. 1) 등이 있다. 중서일보사의 사장 오반조(伍盤照)는 샌프란시스코 한인예배당에 와서 재미 중·한민족의 당면 문제와 극동의 정세에 관하여 연설하였다.[50]

또한 헤이그 밀사였던 이상설이 창해옹이라는 필명으로 〈중한교민

50) 《공립신보》(1908. 6. 3).

지비교(中韓僑民之比較)〉라는 글을 1면 논설란에 발표할 만큼 동양의 두 소수인들은 문화적·정치적으로 같은 운명에 있다는 공감대를 가지고 있었다.[51]

《중서일보》는 한인 의사·열사들의 의거도 대서특필하였는데, 이준 열사와 장인환 의사의 의거 및 재판 과정을 재판이 끝날 때까지 크게 보도한 것도 그렇고, 안중근·이재명 의사와 관련한 순국 때까지의 보도도 그렇다. 한국 안의 의병·동학 활동을 알리는 것은 물론, 의병장 이인영(李麟榮)이 쓴 〈격고재외국동포문(檄告在外國同胞文)〉의 전문도 실었다(1908. 3. 24). 또한 재미 한인들과 교류한 기사들도 살펴볼 수 있다. 1903년에 윤계석의 고려인삼 광고를 시작으로, 대동보국회 장경이 보황회를 방문한 기사, 신흥우가 남가주대학을 졸업한 기사, 대한인국민회 회장 문양목이 50달러를 중국 본토의 기근 피해자에게 써달라고 기부한 기사, 그리고 손문이 혁명에 성공하였을 때 국민회 회장 최정익이 축시·대련을 선사한 기사 등이 그것이다.[52]

앞에서 살펴본 것처럼, 재미 중국인들은 19세기 중반부터 미국에 들어와 우수한 서양 문명과 인종차별을 체험하며 조국 개화의 필요성을 절감하였다. 또한 그 가운데 지도자들은 개혁에 눈뜬 남북의 화교들을 조직해서 서태후를 타도하고 새정부를 세울 세력을 구축하기 위한 무장운동을 추진하였다. 한편 중국 지성인들은 자주독립국가를 유지하기 위하여 교육·언론·문화 부문의 실력양성운동을 전개하고 있었다. 한인들도 중국인의 계몽운동에 영향을 받았다. 이들은 양계초의 저서를 통하여 서구 열강의 제국주의를 대변하는 사회진화론을 이해하게

51) 《中西日報》(1908. 5. 2).

52) 《中西日報》(1907. 7. 27/1911. 4. 5/1911. 5. 22/1912. 1. 8).

되었던 것이다. 또한 재미 한인 신문인 《대동공보》는 〈중국혼〉이라는 논문을 번역·게재하였고, 《공립신보》는 강유위의 미국 활동과 그의 멕시코 방문까지 보도하였다.[53]

중국인들은 장인환·전명운·이재명·안중근 의사들의 잇단 의거에 경탄하며 경의를 표하였고, 자기들도 조국을 위하여 분투할 것을 새삼 다짐하고 있었다. 이처럼 재미 중국인과 한인들은 서로 배우고 격려하면서, 서구 제국주의를 본떠 이웃나라를 넘보는 일본을 공동의 적으로 여기게 되었다.

---

53) 《공립신문》(1905. 12. 1).

제2장 네브래스카 주의 한인들

20세기 초, 동부의 많은 미국인들은 대륙횡단철도를 타고 금광 채굴로 경제적 전성기를 맞고 있는 온화한 기후의 서부로 이주하였다. 이 시기 어렵게 태평양을 건너 서부 지방에 머물던 일단의 한인들은 일자리와 교육의 기회를 찾아서 거꾸로 서부를 떠나 동부로 향하였다. 고학생이거나 떠돌이 노동자였던 한인들은 다행히 미국의 심장부인 중부 대평원에서 그들을 기독교인으로 개종시키려는 친절한 백인들을 만나게 되었다.

박용만이 미국에 도착해서 보고 겪은 세상은 1890년대 말 일본 유학 시절 들었던 동양인 고학생의 '스쿨보이(school boy)' 이야기와는 완전히 딴판이었다. '스쿨보이'란 미국 속어(俗語)로, 동양 학생이 백인의 집에 더부살이로 있으면서 잡일을 해주고 방과 식사를 제공받는 형태를 일컫는 말이다.[1)]

---

1) Masako Herman(ed.), *The Japanese in America, 1843~1973*(New York : Oceana Publication, 1973), 6~8쪽 ; Yuji Ichioka, *Issei : The World of the First Japanese Immigrants, 1885~1924*(New York : The Free Press, 1988), 8쪽, 9쪽, 12쪽 ; 방선주, 《재미한인

박용만은 미국에 들어온 옥중동지 신흥우(申興雨)를 만나려고 로스앤젤레스로 갔으며, 그와 앞으로 고학할 방도를 의논하였다. 그 뒤 대동교육회 회원이 많았던 오클랜드로 가서 그들과 사귀며 미국 서부 지방의 동양 노동자 시장을 관찰하였다. 그때 박용만은 문양목(文讓穆)·백일규(白一圭) 등, 공립협회파(共立協會派)에 반대하며 나중에 대동보국회(大同報國會) 회원이 된 인사들과 가깝게 지냈다. 그러나 박용만은 기다리고 있던 삼촌 박장현이 한국을 떠나 1905년 9월 말 샌프란시스코에 도착함으로써 함께 동부로 떠났다. 미국 유학 경험이 있던 박장현은 멕시코 한인 이민자들이 겪는 차별과 가혹한 노동 실태를 조사하기 위하여 재차 도미했던 것이다. 박용만이 중서부에 정착한 뒤 문양목은 도미 유학생과 소년들에게 네브래스카에 가서 박용만의 지도를 받으라고 권고하게 된다. 이런 연유로 네브래스카에는 한국 학생들이 많이 모이게 되었다.

이 당시 미국 서부 동양인들의 노동시장은 일본인 노동 주선업자들이 장악하고 있었다. 한인들이 처음으로 미국 철도회사와 계약을 맺고 유타 주 솔트레이크 시에서 철도회사 대리인으로 고용을 담당하게 된 것은 박용만이 미국에 도착하여 노동시장을 관찰한 뒤였다.[2] 이때 샌프란시스코 근처에서는 안정수(安定洙)가 미국 북감리교의 도움을 얻어 순회 전도사로서 한인 전도관들을 세우고 있었다. 안정수는 인천 내리(內里) 교회의 전도사였는데, 하와이 첫 이민 배에 통역으로 승선하여

의 독립운동》(춘천 : 한림대학교, 1989), 12쪽. 메이지유신(明治維新) 이후 몰락한 일본 지도자 후손들 가운데는 화물선을 타고 미국 서부로 가서 '스쿨보이'로 고학하며 대학을 졸업하고 귀국한 사례들이 있었다.

2) Methodist Episcopal Church, *Journal of Pacific Japanese Mission 1906*, 20쪽(호놀루루 미국 이민국의 기록. 1903년 1월 13일 도착한 Gaelic 호의 명단).

1903년 1월 호놀룰루에 도착하였다. 그 뒤 하와이 이민을 주선하던 동서개발주식회사(East-West Development Company)의 서기로 근무하다가 1905년 2월에 도착한 송헌주에게 업무를 넘겨주고, 미국으로 건너가서는 노동으로 학비를 마련하며 전도사로 일하고 있었다.[3] 1905년 9월 샌프란시스코에서 열린 미국 북감리교 연회(年會)에서 박용만은 안정수와 함께 한인 전도사로 임명되었다. 그러나 며칠 뒤 박용만은 급하게 샌프란시스코를 떠나 동쪽으로 이동하였다.[4] 그가 이동한 까닭으로 두 가지를 생각해볼 수 있다. 첫째, 박용만은 미국 북감리교파에서 재미일인(日人) 선교를 위하여 세운 퍼시픽 재퍼니즈 미션(Pacific Japanese Mission)에서 일본 목사·전도사들과 함께, 몇 안 되는 한인 이민자들을 위한 전도사로서 일할 생각이 없었다. 둘째, 서울 삼문출판사(三文出版社)에서 일하다가 안식년을 보내기 위하여 미국에 들어온 네브래스카 출신 선교사들의 소개로 삼촌 박장현이 네브래스카 주 오마하에 있는 유니온 퍼시픽 철도회사(Union Pacific Railroad Company)의 추천서를 받아왔고, 이 때문에 서둘러 떠난 것이었다.[5] 미국 대학에 진학하고 싶어했던 이들은 네브래스카 웨슬리언 대학 예비과(Nebraska Weslyan College

3) Duk Hee Lee Murabayashi, *Korean Passengers Arriving At Honolulu 1903~1905*(Center for Korean Studies, University of Hawaii ; The Official Journal of the Fifth Annual Session of the Pacific Japanese Mission of the Methodist Episcopal Church in 1905), 19쪽.

4) Official Journal of the Seventh Annual Session of the Pacific Japanese Mission of the Methodist Episcopal Church in 1906, 20쪽.

5) 삼문출판사(三文出版社)는 미국 북감리교 선교부에서 성경과 찬송가 책을 발행하기 위하여 서울 정동에 세운, 국문·영문·한문을 사용할 수 있는 출판사로 《독립신문》을 간행하였다. George C. Cobb와 S. A. Beck은 네브래스카 감리교 연회 출신으로 삼문출판사에서 일하였고, Cobb는 부인의 신병으로 1900년에 귀국하여 네브래스카에 있었다. 뉴저지 주 메디슨 시에 있는 감리교 문서보관소의 George C. Cobb와 S. A. Beck의 파일 참조. 김승태·박혜진 엮음, 《내한 선교사총람 1884~1994》(서울 : 한국기독교 역사연구소, 1994).

〈그림 12〉 네브래스카 웨즐리언 대학의 안정수(1906년경, 둘째 줄 왼쪽에서 네번째). 기숙사 학생들과 함께 찍은 사진이다

Academy)에 입학할 수 있다는 정보를 박장현에게서 얻었으며, 안정수는 1년 동안 네브래스카 웨즐리언 대학 예비과를 다녔다(〈그림 12〉).[6]

박용만은 한인들을 위하여 네브래스카 주 커니(Kearney) 시의 철도회사에 일자리를 얻어냈다. 박용만은 이종희(李鍾熙, 평양), 이희경(李喜儆, 宣川), 김용대(金容大, 江華)를 링컨 시의 학교에 입학시키고, 김병희(金丙熙, 金容大의 부친), 권종호(權鍾浩), 정영기(鄭永基), 조진찬(曺鎭贊, 曺五興의 부친) 등 장년(壯年)층을 링컨 시 동남부에 있는 작은 마을 테이블 록(Table Rock)의 철도 공사장에 취직시켰다(〈그림 13〉).[7] 여기에

6) 《공립신보》(1907. 7. 19). 네브래스카에서 공부하는 안정수가 캘리포니아 프레스노를 방문했다고 보고하였다. 2006년 3월 25일 네브래스카 웨즐리언 대학에 온 서신과 안정수 사진들 참조.

7) Dae Sook Suh, *The Writings of Henry Cu Kim*(Honolulu : University of Hawaii Press, 1987), 112쪽.

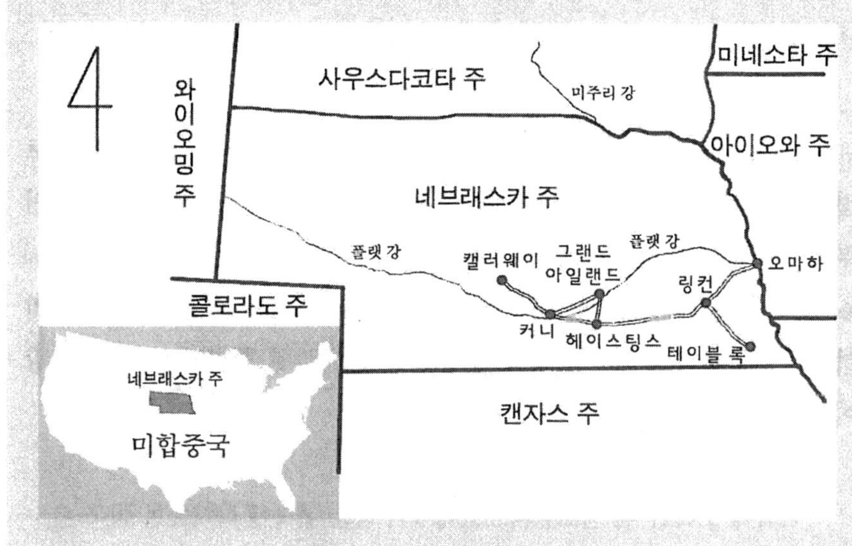

〈그림 13〉 네브래스카 주 지도

는 아마도 미국 선교사들의 도움이 있었을 것이다. 박용만과 박장현은 커니 시에 정착한 뒤 그 지역사회의 지도자들에게 한인 '스쿨보이'들을 각자 집에 두어보라고 권고하였고, 그 결과 함께 온 어린 학생들이 숙식할 곳을 마련할 수 있었다. 박장현은 커니 시에서 서울의 《황성신문》과 《대한매일신문》에 〈사혐(私嫌)으로 국권을 실(失)한 사(事)〉라는 제목의 글을 발표함으로써(1906. 4. 17), 포츠머스 강화회담에 한인 대표 윤병구와 이승만의 친서를 방해한 주미 대한제국공사 김윤정(金潤晶)을 규탄하였다.[8)]

8) 《황성신문》(1906. 4. 17) ; 《대한매일신보》(1906. 4. 17/4. 18).

셔먼 부인의 한인 전도관

하와이 한인 이민 노동자들이 샌프란시스코 공립협회를 미국 본토 진출의 발판으로 삼았던 것처럼, 미국에 도착한 한국 학생들은 셔먼 부인이 로스앤젤레스에 세운 감리교 한인 전도관(Methodist Episcopal Korean Mission)을 찾아가 미국 유학이나 정착에 관련된 도움을 받고자 하였다(〈그림 14〉).[9] 셔먼 부인의 전도관에 있었던 정한경은 다음과 같이 회고하였다.

> 미국에 도착한 뒤 샌프란시스코에서 우리는 한국에 다녀왔던 미국 선교사를 만났다. 당시 일본인에 대한 미국 백인들의 배타심은 극에 달해 있어서, 어떤 동양인이든 샌프란시스코 거리에 나가는 것은 위험하였다. 그래서 그 선교사는 "너희 소년들은 로스앤젤레스로 가는 것이 좋겠다. 샌프란시스코는 동양인 배척의 마지막 아성(牙城)이다"라고 말하였다. 우리는 로스앤젤레스로 가서 약 1년 동안 한인 전도관에 있었다.[10]

정한경은 신흥우 다음으로 로스앤젤레스의 한인 전도관에 도착한 유학생 가운데 하나였다. 로스앤젤레스 한인 전도관은 정한경 이후로도 조규섭·김경(金慶)·남궁염(南宮炎) 등이 찾았던 곳이다. 정한경은 로스앤젤레스 한인 전도관에서 1년 동안 지낸 경험을 이렇게 구술(口述)하였다.

---

9) *1905 Los Angeles City Directory*(Los Angeles Methodist Episcopal Korean Mission).

10) Sonia Shinn Sunoo, *Korea Kaleidoscope*(Davis, Calif. : Sierra Mission Area, United Presbyterian Church, 1982), 35쪽.

〈그림 14〉 로스앤젤레스 한인 전도관(1904년). 가장 오른쪽이 셔먼 부인이고, 오른쪽에서 세번째가 신흥우이다

나는 나이가 14살이었으므로 일거리가 없었다. 첫번째로 백인 집에 가서 먹고 자며 일하는 것은 실패하였다. "나는 미국 풍속·언어 등 하나도 몰랐거든. 한 달도 못 되어 그들은 '노', 우리 식구는 너를 원치 않는다 하여 다시 한인 전도관으로 오고, 또 '스쿨보이' 자리를 얻어 갔다가는 되돌아오고 하기를 되풀이했지만, 나는 개의치 않았어. 내가 원해서 그렇게 되었던 것이니까."[11]

여기서 엿볼 수 있듯이, 셔먼 부인(Mrs. Florence M. Sherman)의 로스앤젤레스 한인 전도관은 취업을 알선하고 성경과 영어를 가르치는 곳임

11) 같은 책.

은 물론, 숙소도 저렴하게 제공하는 곳이었다. 그곳에 머문 학생들 가운데 조규섭은 성공적인 '스쿨보이'가 된 경우였다. 백인 가족은 그가 부지런하고 향학열이 높은 데 감동하여, 공부에 열중할 수 있도록 모든 조건을 갖추어주려고 힘썼다.[12]

커니 시의 한인 '스쿨보이'들

셔먼 부인의 한인 전도관에서 미국 생활을 시작한 한국 학생들은 고학을 위해 '스쿨보이' 준비를 하였다. 그들은 영어와 미국 풍습을 배우며, 고학하는 외국 유학생으로서 자신감을 쌓고 있었다. 1906년의 네브래스카는 19세기 중반부터 중국인과 일본인들이 들이닥쳤던 캘리포니아와는 아주 다른 세상이었다. 동양 사람이 극히 적었고, 시민들은 기독교 전통을 이어받아 자기들의 하나님을 모르는 다른 문화권 사람들에게 전도해야 할 의무를 느끼고 있었다. 그래서 그들은 제 발로 찾아와 미국 교육을 받고 미국 문화를 배우려는 한인들을 전도 대상으로 생각하였던 것이다.

정한경(鄭翰景, 1890~1985)

정한경은 자신이 어떻게 '스쿨보이'로서 거처를 구하여 커니에 가게 되었는지를 다음과 같이 설명하였다.

12) 《대도(大道)》(1909년 5월호), 46쪽.

박장현은 커니 시의 사업가이자 유지인 로비(Mr. Frank F. Roby)에게, 내가 좋은 집안의 자제로 나이는 어리지만 장래가 촉망되니 데려다가 학교에 다닐 수 있게 도와줄 수 있느냐고 물었다. 그는 부인과 의논한 뒤 "나도 그런 어린 외국 고학생 이야기들을 들은 적이 있다. 우리 내외는 시험삼아 그 소년에게 기회를 주겠다"고 말하고 일방승차권(一方乘車券)을 보냈던 것이다. 셔먼 부인의 권고로 나는 신흥우 전도사와 의논하였다. 신흥우는 보내온 기차표로 네브래스카에 가라고 권하였기에 나는 짐을 쌌다. 그가 기차정거장까지 데려다가 기차에 태워주었다.[13)]

정한경은 모험적인 미국 중부 여행과 인구 1만의 커니 시에 도착한 극적인 장면을 다음과 같이 구술하였다.

나는 지도를 들고 밤새도록 기차를 타서 솔트레이크 시(Salt Lake City)에 이르렀고, 기차를 바꿔 타고는 네브래스카 커니 시에 도착했어. 나는 어디로 가야 할 지 몰라 이 작은 도시의 우체국으로 갔는데, 그 사람들은 도시 전체 시민들을 낱낱이 알고 있었어. 그 가운데 한 사람이 "내가 보기에 당신은 한국인인 것 같은데" 하면서 한인들이 있는 곳을 가르쳐주었지. 그곳을 찾아가보니 과연 한인들이 있었는데, 그때가 1906년이었고 그때 벌써 한인들이 네브래스카에 있었단 말이야.

…… (중략) ……

그 한인들은 내가 알고 있던 사람들이었어. 박장현 그리고 그의 조카 박용만…… 박용만은 그 작은 도시를 구경시키고 나를 그 미국 가정에 데려다주었지. 로비 부부는 나를 반가이 맞아주었지. 그때가 4월이었어. 알겠지만, 그때 나는 하인에 불과했던 거야. 내가 몇 달 기다렸다가 9월달 초등학교 4학년으로 입학했을 때는 내가 전 학년에서 제일 컸단 말이야.[14)]

---

13) Sonia Shinn Sunoo, 앞의 책, 36쪽.

초등학교 4학년을 1년 다닌 뒤, 정한경은 세 학년을 뛰어넘어 중학교 2학년이 되었다. 고등학교 3학년 때는 학생대표로 선출되었고, 1등으로 졸업하며 졸업식에서 연설을 하였다.[15] 정한경은 삼촌·조카 팀이 취업시킨 첫번째 스쿨보이였는데, 잘생긴데다 명석한 머리를 가지고 있었으며 운도 좋았다. 그는 큰 제분소의 소유자인 사업가 로비의 집에서 살았던 것이다. 커니 시의 신문은 로비의 제분소(Kearny Flour Mill)에서 밀가루를 실어낼 때마다 몇 화차(貨車)가 어느 주 어느 도시로 운송되었다고 자랑스럽게 대서특필하였다.[16]

정한경은 커니 시의 시인명록(市人名録, City Directory)에 로비(F. F. Roby)네 일꾼(Helper)으로 매년 실렸다.[17] 정한경이 다니던 커니 고등학교의 학생잡지에는 정한경이 로비 집에서 오찬 모임을 가졌던 사실을 다음과 같이 기재하였다.

> 헨리 정〔정한경의 미국 이름〕은 로비 씨 댁에서 고3 학생잡지 편집위원들에게 점심을 대접하였다…… 빅토리아 시대의 대표적인 영국 가수들의 음악을 듣고 맛있는 토스트를 먹었다. 1912년 이 모임은 학생들에게는 잊을 수 없는 자리였다. 우리는 아쉽지만 오후 1시에 우리 학년이 가졌던 가장 호화스러운 모임을 떠나야 했다.[18]

여기서 볼 수 있듯이, 정한경은 당시에 최신 가전제품을 모두 갖춘

14) 같은 책, 37쪽.

15) 같은 책 참조. Kearney School District Student List(1907, 1909, 1910).

16) *Kearney Daily Hub*(1909. 2. 9), 3면/(1909. 10. 27), 3면.

17) 정한경은 *Kearny City Directory*(1910, 1911, 1912)에 'Henry Chung'이라는 이름으로 로비 집 일꾼이라고 기록되어 있다.

18) *The Echo*(Kearney, Nebraska : Kearney High School, 1912), 52쪽.

풍족한 로비 집에서 좋은 대우를 받으며 공부할 수 있었다. 그는 자기 학년에서 나이가 제일 많았지만, 인기도 있고 우등생인데다 활동적인 학생이었다. 1911년에 그는 커니 고등학교 변론반에 뽑혀 학교 대항 변론대회에 참석하였다.[19)]

1911년의 학생잡지에는 학생들의 인기투표 결과가 게재되었는데, 정한경에 대해서는 말하기를 좋아하고 '신사 숙녀 여러분'이라는 상투어를 쓰며 '말하는 것'이 취미로서 그 자신은 '강연자(lecturer)'가 되고 싶어한다고 쓰여 있다. 뿐만 아니라 변론반 6명에 대한 인터뷰 기사 가운데 정한경에 관한 다음과 같은 인물평이 실려 있다.

> 헨리 정에 관하여 무어라 말할 수 있을까? 단어로 그림을 그리는 화가라고 할까? 그는 어느 연애소설가가 책 한 권에 넣을 수 있는 꿈을 한 문장에 집어넣을 수 있는 재능을 가졌으니, 독자 여러분들은 그의 미덕(美德)을 말로 표현하지 못함을 알지어다.[20)]

정한경은 미국에 도착한 지 6년 만에 미국인들이 경탄할 정도로 영어를 유창하게 구사하였던 것이다(〈그림 15〉). 고교 졸업앨범에서 그는 다음과 같이 묘사되었다.

> 헨리 정은 한국에서 1890년 2월 28일 태어났다. 그는 〔정상적으로〕 3년 만에 고등학교를 졸업했을 뿐만 아니라, 변론반원으로 또 연설가로 활약하였다. 특히 그는 좋은 질문을 잘하기로 알려져 있는데, 그는 라틴어로 "인간은 모든 것을 알 수 있도록 허락되었는가?"라고 물었다.[21)]

---

19) 《신한민보》(1911. 3. 29).

20) *The Echo*, vol. III(December, 1914), 39쪽.

〈그림 15〉 커니 고등학교 변론반원들과 함께한 정한경(1913년, 제일 뒷줄 왼쪽에서 첫번째)

커니 고등학교 시절, 그는 학생신문 편집부에서 아서 러치(Arther L. Lerch)라는 학생을 만났다. 정한경 덕분에 러치는 한국에 흥미를 가지게 되었다. 러치는 부친이 경영하던 음식점에 불이 나 캘리포니아 주로 이사하는 바람에 커니 고등학교를 졸업하지는 못하였으나, 극동(極東)에 계속 관심을 가졌다. 해방 뒤 미군정 시절, 러치는 육군 소장으로 서울에 와서 근무하였다(〈그림 16〉).[22]

정한경은 커니 공립고등학교를 졸업한 뒤 커니 시의 2년제 주립사범대학에 진학하였다. 1915년에 발행된 이 사범대학의 학생잡지에는 정한경의 삶과 관련하여 무려 두 쪽에 달하는 기사가 실려 있다. 기사의 내용에 따르면, 그는 연극반·영어반·역사반·독어반 그리고 YMCA 회원이었다.[23]

정한경은 9년 동안 스쿨보이로서 한 집에 머물고 일하며, 초등학교 4학년부터 시작해서 사범학교까지 졸업하게 되었다. 대체로 성급한 한

21) *The Echo*(1911), 39쪽.

22) 《신한민보》(1946. 1. 31), 4면.

23) *Blue and Gold*, vol. 4(1915).

〈그림 16〉 커니 고등학교 신문 편집위원들(1914년)

인 유학생들 가운데서는 전무후무한 경우일 것이다.[24] 그는 성격이 온화하고 인내심이 있는 학자형이었기 때문에 무려 9년 동안 한 집에서 스쿨보이로 지낸 것이다. 정한경을 성공적으로 취업시킨 삼촌·조카 팀은 커니 유지들을 계속 설득하여, 그들이 데리고 온 이런 소년들을 부유하다기보다는 명망 있는 가정에 하나씩 스쿨보이로 정착시켰다.

정양필(鄭良弼, 1893~1974)

정양필은 정순만의 장남으로, 박용만이 1905년 이승만의 아들 태산

24) Sonia Shinn Sunoo, 앞의 책, 37쪽 ; 선우학원, 《아리랑 그 슬픈 가락이여》(서울 : 대흥계획, 1994), 90쪽.

과 함께 미국으로 데려오다가 잠시 하와이에 두고 온 소년이었다.[25] 원래 이름은 '정충모'인데, 1909년 '정양필'로 개명하였다. 정양필은 하와이에서 2년을 지낸 뒤, 삼촌·조카 팀의 주선으로 1907년 가을학기부터 성공회(聖公會) 계통인 커니 군사고등학교(Kearney Military Academy)의 사감(舍監) 해리 러셀 집으로 옮기게 되었다.[26]

그러나 정양필은 러셀 사감의 가족과 함께 산 것이 아니라, 군사고등학교 기숙사에 있으면서 학생신상조사 때 러셀 사감을 후견인으로 적었으리라 여겨진다. 1910년 미 연방정부 인구조사 보고서를 보면, 정양필은 유진 파먼이라는 새 사감과 사는 것으로, 또 파먼의 15세 아들로 되어 있다. 아울러 파먼에게는 'C. Lee'라는 19세의 아들이 또 하나 있고, 각각 13세와 15세인 두 딸과 아내가 있다고 기록되어 있다.[27] 정양필은 다른 생도들과 마찬가지로 학교 식당에서 음식을 나르고 설거지와 청소를 하였으며, 뿐만 아니라 사감 집의 잔심부름을 하고 다녔다는 점도 확인할 수 있다(〈그림 17〉).[28]

25) 미국 이민국, 1905년 2월 19일에 도착한 Siberia 호 명단 ; 〈北美州同胞實業界覇王 鄭安株式會社〉, 《우라키》 제4호(1930), 90쪽 ; 박용만, 〈여행 중에 보고들은 것〉, 《제국신문》(1905. 5. 9).

26) *Buffalo Tales*(Kearney, Nebraska : Buffalo County Historical Society, January, 1993). 1907년과 1909년 커니 시 학군에서 작성한 학생명단에 그의 이름이 실렸으며, 1910년에 실시한 연방정부 인구조사 보고서에는 그가 해리 러셀 가족과 동거하며 생일은 1893년 12월 1일이라고 적혀 있다. 커니 시 학군 학생조사 명단은 커니 시 옛 법정건물 지하실에 보관되어 있다.

27) The U. S. Census 1910, Kearney, Nebraska. Enumeration District 42, Sheet no. 1B, 355쪽.

28) 커니에서 태어나 그곳에서 일생을 산 도날드 부인과 가진 인터뷰. The Transcript of interview of Mrs. Edna Basten Donald by Jim Smith, History Department, and David Clark, Dean of Graduate School of Arts and Science at University of Nebraska at Kearney, at her home in Grand Island, Nebraska on November 16, 1980. The interview tapes are deposited at St. Luke Episcopal Church in Kearney.

〈그림 17〉 정양필(왼쪽)과 이름이 알려지지 않은 소년(1906년경)

〈그림 18〉 정양필의 커니 군사고등학교 졸업장(1912년)

정양필은 초등학생 때부터 고등학생 때까지 커니 시에서 살았으며, 실업고등학교처럼 전공과목이 있던 커니 군사고등학교에서 영어를 전공하고 1912년에 졸업하였다(〈그림 18〉).

유일한(柳一韓, 1894~1971)

미국에 도착할 때 10세였던 유일한의 이름은 1909년 커니 시 학군 학생조사 보고서에 처음으로 기록되었다.[29] 그는 삼촌·조카 팀의 도움

29) 커니 시가 있는 버펄로 카운티 각 학군에서 6월이나 7월 여름방학 하기 전에

으로 1908년경 커니 시의 터프트(Tufft) 부인 집에 '스쿨보이'로 들어갔는데, 그전에 3년 동안 어디 있었는지는 확실히 알 수 없다. 다만 구영숙(具永淑)이 그와 함께 초등학교를 다녔다고 회고한 사실로 미루어, 유일한이 구영숙의 대부(代父)인 김원택(金元沢)의 캘리포니아 주 집에서 김원택의 양자(養子) 김용성(金容成)과 함께 셋이서 초등학교를 다녔으리라 추정하고 있다.[30] 나중에 다시 말하겠지만, 이관수는 덴버 고아원에서 두 형들이 자기를 버리고 떠났다고 하였는데, 그가 말하는 두 형 가운데 하나는 유일한일 것이다. 이러한 정황을 볼 때, 유일한은 덴버에 있다가 커니 시로 온 것이 아닌가 여겨진다.

미국으로 가기 전, 일곱 살의 어린 유일한은 집을 떠나 50리 떨어진 양잠학교(養蚕學校)에 기숙하였다. 해가 저물 때마다 집 생각이 나서 울적해 하면 서너 살 더 먹은 아이들이 "너의 아버지는 큰 양잠 공장을 가지고 있어서 네가 배운 것을 다 써먹을 수 있다면서? 큰 사업가가 될 사람이 집 생각 난다고 울어?" 하며 놀렸고, 그때마다 그는 울음과 집 생각을 꿀꺽 삼키고 눈물을 거두어야 했다.[31] 유일한은 부친 유기연으로부터 일찌감치 삶의 목표를 물려받은 소년이었다. 그 목표란 장남으로서 가계를 책임져야 하며, 급변하는 시대인 만큼 사회에 이바지하고 성공해야 한다는 것이었다.

실시한 학생신상조사서(1907, 1909, 1910).

30) 柳韓洋行, 《柳韓五十年》(서울 : 유한양행, 1976), 3쪽. 구영숙의 옛 이름은 구연성이다. 그의 장남 구연철 박사에 따르면, 구영숙은 고아였는데 평양교회 목사가 진남포에 가면 미국 이민선을 탈수 있다고 하여 그곳으로 갔으나 미성년자이므로 보호자가 있어야 탈 수 있었다고 한다. 그래서 김원택에게 부탁하였더니 같은 또래 아들도 있고 해서 허락을 해주었다고 한다(인터뷰, 1999년 여름, 서울).

31) Il-Han New, *When I was a boy in Korea*(Boston : Lothrop, Lee & Shepard Co., 1928), 52쪽.

어린 유일한과 이관수는 삼촌·조카 팀의 직접·간접적인 보호를 받으며 덴버 고아원에서 나이가 더 들어 '스쿨보이'로 들어갈 수 있을 때까지 지냈다. 그들보다 나이 많은 정한경과 정양필이 먼저 취업하여 자리잡기를 기다리고 있어야 했던 것이다.

유일한이 터프트 부인 집에 들어간 것은 1908년도 가을학기가 시작될 무렵이었다. 터프트 부인은 일흔을 바라보는 과부로, 마흔이 넘은 세 명의 노처녀 딸들을 데리고 살고 있었는데, 50세인 큰딸은 부기계원(簿記係員)이었다. 터프트 부인의 남편 이븐은 1904년에 사망하였고, 외아들 조지는 네브래스카 대학에 재학하던 1895년에 사망하였다.[32)] 외아들을 잃은 지 몇 년 만에 가장마저 잃은 터프트 가정은 씩씩한 소년 유일한을 맞아들여 집 안팎의 잔일들을 시켰다. 이들은 커니 시의 남침례교회에 다니는 보수적 기독교 교인들이었다. 다른 '스쿨보이'들과 마찬가지로 유일한 역시 방과 식사를 제공받고 매주 2~3달러씩 받아서 학용품을 장만하였다.[33)]

유일한의 이름은 원래 '유일항'으로, 미국에 도착해서는 'Il Hang You'로 표기하였다. 그런데 1909년과 1910년 커니 시의 학군 학생조사서와 1910년에 실시한 연방정부 인구조사 보고서에는 'Il-han Yu'로 적혀 있다. 유일한의 조카인 연세대학교 의과대학의 유승흠 교수에 따르면, 미국 아이들이 학교에서 'Il Hang You'를 'I will hang you'로 고쳐 부르며 놀릴 뿐만 아니라 백인을 증오하는 악동(惡童)의 인상을 주므로 고국에 있는 부친과 상의하여 일한(一韓)으로 고쳤다는 것이다.[34)] 이름 철자

32) Buffalo County Historical Society의 Mrs. Thelma Lyon 부인의 1993년 2월 14일자 서신. *Kearney Daily Hub*(1904. 9. 17), Eben Tuft의 사망 기사.

33) 박용만, 〈소년병학교 학생의 생활〉, 《신한민보》(1911. 5. 3).

34) 유일한의 조카인 세브란스 의대 유승흠 교수 인터뷰(서울, 1998년 봄).

〈그림 19〉 커니 고등학교 미식축구 팀과 유일한(1912년)

때문에 미국에서 요샛말로 '왕따'를 당했다는 것이다. 어린 유일한은 더 나아가 자신의 성(姓) '유(柳)'를 'You'로 표기하지 않고 평안도 발음을 따라 'Lu'로 표기하는 등, 열세 살 소년답지 않은 깜찍한 해결책을 찾아냈다.

조용하고 의젓한 학자풍의 정한경과 달리, 유일한은 만능 운동선수였고 활달한 성격의 소유자였다. 커니 고등학교 시절 찍은 사진들을 보면, 그는 함박웃음을 짓고 있거나 넥타이를 휘날리며 사진 속에서 뛰어나올 것만 같은 자세를 취하고 있다(〈그림 19〉).

유일한은 터프트 가족의 배려로 차별 없이 그리고 구김살 없이 다른 미국 아이들처럼 자유분방한 10대 소년으로 자랐다. 그는 언제나 밝은 표정으로 바쁜 학교 그룹 활동을 소화하였으며, 소신껏 목적을 달성하려는 소년으로 성장하였다. 그의 이름은 1910년 3월 처음으로 커니의 한 일간지에 기사와 더불어 소개되었다.

〈그림 20〉 유일한(뒷줄 왼쪽에서 세번째)과 커니 고등학교 육상반(1911년)

유일한 소년은 휘티어 중학교 학생들에게 지난주 하루 그의 모국인 한국에 대해서 강연하였다. 그는 주로 풍습과 학교에 관해서 자신의 경험을 토대로 말하였다.[35)]

인기 있는 외국 유학생 소년을 집안에 데리고 있던 터프트 가족들은 이웃 사이에서 그리고 교회에서 그를 자랑스러운 이야깃거리로 삼았을 것이다. 변론반 반원, 미식축구 선수, 육상반 선수 등의 활약에서 볼 수 있듯이, 유일한은 커니 공립학교를 거쳐간 어느 학생보다도 바쁜 과외활동을 하였다(〈그림 20〉).

유일한이 고등학교 2학년을 마쳤을 때 터프트 가족은 텍사스 주로 이사를 하였다. 아마도 막내딸이 아칸소 주로 시집간 것이 계기가 되어 기후가 따뜻한 남부 텍사스로 이주한 것 같다. 남부럽지 않은 학창시절을 보내던 유일한에게 정든 터프트 가족의 이주는 큰 충격이었을 것이

35) *Kearney Daily Hub*(1910. 3. 26), 11면.

다. 그는 다시 '스쿨보이' 자리를 구하지 않고, 이웃 도시인 헤이스팅스로 갔다. 백일규(白一圭)·김현구(金鉉九)·정태은(鄭泰殷), 이들 세 명의 한인 학생들이 헤이스팅스 공립고등학교를 졸업한 뒤 대학 진학을 위하여 떠났기 때문에, 유일한은 그들이 묵고 있던 집과 직장 등을 물려받을 수 있었다. 그는 홍승국(洪承國)과 함께 이듬해인 1914년 헤이스팅스 공립고등학교를 졸업하였다. 1914년 헤이스팅스 고등학교 졸업앨범에는 그의 성(姓)이 'Lu'가 아닌, 미국인들이 발음하기 쉬운 'Neu'로 표기되어 있다. 친구들은 그를 'I. H.'라고 불렀다. 졸업앨범에는 "I. H.는 커니에서 축구선수로 이름을 날렸는데, 그는 정말 상대방 팀들이 항상 두려워 하는 선수였다"라고 쓰여 있다. 1914년 2월에는 헤이스팅스 고등학교 변론반 대표로서 다른 고등학교 팀과 경쟁하였다.[36]

이관수(1897~1917)

이관수는 박장현이 데려온 학생들 가운데 나이가 가장 어렸다. 그는 박용만의 배려와 정한경의 주선으로 1910년에 커니 시의 노턴 부인 집에 들어갔다.[37] 처음에는 삼촌·조카 팀이 이관수를 데리고 있다가, 1908년 7월 박용만이 덴버에서 애국동지자 대표대회를 마치고 학업을 위하여 링컨에 있는 네브래스카 대학으로 떠날 때 유일한과 함께 고아

36) 《신한민보》(1914. 3. 12/1914. 3. 19) ; *Tiger*, Hastings High School Yearbook of the year 1914.

37) 그의 이름·생일·나이·주소 그리고 후견인 이름이 처음으로 1910년 커니학군 학생조사서와 1910년 연방정부 인구조사 보고서 나타나는데, 노턴 부인 집에 거주하는 것으로 기록되어 있다.

〈그림 21〉 이관수(앞줄 오른쪽에서 네번째)와 커니 고등학교 학우들(1915년)

원에 맡겨진 것으로 추정된다.

정한경이 '스쿨보이'로 있었던 로비 집안은 콜로라도 주 콜로라도스프링스에 목장·여름별장·광산 등을 가지고 있어 자주 그곳으로 갔다. 학교에서는 우등생이고 집에서는 모범 '스쿨보이'인 정한경을 자랑스럽게 여겼던 로비 내외는 어린 이관수를 커니로 데려와 부유한 지방유지인 과부 노턴의 집에 의탁하였다.[38] 이관수는 정한경과 유일한의 뒤를 이어 커니 고등학교 변론반에서 활동하였고, 만능 운동선수로 농구부에서도 활약하였다(〈그림 21〉).[39] 그는 다른 한인 학생들과는 달리 고등학교를 졸업하고나서 1917년에 네브래스카 주 향토방위군에 가입

38) *Kearrey Daily Hub*(1912. 7. 8/1917. 7. 7). Thelma Lyon 부인이 필자에게 보낸 편지(1997. 12. 15).

39) 1915년도 커니 고등학교 앨범에 변론반원들과 함께 찍은 이관수 사진이 나온다.

〈그림 22〉 네브래스카 향토방위군에 입대할 때의 이관수(1917년 봄)

하였다(〈그림 22〉).[40]

40) *Kearney Daily Hub*(1917. 7. 8).

이노익(李魯翊, 1878~?)

이노익은 유학생으로 미국 본토에 곧바로 도착한 사람들과는 달리, 먼저 하와이로 이민을 가서 일을 하였다. 그는 그곳에서 여비를 장만한 뒤 미국 본토로 유학을 떠났다. 그는 신태림·임준호(목사)와 배재학당을 다녔으며, 함께 이민선을 타고 1904년 1월 하와이에 도착하였다. 이민국의 기록에 따르면, 당시 이노익은 26세였고 기혼이었다.[41] 이노익이 이민을 가려고 오른 배에는 방사겸도 타고 있었는데, 그는 이노익이 알파벳 정도만 알면서 '통변(통역)'을 하여 불편이 많았다고 회고하였다.[42] 활동가인 이노익은 하와이에 도착한 지 1년 만에 캘리포니아주 베이커빌(Vacaville)에서 농장 일을 하며 학비를 마련하고 있었다. 이때 하와이 첫 이민배의 통역이었던 안정수가 한인 전도관을 세우고 있었는데, 이노익은 그를 도와 공립협회 지부의 서기로 일하였다.[43] 이노익은 안정수·박용만의 연줄로 1906년 9월 네브래스카 주 링컨 시에 있는 네브래스카 웨즐리언 대학 예비과에 입학하였고, 고학을 하며 8년 뒤인 1914년에 36세로 졸업하였다(〈그림 23〉).[44]

---

41) 姜信杓, 《壇山社會와 韓國移住民》(한국연구원, 1980), 11쪽 ; Duk Hee Lee Murabayashi, 앞의 책 참조.

42) 방사겸, 《평생일기》 제1권(천안 독립기념관 소장), 19쪽.

43) 《미주 국민회 자료》 제4권(경인문화사, 2005), 186쪽.

44) Nebraska Wesleyan University에서 필자에게 보낸 1997년 4월 23일자 서신.

〈그림 23〉 이노익의 네브래스카 웨즐리언 대학 졸업사진(1914년)

커니 시의 한인들

커니 시 사람들에게 널리 알려진 모범적인 한인 '스쿨보이'로는 위의 네 명 외에 한 명이 더 있었다. 그에 관한 짤막한 기사가 1909년 7월 22일 커니 시의 한 신문에 실렸다.

> 이곳 성공회 부감독 집에서 학교를 다니는 '김'이라는 한국 소년은 아버지를 만나기 위하여 남부 오마하로 떠났다.[45)]

이 기사에서 '김'이라는 소년은 김용대(金容大, 나중에 '一信'으로 개명)라고 여겨진다. 김용대는 아버지 김병희(金丙熙)를 보러 가는 길에 커니의 신문기자를 만났던 것 같다.[46)]

또 1909년도의 커니 시 학군 학생조사보고서에 따르면, 'P. S. Lee'라는 16세의 한인 학생이 'Lee'라는 성을 가진 보호자와 살고 있었다고 한다. 1910년도의 연방정부 인구조사 보고서에는 24세의 박처후(朴處厚)가 커니 사범대학을 다니며 보석상에서 심부름꾼으로 일하고 있고, 29세의 양긍묵(梁兢默)도 커니 사범학교 기숙사에서 심부름꾼으로 일하며 고학한다고 나와 있다(〈그림 24〉).[47)] 1910년의 연방정부 인구조사 보고서에는 'S. Hong'이라는 사람이 한인 학생 둘과 함께 커니 시에 거주하고 있는데, 영어를 읽지도 쓰지도 못하며 남의 집에서 심부름을

45) *Kearney Daily Hub*(1909. 7. 22), 2면.

46) 커니 시 학군의 1909년도 학생조사보고서. Dae Sook Suh, 앞의 책, 111~112쪽.

47) The United States Census 1910, Kearney City, Nebraska, Supervisor's District no, 170, Enumeration District no. 46, sheet no. 8A, 111~112쪽 ; *Kearney Daily Hub*(1909. 7. 22), 2면.

〈그림 24〉 네브래스카 주립사범대학의 박처후(1912년)

하고 있다고 쓰여 있다. 1914년 커니 시 주소록에 따르면, '윌리엄 김'이라는 한인이 주립소년재활소에서 정원사로 일하고 있었다. 소년재활소는 식량을 자급자족할 만큼 큰 농장과 젖소들을 가지고 있었기 때문에, 한인 정원사에게 밭을 준 뒤 채소를 경작하고 직접 팔아 부수입을 벌 수 있도록 배려해주었던 것 같다.[48] 그리고 조진찬(曺鎭贊)은 1909년에

48) Buffalo County Histnical Society의 향토사 연구원인 Mrs. Neilson의 1994년 12월 22일자 편지.

커니 시에서 농장을 빌려 농사를 지었고, 김유성과 '박 죠'는 커니 시의 시멘트 회사에 근무하고 있었다.[49]

이처럼 삼촌·조카 팀은 많은 한인들을 네브래스카 주에 취직시켰다. 영어를 모르는 한인 노동자들을 미국 서부에서 중부로 옮기고 취업시킨다는 것은 결코 쉬운 일이 아니었다. 1905년 이후에는 하와이 사탕수수밭의 중노동을 피하려는 한인들이 계속해서 무작정 샌프란시스코에 도착하였다.

삼촌·조카 팀은 미국 중부 네브래스카에서 얻은 경험을 바탕으로, 다시 서부 콜로라도 주 덴버 시로 옮겨 노동을 주선하고 숙소를 경영하였다. 덴버 시는 신흥도시였고, 새로운 현찰 농작물로 등장한 사탕무의 농장뿐만 아니라 탄광과 철도회사에서도 계속 새 일꾼들을 구하고 있었기 때문이다.[50] 1906년 4월에 박장현은 커니에서 서울의 《황성신문》과 《대한매일신보》에 〈사혐으로 국권을 실한 사〉라는 기사를 보내 윤병구·이승만을 포츠머스 강화회담에 참가하도록 도와주지 않았다고 성토하였다.[51] 1906년 여름 삼촌·조카 팀이 커니에서 덴버로 옮긴 뒤, 적게는 수십 명, 많게는 2~300명의 한인 노동자들에게 직업을 알선해 주었을 것으로 생각된다. 이때 문양목·한시호·임영택이 한 철을 함께 노동한 뒤 각자 이름을 써 붙이고 사진을 찍었다(〈그림 25〉).

그 당시 덴버는 미국의 일부 역사가들이, 경제적 성황과 진보적 지도자들의 지방행정 개혁으로 미국 서부에서 처음으로 영어권 문명의 최절정을 이룩했다고 찬사를 보낸 곳이었다. 인구 20만을 육박하는 로키

49) 《신한민보》(1911. 4. 11) ; *Kearny City Directory*(1912, 1913).

50) The Annual Report of Pacific Mission of Methodist Episcopal church of 1906, 20쪽 ; 방사겸, 《평생일기》, 제1권.

51) 《황성신문》(1906. 4. 17) ; 《대한매일신보》(1906. 4. 17~18).

〈그림 25〉 1906년경 콜로라도 주 덴버 근처의 사탕무 농장에서 여름 동안 일한 뒤 각자 이름을 써 붙이고 사진을 찍은 문양목(왼쪽) · 한시호(가운데) · 임영택(오른쪽)

산맥 속의 덴버 시는 많은 사회기구를 개혁하고 또 창설하였는데, 그 가운데 하나가 1907년에 만든 청소년(미성년자) 법정제도였다.[52] 네브래스카에서 한인 노동자들의 노동 주선 경험을 쌓은 삼촌·조카 팀은 무작정 하와이에서 건너오는 한인들을 위하여, 새로운 신화를 만들고 있는 덴버 시에 노동 주선소와 여관을 운영하며 그들을 지도하였다.

박용만은 학교에 가서 공부를 하라고 젊은 한인들에게 권하는 한편 그 자신도 대학에 갈 준비를 하고 있었다. 나중에 다시 말하겠지만, 그의 권유로 이용규(李容圭)라는 26세의 육척 장신 청년이 초등학교 2학년으로 들어가 영어를 배우기 시작하였다. 그는 1907년부터 덴버 대학에 다녔으며, 1916년에 화학 전공으로 네브래스카 대학을 졸업한 뒤 평양으로 돌아가 숭실전문(崇實專門)에서 교편을 잡았다. 그는 박용만의 영향을 받은 많은 유학생들 가운데 좋은 본보기였다.[53]

20세기 초 네브래스카 주의 교육제도를 보면, 그 주도권이 사립학교에서 주립대학으로 넘어가고 있었다. 그리고 중부의 다른 주립대학과 마찬가지로 네브래스카 공립 중고등학교와 주립대학은 극히 적은 등록금만을 받았다. 따라서 미국 농부의 자녀들은 링컨 시로 모여들었다. 대학을 졸업하고 교사가 되어, 소작 농사꾼인 그들 아버지들의 힘든 농사일에서 벗어나려고 하였던 것이다. 주립대학은 더욱 많은 사람들에게 사회적 지위를 높힐 수 있는 기회를 제공하였던 것이다(〈그림 26〉).

이처럼 교육열이 높아진 네브래스카 주에서는 중고등학교 등록금이

---

52) Carl Ubbelohde, *A Colorado History*(Boulder, Colorado : Prett Press, 1965), 258쪽 ; Carl Abbott, *Colorado : A History of the Centennial State*(Boulder, Colorado : Colorado Associated University Press, 1976), 253쪽.

53) University of Denver에서 보내온 2000년 12월 1일자 편지와 이용규의 학적부 사본 ; 《신한민보》(1917. 9. 13/9. 20/10. 4/10. 18/10. 25) ; 네브래스카 대학 서신(1997. 5. 6) ; 《우라키》(1925).

〈그림 26〉 네브래스카 주립대학(링컨 시) 학생들의 야유회. 대학생들은 정장을 하고 교실에 들어갔다. 그들은 소농의 자녀들로, 힘든 농사꾼의 삶을 피해 초등학교 또는 중학교 교사가 되려고 거의 학비가 안 드는 주립대학에 다녔다. 그들은 단 두 벌의 옷을 가지고 있었다(1900년경)

면제되었고, 이것이 한인 학생들에게는 공부할 수 있는 절호의 기회가 되었다. 특히 군사학에 관심을 가졌던 한인들은 군사교육을 실시하던 공립고등학교와 간부후보생 훈련 과정을 의무화하였던 주립대학에서 당시의 최신 군사훈련을 받으며 군사학을 배울 수 있었다.

제3장 재미 한인들의 초기 독립운동과 한인소년병학교의 태동(1905~1908)

재미 한인들에게 '독립'이라는 단어는 어떤 의미였을까? 조국이 외세로부터 간섭을 받지 않는 자주독립국가로서 고루한 풍습과 제도를 타파하고 서양 문명을 받아들여 자강(自強)의 길을 가는 것, 재미 한인들은 여기에 '독립'의 뜻을 부여하였다. 그들은 이 역사적이고 숭고한 과업을 이루기 위하여, 우선적으로 각자 미국에서 작은 기술을 배운 뒤 귀국해서는 조국 근대화에 동참하고 가족과 친척을 도와야 한다고 생각하였다. 이 시기에 독립운동의 목표는 먼저 날로 노골화하는 일본의 침략정책과 착취당하는 한민족의 현실을 세계에 폭로하는 것이었다. 이를 위하여 재미 한인들은 미국은 물론 유럽까지 대표들을 보냈다. 재미 한인들의 첫 대외적 독립운동은 포츠머스 강화회담에 참관하는 일이었다.

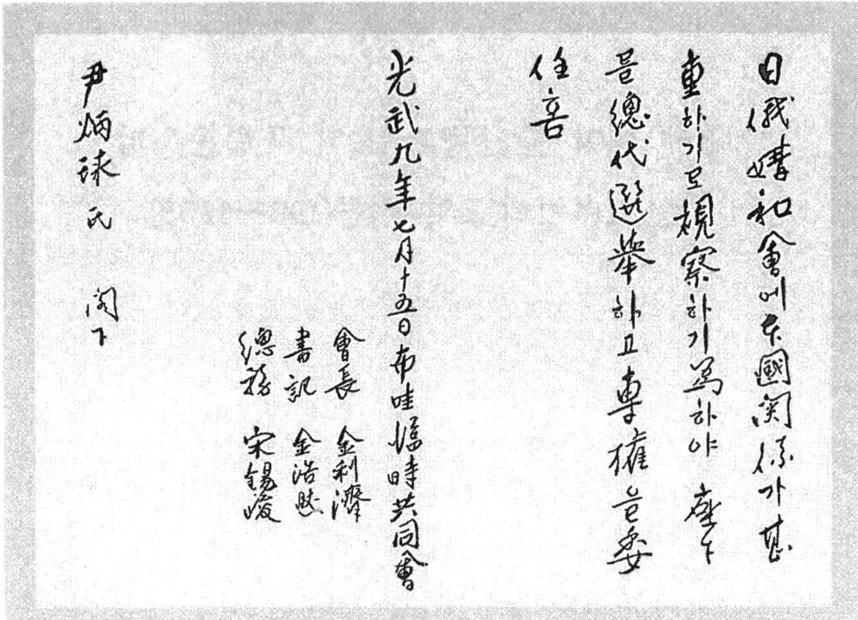

日俄講和會에 東國關係가 甚重하기로 規察하기 爲하야 麾下를 總代選擧하고 專權을 委任홈

光武九年七月十五日 布哇臨時共同會

會長 金利濟

書記 金浩然

總務 宋錫浚

尹炳球 氏 閣下

〈그림 27〉 1905년 하와이 '에와 사탕수수 농장'에서 열린 임시공동회에서 윤병구를 러일강화회담 참관인으로 임명한 임명장

포츠머스 강화회담

일본은 한반도의 주도권을 잡기 위하여 중국·러시아와 연이은 전쟁을 벌였으며, 모두 승리하였다. 일본은 승전의 여세를 몰아 1905년 11월에 을사조약(乙巳條約)을 강제로 체결하고 한국의 외교권을 박탈하였다. 1905년 봄에 시어도어 루스벨트 대통령은 러·일 사이의 강화회담을 주선하겠다고 나섰다. 이때 하와이 한인 이민자들은 에와 사탕수수 농장에 모여 임시공동회를 열고, 한국에 관한 중대한 결정이 있을 러일강화회담 참관인으로 윤병구(尹炳球)의 파견을 결정하였다(〈그림 27〉).

호놀룰루의 지역신문은 〈한인 사절을 평화회담에〉라는 제목 아래

'7,000 하와이 한인들이 전권대사들 모임에 한국 독립을 재촉하러 사절을 보내다'라는 부제를 달고 다음과 같은 긴 기사를 실었다. 그 전문을 번역하여 소개한다.

하와이 군도의 7,000명 한인들은 그들의 대표를 워싱턴에서 8월에 열릴 강화회담에 보낸다. 미국이 쿠바와 푸에르토리코에게 독립을 허용한 것처럼, 일본으로부터 일정한 시일 뒤 한국의 독립을 허용한다는 확고한 약속을 받아내기 위해서이다.

대표자 윤병구 씨는 미국 국방장관 태프트의 소개장을 지참하고 루스벨트 대통령을 만나러 '알라메다' 호에 승선하여 동부로 떠날 것이다. 이번 한인 대표 파견은 한인들의 중요한 첫걸음으로, 장래 동양에서 강대국의 관계 그리고 한인들의 조국에 대한 지대한 관심을 드러내는 계기가 될 것이다. 은자(隱者)의 왕국 주민들은 그들의 정부가 파산하고 정치가 무질서한 탓에 조국의 운명에 비관적이다.

그들은 한국을 점령한 일본에 강한 적개심은 없고, 오히려 일본인들이 유익한 일들을 하였으므로 환영하고 있다. 그러나 동시에 한인들은 가까운 장래에 독립하기를 희망하고 있다. 그들은 독립을 약속한 일본 지도자들을 굳게 믿고 있다. 사실 일본은 두 번이나 [한국의 패권을 차지하고자] 전쟁을 하였고, 한국의 독립을 선호한다고 선언하였다. 그러나 한인들은 자신들의 조국이 일본인 노동자들에게 개방되고 그들이 정착함으로써 앞으로 한인들이 어려움을 겪지 않을까 걱정하고 있다. 동시에 한인들은 일본에 친밀감을 가지고 있으나 영구적 주도권을 주장하는 것은 원하지 않으며, 몇 년 뒤 일본이 독립을 허용해주기를 바란다. 5년 혹은 15년 뒤라도 독립을 허용하겠다는 더욱 확고한 시기와 답변을 얻어서, 그들 스스로 독립한 국가를 운영할 수 있도록 준비하겠다는 것이다. 이곳 한인들은 강화회담 소식을 듣고 자기들 스스로 조국을 위하여 무엇인가 하고자 했고, 그들의 대표자를 파견하는 것이 독립 준비에 도움이 된다고 생각하였다. 태프트 장관의 호놀룰루 방문을 계기로, 한인들은 감리교의 와이드먼[감리사]과 하와이 총독 대행 애커슨을 통하여 윤병구 씨를 태프트 장관과 만날 수 있게 하였다. 이들은 하와이 한인들의 이름으로 태프트 장관을 환영하였고, 조그마한 기념품을 전달하며 극동을 방문할 때 한국의 이해관계를 기억해달라고 부탁하였다. 태프트 장관은 윤 씨에게 루스벨트 대통령에게 보내는 소개장을 써주었다. 이 소개장을 손에 쥐고 윤병구 씨는 동포들을 위하여 자신이 할 수 있는 모든 일을 하려고 수요일[이틀 뒤] 동부로 떠난다. 아이와 여자를 제외한 7,000명 하와이 한인들은 기독교와 불교 신자들인데, 그들은 자기들 대표자의 여행비로 500달러를 모금하였다. 윤 씨는 기독교인 신사로, 한국의 감리교 선교부에서 교육을 받았고 영어를 유창하게 구사한다. 그의 부인과 가족은 이곳에 남아 있을 것이고, 그는 강화회담이 끝난 뒤 돌아와 종교 활동을 계속할 것이다.[1)]

이 기사에 따르면, 하와이 한인들은 그들과 가까이 지내는 감리교 선교부 감리사 와이드먼과 총독 대행을 통하여 필리핀 시찰차 극동으로 가는 국방장관 태프트를 만날 수 있었고, 그는 선물로 받은 조그마한 한국 은제 담배쌈지의 대가로 대통령에게 소개장을 써주었다. 한인들은 무력한 한국 정부보다 철도·항만·전선 등을 개설하는 통감부가 더 유익한 일을 한다며 일본에서 29년 동안 선교한 와이드먼을 통하여 한국 사정을 호소하고 있음을 알 수 있다. 한편으로 이 기사는 자주독립과 근대화가 한인들의 피와 땀의 대가로 이루어지는 것이지 이웃 나라가 선물로 갖다주는 것이 아니라는 점을 한인들이 미처 깨닫지 못하였음을 반증한다. 그러나 한국에 대한 패권을 다투며 전쟁을 벌인 나라들

1) *Honolulu Commercial Advertiser*(1905. 7. 17), 1면.

이 이해관계를 마무리하기 위하여 가지는 모임에 관심도 없고 대책도 없는 한국 정부를 보면서, 그들의 대표를 참관인으로 보내려고 한 하와이 한인들의 마음은 이해할 수 있다.

앞의 긴 기사가 실린 다음날인 7월 18일, 같은 신문에 〈윤 씨의 미국 본토 사명〉이라는 제목 아래 다음과 같은 기사가 게재되었다.

〔하와이〕 일본총영사 사이토 미키 씨는 어제 와이드먼 목사의 주선으로 한인들을 만났다. 한인들은 와이드먼 목사 저택에 있었는데, 윤병구·현순·박윤섭이 그들이다. 미국 본토에 가려는 윤 씨의 주목적은 하와이 한인 노동자들을 위한 교회와 〔그들 자녀들을 위한〕 학교 설립을 미국인 사회에 호소하려는 것이다. 그는 신문이 자신의 미국 본토 방문 계획을 다소 오해했다고 말하고, 그러나 러일강화회담 장소와 가까이 있는 것은 바람직한 일이라고 하였다.

사이토 씨는 윤 씨가 학교와 교회를 세우려는 것은 격려한다고 말하였다. 그러나 그가 강화회담에 참석하는 것은 불가능한데 그 이유는 참가국의 신임장을 받은 전권대사들만 참석할 수 있기 때문이라고 하면서, 윤 씨에게는 워싱턴의 한국공사에게 모든 사무를 위임하는 것이 마땅하다고 말하였다. 강화회담은 전권대사들의 모임이며, 중립국 국민은 참석할 자격이 없다는 것이다. 윤 씨는 꽤 지적인 젊은이로서 사이토 씨의 견해를 곧 이해하였다. 그는 29일쯤 이곳을 떠나 〔사이토가 써준〕 소개장을 소지하고 일본대사관으로 갈 예정이다.[2)]

이 기사는 윤병구가 호놀룰루로 출발하기도 전에 와이드먼의 권유로 일본총영사를 만나 모든 계획을 알렸음을 말해준다. 또 일본총영사가

2) *Honolulu Commercial Advertiser*(1905. 7. 18), 3면.

워싱턴 일본대사관에 소개장까지 써주며 도와주는 척하는 상황을 읽을 수 있다. 한마디로, 미국과 일본은 그를 우롱한 것이다. 이쯤 되면 그의 여행 결과는 뻔한 것이다. 그러나 그의 여행은 억울하게 외교권을 빼앗긴 한국 문제와 국내외 한인들의 애끓는 조국애를 국제사회에 호소한 행위로, 강화회담 참석만큼 해외 한인 민족운동에서 중요한 일이었다. 이는 1905년부터 1910년 국치(國恥)까지 벌인 배일(排日)운동의 효시였고, 문화적으로 개방된 미국사회에 재미 한인 독립운동의 성격과 방향을 제시하는 계기가 되었다.[3)]

비공식 대표인 윤병구와 그의 통역인 이승만은 오이스터 베이(Oyster Bay)로 가서 루스벨트 대통령을 만났으나, 그로부터 한국 정부의 신임장을 요구받고 워싱턴 한국공사관으로 찾아갔다. 그러나 한국공사 김윤정(金潤晶)이 본국의 지시가 없다며 거절하는 바람에 이 시도는 좌절되었다. 나중에 알려진 사실이지만, 루스벨트 대통령은 1905년 7월에 극동을 여행하던 태프트 국방장관을 통하여 비밀리에 일본과 이른바 '태프트-가쓰라 밀약(Taft-Katsura Agreement)'을 맺었다. 그 내용은 한국에 대한 일본의 영향력 행사를 미국이 인정하는 대신, 미국이 스페인과 전쟁을 벌여 취득한 필리핀에 영향력을 행사하는 것을 일본이 묵인해준다는 것이었다.[4)]

---

3) 김원용은 재미 한인 독립운동을 세 시기로 나누고 1905년 을사조약 이후 1910년 국치까지를 '배일운동'으로, 합방 이후 1919년 독립선언 전까지를 '항일운동'으로, 그리고 3·1 운동 이후를 '광복운동'이라고 불렀다. 김원용, 《재미한인오십년사》(Reedly, California : Charles Ho Kim, 1959), 310쪽.

4) John Edward Wilz, "Did the United States Betray Korea in 1905?", *Pacific Historical Review*(August, 1985), 252쪽 ; Tyler Dennet, *Roosevelt and the Russo-Japan War*(Gloucester, Mass. : Peter Smith, 1959), 114~115쪽과 244~245쪽 ; 李基白, 《韓國史新論》(서울 : 一潮閣, 1992), 395쪽.

재미 한인들을 크게 실망시킨 두번째 사건은, 1907년 8월 세계평화회의에 참석하지 못한 광무황제(光武皇帝)의 두 밀사가 미국의 동정을 얻으러 왔다가 루스벨트 대통령으로부터 면회를 거절당한 일이었다. 이때 이상설(李相卨)과 이위종(李瑋鍾) 두 밀사는 박용만이 주선하여 헤이그로 보냈던 윤병구와 송헌주(宋憲柱)를 대동하고 있었다.[5] 결국 헤이그 밀사사건으로 광무황제는 양위(讓位)해야만 했다.

재미 한인들을 낙심에 빠지게 한 세번째 일은 주미 한국공사관을 철거하고 일본영사관의 보호를 받으라는 본국 정부의 지시였다. 이로 말미암아 재미 한인들은 대외적으로 배일운동을 벌이게 되었다.

주미 한국공관의 철거

포츠머스에서 러·일 사이의 강화조약이 체결된 뒤 거칠 것이 없게 된 일본은 1905년 11월에 이른바 을사보호조약을 통하여 한국의 외교권을 빼앗았다. 이에 따라 한국 정부는 1906년 2월 16일에 미국과 유럽 주재 한국공관들을 철수시키고, 해외 한인들에게는 현지 일본공사관의 보호를 받으라고 지시하였다. 이와 관련하여 하와이에서는 에와친목회가, 미국 본토에서는 공립협회가 공동으로 회의를 열었으며, 연서로 배일결의문을 한국 정부에 보내고 배일운동을 벌였다.[6]

재미 한인들은 하와이에 도착한 뒤 빠른 속도로 농작물 재배에 필수

5) 일본공사관 기록, 〈1908년 在露韓人発行新聞並排日行動〉 제53호, 愛國同志代表會 ; 尹炳奭, 《李相卨傳》(서울 : 一潮閣, 1984), 111쪽.

6) 김원용, 앞의 책, 310쪽.

적인 노동력 수요에 적응해가고 있었으나, 나라를 잃은 망국인(亡國人)으로서, 또 자국 영사관의 보호를 받을 수 없는 동양의 소수민족으로서 무력감과 좌절감으로 고통받고 있었다. 이러한 감정으로 말미암아 그들에게는 뜨거운 애국심과 극도의 배일사상이 일어났다. 그들은 민족 고유의 문화유산에 의지하며 조국 독립운동을 지지함으로써, 한인사회뿐만 아니라 미국사회에서 한인으로서의 자기의식을 지킬 수 있었다.

미국 대통령이 러일강화회담을 주선한다고 나섰을 때, 한인들은 애국심을 보일 기회라 여기고 대표자들을 물심양면으로 성원하였다. 그들은 결코 허탈감에 빠지지 않았으며, 조국이 일본으로부터 벗어나는 그날까지 독립운동을 벌이는 것은 한인으로서 마땅히 해야 할 도리이자 의무라고 자임하였다.[7] 이러한 과정에서 재미 한인들은 부역자를 색출하여 결속을 견고히 다졌다.

부역자를 다룸

을사보호조약 이후 호놀룰루와 샌프란시스코에 있는 일본총영사관에서는 기회가 있을 때마다 재미 한인사회에 간섭·관여하려 하였다. 1906년 4월 18일의 샌프란시스코 대지진은 그들에게 첫번째 기회가 되었다. 한인단체의 공립협회 건물이 지진으로 소실되었으나 사람은 다치지 않았고, 대동교육회와 한인감리교회는 무사하였다. 그러나 서울《대한매일》신문은 이 지진으로 한인 24명이 사망하였고 84명이

7) 《신한민보》(1910. 8. 29) ; Hyung-June Moon, "The Korean Immigrants in America : The Quest for Identity in the Formative Years, 1903~1918", 미출판 박사논문(Reno : University of Nevada, 1976), 13쪽.

부상당하였으며, 한국 정부가 구휼금 4,000원을 일본영사에게 보내 분배한 것으로 보도하였다.[8)]

하지만 공립협회가 조사한 결과 일본영사관에서 구휼금을 받은 동포는 없었다. 공립협회는 샌프란시스코 일본영사에게 한인 사상자가 없음에도 어찌하여 통감부에 거짓 보고를 하고 간여하였는지를 따졌다. 이에 일본영사는 지진에 관한 일반 보고는 일본 외무성에 하였을 뿐 통감부에는 하지 않았다고 하였다. 또 한인 전도사 문경호에게 일화 500원과 쌀 13포대 그리고 간장 3통을 주고 한인들에게 나누어주라고 하였으나, 그 사건은 지나간 일이며 앞으로는 한인의 일에 간여하지 않겠다고 하였다.[9)] 공립협회가 심사회를 열고 전도사 문경호를 불러 일본영사관 구제에 대한 질문을 하였는데, 처음에는 사실을 부인하다가 열흘에 걸쳐 질문을 받고는 자복(自服)하였다. 공립협회는 그를 친일자이며 구제금을 횡령한 협잡꾼이라고 판정하였고, 문경호는 즉시 줄행랑을 놓았다.[10)]

이 사건은 중요한 전례가 되었다. 그 뒤로 부역을 하거나 일본의 밀정으로 미국에 오는 한인들은 재미 한인사회에서 검출하여 추방하였다. 이렇게 재미 한인들이 주미 일본영사관의 한인사회에 대한 간섭을 막고 한인들의 결속과 협동심을 새삼스럽게 느끼고 있을 때 헤이그 밀사사건이 일어났다.

---

8) 《대한매일》 227호와 228호.

9) 김원용, 앞의 책, 316쪽.

10) 《공립신문》(1906. 6. 30). 문경호는 배재학당 출신으로, 선교사들을 도와 번역 사업에 참여할 때의 사진이 남아 있다. 이승만이 처음 미국에 올 때 하와이에서 함께 사진도 찍을 만큼 그와는 가까웠다. 1908년에 이승만이 하버드 대학에서 석사학위를 받고 덴버 애국동지자 대표회의에 참석하려고 서부로 올 때 오마하에서 여비를 충당하는 데 한몫을 하기도 하였다.

서울 상동교회 지도자들은 제2차 세계평화회의가 네덜란드의 수도 헤이그에서 열린다는 것을 알고 광무황제의 세 밀사 파송을 주선하였다. 덴버에 있던 박용만은 블라디보스토크에 있던 정순만을 통해서 이 소식을 전해 들은 것으로 보이는데, 밀사들을 돕기 위하여 하와이의 윤병구와 로녹 대학에 있던 송헌주를 헤이그로 보냈다.[11]

한국 대표들은 을사보호조약이 위협과 강압으로 성립된 것이고 한국인들에게 억울한 침략 행동인즉, 국제 공법에 따라 공정히 심판해달라고 호소할 계획이었다. 그러나 세계평화회의는 일본의 주장을 지지하고 한국 특사들의 안건 제출을 거절하였다. 한국은 외교권을 상실하였으니 외교 활동을 할 수 없다는 것이 그 이유였다. 이에 이준 특사는 좌절과 분통함을 견디지 못하고 그곳에서 순국하였다.

이준 특사의 순국 소식을 들은 샌프란시스코 재미 한인들은 공동회의를 열었다. 그 회의에서 매국노 숙청이 결의되었고, 이재명(李在明) 의사가 자원하였다. 그는 재미 한인 대표의 사명을 띠고 1907년 10월 9일 귀국하였다. 이 의사를 보조할 연락책으로 임치정이 10월 25일에 귀국하였다.[12] 이렇듯 재미 한인들은 국내에 일본 앞잡이 매국노들이 있다고 믿고 매국노들 숙청에 앞장섰던 것이다.

1907년 8월 1일에 특사 이상설과 이위종이 미국 정부의 협조를 구하러 미국에 왔으나 루스벨트 대통령을 만날 수 없었다. 이들은 공립협회

11) 尙洞敎會歷史編纂委員會, 《民族運動의 先驅者 全德基 牧師》(서울 : 상동교회사 역사 편찬위원회, 1982), 80~85쪽.

12) 김원용, 앞의 책, 317쪽.

의 주선으로 윤병구를 대동하고 영국으로 가서 협조를 구하였으나 역시 별다른 성과를 거두지 못하였다.

미국에 다시 온 두 대사 가운데 이위종은 1908년 2월 27일에 러시아로 돌아갔다. 이상설 특사는 스티븐스 사건과 덴버 애국동지자 대표대회의 진행 그리고 1909년 2월 1일의 대한인국민회 창립을 지켜보았다. 그해 3월에는 장인환·전명운 두 의사의 전기 《양의사합전(兩義士合傳)》을 발간하고, 재미 중국인 신문 《중서일보(中西日報)》에 〈중한교민지비교(中韓僑民之比較)〉라는 사설을 발표하였으며, 5월에 국민회의 사명을 띠고 블라디보스토크로 돌아갔다.[13] 헤이그 밀사들은 비록 목적을 달성하지는 못하였지만 재미 한인의 민족의식을 일깨웠다.

약소국에게 불리해지는 국제 사정과 쇠락·혼돈에 빠진 한국 국내 사정을 보아온 혈기 넘치는 청년지사들은 미국에서 가능한 한 장기적인 안목으로 조국의 자주독립 방안을 모색하게 되었다. 이에 따라 그들은 재미 한인단체들을 통합하여 힘을 모아야 한다고 여론을 일으키기 시작하였다.

1907년 당시 미국 본토에는 1,000명 미만의 한인들이 있었던 것으로 추정된다. 재미 한인들의 노력으로 미국 본토의 공립협회와 대동교육회, 시애틀 동맹신흥회(同盟新興會), 하와이 각 섬에 난립하였던 동회(洞會)들이 통합되어 한인합성협회(韓人合成協會)가 결성되었다. 재미 한인들은 스스로의 자각으로 통합의 경로를 밟고 있었다. 헤이그 밀사 사건은 통합운동을 크게 북돋아주었다. 고난의 시기를 맞아 재미 한인 사회의 단결을 촉구하는 글들도 많아졌다. 그 가운데 안정수(安定洙)의

13) 《공립신보》(1907. 8. 16/1908. 3. 18) ; 김원용, 같은 책, 314쪽 ; 《中西日報》(1908. 5. 2), 1면.

〈미주 한인사회를 합동하자는 의견서〉와 광무황제의 고문이었던 호머 헐버트가 솔트레이크 시의 공립협회회관에서 한인들에게 한 연설문이 있다.[14] 헐버트는 "한인들은 통합하여 힘을 견고하게 하고 일본에 대항해야 한다. 단합된 단체가 없이는 적국 일본에게 모래를 끼얹는 것밖에 안 된다. 오늘 일본은 막강하고 힘으로 한국을 강점하려 한다. 나폴레옹같이 일본은 종국에는 패할 것이고, 한인들은 지금 무력하다고 좌절하지 말아야 한다. 내 자신은 여론이 한국에 관심을 갖도록 심혈을 기울일 것이다"라는 요지의 연설을 하였다. 이러한 글과 연설들로 말미암아 재미 한인사회 곳곳에서는 단체 통합 여론이 일어났다. 시애틀에서는 여섯 한인들이 통합에 찬성하였다. 새크라멘토와 솔트레이크 같은 곳에서는 공립협회와 대동보국회가 같은 건물을 사용하고 있었으므로, 양 단체 회원들의 통합을 위한 토론이 활발하게 이루어졌다.[15]

재미 한인들은 모국과 연해주 그리고 만주의 동포와는 달리 일본의 감시를 받지 않았다. 또한 미국은 전통적으로 억압받는 소수 국민들을 동정해왔기 때문에, 재미 한인들은 자신들의 문제를 토론하고 다수결로 해결책을 결정하는 회의진행법을 자연스럽게 미국사회로부터 배우고 있었다. 재미 한인들은 미국사회의 개인주의와 언론의 자유 그리고 평등주의를 재빨리 배워나갔다.

재미 한인 지역사회에서 '공동회'의 토론은 이렇듯 중요한 구실을 하였다. 그들은 자신들의 생각과 감정을 발표하고 토론하는 과정에서 조국 독립운동에 적극 참여할 것을 더욱 다짐하게 되었던 것이다.[16]

14) 《공립신보》(1907. 11. 22), 3면/(11. 29), 3면/(12. 6), 3면.

15) 《대동공보》(1907. 12. 6) ; 《공립신보》(1907. 11. 29).

16) 방선주, 〈미주지역에서 한국독립운동의 특성〉, 《독립운동사연구》(천안 : 독립기념관 연구소, 1993), 498쪽.

당시에는 동양인이 미국 본토의 서부지역에서 부동산을 살 수 없었다. 재미 한인들 역시 차별대우를 받았으나, 그들은 열심히 저축하며 세계 어느 곳에서도 볼 수 없는 경제 번영의 기회를 맞고 있었다. 뿐만 아니라 이들은 개방된 미국사회에서 부를 쌓고 앞선 문명을 체험하며 새로운 학문을 배우면 조국에 도움이 될 것이라 믿었다.[17] 그래서 이들은 수입이 얼마 안 되는 노동자 신분이면서도 기꺼이 독립운동에 헌금하였다. 실제로 해외 독립운동 자금의 상당 부분은 재미 한인들의 손에서 마련된 것이었다.

약소국에게 불리해지는 국제 사정과 쇠락과 혼돈에 빠진 국내 사정을 보면서 혈기에 넘치던 재미 한인 청년지사들은, 옛날 선비들이 나라가 위태로울 때 분연히 일어났듯이, 미국을 배경으로 가능한 한 조국 자주독립의 장기적 방안을 모색할 필요가 있다고 믿었다. 이들은 미주 지역에 큰일이 있을 때마다 '공동회'를 개최하였는데, 이를 따라 박용만이 구상하고 발표한 것이 '애국동지대표회의'의 소집이었다. 1908년 6월 10일은 미국 민주당의 대통령 선거 전당대회가 덴버 시에서 열린 날이었다. 박용만은 이러한 미국 전당대회처럼, 위임장을 가지고 온 해외 한인사회 대표들이 모여서 장기적인 독립운동 계획을 세우면 좋을 것이라고 생각하였다. 그의 성명서 전문을 소개하면 다음과 같다.

애국동지대표회 발기 취지서

그윽히 생각하건대 오늘날 우리 한국은 세계에서 수치당한 나라이오, 오늘날 우리 한인은 세계에 한을 품은 백성이라.

---

17) 양주삼, 〈개인의 성공은 국가의 행복〉, 《공립신문》(1908. 10. 7).

사천 년 영광이 땅에 떨어졌으니 이것을 뉘 아니 회복코자 하며 이천만 생령이 하늘을 부르짖으니 이것을 뉘 아니 슬퍼하리오. 청컨대 동포 동포여 동지 동지자여 우리가 스스로 묻거니와 그 동안 일한 것이 무엇이며 그대도 알거니와 장래에 힘슬 것이 무엇이뇨.

형가(荊軻)의 비수를 다시 구하느뇨. 연태자(燕太子)가 마침내 뜻을 이루지 못하였고, 장량(張良)의 철퇴를 장차 원하느뇨. 진시황은 의연히 목숨이 완전하도다. 그런고로 국가의 흥망을 판단함은 결단코 한 사람의 손으로 못할 바이오. 국민의 행복을 도모함은 반드시 한 사회의 힘으로 못할 것이라. 과연 백성이 공립할 사상이 없으면 어찌 종족을 상보(相保)케 하며 또한 전국이 대동한 주의가 없으면 어찌 국가를 보존하리오. 안으로는 기천 명 민병이 운동하니 듣는 바 소식이 상쾌하고 밖으로는 수십 처 회관이 설립하니 보는 바 광경이 장하도다. 그러나 천백의 사람이 서로 흩어지고 수삼 년에 소식이 서로 격절하여 비록 비상한 사변이 이왕 있어서도 온 사회가 이미 공동한 의논이 없었고 또한 절대한 기회가 앞에 당하여도 매양 동일한 방책이 없었으니 이는 사회의 결점이요 이는 국사의 방해라. 이에 우리 덴버 지방에 있는 무리들의 의향이 이로부터 일어나고 의논이 이로조차 동일하여 어느 날이든지 기회 있는 대로 북미에 있는 우리 한인들이 한번 큰 회를 열고 매사를 의논코자 위선 이곳 동포께 물으매 열심으로 상응하고, 또한 부근 각처에 통하매 기쁨으로 대답하여, 본년(本年) 1월 1일 하오 8시에 덴버에서 임시회를 열고 각 동포가 이 일을 의론할 새 첫째 회명은 '애국동지대표회'로 명하고, 둘째 회기는 본년 6월 초 10일로 정한 후 그 동안 약간 일을 정돈하고 이제 비로소 한 글장을 닦아 위선 태평양 연안과 미국 내지 각처와 몇 하와이 군도에 계신 각 동포에게 고하나니,

첫째는 대표회를 발기한 주의(主義) :

북미에 있는 우리 애국동지들은 무슨 사회와 어느 단체를 물론하고

다만 우리나라 당금 정형에 대하여 동일한 행동을 가지고자 함.

이 위에 말한 바를 실행하기 위하여 우리 동포 있는 곳마다 각각 대표자 한 사람이나 혹 두 사람을 보내어 우리의 장차 행할 바 일을 의논코자 함.

둘째는 대표회라 이름 지은 이유 :

이 회는 영구히 두는 회가 아니오. 다만 각처로 오는 대표자로 말미암아 잠시 성립되는 고로 '북미대한인애국동지대표회'라 하고 다만 덴버는 각처 대표자를 영접하기 위하여 임시회의소를 설립하고 이름도 또한 이와 같이 정함.

셋째는 대표회를 특별히 덴버로 여는 이유 :

이 회를 덴버로 열기로 결정한 것은 대개 미국 서방은 우리 애국당의 근거지요 또 사방에 왕래가 편리하다. 그러나 특별히 금년 6월에 미합중국 정당의 총회의를 여는 곳이 되어 미국 안에 있는 정당은 일제히 다 이곳에 모이는 고로 이것이 합중국 설립한 후 첫째로 큰 회라. 그런 고로 우리도 그 기회를 타서 한편으로 우리 일을 의논하며 한편으로 그들에게 대하여 우리 국정을 드러내고 또한 그들로 하여금 한국에 독립할 만한 백성이 있는 줄을 알게 하고자 함.

넷째는 대표회를 집행할 차례 :

대표회는 위에 말한 바와 같이 각처로 오는 대표자로 성립되는 고로 당시에 회의할 의장과 서기 또한 그때 선거하고 오직 범절은 이곳 임시회에서 예비함.

다섯째는 대표회의 광고 :

각처 동포들은 아무쪼록 힘을 다하여 대표자 한 사람 혹 두 사람을 보내기 바라며, 혹 어느 곳이든지 동포도 많고 재정도 어려운 지경이면 다만 공함 한 장과 경비 약간으로 이 근처에 있는 어떤 동포에게 부탁하여 참례케 함.

덴버 임시회의소는 각처 대표자를 맞아들이고 또한 여러 가지 일을 주선하는 고로 그 경비는 불가불 여러 동지자의 얼마쯤 도움을 원하나이다.

임시회장 박용만
임시서기 이관수[18]

위의 성명서가 재미 한인의 두 신문에 발표된 뒤 한 달도 안 되어 재미 한인사회를 뒤끓게 한 이른바 스티븐스 사건이 발생하였다.

스티븐스 사건

미국인 스티븐스(Durham White Stevens)는 일본의 추천을 받아 한국 정부의 외교고문으로 일했던 친일파로, 을사보호조약 체결 때 일본을 위하여 한국을 모해한 인물이다. 그는 1908년 3월 21일 샌프란시스코에 도착하여 일본의 한국 '보호정책'을 찬양하고 한국을 모함하는 선전문을 각 신문에 발표하였다.

한국 정부의 외교고문 신분인 스티븐스의 배신 행위에 재미 한인들은 분노하였다. 이에 공동회의를 열어 스티븐스에 대한 대책을 토의하였고, 이에 따라 대표 4인을 스티븐스에게 보내 지역신문에 실은 한국 관련 기사를 정정해달라고 요구하게 되었다. 그러나 스티븐스는 완강히 거부하였다. 뿐만 아니라 한국 황제가 우매하고 백성은 어리석어

---

18) 《대동공보》(1908. 2. 7); 《공립신보》(1908. 3. 4).

독립할 자격이 없으므로 일본의 보호를 받으며 개혁을 하지 않는다면 러시아에게 나라를 빼앗길 것이라고 말함으로써 한인들을 더욱 격분하게 만들었다.

대표들의 경과 보고에 사람들은 분개하지 않을 수 없었다. 이 일로 후속 대책을 논의할 때 전명운이 자진하여 스티븐스를 처치하겠다며 나섰다. 한인들은 스티븐스의 행동을 탐지하였다. 다음날 아침, 겁이 난 스티븐스는 워싱턴으로 가기 위하여 일본영사와 함께 샌프란시스코 페리(Ferry, 워싱턴행 기차를 타려면 이곳 나루터를 거쳐 샌프란시스코 만을 건넌 뒤 오클랜드로 가야 한다)로 떠났다. 전명운은 이곳에서 기다리고 있다가 그가 도착하자 총을 쏘았지만 빗나가고 말았다. 이를 지켜보던 장인환이 곧이어 총을 쏘았고, 스티븐스는 가슴과 허리에 총탄을 맞고 쓰러졌다. 그리고 전명운도 어깨에 큰 총상을 입었다. 그때가 1908년 3월 23일 오전 9시 30분이었다.[19] 스티븐스는 이틀 뒤 총상으로 사망하였다.[20]

스티븐스 저격 소식이 신문에 보도되자 각지의 한인사회는 공동회를 열고 대책을 강구하였다(〈그림 28〉). 덴버에 있던 박용만은 두 의사(장인환·전명운)를 위한 의연금을 모금한다고 《공립신문》에 전보를 보냈다. 아울러 로스앤젤레스의 한인들은 신흥우를, 새크라멘토의 한인들은 김성권을 각각 샌프란시스코에 보내 사건의 진상과 한인사회의 여론을 알아보게 하였다.[21] 뿐만 아니라 로스앤젤레스의 한인들은 신흥우

19) 김원용, 앞의 책, 318~320쪽 ; *San Francisco Call*(1908. 3. 21), 23면 ; *San Francisco Chronicle*(1908. 3. 25), 27면 ; *San Francisco Examiner*(1908. 3. 24), 25면 ; *Los Angeles Times*(1908. 3. 24), 25면.

20) *San Francisco Examiner*(1908. 3. 26).

21) 《공립신보》(1908. 3. 25), 3면.

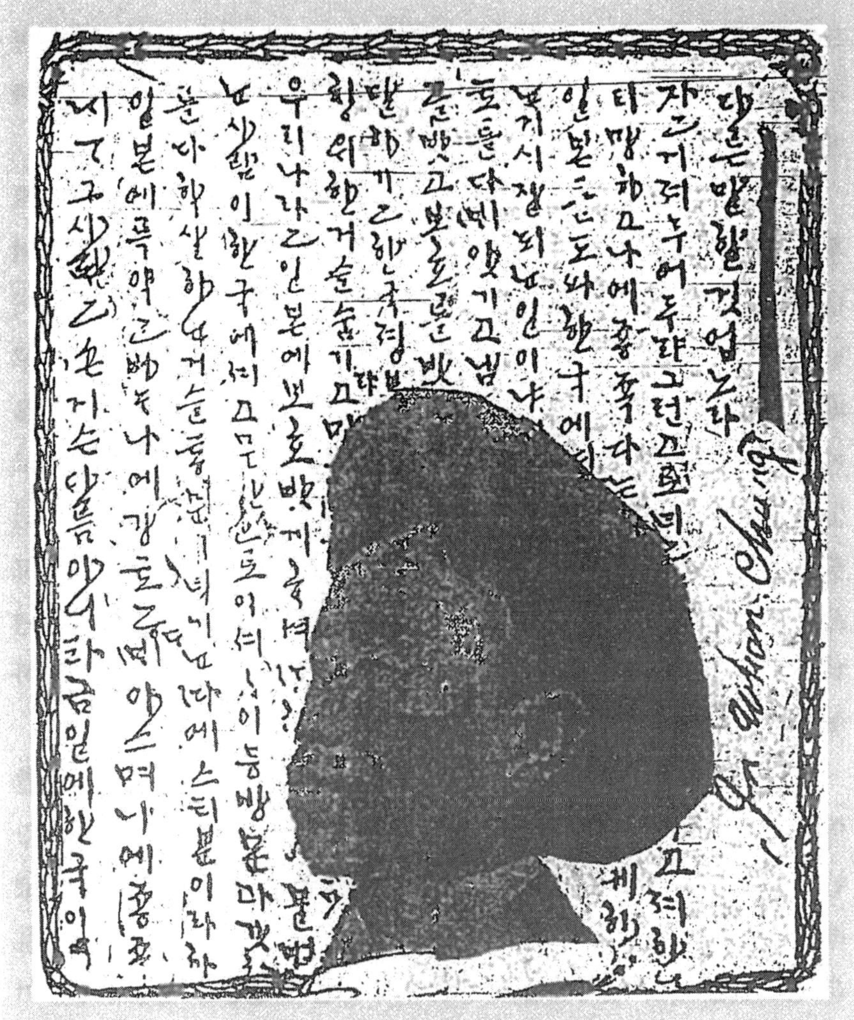

〈그림 28〉 장인환 의사의 모습과 그의 글씨

에게 스티븐스의 과거 행실과 한국 사정을 미국인들에게 설명하라고 당부하였고, 이에 신흥우는 기자회견을 열었다.[22] 이때 재미 한인들은

22) *Los Angeles Times*(1908. 3. 25), 3면.

스티븐스 사건에 관한 글을 재미 한인 신문들과 잡지《대도(大道)》에 발표하였는데, 정한경이 쓴 다음 글은 한인의 여론을 대표적으로 보여 주고 있다.

기서(寄書) 정한경

장재(壯哉)라, 여미(麗美)!

한인 동포여 이 사람은 항상 공부에 분주하여 사회에 참여도 못하고 신문상에 기서 일장이 없었더니 오늘 아침에 신문을 본즉 제목에 수지분(須知分, 스티븐스)이가 한인에게 총을 마젓다고 하기로 내려 본즉 이는 곧 우리 한국 오천년래에 처음 되는 일이라. 스스로 기쁨을 이기지 못하여 만사를 제지하고 두어 마디 글을 써서 우리 동포에게 치하하노라.

첫째 수지분으로 말하면 보호조약을 정할 때에 외부(外部, 외무부)에 들어가 〔외부대신〕 인(印)을 도적하여다가 조약장에 인(印)친 놈이니, 다년 일본 정부의 고문관으로 있다가 우리나라에 보호조약이 될 때에 일본 황제가 미국의 동정을 얻고저 하여 이 사람을 특별히 파송하여 한국 내각 외사국 고문관을 삼으니, 이는 일본이 사특한 계교로 미국사람으로 하여금 일본이 한국을 관할하는 것을 찬성하게 함이라.

이 사람이 한국에 건너온 후로부터 한국에 관계되는 모든 일을 수중에 넣고 농락하야 한국을 망(亡)게 하는 것이 일본보다 더욱 심하더니, 작년 칠월 사변시에 결사대가 일어나[23] 장안에 큰 소란이 있을 때에 이 사람이 진고개로 피란하였으니, 이것만 볼지라도 이 사람이 한국에 대하여 죄 있는 것은 가히 알지라.

---

23) 광무황제가 양위하고 일본이 군대를 해산하자 시위보병 제1대대장 박성환이 분을 참지 못하고 자결하였는데, 이때 시위대 장병들이 무기를 들고 일어난 사건.

만일 우리 동포들 중에 한두 개 혈기남아가 있었으면 이런 인물이 어찌 지금껏 한국 천지에 목숨이 붙어 있으리오. 그러나 이 미주에 있는 한인들은 죽은 한인들이 아니오 산 한인들인 고로 한 번 기회를 얻으매 대장부의 기개를 이루었으니 어찌 기쁜 일이 아니리오. 이제 신문에 기재된 여러 동포의 빛난 이름을 보건대 첫째 용맹스러이 육혈포를 든 이는 장·전 양씨요, 전날 저녁에 대표로 갔던 이들은 리(학현)·정(재관)·문(양목)·최(정익) 사씨요 그 후에 수지분을 쏘고 우리나라에 대하여 행한 행적이며 일본놈의 악행과 우리 사정을 고변웅담으로 각 신문기자와 여러 사람에 대하여 설명하는 리(대위)·일(신흥우) 씨라, 이 여러 동포의 이름들이 모두 영문인고로 누구인지는 자세히 모르나 그러나 영광스럽다. 이름들이여, 세상이 다 말하기를 우리 한국은 서사(書司)[24]국이요 한인은 나약하고 진취성이 없다 하더니 이제야 비웃는 소리를 발면하였도다.

대저 내가 남을 인도하자면 내가 먼저 본보기가 되어야 하는데 우리가 내지(內地)에 있는 동포를 인도하자면 우리가 먼저 행해야 될지니, 이번 일이 곧 내지 동포에게 대하여 큰 본보기가 되었으니 이후 천백만(千百萬) 의인(義人)·열사(烈士)들이 이 몇이 행하신 일을 본받아 일어나면 대한제국의 독립기초는 그 가운데서 될 줄로 믿노라.[25]

정한경의 이 글에서 볼 수 있듯이, 미국에 거주하는 한인들은 물론이고 재멕시코·재중국·재일본 한인들과 재미 중국인 유학생들까지 두 의사의 의거를 통쾌한 사건이라며 절대적으로 지지하고 서로 마음을 모아 의연금을 보냈다.

하와이에서도 장인환·전명운 두 의사에 대한 변호금 모금운동이 일

---

24) 서사(書司)=書記, 곧 심부름꾼을 말한다.

25) 《대동공보》(1908. 4. 2), 3면.

어났다. 이들은 호놀룰루에서 임시공동회를 열어 모금을 결정하고, 다음과 같은 모금 '광고'를 내었다.

경계자는 애국 의ᄉᆞ 장인환 뎐명운 량씨의 맹렬ᄒᆞᆫ 의긔(義氣)로 우리의 포원(抱寃)된 자를 쾌살ᄒᆞᆫ 것과 우리의 바라ᄂᆞᆫ바 독립귀회를 일운 것은 젼일 취지셔에 설명한 바어니와 또 재차 경고ᄒᆞ옵ᄂᆞ니 슯호다 우리 이천(二千)만 생령이 오날날 어□에 드러 호텬통곡ᄒᆞ야 부르지지ᄂᆞᆫ 원한을 텬지가 다 슯허ᄒᆞ며 사ᄅᆞᆷ마다 그 원슈갑흘 묘책을 ᄎᆞᆺᄂᆞᆫ 바이나 그러나 뜻을 일우지 못ᄒᆞ고 매양 한탄할 뿐이러니 장쾌하다 져 장 뎐 량씨의 렬렬한 의거며 나라의 독립과 동족의 ᄌᆞ유를 위ᄒᆞ야 헌신뎍 졍신으로 대ᄉᆞ를 일우워 우리의 국혼을 불러내며 일본의 야만폭행을 세계에 공포ᄒᆞ게 되엇스니 이때가 진실노 우리의 독립젼쟁이로다. 재류 포와동포여 의사 장 뎐 량씨가 누구를 위ᄒᆞ야 사디(死地)에 몸을 바쳣ᄂᆞᆫ고 우리 이천(二千)만 민족을 함디(咸池)에서 건지고져 ᄒᆞᆷ이라. 동포 동포 동포여 힘쓰고 힘쓰고 힘쓸 일이로다. 연고로 호항 우리 림시공동회ᄂᆞᆫ 사(四)또 섬에 계신 사천(四千)명 동포로 뜻을 규합ᄒᆞ야 량씨의 재판을 도읍고져 ᄒᆞᆷ은 곳 우리의 독립재판이라 그런즉 동포면 엇지 방관ᄒᆞ리오. 부재다언ᄒᆞ고 이 재판은 불쇼한 재졍이 잇슨 연후에야 가히 셩공ᄒᆞᆷ을 바랄지라. 가령 한사ᄅᆞᆷ이 십(十)원을 내면 십(十)원으로 재긔 나라를 사는 것이오 오십(五十)원을 내면 오십(五十)원으로 나라를 사는 것이 엇지 사람답치 만으료 돈을 만히 모아가지고 가서 편안이 살고져한들 살곳이 어듸 잇나 그런즉 돈 잇스면 쓸날이 오날이오 독립에 졍신이 잇스면 죽고 살 때가 금일인즉 각 롱장에셔 뢰등에 몸을 뭇쳐 괴롭고 암흔즁에셔도 나라를 생각ᄒᆞ여 의연을 모집ᄒᆞ시ᄂᆞᆫ 애국 쳠위동포께 고할 말삼은 우리 공동회에셔 두번째 긔회ᄒᆞ고 결명되야 이차 광고ᄒᆞ오니 조량ᄒᆞ시옵.

재씨의 명로과 발긔ᄒᆞ야 돈 모흐신 이의 씨명과 돈 임치ᄒᆞ여 맛긴 표를 본 공동회ᄉᆞ 무쇼로 보내시면 곳 신문에 광포할 것이오 또한 하와이에셔 모집흔 의연을 합하야 보내고져 흠이오 또흔 미쥬로 붓칠 때에 각쳐에서 보내신듸로 디명과 씨명을 일톄 부송흐겟스오니 일톄 단결을 절망.

융희이년 사월 십삼일(隆熙二年 四月 十三日) 또 호항 임시공동회
회 장 김호연
부회장 리래수
서 긔 셔셕년
재 무 안원규
재 무 됴병오
우 함 六九○[26]

세 미국 변호사들의 동정과 정성을 다한 변호로 정명운 의사는 석방되고 장인환 의사는 아홉 달 뒤 제2급 살인죄로 25년형을 선고받았다.[27]

애국동지대표회

1908년 봄은 장·전 두 의사의 재판 의연금 모집과 변호사 선정 그리고 법정 통역 선정 등으로 숨가쁜 시기였다. 이 때문에 독립운동의 장기 방향을 정하고 해외동포를 통합·단결하여 범민족적 해외동포 기구를 창출하려고 박용만이 제의하였던 애국동지대표회는 자연히 뒷전

26) U.C.L.A. Special Collection, Korean American Research Project Hei-sup Chin Collection. 이 글을 쓴 것으로 추정되는 김호연은 나중에 대학 진학을 위하여 네브래스카로 떠난다.

27) 김원용, 앞의 책, 321쪽, 331쪽 ; 상항한인임시공동회, 《兩義士合傳義捐金總決算公告書》(隆熙3年).

으로 밀리고 말았다. 또 이승만과 일정을 맞추기 위하여 회의가 두 차례 연기되는 바람에 정확한 날짜도 미리 정하지 못하였다. 애국동지대표회는 이처럼 우여곡절을 거친 끝에 가까스로 일정을 잡아 1908년 7월 11일 덴버 시 그레이스 감리교회에서 회의를 개최할 수 있었다.[28]

당시 재미 한인 신문은 세 종류가 있었는데, 주최자 측과 가까웠던 대동보국회의 《대동공보》와 윤병구가 참석하고 있어서 기사가 실렸을 것으로 추정되는 하와이 《한인합성신보》는 지금 전해지지 않으므로 내용을 확인할 수 없다. 《공립신문》은 영어로 개최된 제3차 회의의 연사 이름과 연설 제목을 단지 소개만 하였다.[29]

그러나 덴버 현지의 지역신문들은 매일 일어나는 중요한 상황들을 보도하였다. 《로키마운틴 데일리 뉴스(*Rocky Mountain Daily News*)》는 그레이스 감리교회 앞에 모인 참석자들의 사진과 함께 〈강대국들이 도와주기를 바란다. 무력 행위를 계획하지 않는 젊은 대표자들〉이라는 제목으로 동정적인 기사를 다루었다.

> 오늘 감리교 감독 헨리 워렌과 〔연방정부 하원의원〕 얼 크랜스턴은 지난 토요일부터 한인국제대회가 열리고 있는 그레이스 감리교회에서 연설을 할 것이다. 36명의 한국 애국자들은 세계 각지에 있는 한인들을 대표해 해외 한인 애국 단체들을 하나로 결속시켜, 일본으로부터 자신들의 조국을 해방시키려고 노력할 것이다. 그들이 채택한 결의안 가운데 하나는 국내에서 교육을 장려하고 해외에서 한국의 사정을 세계에 알리는 것이다. 그들은 전쟁을 준비하지도 않고 원하지도 않으며, 세계열강들이 자신들 편에 동참해주기를 바라고 있다. 대회 의장 이승만은 한국의

28) *Rocky Mountain Daily News*(1908. 7. 13), 2면.
29) 《공립신보》(1908. 7. 18), 2면.

KOREAN PATRIOTS GATHER HERE TO FREE NATION FROM JAP RULE

PHOTOGRAPH OF KOREANS WHO ARE HOLDING CONVENTION IN DENVER

〈그림 29〉 애국동지대표회의 참가자들. 1908년 7월 11일 콜로라도 주 그레이스 감리교회 앞에서 찍은 사진으로, 박용만 · 이승만 · 윤병구 · 김헌식(각각 둘째 줄 왼쪽에서 네번째 · 다섯번째 · 여섯번째 · 일곱번째)의 모습이 보인다(《로키마운틴 데일리 뉴스》, 1908년 7월 12일자)

귀족이자 신문 주필이었으며, 한때는 중추원의원이기도 하였다. 이승만의 애국적 논설이 일본 정부를 거북하게 하여, 그는 7년 동안 옥고를 치르기도 하였다.

윤병구는 대표회의 서기로, 그 또한 알려진 애국자이다. 그는 감리교의 목사였는데, 미국 본토에 와서는 하버드 대학에 다니며 해외의 동정을 구하고 있다. 대표는 모두 36명으로, 나이가 제일 많은 사람은 30살이고 제일 어린 사람은 19세이다(〈그림 29〉).[30]

30) *Rocky Mountain Daily News*(1908. 7. 13).

이 기사는 이승만과 그의 노선을 총괄적으로 소개하고 있다. 《덴버 타임스》는 대회의 진행 과정을 매일같이 자세히 소개하였는데, 여기에는 박용만의 노선이 잘 드러난다. 그 내용들을 한번 살펴보자.

• **7월 11일(목요일)**

〈한인 애국자들이 덴버에 모여 전쟁을 준비하다〉라는 제목 아래 박용만 사진을 크게 올리고, 그 밑에 "이승만[기사의 착오임]－한국의 대표적 언론인이자 정치가가 덴버에 도착하였다"고 기재한 뒤 다음과 같은 기사를 실었다(〈그림 30〉).

이번 주일에 열리는 한인 애국동지대표회는 첫 국제적 회의로, 한인들의 세계적 조직을 만들어 날로 노골화하는 일본의 침략에 대응하려는 것이다. 도착한 대표자들 가운데 뉴욕에서 온 윤병구 씨는 루스벨트 대통령이 임명하여 러일강화회담에 하와이 한인 대표로 참석한 바 있고[기사의 착오임], 이승만은 언론인이자 정치가로 샌프란시스코에서 오늘 도착하였다.

모두 15명의 대표자들이 참석할 예정인데, 대회는 1일부터 그레이스 감리교회 예배당에서 열린다. 러시아·중국·하와이·영국 등 한인 동포들이 다수 있는 나라에서 대표자들이 올 것이다. 대표자 외에도 유명인사들이 여럿 참석할 것이다. 이 대회의 단기 목적은 흩어져 있는 여러 한인 애국 단체들을 하나로 통합하여 이미 크게 퍼진 구국운동의 추진을 조율하는 것이다. 여러 단체들은 젊은 한인들로 구성되어 있다. 그들은 매일같이 군사훈련을 받으며, 완벽한 보병 조직과 유사시의 전투태세를 갖출 수 있도록 노력하고 있다.

윤병구 씨는 영국에서 한인들을 모아 단체를 조직하고 왔는데, 기차정거장에서 이 지방 애국동지들의 손님맞이 속에 준비된 군대식 환영회에

KOREAN PATRIOTS GATHER IN DENVER TO PREPARE FOR WAR

SYNTMAN RHEE
Leading Journalist and Statesman of Korea, Now a Denver Visitor.

〈그림 30〉《덴버타임스》 1908년 7월 11일자에 실린 박용만의 모습. 이 신문은 〈한인 애국자들이 전쟁을 준비하기 위해 덴버에 모이다〉라는 제목 아래, "한국의 대표적 언론인이자 정치가인 이승만"이라고 잘못 소개하였다

임하였다. 이 젊은이들은 정규보병 못지 않게 철저한 훈련을 받았으며, 전투에 임할 수 있는 늠름한 기상을 보여주었다. 다만 빠진 것이 있다면 군복과 무기였는데, 몇몇 청년들은 군복을 입고 있었다. 이들은 모두 25세 미만으로 보였고, 일본인과 구별하기 어려웠다. 이들은 대오를 맞추어 절도 있게 군대식 동작을 취한 뒤 일제히 거수경례를 하였고, 윤병구는 한 사람씩 악수로 답례하였다. 그러고는 일제히 영어와 한국어로 〔윤병구를 환영하는〕 환호성을 질렀다. 대표자들은 YMCA를 임시대표회의 본부로 사용할 것이다. 오늘 도착한 이승만 씨는 한국과 미국에 잘 알려진 애국투사 지도자이다. 그는 언론인이었는데, 하버드 대학을 졸업하고 지금은 구국운동 주동자 가운데 한 명으로 주목받고 있다. 이관영은 이 도시의 대표자로, 그는 다음과 같이 말하였다. "한국인들은 자기 조국을 지킬 수 있는 능력이 있다." 그리고 그는 "일본은 이미 군사력을 한국에 집중하고 있으며, 한국 애국자들이 힘을 합쳐 독립운동을 일으키지 않으면 조국을 잃을 시점에 와 있다. 수천 명의 한인들이 미국 본토에, 8,000명이 하와이에, 그리고 40만 명이 러시아에 있고, 그 밖의 외국에도 하인들이 있다. 애국동지들은 해외 한인 애국 단체들을 조직한 지 오래이며, 그들은 해외 각국의 조직을 총괄할 중앙 조직을 만들 때가 왔다고 생각한다. 이 모든 해외 한인 애국 단체들은 군사 기술을 가지고 훈련을 하고 있으며, 압박자의 속박으로부터 조국을 해방시킬 것이다"라고 말하였다.

• 7월 12일(토요일)

〈한국의 아들들은 전쟁을 준비한다〉는 제목 아래 다음과 같은 기사가 실렸다.

오늘 오전 그레이스 감리교회에서 열린 대표자회는 일본의 한국 점령을 비난하는 애국적 연설들이 특징이었다. 이들 연설에 따르면, 한국을 구할 수 있는 유일한 길은 일본인을 한국에서 축출하는 것이다. 토론

내용의 대부분은 그 방법론으로 채워졌다. 연설은 모두 한국어로 이루어져 참석한 동포들의 애국심을 북돋우었다. 다음 월요일의 회의는 아침 10시에 영어로 열릴 것이다. 이번 대표자회에는 해외 한인 거주지에서 온 50명가량의 대표자들이 모였다. 미국과 캐나다에서는 그 지역 대표자들과 더불어 다른 나라 동포들을 대리하는 대표자들이 참석하였다.[31]

• **7월 13일(월요일)**

덴버의 한 지역신문은 〈한인들은 미국 정부 정탐꾼들의 감시를 받고 있다〉는 제목과 "애국자대표회의 군사적 독립운동을 막기 위하여 주시하고 있다"는 부제를 달고, "오전 회의는 영어로 하였으나, 논쟁은 깨지는 질그릇 소리 같았다"는 머리글 아래 다음과 같은 기사를 실었다.

미국 정부 정보원들이 그레이스 감리교회 예배당에서 진행되는 애국자대표회를 지켜보고 있는데, 외국인들이 미국에 와서 일본의 지배를 벗어나기 위한 군사교육을 받으며 전술을 배우고 있다는 보고 때문에 그렇다. 오늘 오전 회의는 평화적으로 진행되었으나, 미국 정부 정보원들의 통역들이 회의장에 흩어져 군사행동에 관한 의논이 있는지를 탐색해 내려 했다고 한다. 만약 외국인들이 군사전략과 전투 기술을 이 나라에서 배운다면, 미국 정부 정보원들은 즉시 그런 무리들을 쓸어낼 것이다. 몇 년 전에 중국인들이 캘리포니아 주 프레스노에서 은퇴한 미국 장교에게 군사교육을 받은 일이 있는데, 미국 정부 정보원들이 이를 해산시켰다.

오늘 오전 회의는 영어로 진행되었는데, 방청인은 군사행동이 이 집회의 목적 가운데 하나라는 것을 곧 감지할 수 있었고, 한인들도 이를 솔직하게 인정하였다. 방청인에게 그 밖의 것들은 마치 질그릇 깨지는 소리처럼 들렸다.

31) *Denver Times*(1908. 7. 11).

> 진짜 영어 연설은 감리교 감독 헨리 워렌이 "국가의 위대함"이라는 제목으로 그리고 콜로라도 주의 연방정부 하원의원 얼 크랜스턴이 "정치와 모범시민"이라는 제목으로 진행한 것이었다. 참석한 사람들은 한국을 위한 단체의 대표자들인데, 이번 대표자회의 목적은 각각의 단체들을 통합해 한 기구(機構)로 만들어 일본의 지배와 핍박에서 그들의 조국을 해방시키는 것이다.
>
> 신문사의 편집국장과 중추원의원을 지낸 이승만이 회의의 진행을 맡았다. 여러 대표자들은 당면한 한국의 이해관계를 위한 많은 문제들을 토론하였다.[32]

이 지역신문은 한인 애국동지대표회를 이색적인 외국인 회의로 기재하였다.

- **7월 14일(화요일)**

이날 지역신문에 실린 기사는 다음과 같다. 참고로, 기사를 쓴 《덴버 타임스》의 기자는 내용에서 두어 마디 한국어를 영어로 표기하였는데, 표기법이 정확하지 않아 무슨 말인지는 알 수 없다. 하지만 그가 영어를 잘 못하는 한국 사람들을 조롱하고 있음을 감지할 수 있다.

> 오늘 있었던 한국 애국동지대표회는 그레이스 감리교회에서 한국어로 진행되었다.
>
> 한국어로 논의된 내용을 정리해보면, 한인들은 한국의 자유를 앙양하기 위하여 한국에서 일본 탄압을 피해 출판 사업을 운영할 방법들을 내놓았다. 어제는 여러 단체의 대표자들이 한국 독립 달성에 목적을 두고

32) *Denver Times*(1908. 7. 13).

모든 단체를 통합하여 하나의 단체로 만들 것을 가결하였다.[33)]

이 신문은 또한 〈한인들은 일본 첩자들을 피해 다녔다〉는 제목과 "대표자회는 일본인들이 참가할 수 없는 비공개 집회를 가졌다"는 부제 아래 "400명의 한인 동포들이 농노(農奴)로 멕시코에 붙잡혀 있다"는 머리글을 달고 기사를 실었다.

한국에서 한인들이 압박자 일본인들을 증오하고 두려워 하는 것처럼, 자유의 땅 미국에서도 한인들은 일본인들을 증오하고 두려워 한다.

일본 정탐꾼이 대(對)일본 투쟁 연설들을 일본 정부에 보고하고 있다는 소문이 파다한 탓에, 소수의 한인 애국자들은 그레이스 감리교회에 모이는 것을 포기하기로 결정하였다.

어제 대회에 참석한 이들을 조심스럽게 지켜보았으나, 일본 첩자 같은 사람은 찾을 수 없었다. 그러나 한인들은 불필요한 적대감을 피하고 안전한 진행을 하기 위하여 오늘 아침 모임을 아라파회(Arapahoe) 가(街)에 있는 회관[박용만의 노동 주선소 겸 여관]에서 가졌다. 회의장 입구는 엄격히 통제되었고, 증명서가 없는 사람은 출입이 금지되었다.

어제 모임에서 애국자들은 처음으로 400명의 동포들이 멕시코 농장에 농노(農奴)로 잡혀 있다는 사실을 알았다. 일본인 계약 노동 주선자가 자기와 함께 멕시코로 가면 많은 돈을 벌 수 있다고 속여 한국에서 한인들을 데려가 농장주들에게 팔아넘긴 것이다. 한인들은 노동의 대가로 한푼도 받지 못하였다. 멕시코 한인들은 자신들의 자유를 위하여 싸우기에는 너무 무식하였고, 멕시코에는 한국 정부의 영사관도 없었다. 작고한 박장현은 캘리포니아 한인 지도자로서 동포들을 도우러 멕시코에 갔으나, 그들과는 면담도 할 수 없었다. 4,000명의 재미 한인들은 그들을 석방하기

33) *Denver Times*(1908. 7. 14).

위하여 충분한 모금을 하였으나, 멕시코 정부를 움직여 다시 생각하게 하기란 불가능하였다.[34)]

이 기사는 박장현이 애국동지대표회를 개최하기 전에 이미 사망하였음을 알려주고 있다. 지금까지 살펴본 기사를 정리하는 일은 또 다른 시각에서 대표회를 관찰한 한국인 일본 밀정의 보고서를 소개한 다음으로 미룬다.

한국인 밀정의 보고

애국동지대표회와 관련하여 샌프란시스코 일본영사관에서 보낸 한인 밀정이 '재상항제국총영사관용지(在桑港帝國總領事館用紙)'에 각각 한국어와 일어로 쓴 보고서가 있는데, 여기에는 매일 각 회의(session)에서 누가 무슨 발언을 했는지 자세하게 기록되어 있다. 그 보고서의 내용을 살펴보도록 하자.

> 대한개국 567년 7월 15일
> 북미합중국 콜로라도 덴버 애국동지대표회 의사 개략
>
> 애국동지대표회는 서력 1908년 1월 1일에 북미합중국 덴버 시에 있는 동포들이 발기하여 동년 7월 11일에 개회하고 동월 15일에 폐회하였는데 그 대개가 이러하드라.
>
> 대표회는 원래 각처에서 파송하는 대표자로 성립되는 것인 고로 각처

34) *Denver Times*(1908. 7. 15).

에서 대표자가 래도하였는데 위선 그 지명과 성명을 기록하건대,

덴버는 리관영 씨니 이는 닥번(?) 부근 각처 일곱 곳이 합하야 전권대사를 삼은 것이오, 콜로라도스프링스는 오흔영 씨, 네브래스카 커니는 박처후 씨, 링컨은 이종철 씨, 오마하는 김사형 씨, 캔사스 설라이너(Salina)는 김정석 씨, 대동보국회는 김영욱 씨, 해삼위 동포들은 리상설 리승만 양씨로 위임장을 보내어 전권대표로 보내였는데, 김성권 씨는 신병으로 회에 참여치 못하였으나 각 대표자가 결정하는 대로 모든 일을 함께 시행하겠다 하였고, 리상설 씨는 유고하여 불참하시고 공립협회에서는 회기가 촉박하고 경비가 난처함으로 대표자를 파송치 못함으로 통신하였더라.

이상 각 대표자 외에 개인적으로 참여한 자는 대개 40명 이상인데 이는 다 콜로라도, 네브래스카, 뉴욕, 텍사스 각 처에서 래도하였더라. 각 대표자가 모여서 서로 위임장을 참조한 후, 본 대표회 1차 설명서 둘째 조건을 의지하여 회장과 서기를 선정하니, 회장은 각 대표자의 일치로 리승만 씨가 피선되고 서기는 각대표의 의견으로 대표권 없는 자도 선거하는데 국문서기는 박용만 씨, 영문서기는 윤병구 씨로 정하였드라.

7월 11일 상오 9시 반에 개회할 때 애국가를 노래하고 간단한 기도로 개회한 후 개최하고[회장 이승만의 개회 취지 설명] 다시 각 대표의 위임장을 낭독하다. 이날은 특별히 각 대표와 각 동포의 의견을 듣기 위하여 연설회를 열고 차례로 연설할 때 대표자 중에는 박처후, 이종철, 김사형, 김영욱 제씨와 통상원[대표자가 아닌 참가자] 중에는 박재규, 이순오, 리운옥, 이용규, 한시호(韓是鎬), 리동진, 리규인 제씨가 연설을 하였는데 미국사람의 고명한 부인 신사들과 각 신문기자들이 한 모퉁이에 자리를 차지하야 모든 일을 영문서기에게 물어 기록하고 또한 일반회원의 사진을 찍어가기에 분주하더라.

동일 하오 2시 반에 제2차 회의를 열고 각 대표가 의안을 제출할 때 김영욱 씨는 각 지방과 단체가 일체로 연합하여 자기의 적은 일은 자치하

되 우리 민국사와 한인사회의 이익을 도모하는 큰일은 함께 힘써 할 일과, 리관영 씨는 콜로라도 각처에 한인의 조직을 완전히 할 것과, 박처후 씨는 내외국을 물론하고 우리 동지가 있는 곳마다 통신소를 정하는 일과, 이종철 씨는 우리 동지들이 저술한 서책과 번역한 글을 출판하는 일을 공동협의하다가 아직 결안하는 것이 불가한 이유가 있음으로 유안하다.

동월 12일은 일요일이라 회의를 정지하고 그 익일 13일에 제3차 회의를 열 때 이날은 특별히 영어로 모든 예식을 행하여 또한 명망 있는 서양 사람들을 청하여 연설할 때 그중에 종교가와 정치가로 이름 있는 [감리교] 감독 '희웰엔'[헨리 워렌] 공화당의 '크랜스턴'['정치와 모범시민'이라는 제목으로 연설] 제씨요 회원은 리승만[국민과 국가], 윤병구[동양에 대한 미국], 박용만[조선의 영광 있는 과거사], 리관영[물질대 동양], 오흔영[조선과 일본의 관계] 제씨가 다 긴요한 문제로 연설하였더라.

동일 오후에는 제4차 회의를 열고 각 대표가 제출한 회안을 결정할 때, 그동안 언론이 자못 많다가 필경에는 다 가결되고 서적 발간하는 문제만 유안 하였는데 그 첫째 연합사건에 대하여는 각 대표 중 4분의 3은 일치한 의논을 가지고 모든 것을 완전히 조직하고자 하나 다만 리승만 씨와 몇몇 대표는 그렇지 않은 이유를 설명하여 오늘은 다만 베이비(baby) 토론으로 하고 완전한 결론은 장차 공립협회와 자유회 참가의 모든 단체로 공동 의논하자 함으로 마침내 그같이 결정되어 이번에는 다만 각처 통신소를 설치하고 매삭 1차씩 교통할 일과 일주년에 한 번씩 아무 곳에서든지 총 의회를 열 일과 그 기회에 수삼조건 긴요한 일을 가결하여 준비만 완전히 하였더라.

동 14일 제5차 회의를 열고 각인이 다시 연설을 할 때 이명섭, 김성한, 최정희, 황인여, 오한영, 김용하, 김장석[호], 김[정]한경, 김지택, 이성순, 남정은, 김창화, 이순오, 한시호, 박재규, 박처후, 김영숙, 정명[태]은, 리순옥, 리종희, 김유신, 리종화, 리관영, 윤병구, 박용만, 리승만 제씨가 차례로 말하다.

동일 오후에 제6차 회의를 열고 박처후, 이종철, 김사형 제씨의 건의서를 받아 무릇 '네브래스카'에 있는 청년들은 매년 방학에 커니로 모여서 여름학교에서 공부하여 또한 기한을 정하고 운동 체조 조련도 연습하기로 가결하다. 이번에 필요한 것은 적은 책자로 활판에 발간하고저 하는 고로 아직 이만 말하는 것이고, 이번 대표회는 지난 겨울부터 주선하여 다소간 준비가 있었으나 중간에 사소한 곡절을 인연하여 정지하다가 기왕 준비한 성력도 가석하고 또한 기회도 여차한 고로 창졸간에 함께 모여 정이나 통합이 가하다 하여 촉급히 개최한 고로 공립협회와 자유회[35] 제씨는 미처 참여치 못하였드라.

회기가 이렇듯 촉급하므로 이 회에서 무삼 큰 결과를 기약지 않었으며 급기 개회 후에는 무슨 현저한 실효한 일을 결정하자는 의논이 긴하였으나 중대한 사건을 너무 급히 결행함이 사실의 방해가 있을 줄로 공론이 돌아서 이 회석에서는 무슨 사건을 결정하려다가 공론이 일치하여 몇 가지 소견을 결정하였으니 이는 당초의 뜻한 바에 지나는 바러라.

개회하는 날에 각처 신문 탐보조에서 어찌하여 랑설이 생겼는지 지방에 전하기를 우리가 전쟁을 준비한다 혹 비밀한 운동이 있다 하여 정탐객도 무수하였으며, 혹 자위병으로 쫓기를 원하는 자도 몇이 있었으니, 우리는 소문과 같이 못한 것을 한탄하였으나 이 기회를 인연하여 본국의 정치상 정형을 무수히 설명하였으며 본회의 실상주의는 무슨 강경한 태도나 혹 폭동할 의사는 하나도 없고 다만 평화한 뜻으로 각처 한인의 사회를 조직하여 발달하기에 장래 이익을 안 본 자라도 도모할 따름이니 금번 대회가 이 뜻에는 실로 유익함이 많은 줄 믿노라.

대한인 애국동포 각지 연합절목

제1은, 종지는 내외국의 애국동포들은 무슨 사회를 물론하고 일체로

---

35) 1908년에 재미 한인사회에서 자유회라는 단체는 없었다.

연합교통하여 한 조직한 단체를 일우고저 함.

제2는, 각 지방의 통신국을 설치하고 매삭 한번씩 통신하여 공동히 관계되는 일을 서로 알리고저 함.

제3은, 각 지방에 있는 통신국 위원은 그 지방 동포들이 스스로 선정하고 임기는 일 년으로 하되 혹 퇴임되는 때는 신임 위원의 성명을 각 통신부에 통고함.

제4는, 각 지방의 매월 통신은 의례 그달 그믐을 넘지 말고 각별히 준행하되 매삭 통신을 1, 2, 3, 4로 번호를 먹이여 일후에 고준함이 편하게 하되 혹 공동한 중대 사건이 있을 때에는 기한을 교제치 아니함.

제5는, 각 통신처소에서 그 지방에 있는 동포의 성명 년령 주거지를 기록하여 한 벌은 두고 한 벌은 각처로 보내되 그 다음부터는 다만 천동하는 동포의 이름만 기록하여 통신함.

제6은, 각 통신 처소에서 지방 자유를 보전하여 임원을 선정하기와 재정 경리하는 모든 사무에 종편하여 행하되 다만 공동연합하는 종지에 충돌되는 일은 행하지 못함이 가함.

제7은, 본 대표회는 이후부터 매년에 일차씩 모이기로 작정하되 그 개회 장소와 날은 각 지방 각 단체가 공동으로 윤조하여 편리한 대로 총 다수 가결함.

회장 리승만
국문서기 박용만
영문서기 윤병구[36]

한인 밀정의 이 보고서는 자세한 정보를 제공하고는 있으나, 참가자들의 이름이 틀린 것이 많다. 그리고 같은 보고서의 뒷부분에는 일본어

36) 이 보고서는 지금 일본 외무성 외교사료관에 소장되어 있는데, 덴버 한인 모임과 관련하여 한인 첩자가 샌프란시스코 일본영사에게 국문으로 써서 보고한 것이다.

로 요약한 것이 있는데, 참가자들의 이름을 한자로 쓰고는 자신이 없어서인지 뒤에 물음표를 단 것이 많다. 또한 7월 13일 오전 반나절 동안 영어로 진행된 제3차 대회의 내용은 개념적으로만 접근하고 있는 것을 볼 때, 샌프란시스코 일본영사관에서 보낸 한인 밀정은 일본말과 일본글을 아는 자로 미국에 온 지 얼마 안 되어 대동보국회의 활동을 인식하지 못했던 유학생이 아닌가 여겨진다.

신문의 기사와 밀정의 보고서를 종합해보면, 참가 단체들이 적은 탓에 새로운 해외 범(汎)한족 기구를 조직하는 것은 뒤로 미루고 산재한 해외 한인 지방사회들의 결속 방법을 강구하였음을 알 수 있다. 즉, 지역사회에 통신국을 두고, 연락원은 각 지방사회에서 선출하여 지역사회 한인들을 파악하며, 다른 지역사회와 한 달에 한 번씩 서로 소식을 전한다는 데 중점을 둔 것 등이 그렇다. 그리고 여름방학에 네브래스카에 있는 청년들을 커니에 모아 공부도 하고 운동·체조·조련(操鍊, 교련) 연습도 하기로 결정하였음을 알 수 있다.

앞에서 본 기사들을 날짜별로 정리하면 다음과 같다.

• 7월 9일 목요일

샌프란시스코에서 이승만, 뉴욕에서 윤병구·김헌식(金憲植) 도착.

• 7월 11일 토요일

오전 제1차 회의 : 개회, 애국가 봉창, 각 대표 위임장 낭독, 대표자들과 통신원들의 제안 제출.

오후 제2차 회의 : 이관영은 콜로라도 각처에 한인 조직을 만들자고 제안하였고, 박처후는 국내외 한인이 있는 곳마다 통신소를 설립할 것을, 그리고 이종철은 동지들이 저술·번역한 책들을 출판할 것을 제안.

• 7월 12일 일요일[37)]

• 7월 13일 월요일

오전 제3차 회의(영어로 진행) : 이승만의 '개회 취지', 박용만의 '조선의 영광 있는 과거', 오흔영의 '조선과 일본의 관계', 이관영의 '물질대동양', 윤병구의 '동양에 대한 미국', Earl M. Cranston의 'Politics and Good Citizenship', Henry W. Warren의 'National Greatners', 이승만의 '조선이 깨달은 것'.

오후 제4차 회의 : 서적 출판안은 유보되었지만, 통신소를 신설하여 매달 한 번씩 서로 연락하기로, 그리고 1년에 한 번씩 대표자회를 열기로 가결.

• 7월 14일 화요일

오전 제5차 회의 : 이명섭, 김성한, 최정희, 황인여, 김용하, 김장호, 정한경, 김지택, 이성순, 남정은[헌], 김창화, 이순오, 한시호, 박재규, 김영숙, 정태은, 이순옥, 이종희, 김윤신, 이종화, 이관영, 윤병구, 박용만, 이승만 등이 발언.

오후 제6차 회의(비공개회의) : 여름방학에 네브래스카 주에 있는 청년들을 커니로 모아 여름학교에서 공부하게 하고 체조와 조련도 시키기로 가결.

37) 이날은 휴일이라 애국동지대표회의 활동이 없었다. 대표들이 그레이스 감리교회 주일예배에 참석했을 것이지만, 교회에도 지역신문에도 관련 기록은 없다.

애국동지대표회의 결과를 분석해보면 다음과 같다.

첫째, 재미 한인단체들이 애국동지대표회에 많이 참석하지 않은 이유는, 우선 이 모임의 발기인이 박용만이고 또 대회 목적이 해외 한인단체를 통합한 새로운 기구를 창출하는 데 있었기 때문이다. 박용만은 재미 한인단체 가운데 제일 큰 공립협회(共立協會)를 패류(悖類)라고 부를 만큼 대립 관계에 있었던 대동보국회(大同保國會)와 가까운 인물이었다. 공립협회는 애초부터 새 기구를 만들고자 하는 애국동지대표회를 반기지 않았다. 또 다른 이유는 대회 개최를 이승만의 일정에 맞추기 위하여 두 번이나 변경하다가 결국 갑자기 개최하는 꼴이 되어 충분한 준비 시간을 가질 수 없었기 때문이다.[38] 재미 한인사회는 최고 학력을 가진 이승만이 재미 한인사회뿐만 아니라 장인환 의사의 법정 투쟁에도 공헌해주기를 기대하였는데, 그는 법정에서 통역하는 일을 거절하였다. 그리하여 이승만이 주역을 맡게 될 애국동지대표회에 재미 한인단체들이 핑계를 대고 참석하지 않았던 것으로 보인다.[39] 이상설은 개인 사정으로, 장인환 의사의 변호자금 수금위원이었던 새크라멘토 대표 김성권은 병으로 참석하지 않았다. 이승만이 직접 또는 간접적으로 끼친 부정적 영향이었다.

둘째, 애국동지대표회는 계획했던 목적을 유감없이 달성하여 재미 한인뿐만 아니라 해외 한인들을 결속시킬 방법과 해외동포들을 기반으

38) 《공립신보》(1908. 6. 17/7. 8) ; 유영익, 《이승만의 삶과 꿈》(서울 : 중앙일보, 1996), 67쪽.

39) 김원용, 앞의 책, 326쪽. 필자가 1963년 성탄절에 로스앤젤스에서 만난 최진하(崔鎭河) 씨의 증언에 따르면, 이대위(李大爲) 목사는 기차정거장에서 장인환 의사 재판의 통역을 거절하고 떠나는 이승만을 손가락으로 가리키며 '당신이 사람이요?'라고 힐난했다고 한다. 최진하는 이대위 목사로부터 이 이야기를 직접 전해 들었다고 증언하였다.

로 장차 민족운동이 나아갈 방향을 제시하였다. 아울러 한인들이 회의 진행법에 따라 회의를 진행하고 토론하여 중론(衆論)을 결정할 수 있는 민족임을 미국 주류사회에 과시하였다. 그 과정에서 당면한 국민 계몽 운동의 일환인 번역·출판 사업을 추진하기로 한 것이나, 해외 한인들의 결속을 다지고 연락망을 구축하기 위하여 각 한인들 거주지에 통신국을 두기로 한 것은 구체적인 성과였다. 모든 단체들과 충분한 토의를 하고 절대다수의 지원을 얻기 위하여 새로운 통합 단체 기구의 창출 건은 보류되었으며, 미국에 머물고 있는 이상설의 후원을 얻게 되었다. 7개월 뒤인 1909년 2월 1일에는 미국 본토에서 제일 큰 단체인 공립협회와, 하와이 단체들을 통일한 한인협성협회가 합쳐져 대한인국민회가 창립되었다. 이는 2년이 채 안 되어 무려 120여 개 지방 조직을 거느린 범해외 한인단체로 커졌으며, 미국 본토와 하와이·연해주·중국·멕시코를 연결하는 최초의 세계적 한인단체로 발전하였다.

셋째, 해외 한인 지방사회에 통신국을 설치하는 일은 박용만이 감옥에 있을 때 동지들과 고안한 이른바 윤회통신(輪迴通信)을 발전시킨 것이다. 가령, 서울 상동교회 전덕기(全德基) 목사가 블라디보스토크 정순만에게 헤이그 밀사 파견 소식을 전하면, 정순만은 그 편지에 자기 의견을 더하여 덴버의 박용만에게 보내고, 소식을 받은 박용만은 탄광에서 일하던 박장순 등에게 여비를 장만하도록 하며, 하버드 대학의 윤병구와 로녹 대학의 송헌주를 설득하여 헤이그로 보내 세계평화회의에 참석하려는 세 밀사들을 돕게 하는 것이 그 실례가 되겠다.[40)]

넷째, 덴버 애국동지대표회는 장인환·전명운 의사들의 의거 이후 미국에서 해외 한인 대표들이 모이는 첫 자리였기 때문에 밀정이 파견

40) 방선주, 《재미한인의 독립운동》(춘천 : 한림대학교, 1989), 13쪽.

될 정도로 미국인들과 일본 정부의 큰 관심을 끌었다.

다섯째, 매해 여름 네브래스카에 있는 한인 청년들을 커니에 모아 공부시키고 운동과 조련 연습을 하도록 한 사실은 당시 구한말 군인이었던 김장호와 이종철이 커니 군사고등학교(Kearney Military Academy)에 다니고 있었음을 간접적으로 증명해준다.[41]

여섯째, 애국동지대표회 개최 이후 1년이 채 안 되어 대한인국민회가 창립될 수 있었던 것은, 두 의사의 의거로 해외 한인들의 애국심이 고조된데다 두 의사의 변호 비용을 조금씩 감당하는 가운데 해외 한인들이 독립운동에 참가하는 보람과 한인사회에 대한 소속감을 느끼면서 자신들의 삶의 가치를 재확인할 수 있었기 때문이다. 애국동지대표회는 대한인국민회가 창립될 수 있도록 자치제도의 개념과 방향 그리고 방법을 제시해주었던 것이다.

일곱째, 구체적인 기록은 없으나 심증으로 볼 때, 이들은 한국인의 국민성을 바로잡기 위한 교육이 필요하다고 역설했던 것 같다. 젊은이들로 하여금 새 독립국의 지도자가 될 공부를 하게 하고, 운동경기를 통하여 스포츠맨 정신도 배양하도록 해야 하며, 숭무정신(崇武精神)뿐만 아니라 실제로 군사훈련도 받게 해야 함을 논의한 듯하다.

애국동지대표회가 열릴 때만 해도 해외 한인 교포를 결속시키는 대한인국민회가 몇 개월 뒤 창립되리라고는 아무도 생각하지 못했을 것이다. 그러나 재미 한인사회는 통합 분위기가 조성되어 있었고, 애국동지대표회는 그 촉진제가 되었다. 박용만은 애국동지대표회를 마친 뒤 자신이 운영하던 노동 주선소 겸 여관을 윤병구에게 맡기고, 1908년

41) 커니 군사고등학교는 미국과 스페인전쟁이 일어난 1898년 개교하여 1923년에 폐교하였는데, 학적부 등 학교 기록이 남아 있지 않아 한인 학생이 몇 명이나 다녔는지 확인할 수가 없다.

가을학기에 네브래스카 주립대학에 입학하기 위하여 링컨으로 떠났다.

네브래스카 주립대학은 남북전쟁(1861~1865) 이후 연방정부가 땅을 주어 세운 중부 7주의 주립대학 가운데 하나로, 중부의 건조한 기후에 적합한 농작물 및 농업기술 개발과 유사시 장교 노릇을 할 수 있는 간부후보생(ROTC) 훈련을 조건으로 설립된 학교였다. 미국의 남북전쟁은 양쪽의 경험 없는 장교들 때문에 불필요한 희생자가 너무 많았다. 제대로 훈련받은 장교를 길러내는 일은 급선무였다. 더구나 서구 열강들은 19세기 중반부터 다투어 군대를 증강하고 있었으나 오랜 중립정책에 젖은 미국 국민들은 군대 확산에 무조건 반대했기 때문에, 그 대안으로 중부의 주립대학 남학생들로 하여금 간부후보생 과목을 필수로 택하게 하였던 것이다.

박용만이 네브래스카 주립대학을 택한 이유 가운데 하나는, 미국 육군사관학교 출신인 퍼싱 대위 지도로 1892년 전국 간부후보생 각개교련 경연대회에서 이 대학이 1등을 할 만큼 전통 있는 프로그램이 갖추어졌기 때문이다.[42] 또한 박용만은 애국동지대표회에서 결의한 하기군사훈련을 실천할 요량으로 구한말 군인 출신들이 다니고 있던 군사고등학교(Military Academy) 지역으로 간 것이다. 그곳이 바로 네브래스카 주였다. 다음 장에서는 어떤 과정을 거쳐 한인소년병학교가 세워졌는지를 살펴보겠다.

42) George MacAdam, *The Life of General Pershing The Worlds Work*(March, 1919), 539~546쪽. 퍼싱은 1916년 멕시코 반란군을 이끈 판초 빌라가 미국 국경을 침범하자 그를 추격했던 인물이다. 연합군의 승리로 제1차 세계대전이 끝났을 때는 미군의 총지휘관이었다.

제4장 한인소년병학교(1909~1914) : 생도들, 일과, 그리고 교과목

박용만은 1908년 가을학기에 네브래스카 주 링컨 시에 있는 네브래스카 주립대학(University of Nebraska)에 편입하였다. 그해 겨울방학에 그는 박처후·임동식과 상의한 뒤 농장을 얻어 생도들이 기숙할 곳을 정하고, 미군이 쓰던 군용 총포를 구매하였다. 또 농사에 종사할 사람으로 조진찬(曺鎭賛)을 맞아들였다.[1]

조진찬은 관리인의 주택이 있는 커니 시 농장을 임대하였는데, 1909년 6월 초 이곳에 소년병학교의 기(旗)가 게양되었다.[2] 1908년 7월에 덴버 시에서 열렸던 애국동지대표회의 결의대로, 하기군사훈련을 시행하기 위한 소년병학교가 설립된 것이다.

조진찬의 농장은 커니 시 중심부의 재판소에서 약 2킬로미터 떨어진 곳에 있었고, 멀지 않은 거리에 임동식(林東植)의 농장도 있었다. 네브

---

1) 《신한민보》(1911. 4. 19).

2) 《신한민보》(1911. 4. 19) ; *Kearney Daily Hub*(1909. 5. 21), 3면.

래스카 주에서 모인 13명의 한인 학생들은 임동식의 농장에 기숙하며 아침에는 임동식과 조진찬의 농장에서 밭일을 하고, 군사훈련은 조진찬의 농장에서 받았다.

당시 재미 한인들은 이 소년병학교를 '병학교'라고 불렀다. 이 학교는 일종의 하기군사학교(夏期軍事學校, Summer Military Camp)로, 세 여름학기를 이수(履修)해야 졸업할 수 있는 군사고등학교(Military High School)였다. 소년병학교는 대학이나 대학준비과(Academy)에 다니고 있는 한국 유학생들이 3개월에 이르는 긴 여름방학을 최대한 활용할 수 있도록 구상된 캠프였다.

목 적

한인소년병학교의 설립 목적은 두 가지였다.

첫째는 장기적인 독립투쟁에서 자급자족할 수 있도록 서방의 최신 군사교육을 통하여 우수한 핵심 장교를 양성하는 것이었다. 이들을 한인 유민(流民)들이 많이 사는 연해주 등 조국과 인접한 지역으로 보내 조국 강점을 날로 노골화하는 일본에 대응하도록 하겠다는 것이다.[3]

박용만은, 만주와 연해주에서 농사를 지으며 자급자족하는 둔전병(屯田兵)을 조직할 핵심 장교의 양성 기관으로 소년병학교를 만들고자 하였다. 아마도 박용만은 미국 독립전쟁 때 미뉴트맨(Minute Man)으로 불리던 주민들의 이야기에서 영감을 받은 듯하다. 그들은 농사를 짓다가도 나팔소리만 나면 각자 집으로 뛰어가 조총(musket)을 둘러메고

---

3) 《국민보》(1942. 2. 25), 4면.

영국군과 맞서 싸웠으며, 결국 독립을 쟁취하였다.[4)]

둘째는 문약(文弱)해진 한민족의 성격을 바로잡고 폭넓은 신지식과 세계정세에 밝은 눈을 갖도록 서방국가의 앞선 교육을 받게 한다는 것이었다. 즉, 소년병학교는 민족운동을 펼쳐나갈 튼튼한 기초와 이론은 물론 방법까지도 스스로 창안해내는 의욕적인 새 지도자들을 훈련하는 학교였던 것이다.

소년병학교의 교관들 가운데는 동학에 참가했던 문양목·백일규를 비롯하여 개혁에 눈뜬 한학자들이 많았다. 그들은 나름대로 한국의 '얼'을 소년병학교의 중심으로 삼고, 한국의 고유문화를 찾아 연구·발전시키면서 서양의 물질문명을 받아들여야 한다고 믿었다. 이들 가운데 대동보국회 회원이었던 교관과 후원자들은 문양목·백일규·박장순·이명섭·남정헌·방사겸·정태은·김원택·신형호 등이다.[5)]

커니의 소년병학교(1909)

커니 시민들은 군복을 입고 군사훈련을 받거나 군악대를 앞세우고 행진을 하는 커니 고등학교 교련반 생도들과 성공회에서 세운 커니 고등군관학교(Kearney Military Academy) 생도들을 익히 보아왔다. 그렇기 때문에 또 하나의 새로운 소년병학교가 생기고 생도들이 군사훈련을 받는다고 해서 놀라울 것은 없었다.[6)]

4) 박용만은 미국 책들을 번역·편집하여 1914년에 호놀룰루 국민보사에서 《아미리가혁명(亞美里加革命)》을 출판하였다.

5) 《대동공보》(1907. 11. 28/1907. 12. 5/1908. 1. 2/1908. 2. 6/1908. 3. 12).

6) *Kearney Daily Hub*(1909. 5. 21), 3면.

〈그림 31〉 네브래스카 오마하 시의 고등학교 군사교육반(교련) 군복을 입은 학생과 아버지 (1900년경)

커니 고등학교는 심지어 소녀군대대(少女軍大隊)도 두어 일주일에 두 번씩 목총을 메고 남자 생도들과 함께 군사훈련을 받게 하는 등 명실공히 시민군대를 장려하였다.[7] 당시에 일반 시민들이 군사훈련을 긍정적으로 평가하고 있었다는 사실은 남아 있는 사진으로도 알 수 있다. 오마하에 거주하는 한 가족은 삼부자의 사진을 찍었는데, 큰아들은 오마하 시 센트럴 고등학교 모표가 달린 북군의 군모에 교련용 군복을 입고 있어, 군사훈련을 받는 것이 자랑스러운 일로 여겨졌음을 알려준다(〈그림 31〉). 헤이스팅스 시의 한 옷가게에서는 군복을 입은 소년이 장난감 목총으로 '받들어총' 자세를 취하고 있는 그림을 지역신문에 광고로 내보냈는데, 이는 군사훈련에 대한 당시 미국인들의 긍정적·교육적 가치 판단을 엿보게 한다(〈그림 32〉).

성공회에서 세운 커니 군사고등학교가 그 부속 기관으로 초등학교와 중학교까지 포함하고 있었던 것은 십자가 군병 그리고 사회에 공헌하는 시민을 양성하기 위해서였다. 또 많은 시민들은 이를 위하여 의무와 규율을 중시하고 규칙적인 생활을 단련시키는 군사교육에 후한 평가를 내렸다. 당시의 사회 분위기가 이러했기 때문에 지방정부가 한인들의 하기군사학교를 허가한 것은 그리 이상한 일이 아니었다.

또 미국 연방정부는 여권 없이 입국하는 한인 유학생들에게 호의적이었는데, 국치(國恥) 이전에 대한제국 여권을 가지고 입국한 한인들은 주미 일본영사관의 관여를 받지 않아도 된다는 대한인국민회의 주장을 1913년 국무장관 윌리엄 브라이언이 동의할 정도였다.[8] 소년병학교를

7) Margaret S. Neilson, *Roots of Buffalo County —the English Buffalo Tales*, vol. II, 58쪽 ; Margaret & Neilson의 1995년 12월 22일자 서신.

8) 김원용, 《재미한인오십년사》(Reedly, California : Charles Ho Kim, 1959), 30쪽, 114~117쪽. 1913년 6월 27일에 한인들이 리버사이드 카운티에 있는 헤밋(Hemet)

Barnes

20 per cent
off of
regular price
Including
every
garment
in the house.
Overcoat,
Suit,
Vest.

〈그림 32〉 헤이스팅스의 한 일간신문에 실린 옷가게 광고(1908년 7월)

이라는 작은 농촌에 과일을 따러 갔다가 그곳 백인들에게 축출당한 일이 있는데, 이를 '헤밋 사건(Hemet Incident)'이라고 한다. 이 사건에 일본총영사가 개입하려 하자 거절하고 대한인국민회에서 국무장관에게 항의하여, 국무장관은 한인들의 일은 한인사회에서 스스로 결정하라고 발표하였던 것이다 ; *Hemet News*(1913. 6. 27), 1면/(7. 4), 5면/(7. 27), 1면 ; *Los Angeles Times*(1913. 6. 27), 1면/(6. 28), 1면 ; *San Francisco Chronicle*(1913. 6), 27~28면 ; *New York Times*(1913. 6. 28), 6면.

설립하는 데서 정한경은 커니 시의 묵허(默許)를 얻었고 박용만은 네브래스카 주정부의 허가를 받았다.[9] 커니 시와 네브래스카 주정부의 허가 내용은 커니 고등학교나 커니 군관학교처럼 목총은 교련시간에 사용하고 장총(rifle)은 사격 연습 때만 사용한다는 것을 골자로 하였으리라 여겨진다.

첫 여름 생도들은 모두 13명이었는데, 14세의 김용성(金容成, Arthur Y. S. Kim)부터 50세가 넘은 조진찬까지 여러 연령층의 학생들이 있었다. 여름 훈련은 조진찬의 농장에서 시작되었으며, 곧 시민들 사이로 이 소문이 퍼져나갔다(〈그림 33〉).

당시 커니 시가 속해 있던 버펄로 카운티(Buffalo County)의 대표적 농산물은 옥수수·양파·밀·귀리·보리·감자 등이었는데, 조진찬과 임동식의 농장에서 어떤 농작물이 재배되었는지는 분명하지 않다.[10]

소수의 한인들이 인구 1만을 겨우 넘는 백인 도시에서 군사훈련을 한다는 소문은 아마도 여러 교회를 통해서 빨리 전파되었을 것이다. 이 소문을 듣고 커니에서 동남쪽으로 20킬로미터가량 떨어진 곳에 있는 장로교 계통의 헤이스팅스 대학에서 재무이사 존슨(P. L. Johnson)이 직접 찾아와 대학의 기숙사와 학교 시설 일부를 시험삼아 사용하라고 제의하였다.[11] 소년병학교가 1909년 여름훈련 일부를 헤이스팅스 대학에서 실시하였다는 또 다른 기록은 헤이스팅스의 지역신문에서 찾아볼 수 있다. 즉, 1910년 8월에 일본이 곧 한국을 강점할 것이라는 소식이 전해지자 헤이스팅스 신문은 〈깨어나는 한국, 한국인들은 일본이 강점

---

9) 《신한민보》(1911. 4. 19).

10) *New Era-Standard*(1909. 6. 7), 1면.

11) 헤이스팅스 대학 도서관 대학 역사자료실에 소장된 존슨 노트(Johnson Note).

〈그림 33〉 노년병 조진찬. 그의 막내며느리가 바로 〈학교종〉을 작사 · 작곡한 김매리 선생이다

해도 실망하지 않는다〉는 제목 아래 다음과 같은 기사를 실었다.

> 많은 시민들은 한국인과 일본인을 구별 못할 것이다. 한인들은 요즈음 미국에서 서양 교육을 받고 싶어한다. 작년 여름 헤이스팅스 대학에서 기숙사와 교사를 제공하여 13명이 군사훈련을 받았다. 규율은 엄격하였고, 각자 할일을 충실히 이행해서 주어진 기회를 최대한 활용하였다.[12)]

소년병학교가 첫 여름을 마쳤을 때 커니의 지역신문에는 〈한인군사학교가 지난 주에 성공적으로 첫 여름학기를 마쳤다. 내년에 다시 열릴 것이다〉는 제목 아래 한인 생도 13명이 군사훈련을 마치고 각기 다니는 정규학교의 가을학기에 맞추어 돌아갔다는 내용이 실렸다.[13)]

구한말의 두 군인과 한국식 산병교련

소년병학교에는 구한말 군인이었던 두 교관이 있었는데, 김장호(金長浩)와 이종철(李鍾徹)이 바로 그들이다. 김장호는 커니 군사고등학교를 거쳐 블리스 군사고등학교(Blees Military Academy)에, 이종철은 커니 군사고등학교에 재학하고 있었다.[14)] 소년병학교 생도들은 한국인으로서 자부심을 가지고 이 두 구한말 군인 교관들로부터 한국식의 산병교련(散兵敎鍊)을 배웠던 것이다. 그리고 뜻밖에도 이 전통 산병교련을 선보일 기회가 곧 찾아왔다.

---

12) *Hastings Daily Tribune*(1910. 8. 25), 2면.
13) *Krarney Daily Hub*(1909. 8. 30), 3면.
14) 《신한민보》(1909. 7. 21), 2면.

1909년 8월 중순경, 미국의 유명한 서부활극단 버펄로 빌(Buffalo Bill)이 〈황야의 서부와 극동〉이라는 활극(活劇)을 커니 시에서 공연하게 되었는데, 지역신문은 이 소식을 다음과 같이 알렸다.

> 커니 소령(버펄로 빌의 본명)은 이번 다채로운 쇼에서 서부활극은 물론 세계 각국의 기마병과 네 나라 군대의 전투 기술을 선보일 것이다.[15]

소년병학교 생도들은 이 서부활극에 극동 4개국 군대의 하나로 참가하였다. 이로써 수입을 얻게 된 것은 물론, 이들에게 관심을 가지고 있던 헤이스팅스 대학을 비롯하여 소년병학교 교관들과 생도들에게도 첫 하기훈련이 성공적으로 끝났다는 확신과 자신감을 안겨주었다. 그러나 완고한 재미 한인들은 말을 타고 권총을 쏘는 버펄로 빌의 서부활극을 일종의 광대극으로 여겼기 때문에, 박용만이나 《신한민보》는 이와 관련해 일절 함구하였다. 그럼에도 이 사건은 다음해인 1910년에 네브래스카 주뿐만 아니라 미국 전역에서 한국 학생들을 불러들이는 또 하나의 자극제가 되었다. 그러면 한인소년병학교는 어떤 부류의 군사학교였는지를 알아보도록 하자.

미국 무관학교의 분류

20세기 초에 미국 군사교육기관은 네 종류로 나뉘었다. 첫째는 항상 군복을 입고 병영생활을 해야 하는 사관학교, 둘째는 간부후보생들을

15) *Kearney Daily Hub*(1909. 8. 12), 2면.

〈그림 34〉 네브래스카 주립대학 간부후보생들과 함께한 박용만(셋째 줄 오른쪽에서 세번째)

위하여 군사교육을 실시하는 4년제 대학, 셋째는 군사고등학교, 넷째는 군사교육을 실시하는 고등학교였다.[16] 이 분류 방식에 따르면, 박용만이 다니던 네브래스카 주립대학은 모든 남학생이 2년 동안 간부후보생 훈련을 받아야 했으므로 둘째 부류에 속하였다(〈그림 34〉). 교관 김장호와 이종철이 다니던 블리스 군사고등학교나 커니 군사고등학교는 셋째 부류에 속하였다. 커니 공립고등학교나 오마하 시의 센트럴 공립고등학교는 군사훈련을 실시했으므로 넷째 부류에 속하였다(〈그림 35〉).[17] 네 종류로 나뉜 각 군사교육기관은 지정된 교육과 훈련을 이수해야 하는데, 소년병학교의 군사교육과 훈련시간을 보면 셋째 부류인 군사고등학교에 속하는 것이었다. 지금도 일리노이 주 컬버 시에는 세 번의

16) Alfred E. Sterns, R. L. Ginislliate, *Types of Schools for Boys*(Indianapolis : Bobbs-Merrill Company, 1917), 57쪽.

17) Roswell P. Barns, *Militarizing Oour Youth*(New York : Committee on Militarism in Education, 1927), 42쪽.

〈그림 35〉 군복을 입은 호시한. 오마하 고등학교에서 군사훈련을 받을 때의 모습이다(1912년경)

여름학기를 이수해야 하는 해양군사학교가 있는데, 소년병학교와 교과과정이 아주 비슷하다. 소년병학교의 개학과 종강 일자는 해마다 조금씩 차이가 있지만, 평균 훈련 기간은 8주였다. 교과과정이나 훈련시간으로 견주어보더라도 소년병학교는 미국 중부의 유수한 군사고등학교에 뒤지지 않았다. 그러면 이러한 의욕적인 소년병학교가 어떻게 헤이스팅스 대학으로 이전하여 교정과 기숙사를 쓰게 되었는지 살펴보자.

소년병학교와 헤이스팅스 대학

박용만은 학업을 중단하고 1911년에 《신한민보》의 주필이 되었다. 이때 소년병학교가 진행된 과정을 〈소년병학교의 역사〉라는 제목으로 기사화하였고, 1910년에 헤이스팅스 대학에 정주하게 된 과정을 〈소년병학교와 존슨 씨〉라는 제목 아래 게재하였다.

> 소년병학교가 헤이스팅스 대학을 빌어 쓴다 함은 이미 말한 바이어니와 그것은 우리가 원래 빌려달라 하여도 안 될 일이고 세를 내고저 하여도 안 될 일이나 다만 그 학교를 주장하는 존슨 씨가 우리 학생들이 공부를 사랑하고 무예를 숭상하는 것을 아름답게 여겨 자기가 병학교 주무원을 찾아보고 스스로 허락한 것이라. 그 학교를 빌려줄 때에 다만 집만 허락한 것이 아니라 침상과 책상과 식당 제구와 주방 제구와 일반 기명을 일일이 빌려주어 우리 학생은 수저 하나도 사지 않게 하였으며 또 풍금까지 쓰기를 허락하여 학도들이 능히 풍류도 공부하게 하더라.[18]

18) 《신한민보》(1911. 5. 24), 3면.

헤이스팅스의 지역신문은 소년병학교가 헤이스팅스 대학으로 이전한 것이 존슨의 주밀(周密)한 배려로 장기적 계획 아래 이루어졌음을 다음과 같이 서술하였다.

> 커니 주립사범대학에 다니는 박처후 씨는 헤이스팅스 대학으로부터 20에이커의 밭을 임대하였는데, 올 여름부터 경작할 계획이다. 대학 관리인 스미스 씨에 따르면 2~30여 명의 한국 학생들이 모여 하기군사훈련을 받을 것이라고 한다.[19]

위 기사로 볼 때, 1910년 이른 봄부터 밭농사를 맡으려고 대학 당국과 한인들이 접촉하고 있었음을 알 수 있다. 그해 5월에 대학기금을 모금하기 위하여 동부에 다녀온 존슨은 신문기자들에게 한인소년병학교가 여름에 정식으로 헤이스팅스 대학에서 열리게 되었음을 발표하였다.

> 대학 당국은 네브래스카 주에 유학하고 있는 한국 학생 50여 명이 이곳에서 교육받기 원한다는 사실을 관심 깊게 주시해왔다. 이번에 동부를 방문하였던 존슨 씨는 올해 프린스턴 대학을 졸업한 한국 학생 고문 이승만 씨를 만났고, 이곳에 거주하는 박처후·박용만 등 한인 지도자들을 만나 대학이 도울 수 있는 방법 등을 논의하였다. 헤이스팅스 대학은 한인소년병학교가 대학 시설을 쓸 수 있도록 결정하였으며, 여름학교는 한인들이 스스로 운영할 것이다. 약 20명이 올 여름에 등록할 것으로 예상되며, 이미 16명은 등록을 마쳤다고 한다. 이승만 씨가 이곳에 와서 일할 것으로 알려졌으며, 한국 청년들은 서양 교육을 받은 뒤 귀국하여 일본의 핍박을 받는 조국의 명예와 발전을 위해 투쟁할 것이다. 다수의

19) *Hastings Daily Tribune*(1910. 3. 28), 10면.

한국 학생들은 고학생으로서 일자리가 있으며, 열심히 일할 의욕에 차 있는 일꾼들이다. 이들은 앞으로 대학의 농토 일부를 빌려 경작하고 농산물을 직매할 계획이므로, 시민들의 성원이 필요할 것이다. 그들 가운데는 농사에 경험이 있는 사람도 있어 성공을 기대해볼 만하다.[20)]

이 기사를 보면 박용만이 이승만을 한국 학생 고문으로 존슨에게 소개하였으며, 존슨이 동부를 방문했을 때 이승만을 만나도록 주선해 주었음을 알 수 있다. 독실한 기독교 신자인 존슨과 헤이스팅스 대학이 한국 학생들에게 관심을 기울인 까닭은 그들을 전도하여 기독교인으로 만들고자 하였기 때문이다. 그러면 그들이 귀국한 뒤 가족과 친척들에게 전도를 할 것이고, 말 그대로 본토박이 전도사(native missionary)가 될 것이기 때문이다. 대학 이사들은 자기 발로 네브래스카 주에 들어온 수십 명의 한국 학생들을 하나님이 주신 전도의 기회라고 믿었다. 헤이스팅스 측의 '십자가 군병들'과 박용만의 '둔전제 독립군(屯田制獨立軍)' 양성 목적이 잘 맞아떨어진 것이다. 남북전쟁 이후 시작된 해외 선교활동은 20세기 초에 맹렬해져서, 네브래스카 주의 각 개신교 종파들은 서로 극동에 선교사를 파견하여 선교 지원을 하고 있었다.

존슨 부부는 독실한 기독교 신자였다. 특히 미국 장로교 여선교회의 회원이었던 부인은 해외 선교를 위하여 극동에 다녀온 경력도 있었다. 마침 헤이스팅스에는 만주 선교에서 돌아온 로이스 목사도 있어서, 그가 소년병학교 생도들에게 성경을 가르치겠다고 나섰다.[21)] 당시 미국인들의 선교에 대한 견해는 헤이스팅스 대학 학생잡지에 잘 드러나 있다.

해외선교와 관련하여 많은 사람들이 우리가 직접 가서 하는 것보다는

---

20) *Hastings Daily Tribune*(1916. 5. 7), 1면 ; *Kearney Daily Hub*(1910. 5. 10), 2면.
21) 《신한민보》(1914. 4. 26).

외국인들이 미국에 와서 교육을 받고 기독교인이 되어, 귀국한 뒤 직접 기독교를 전파하고 가르치는 것이 더 효과적이라고 생각한다. 이 새로운 전도사업을 위한 절차가 대학과 대학준비과정(academies) 학교에서 생기고 있다.[22)]

다음에 자세히 설명하겠지만, 이때 헤이스팅스 대학은 의욕적으로 캠퍼스 확장운동을 벌이고 있었다. 소년병학교가 처음 방문했던 1909년에는 카네기 재단의 보조로 '카네기 과학관'과 '카네기 도서관'을 지었고, 곧 이어 헌신적인 존슨 이사를 기념하기 위한 '존슨 체육관'을 지었다.[23)] 그러나 헤이스팅스 대학은 지방 북장로교 교파 단과대학에서 탈바꿈을 못한 채 등록 학생이 일정하지 않아, 1910년에는 겨우 11명의 졸업생만 배출하였다. 그 가운데는 교회 음악을 담당할 음악 전공과 초등학교 교사가 될 여자들이 대다수였다.[24)] 1911년 가을에는 처음으로 체육 프로그램을 확장하여 교내 구장에서 미식축구 시합을 하였다.[25)]

재미 한인들에게는 대학 쪽의 실리나 목적에 상관없이 학교 시설과 농장을 빌려주었다는 사실이 큰 화제가 되었다. 이는 그들의 애국심을 고양시키는 계기가 되었다. 1910년 봄, 네브래스카 주 한인들은 헤이스팅스 대학에서 빌린 농토에 씨를 뿌리며 경작을 시작하였다.[26)] 6월 초에 한인 학생들이 이 대학으로 여름학기 교육을 받으러 오자, 헤이스팅스의 지역신문은 〈많은 한인들이 특별한 여름학교를 위하여 이곳에〉라는

22) *Outlook*(Hastings College, 1913).

23) William R. Burton(ed.), *Past and Present of Adams County Nebraska*(Chicago : S. J. Clarke Publishing Co., 1916), 144쪽.

24) 같은 책, 148쪽.

25) *Hastings Daily Tribune*(1911. 10. 16), 1면.

26) 《신한민보》(1911. 4. 19).

제목을 달고 다음과 같은 기사를 실었다.

> 어제 한인 26명이 여름학교 등록을 마쳤다. 등록한 수는 기대한 것보다 많고, 며칠 안에 몇 명이 더 도착할 것이라고 한다. 여름학교는 한인들의 손에서 한인들을 위하여 운영될 것이며, 교사들 가운데는 유수한 대학에서 군사교육을 받은 사람들도 있다. 학생들 가운데는 최근 미국에 도착하여 영어를 못하는 경우도 있지만, 대부분의 학생들은 미국에서 몇 년 동안 공부하였다. 학생들은 블리스 군사고등학교 출신 교관에게 군사훈련을 받을 것이다. 그의 전략을 비롯하여 한국어·한국지리·중국어·영어·미국사·과학 등을 배울 것이다. 모든 과정은 세 번의 여름학교로 수료할 수 있는 교과목들로 선별되었다. 이 여름학교는 그들이 조국으로 돌아가 유용하게 활용할 수 있는 서양 학문의 지식과 사고방식을 가르칠 것이며, 만약 그들이 미국에서 살고자 한다면 모범 시민이 되는 데 도움이 될 것이다. 여러 학생들은 가을학기가 되면 다니던 고등학교나 대학으로 돌아갈 것이다.[27]

1910년 6월, 소년병학교 개학식 때 군복을 입은 생도들은 헤이스팅스 대학 교정의 국기게양대에 풍전등화 같은 조국의 태극기를 게양하고 받들어총을 하면서 조국의 자주독립을 위한 굳은 의지를 다졌다. 그러나 채 석 달도 못 되어 일본은 한국을 강점하였다(〈그림 36〉).

소년병학교 생도 수는 두번째 해인 1910년에 두 배로 늘어났고, 화서학파(華西學派) 최익현(崔益鉉)의 문하생(門下生)인 김현구(金鉉九)와 와이오밍 주 슈피리어 탄광에서 온 한학자 박장순이 들어오면서 교수진도 보강되었다. 그해 가을, 대학 이사 존슨은 김현구에게 자기 집에

27) *Hastings Daily Tribune*(1910. 6. 15), 1면.

〈그림 36〉 헤이스팅스 대학 교정의 국기게양대에 태극기를 올리고 있는 소년병학교 생도들 (1910년 6월)

기숙하면서 잡일을 보라며 '스쿨보이' 일자리를 제공하였다(〈그림 37〉).[28]

헤이스팅스 대학의 적극적인 후원을 얻은 박용만은 두번째 여름학기가 시작되는 것을 본 뒤 소년병학교 기금을 모금하기 위하여 한인이 많이 사는 서부로 떠났다. 당시 미국 본토에는 약 1,000명의 한인들이 있었다. 이들 가운데는 하와이에서 건너온 사람들도 있었고, 중국을 경유해 들어온 탄광노동자들도 있었으며, 유학생 신분으로 입국한 이들도 있었다.[29] 박용만의 여행과 관련하여 현지 신문은 다음과 같은 단신을 실었다.

> 헤이스팅스 대학에 설립된 한인소년병학교 교장 박용만 씨는 오늘 아침 유타 주 오덴 시로 떠났다.[30]

28) Dae Sook Suh, *The Writings of Henry Cu Kim*(Honolulu : University of Hawaii Press, 1987), 68쪽, 105쪽.

29) 《공립신보》(1908. 9. 16), 1면.

〈그림 37〉 소년병학교가 여름 동안 헤이스팅스 대학의 시설을 쓸 수 있도록 주선해준 헤이스팅스 대학의 재무이사 존슨

박용만은 한인 동포들이 사는 미국 서부의 크고 작은 재미 한인 지역사회를 샅샅이 방문하여 일취월장(日就月將)하는 소년병학교를 홍보하고 재정적 지원을 청하였다. 또한 그해 이른 봄부터 끊임없이 퍼지던 일본의 한국 병합 소문의 신위, 대한인국민회 창설 이후 재미 한인 지역사회의 현황과 여론, 소년병학교를 본떠 각 지역에서 펼치려고 하는 군인 양성운동의 가능성, 구한말 군인 출신 교포들의 실상 등도 알아보았을 것으로 추정된다.

캘리포니아 주 리버사이드를 방문할 때, 박용만은 한인 농부들에게

30) *Hastings Daily Tribune*(1910. 6. 20), 5면.

장총 다루는 법을 시범으로 보여주었다.[31] 박용만이 서부를 방문하고 있는 동안 소년병학교는 호평을 받으면서 안정되어갔다. 헤이스팅스의 지역신문에도 '한인학교는 잘 자리 잡았다'는 요지의 기사가 실렸다.

> 한인소년병학교는 헤이스팅스 대학에서 제자리를 찾은 듯 안정되고 있다. 매일 오후 4시부터 6시까지 군사훈련을 위시하여 대학 준비과정 학과들이 짜여진 이 학교에는 30여 명의 생도들이 학업을 닦고 있다. 흥미로운 것은 생도들의 군사훈련을 맡고 있는 김장호 교관이 대한제국 군인이었으며, 블리스 군사고등학교를 졸업하였다는 사실이다. 소년병학교 책임자들은 이번 여름의 생도 수에 만족하며, 내년 여름에는 더욱 많은 생도들이 등록할 것이라고 기대하고 있다.[32]

박용만이 김장호에게 교장직과 군사훈련을 맡기고 서부를 방문하고 있는 동안, 프린스턴 대학에서 그해 여름에 박사학위를 받은 이승만이 8월 22일 헤이스팅스에 도착하였다.[33] 이날 지역신문은 이승만의 도착 소식과 함께 '한국은 합병되었다'는 일본 정부의 선포 소식을 1면에 대서특필하였다.

또 지역신문은 이승만을 소개하기를, 그는 위대한 애국자로서 수년 동안 투옥을 당하였고, 옥중에서 다른 죄수들에게 전도하며 영어를 가르쳤을 뿐만 아니라, 미국에서 최고 학부를 나온 진보적 지도자라고 하였다. 그리고 서울 기독교청년회 총무로 취임하러 가는 길에 헤이스

---

31) 1993년 6월에 로스앤젤레스의 한인 2세 Ellen Thun(田敬武의 사촌여동생)과 가진 인터뷰.

32) *Hastings Daily Tribune*(1910. 7. 1), 1면.

33) *Hastings Daily Tribune*(1910. 8. 22), 1면.

팅스에 들렀다고 설명을 달았다.[34] 이틀 뒤 지역신문에는 각 교회에서 합동으로 이승만을 초청하여 침례교회에서 강연회를 가졌다는 소식이 실렸다. 각 교회에서는 목요일 저녁 기도회를 취소하였다.[35]

이승만은 헤이스팅스에 도착한 뒤 매일 세 번씩 기도회를 가졌는데, 모임에서 그는 장인환·전명운·안중근이 형법상 살인범들이며 조국의 명예를 훼손시켰다고 비난하면서, 일본과 군사적으로 싸운다는 것은 망상이라며 박용만의 독립관을 비판하였다. 이 때문에 소년병학교에서는 한때 분란이 일어났다.[36] 그는 또 신문기자들과 가진 인터뷰에서 일본 제국주의를 기정사실화하는 내용의 발언을 하였다.

> 한국은 사실상 일본의 영토가 된 지 오래였고, 한국에 황제가 있다고 하나 허수아비일 뿐 모든 중요한 결정은 통감부에서 내렸다.[37]

모호한 발언과 행동을 보인 이승만은 박용만이 돌아온 직후 유럽을 거쳐 10월에 서울에 도착하였고, YMCA에서 약 1년 반 동안 일을 맡아 보았다.[38]

두 달 동안 서부지역 동포를 방문하였던 박용만은 8월 25일에 헤이스팅스로 돌아왔고, 그의 동정과 관련하여 신문에는 다음과 같은 기사가 실렸다.

34) *Hastings Daily Tribune*(1910. 10. 22), 1면.
35) *Hastings Daily Tribune*(1910. 8. 24), 1면.
36) Dae Sook Suh, 앞의 책, 185~186쪽 ; 김원용, 앞의 책, 326쪽.
37) *Hastings Daily Tribune*(1910. 8. 25), 2면.
38) 유영익, 《이승만의 삶과 꿈》(서울 : 중앙일보, 1996), 76쪽, 92쪽.

〈그림 38〉 1910년 헤이스팅스 대학 교정에서 구영숙 · 김용성 · 박용만 · 유홍조(각각 왼쪽에서 두번째 · 세번째 · 네번째 · 다섯번째)

동족들의 교육운동을 펼치고 있는 박용만 씨가 오늘 아침 캘리포니아주에 거주하는 동포들의 사정을 살피고 돌아왔다. 한인군사학교 생도들은 벌링턴 역으로 마중을 나와 거수경례를 하였다. 박 씨도 차례로 악수를 나누었다. 그는 오늘 이승만 박사와 면담할 것이다.[39)]

그들의 면담 내용은 기록이 없어 알 수 없으나, 이 둘은 여전히 친밀한 관계를 유지하였고, 박용만은 연장자인 이승만에게 자기의 신상 문제를 포함한 모든 문제를 허심탄회하게 의논하였다. 서부 여행에서 600여 달러를 모금한 박용만은 그 돈으로 군복과 야구 팀 유니폼을 구입하고 교사들에게 명목상의 급료를 지불하였다(〈그림 38〉).[40)]

한편 그해 7월 중순부터 한국의 긴박한 사정이 계속 속보로 전해졌으며, 재미 한인들은 멀리서 조국의 운명을 지켜보는 수밖에 없었다. 그러는 가운데 헤이스팅스의 지역신문은 9월 3일에 다음과 같은 흉보(凶報)를 알렸다.

미카도[천황]는 조선을 합병함으로써 법적 통치 영역으로 3,000만 인구와 8,200만 평방마일의 영토를 늘렸다. 한인들의 저항운동이 있을지 모르나, 강대국들이 일본의 조선 합병을 무효로 하려고 하지 않는 한 별나른 성과는 없을 것이다. 열강들이 그렇게 할 확률은 극히 적다.[41)]

재미 한인들은 8월 29일에 순종이 통치권을 일본에 넘겨주었다는 소식을 믿을 수 없었고, 여러 번 합방 반대 서명서를 보냈다.[42)]

39) *Hastings Daily Tribune*(1910. 8. 15), 6면.
40) 《신한민보》(1911. 4. 19) ; 유영익, 앞의 책, 105쪽.
41) *Hastings Daily Tribune*(1910. 9. 3), 3면.

그러면 이제 한인소년병학교 구성원들의 분석을 통하여 소년병학교의 성격을 규명해보도록 하겠다.

소년병학교 구성원

1910년에는 소년병학교에 대여섯 명의 교사가 있었으나, 마지막 해인 1914년에는 열 명 이상의 교사가 다양한 과목들을 지도하고 있었다. 1910년을 기준으로 구성원들을 정리해보면 다음과 같다.

이름	연령	다닌 학교/출신
〈교사들〉		
朴容萬(교장)	29	네브래스카 주립대학
白一圭(潤祚)	31	헤이스팅스 대학 예비과[43]
金鉉九	21	헤이스팅스 대학 예비과
朴処厚	27	네브래스카 주립 커니 사범대학
李鐘徹	미상	커니 군사고등학교
朴長(璋)淳	미상	탄광 광부, 한학자
金長浩	미상	블리스 군사고등학교 졸업
具永淑	18	블리스 군사고등학교

42) 김원용, 앞의 책, 330~342쪽.

43) 재미 한인들은 'academy'를 '예비과'라고 불렀다.

〈생도들〉

鄭翰景	20	커니 공립고등학교
柳一韓	15	커니 공립고등학교
이관수	14	커니 공립중학교
金一信(容大)	미상	커니 공립중학교
鄭良弼(충모)	17	커니 군사고등학교
洪承國(昌)	21	헤이스팅스 대학 예비과
鄭泰殷	미상	헤이스팅스 대학 예비과
朴吉用	미상	헤이스팅스 대학 예비과
曺五与	11	헤이스팅스 초등학교
金容成	13	링컨 시 초등학교
정희원	미상	미주리 주 캔사스 시 거주
李喜儆	20	미상
金 慶	22	미상
金裕沢	23	조지아주 레인하드 대학
韓是鎬	미상	미상
方四兼	29	네브래스카 주 오마하 거주
柳鴻朝	미상	네브래스카 주 오마하 거주
李魯翊	미상	네브래스카 주 웨즐리언 대학 예비과
배병헌	미상	네브래스카 주립 커니 사범대학
申泰林(태규)	미상	미상
吳漢秀	미상	미상
李相鎮	미상	미상
南廷憲	미상	미상

李鎮一	미상	미상
胡始翰	25	오마하 시 공립고등학교

〈농장 관리자들〉

曺鎮贊	51	조오흥의 아버지
林東植	37	
柳殷相	미상	

〈후원자들, 네브래스카 주 거주〉

安載昌	37	링컨 시 소작농
權鐘洽	미상	
金秉熙	미상	김일신의 아버지
김유성	미상	커니 시 거주 시멘트공
鄭永基	미상	미상
金禮權	미상	미상

농장 관리자들과 후원자들은 그들이 못 이룬 미국 유학의 꿈을 실현하는 소년병학교 생도들을 장하게 생각하였다. 뿐만 아니라 무엇을 하든지 남보다 뛰어나게 잘하는 어린 생도들을 자식같이 여기고, 방학이면 데려다가 한국 음식을 먹이며 아껴주었다(〈그림 39〉).[44]

헤이스팅스 대학 안의 성공적인 하기 소년병학교 훈련은 헤이스팅스 시가 속해 있는 애덤스 카운티의 역사책에도 기재되어 있다.

44) 남정헌, 〈우운 문양목 선생을 추도함〉, 《태평양주보》(1941. 4. 19/4. 26/5. 3).

〈그림 39〉 1910년 여름 헤이스팅스 대학 교정에서 소년병학교 교관생도들(앞줄 왼쪽에서 네번째가 박용만, 가운데 줄 오른쪽에서 두번째 북을 앞에 놓고 있는 조오흥, 뒷줄 왼쪽에서 다섯번째가 유일한)

> 1910년 7월 17일, 26명의 한국 학생들이 헤이스팅스 대학에 도착하였다…… 1911년에는 40명 이상의 학생들이 하기군사학교에 와서 정규학과와 군사학을 배우며, 목총을 메고 군사훈련을 받을 것이다.[45]

이들 가운데 여러 명은 선생이면서 동시에 생도로 교육을 맡았고, 졸업 뒤에는 소년병학교에서 교사·교관으로서 일하였다. 소년병학교를 헤이스팅스로 옮긴 뒤에는 캘리포니아·콜로라도·오하이오·미시건·뉴욕·펜실베이니아·일리노이 등지에서도 학생들이 와서 헤이스팅스 대학 당국자들을 흡족하게 하였다. 존슨은 "소년병학교는 다른 곳에서 찾아볼 수 없는 한인 하기군사학교로, 새 문화에 잘 적응하는 한인들

---

45) Dorothy Meyer Creigh, *Adams County : The Story, 1872~1972*(Hastings, Neb. : Adams County Centennial Commission, 1972), 73쪽.

의 융통성을 보여주고 있다"고 평하였다.[46)]

소년병학교의 세번째 하기훈련은 1911년에 시작되었다. 헤이스팅스 대학에서 예상했던 것보다 많은 44명이 등록을 하여 모든 사람들이 만족해 하였다. 헤이스팅스 대학재단이사회에서는 그해 7월에 재정 지원이 필요한 한국 학생들이 헤이스팅스 대학에 등록한다면 학비를 반만 받겠다고 결의하였다.[47)] 학교 시설을 확장하였던 헤이스팅스 대학은, 한국 학생들이 여름에 와서 소년병학교만 다니고 각자의 학교로 다시 돌아가는 것보다, 헤이스팅스 대학에 머물며 각자 실력에 맞추어 아카데미나 정규대학에 진학해주기를 바랐던 것이다. 그리고 한국인이 맡은 농장에서 일하거나 학교에서 주선해주는 잡일을 하면서 고학하기를 기대하였던 것이다.

1911년 여름 훈련이 끝난 뒤, 헤이스팅스의 지역신문은 다음과 같은 기사를 실었다.

> 헤이스팅스 대학에서 두번째 여름학기를 마친 한인 여름학교는 내일 종강과 함께 첫 졸업식을 올리고 특별 산병교련 시범을 보이는데, 많은 시민들이 참석해줄 것을 바라고 있다. 내일 저녁 7시에 국기 게양식이 있으며, 대학 예배당에서 교장 박용만이 졸업식을 거행할 계획이다. 세 여름학기를 마친 13명이 졸업장을 받으며, 생도들은 한국어와 영어로 연설할 것이다. 올해는 44명의 생도들이 등록하였는데, 박용만 씨는 내년에 12명가량 더 등록할 것으로 기대하고 있다. 이 여름학교는 재미 한인학교로는 가장 큰 규모이며, 앞으로 성공적으로 성장하리라 믿고 있다.[48)]

---

46) 헤이스팅스 대학 도서관 대학 역사자료실에 소장된 존슨 노트.
47) 헤이스팅스 대학 이사회 회의록(1911. 7. 6).
48) *Hastings Daily Tribune*(1911. 8. 18), 16면.

소년병학교 제1회(1911. 8) 졸업생들은 조진찬·임동식·유일한·정한경·박처후·김용성·김일신·구영숙·이관수 등 커니와 헤이스팅스에 거주하는 학생들로, 1909년 여름부터 훈련을 받은 생도들이었다.

1912년 이른 봄부터 헤이스팅스의 지역신문에는 네번째 소년병학교 하기훈련과 관련하여 〈하기 캠프가 한인들을 위하여 이곳에 세워질 것이다〉라는 제목 아래 다음과 같은 희망 찬 기사를 실었다.

> 내년 여름부터 3개월 동안 한인들을 위한 천막 군영이 이 도시에 세워질 예정이다. 지난 여름까지 한인소년병학교 생도들은 헤이스팅스 대학 기숙사를 이용하고 일부만 천막 생활을 하였는데, 내년 여름부터는 군사훈련 과정의 하나로서 모든 생도들이 헤이스팅스 대학 체육관 북쪽에 막사를 치고 천막 군영 생활을 할 것이다. 그들은 이미 헤이스팅스 대학 교정에서 두 번의 여름에 걸쳐 야외 군사훈련을 받았다. 재미 한인 지도자이자 네브래스카 주립대학 재학생인 박용만 씨가 6월 초에 와서 하기군사학교를 감독할 것이다. 여기에는 약 50명의 한국 학생들이 등록할 것으로 기대하고 있다. 9명의 한국 학생들은 헤이스팅스에서 거주하면서 학교〔정규 헤이스팅스 대학, 대학 예비과〕를 다니고 있다.[49]

1912년 6월에는 김려식과 신형호가 중국을 떠나 유럽을 유람하고 보스턴에 도착하여 소년병학교에 왔다.[50] 그런데 그해 여름에 두 가지 뜻하지 않은 일이 일어났다. 헤이스팅스 대학의 테너 학장이 사임하고 펜실베이니아 주로부터 크론(Crone) 학장이 부임한 것이다.[51] 또 하나는

49) *Hastings Daily Tribune*(1912. 3. 27), 6면.

50) 《신한민보》(1912. 6. 17), 3면.

51) *Hastings Daily Tribune*(1912. 6. 18), 8면.

등록한 한국 생도 수가 기대보다 적은 34명에 그친 것이다.[52]

그러나 네번째 하기군사훈련도 매우 만족스럽게 끝났고, 지난해와 마찬가지로 1912년에도 13명의 생도가 졸업하였다. 이들은 1910년 여름부터 훈련을 받았는데, 시베리아와 유럽을 거쳐 뉴욕으로 함께 들어온 김현구·정태은·홍승국 그리고 가족을 따라 하와이로 이민 왔다가 미국 본토로 유학을 온 조오홍·이정수 등 모두 네브래스카 주에 거주하는 학생들이었다.[53]

졸업식은 1912년 8월 16일에 헤이스팅스 대학의 부속 교회에서 행해졌고, 한국에서 1년 전에 돌아온 이승만과 커니 군사고등학교 사감인 러셀이 연설을 하였다. 참석한 손님들은 모두 150명이었는데, 그 가운데 50명은 네브래스카에 거주하는 동포들이었다.

졸업식이 끝난 뒤 생도들은 손수 각본을 쓰고 연출한 〈안중근〉이라는 4막짜리 연극을 한국어로 선보였다.[54] 뿐만 아니라 생도들은 졸업식 전날 이승만, 박용만, 크론 학장, 킬번 목사 등을 위하여 저녁 만찬을 베풀었는데, 연회의 사회자는 이승만이었다.[55]

네브래스카 주립대학을 졸업한 박용만은 하와이 《신한국보》 주필로 초빙되어 9월 초에 샌프란시스코로 떠났다. 그러나 소년병학교에는 여전히 백일규·박처후·김헌구·정희원·홍승국·이용규·박장순·이종철·이명섭 등 능력 있고 믿을 만한 교사들이 포진하고 있었다.

이러한 일들은 모두 박용만의 뛰어난 지도력 때문에 얻은 결과였다. 그는 소년병학교의 목적을 각자에게 이해시켰고 이를 위하여 그 자신

---

52) *Hastings Daily Tribune*(1912. 8. 16), 1면.

53) 《신한민보》(1914. 8. 20), 1면 ; Dae Sook Suh, 앞의 책, 97쪽.

54) 《국민보》(1913. 8. 16), 6면 ; *Hastings Daily Tribune*(1912. 8. 16), 1면.

55) *Hastings Daily Tribune*(1912. 8. 16), 1면 ; 《신한민보》(1912. 8. 29), 2면.

이 모범적으로 실천하는 모습을 보였기 때문에, 각 구성원은 같은 목적을 가지고 능력에 따라 최선을 다했던 것이다. 다시 말해서, 그는 모든 것을 지시하는 잔소리꾼 지도자가 아니었다. 그러므로 그가 떠나도 소년병학교는 자급자족할 수 있는 능력이 있었다. 그리고 그때 네브래스카 주에는 한국 학생들이 60명가량 있었다.[56)]

1912년 가을학기에 헤이스팅스 공립고등학교에 등록한 한국 학생은 모두 8명이며, 졸업반에는 백인규·김현구·정태은이 있었다.[57)]

다섯번째를 맞는 소년병학교는 박처후가 교장이 되어 1913년 6월 16일에 문을 열었고, 30여 명이 등록하였다.[58)]

소년병학교가 헤이스팅스 대학으로 이주한 지 4년째 되던 1913년에는 헤이스팅스 대학에 6명, 고등학교에 3명, 이렇게 모두 9명의 한국 학생이 재학하였다. 이들은 대부분 고학생으로, 농장에서 토마토와 배추 등의 작물을 재배하여 직접 노점에서 판매하였다.[59)]

여름 동안 소년병학교 생도들은 오전에는 밭에서 일하고 오후에는 군사훈련을 받으며 저녁에는 교실에서 수업을 하였다. 장로교에서는 그들을 위하여 따로 주일학교를 만들고 예배를 보았는데, 성경이 중요한 과목이었다.[60)]

1913년도의 소년병학교는 7월 20일에 종강하였으나, 몇 명이 졸업하였는지는 기록이 없다.[61)]

---

56) 《국민보》(1913. 10. 11), 4면.

57) *Hastings Daily Tribune*(1912. 9. 21), 1면.

58) 《신한민보》(1913. 7. 11), 3면.

59) 헤이스팅스 대학 학생잡지 *Outlook*(1913. 1) ; 헤이스팅스 대학도서관 역사자료실에 소장된 Frank E. Weyer의 1987년 1월 12일자 노트.

60) 같은 글 참조.

다음 장에서 자세히 다루겠지만, 생도들은 미국에서 처음으로 한인 유학생회를 조직하고 한국 사정을 알리기 위하여 영문잡지 발행을 결의하였다. 그리고 지난해와 마찬가지로 손수 각본을 쓰고 연출한 연극을 7월 19일 무대에 올렸다.[62)]

1913년 가을학기가 시작되자 헤이스팅스에서 14명, 커니에서 3명의 한인 학생들이 등록하였는데, 이들은 모두 1914년 여름에 소년병학교의 하기훈련을 받은 것으로 여겨진다. 그들의 이름은 다음과 같다.

생도 이름	등록한 학교	학급
리상진	헤이스팅스 대학	예비과 3년
신 덕	헤이스팅스 대학	예비과 1년
리 걸	헤이스팅스 대학	예비과 1년
박원경	헤이스팅스 대학	예비과 1년
권태용	헤이스팅스 대학	예비과 1년
박길용	헤이스팅스 대학	예비과 1년
홍승국	헤이스팅스 고등학교	4년
유일한	헤이스팅스 고등학교	4년
리정수	헤이스팅스 중학교	3년
조오홍	헤이스팅스 중학교	3년
신형호	헤이스팅스 중학교	2년
리응순	헤이스팅스 중학교	2년

61) 《신한민보》(1913. 8. 22), 1면.

62) 《신한민보》(1914. 6. 4), 1면 ; 김원용, 앞의 책, 33쪽.

〈그림 40〉 네브래스카 주에 유학하고 있는 한국 학생들의 1914년경 모습(앞줄 왼쪽에서 두번째가 홍승국, 여섯번째가 호시한. 뒷줄 왼쪽에서 첫번째가 박길용, 여섯번째가 이홍주)

김배혁	헤이스팅스 중학교	1년
김익환	헤이스팅스 중학교	1년
정한경	커니 주립대학	4년
김병학	커니 주립사범대학	1년
리관수	커니 중학교	1년[63]

이때 미국 본토에는 한인 유학생이 약 150명 있었는데, 네브래스카 주에만 약 60명이 있었다. 인근 중부에서 유학하는 학생들과 합치면 다수가 네브래스카를 중심으로 유학하였음을 알 수 있다(〈그림 40〉).[64]

여섯번째 하기 소년병학교는 1914년 6월 16일에 문을 열었는데, 개학식 순서는 다음과 같았다.

63) 《신한민보》(1913. 10. 31), 3면.

64) 《국민보》(1913. 10. 11), 4면.

환영사	홍승국
소년남자가	권태용
졸업생의 축사	백일규
한국 청년의 용진	박원경
한국의 무한한 희망	박처후
한국 독립가	류 돌
도덕의 성공	이창수
한인단체의 큰 사업	리명섭
조국정신가	김배혁
병학도의 큰 짐	이정수
대장부의 사업	신 덕
유성기	호시한

《신한민보》는 〈소년병학교의 제6회 개학〉이라는 제목 아래 다음과 같이 소년병학교를 소개하였다.

> 태극기 밑에서 총 받들어 경례하며 칼 빼어 무예를 연습하는 곳은 북아메리카 대륙에서 오직 네브래스카 헤이스팅스에 있는 소년병학교라…….
>
> 교장 박처후 씨는 네브래스카 커니 사범대학교 출신으로 또한 시카고 대학과 네브래스카 〔주립〕대학에 유학하여 학문이 유여(裕余)할 뿐더러 또한 경력이 많아서 교수에 능함으로…….
>
> 무육교사 이종철 씨는 자기의 일평생을 총과 칼로 맹세한 가운데 미국에 있는 여러 무관학교에서 공부하였으며, 또한 소년병학교를 5년 동안 가르친 경험이 있음으로 무예에 능숙하며, 군율의 단련이 많아 비록 미국 웨스트포인트에 있는 무관학교 졸업생이라도 더 나을 것이 없을지라…….

병학교 임원들은 그 학교 재정 곤란으로 인하여 항상 재정에 대한 방침을 연구하며 의논하고, 또 학도모집에 대하여 여러 가지 일이 많음으로 한 달에 회의를 두세 번씩 하되 조금도 게을리 할 생각이 없는 것은, 소년병학교는 자기들의 사업인 줄 알며 무예교육은 대한사람의 급무가 되는 줄을 아는 까닭이라.

학도로 말하면 다 빈한한 학생으로 일년에 아홉 달은 서양학교에서 공부하고, 여름 석 달 동안은 병학교에 와서 무예 교육을 받는 처지라…… 알지 못해라. 이후 독립전쟁이 되는 날에 피를 흘릴 자 그 누구며 선봉을 설 자 그 누구뇨.[65]

이 글은 박용만이 떠난 뒤 소년병학교 운영에 관여했던 간부들 가운데 한 사람인 백일규가 《신한민보》의 주필 이대위(李大爲) 목사에게 보낸 것으로 추정된다. 백일규는 1914년 7월에 《신한민보》의 주필을 1년 동안 맡는다는 조건으로 재학하던 네브래스카 주립대학을 휴학하고 샌프란시스코로 떠났다.[66]

박처후 교장은 1913년 여름에 결의하였던 영문잡지 《한인학생보(*The Korean Students' Review*)》를 1914년 6월에 발행하였다. 7월 15일부터 21일까지는 북미 대한인 학생대표회가 개최되어, 학생회 단결과 영자 학생보를 계속 발행할 방침을 결의하였다. 남은 시간에는 육상경기·토론·연설회 등이 열려, 재미 유학생들은 더없이 활기찬 여름을 보냈다.[67]

한편 생도들은 예년처럼 사격 연습을 하였다. 한국에서 막 도착한 유학생 윤영선(尹永善, 윤치호의 장남)과 이춘호(李春昊)도 소년병학교

65) 《신한민보》(1914. 7. 16), 1면.
66) 《신한민보》(1914. 7. 16), 1면.
67) 《신한민보》(1914, 7. 30), 1면.

에서 영어를 공부하였다. 이 밖에도 소년병학교는 미 연방정부와 교섭하여 뉴욕에 불법 입항해 미국 이민국 수용소에 있는 한인 유학생 7명을 헤이스팅스 대학과 예비과에 입학시키고, 박처후 등 한인 지도자들이 지도한다는 조건으로 이들의 석방을 추진하였다.[68)]

앞에서 소개한 《신한민보》의 단신(短信)들을 보면 마치 소년병학교가 1914년에 더 활발했던 것처럼 느껴지지만, 사실은 매년 활발하였다. 다만 백일규가 《신한민보》의 주필이 되어 자주 소식을 실었을 뿐이다. 여섯번째 소년병학교의 졸업식은 8월 8일에 거행되었다. 졸업 뒤 2년을 더 다닌 홍승국·조오흥·이정수 세 명에게는 특별증서가 수여되었다. 그리고 우등생들에게는 상금을 주었는데, 졸업생 수와 우등생 명단은 남아 있는 자료가 없어 알 수 없다.[69)]

1914년 이후에는 《신한민보》에도, 《국민보》에도, 그리고 헤이스팅스 지역신문에도 소년병학교에 관한 기사가 실리지 않았다. 그러나 박처후가 1916년 11월에 영어 전공으로 두번째 학사학위를 받고 귀국할 때까지는, 소규모일지언정 소년병학교가 유지되었으리라 생각한다. 폐교 이유에 대해서는 나중에 상세히 다루기로 하고, 여기서는 6년 동안의 생도 수와 졸업생 수를 살펴보도록 하겠다. 이 통계는 《신한민보》, 커니와 헤이스팅스의 지역신문들, 그리고 샌프란시스코 일본총영사관이 고용한 이누이(K. S. Inui)가 일본총영사에게 보낸 보고서를 참조하여 만든 것으로, 누락이나 오차가 있을지도 모른다.[70)]

---

68) 《신한민보》(1914. 8. 6), 1면.

69) 《신한민보》(1914. 8. 20), 1면.

70) *Kearney Daily Hub*(1909. 8. 30), 3면. ; 《신한민보》(1910. 6. 15), 3면 ; *Hastings Daily Tribune*(1911. 8. 18), 6면/(1912. 8. 16), 1면 ; 《신한민보》(1913. 8. 22), 2면 ; 일본외무성 외교사료관 소장, 〈Y. Numano 총영사에게 K. S. Inui가 보낸 소

연도	등록한 생도 수	졸업생 수
1909	13	0
1910	26	0
1911	44	13
1912	34	13
1913	30+	3
1914	20	미상
총 등록 생도 수	167	40+
중복 안 된 생도 수	90+	

여기서 볼 수 있듯이, 많은 유학생들이 각처에서 소년병학교로 와 군사훈련은 물론 새 조국을 세울 지도자훈련을 받았다. 소년병학교가 존재하던 6년 동안 등록한 총 생도 수는 약 170명이고, 그 가운데 중복된 생도 수는 약 90명이며, 세 여름을 이수하고 졸업한 생도 수는 약 40명으로 추정된다. 미국 이민국의 기록에 따라 소년병학교 교사·생도·후원자들의 미국 도착 당시 나이, 도착 항구, 도착 날짜, 최종 거주지를 정리해보면 다음과 같다.

이름	나이	도착 항구	도착 날짜	최종 거주지
〈교사〉				
박용만	23	샌프란시스코	1905. 2. 1	서울

년병학교에 관한 영문 보고서〉(1914년 10월 12일자).

백일규	18	호놀룰루	1905. 5. 29	증산
김현구	20	뉴욕	1909. 4.	서울
박처후	24	호놀룰루	1905. 2. 13	
박장순	35	호놀룰루	1905. 5. 8	
이종철	23	호놀룰루	1905. 1. 26	서울
김장호	28	호놀룰루	1904. 7. 8	강양
구영숙	미상	호놀룰루	1905. 5. 8	
정희원	미상	미상	미상	
이 걸	미상	미상	미상	
이명섭	20	호놀룰루	1904. 2. 8	함흥
이용규	24	호놀룰루	1904. 3. 30	
신형호	미상	보스턴	1912	중국
홍승국	24	뉴욕	09. 4.	서울
김홍기	미상	뉴욕	1914	
양묵극	미상	미상	미상	
박원경	미상	미상	미상	
이종희	11	샌프란시스코	1905. 9. 9	
김려식	미상	보스턴	1912	중국

〈생도들〉

권태용	미상	미상	미상	
김 경	15	샌프란시스코	1905	선천
김경배	미상	미상	미상	
김병학	미상	미상	미상	

김배혁	20	호놀룰루	1905. 5. 8	
김용성	미상	호놀룰루	1905. 5. 8	
김유택	18	호놀룰루	1905. 5. 8	
김익환	미상	미상	미상	
김일신	8	호놀룰루	1903. 1. 13	강화
김추성	미상	미상	미상	
김호연	20	호놀룰루	1904	한흥
남정헌	26	호놀룰루	1904. 6. 25	서울
류 돌	미상	미상	미상	
박길용	미상	미상	미상	
박원경	미상	미상	미상	
박재규	18	호놀룰루	1904. 8. 11	보령
박처묵	미상	미상	미상	
방사겸	23	호놀룰루	1904. 1. 16	평양
배병헌	미상	미상	미상	
신 덕	미상	미상	미상	
신태림	미상	호놀룰루	미상	서울
신형호	미상	미상	미상	
안만진	24	호놀룰루	1905. 6. 5	신기
오한수	미상	미상	미상	
유일한	7	샌프란시스코	1905. 9. 9	평양
유흥조	미상	미상	미상	
유친일	21	호놀룰루	1904. 1. 23	
이 걸	미상	미상	미상	
이관수	6	샌프란시스코	1905. 9. 9	

이관영	미상	미상	미상	
이노익	29	호놀룰루	1904. 1. 16	서울
이병섭	미상	미상	미상	
이상진	미상	미상	미상	
이승창	미상	미상	미상	
이응순	미상	미상	미상	
이정수	미상	미상	미상	
이진일	22	호놀룰루	1904. 11. 8	
이창수	18	호놀룰루	1905. 5. 18	
이치겸	미상	미상	미상	
이홍기	미상	미상	미상	
이홍주	25	호놀룰루	1905. 1. 26	신기
이희경	미상	샌프란시스코	1905.	선천
조오홍	7	호놀룰루	1904. 7. 18	진해
정양필	8	호놀룰루	1905. 1.	
정태은	미상	샌프란시스코	1905.	선천
정희원	미상	미상	미상	
한시호	미상	미상	미상	
한영호	23	호놀룰루	1904. 8. 22	
호시한	20	호놀룰루	1905. 1. 6	충화

〈후원자들〉

권종흡	34	호놀룰루	1905. 3. 10	
김병휘	37	호놀룰루	1903. 1. 13	강화

김예원	29	호놀룰루	1903. 10. 15	
김유성	35	호놀룰루	1903. 4. 30	인천
문양목	32	호놀룰루	1905. 2. 2	예산
안재창	29	호놀룰루	1903. 1. 13	양주
유은상	34	호놀룰루	1905. 2. 13	
임동식	31	호놀룰루	1903. 3. 19	안악
정영기	36	호놀룰루	1905. 5. 18	
조진찬	40	호놀룰루	1904. 7. 18	진해
최경오	27	호놀룰루	1903. 9. 21	해주[71]

위의 관계자들을 미국 도착 항구별로 정리하면 다음과 같다.

신분	호놀룰루	뉴욕·보스턴·샌프란시스코	도착항미상	합계
교사	8	6	5	19
생도	20	7	24	51
후원자	11	0	0	11
계	39	13	29	81

여기서 '도착항미상'은 샌프란시스코로 추정할 수 있다. 왜냐하면 샌프란시스코는 20세기 초 미국 서부의 관문이었고, 따라서 동양에서 오는 선박들은 거의 모두 샌프란시스코로 입항했기 때문이다.[72] 그리고

71) Center for Korean Studies, University of Hawaii, *Korean Passengers Arriving at Honolulu* ; Dae Sook Suh, 앞의 책, 160쪽.

사탕수수 농장에서 일하기 위하여 3년 동안(1903~1905) 호놀룰루에 도착한 한인 명단은 2003년 현재 모두 파악되었다. 이를 분석해보면, 소년병학교의 후원자들은 모두가 하와이 사탕수수 농장에 돈을 벌러 갔던 사람들이다. 또 교사들의 절반은 돈을 들이지 않아도 되는 하와이로 유학을 갔던 개혁에 눈뜬 한학자들이었으며, 학생들도 3분의 1은 미국 본토의 대학에 가기 위한 여비와 학비를 장만하려고 하와이로 이민을 갔던 사람들이었다. 이들은 모두 조국의 독립과 개혁에 관심을 가진 지성인들이었다. 그러므로 소년병학교는 하와이로 이민 갔던 이들이 재미 중국인들의 간성학교 실패 경험과 미국 중부 군관학교에서 얻은 체험을 바탕으로 세운 새로운 개념의 여름 군관학교였다. 교사와 생도들은 모두 고학하는 유학생들이었다.

소년병학교의 일과

소년병학교는 헤이스팅스 대학에 정착한 뒤 생도 수가 두 배로 늘었다. 일과와 학과목도 다른 무관학교처럼 규율을 갖추었으며, 소대와 중대도 편성하게 되었다. 존슨 이사에 따르면, 소년병학교의 정규과목들은 각 대학 상급반에서 온 한인 생도들이 가르쳤다. 생도 수는 50명에 달했으며, 엄격한 군율에 따라 운영되었다.[73]

그러나 생도들의 일상생활은 각자의 필요에 맞추어 유연하게 적응할

---

72) 필자가 1991년 7월에 캐나다 벤쿠버에 가서 20세기 초 벤쿠버로 입국한 한인들의 명단을 조사하였는데, 거의 없었다.

73) 헤이스팅스 대학 도서관 대학 역사자료실에 소장된 존슨 노트. Frank E. Weyer가 존슨의 글을 정리한 것이다.

수 있도록 재량이 부여되었다. 박용만은 1911년에 쓴 〈소년병학교 학생의 생활〉이라는 글에서 생도들의 일과를 다음과 같이 밝혔다.

> 소년병학교 학생은 고생하며 공부하는 학생이라 일찍이 모아둔 돈도 없고, 남의 도움도 없이 3년 동안을 자기들이 벌어먹고 자기들이 공부하는 학생이니 대개 그 정형을 말하면, 아침 6시에 기상 나팔을 불면 일제히 일어나 5분 후에 검사를 치르고 또 연하야 세수하고 아침을 먹은 후 각각 시간 일을 농장에 나가 한 시간에 20전이나 혹은 25전을 받고 일하되 만일 시간 일이 학생의 수대로 다 되지 못하면 그 남은 학생들은 학교농장에 들어가 일을 하여 누구든지 12시 15분에 회식 나팔을 불면 일제히 모여 대열을 지어가지고 식당에 들어가 점심을 먹으며, 점심 후 한 시간은 운동을 하거나 놀이를 하거나 자기의 마음대로 하고 그 후에는 공부를 시작하여 두 시간을 허비하고, 또 그 후에는 취군 나팔을 응하여 군복 차려입고 군기 가지고 조련장에 들어가 각양 조련을 연습하며, 6시에 다시 식당에 들어가며, 그 후에는 공치기, 달리기, 씨름, 총 쏘기와 풍류 치기와 나팔 불기와 여러 가지로 각각 소창하고 밤에 또 공부시키는 과정이 있어 각각 정한 시간대로 교과실에 들어오며, 만일 자기의 공부 시간이 아니면 방에 앉아 공부를 복습하다가 저녁 검사를 치르고 소등 나팔을 불면 일제히 취침하더라.
>
> 이 위에 말한 바는 병학생들이 여름을 지내는 정형이며, 8월 그믐이 되면 또 각각 자기들이 살던 곳으로 돌아간다. 흔히 스쿨보이(남의 집에서 일하며 학교 다니는 일)로 들어가 한 주일에 2원이나 혹은 3원[달러]씩 받고 일하여 이것으로 지필(紙筆)도 사고 의복도 마련하니 그 구차한 것이 자못 많으나, 그 자격은 장차 독립전쟁의 지휘관이라. 누런 얼굴 한신(韓信)이 어찌 회음성 하에서 밥 얻어먹던 사람이 아니리오.
>
> 이렇게 지내는 것은 소년병학도의 생활이요, 이렇게 견디는 것은 소년병학도의 참는 힘이요, 또 이렇게 살고 참는 것은 소년병학도의 풍속이라.

> 사람마다 흔히 돈 없어 공부 못한다고 빙자하고 여름에 벌어서 가을에 공부한다 하나 감히 묻노니 여름에 벌어다가 놓고 과연 그것으로 1년 학비를 감당하느뇨? 아무렴 그런 사람들은 소년병학도보다 호사는 좀 더하고 몸은 편할지라도 오늘날 조선 사나이가 되어 자기의 몸을 조선에 유조(有助)하게 쓰기를 예비하는 소년병학도가 응당 먼저 할진저.
>
> 그런고로 소년병학도들은 결심하기를 차라리 여름 겨울을 불계하고 예하기를 속히 한 후 그 후일 1년, 2년을 돈 버는 데 종사하여 돈도 오붓하게 모으고 공부도 착실히 할지언정 결단코 아까운 세월을 허비하여 간간이 돈 벌어 쓰는 재미에 몸을 바치지 않겠다 하는 바라.
>
> 가령 두 사람이 공부를 시작하여 하나는 여름마다 돈을 벌고 하나는 공부를 하면 그 누가 먼저 성취하며, 또 나중에 돈버는 것은 누가 더 잘 하겠느뇨. 이것은 소위 소년병학교 생도들의 뜻을 정하고 약속한 것이니 과연 지성스러운 일이라 할지로다.[74)]

여기서 볼 수 있는 일과와 직책을 당시 미국 중부에서 명성이 높던 블리스 군사고등학교(Bless Military Academy)의 일과와 비교·평가하기 위하여 다음과 같이 표를 만들어보았다.

시간	소년병학교	블리스 군사고등학교
6 : 00	기상나팔	
6 : 05	검사	
6 : 10		첫번째 나팔
6 : 20		기상나팔

74) 《신한민보》(1911. 5. 3).

6 : 30	아침식사	
6 : 40		헌병 검사
6 : 45		아침 조련
7 : 00	농장에서 농사	
7 : 30		상사의 부름
7 : 40		보초 교대
7 : 50		아침 예배
8 : 00		오전 정규과목
11 : 30		오전 조련
12 : 15	점심 취식나팔	
12 : 30		점심식사
12 : 40	자습	
13 : 10		첫번째 상사의 부름
13 : 30~15 : 30		오후 정규과목
15 : 00	조련나팔	
17 : 45		소속 부대 복귀나팔
17 : 50	저녁 취식나팔	
18 : 00		저녁식사
19 : 00	오락·휴식	
19 : 00~21 : 00		자습
20 : 00	자습	
21 : 00	취침나팔	
21 : 10		저녁 예배
21 : 20		취침나팔
21 : 30	소등	소등[28)]

두 군사고등학교를 비교하면서 세 가지 다른 점을 지적할 수 있다. 첫째, 8주 동안의 하기군사학교인 소년병학교는 매일 2시간 반의 군사 훈련을 제일 더운 오후 3시부터 하였는데, 블리스 군사고등학교는 두 학기(1년에 2학기)에 걸쳐 오전에 1시간 반의 훈련을 실시하였다. 둘째, 소년병학교의 생도들은 매일 아침 농장에서 5시간씩 일을 하여 가을학기 학비를 마련하여야 했다. 셋째, 소년병학교의 생도들은 휴식·오락 시간을 하루에 1시간밖에 가지지 못했는데, 블리스의 생도들은 1시간 반씩 휴식을 취할 수 있었다. 다음으로 소년병학교의 교과목과 그 내용을 살펴보자.

과목들

소년병학교에는 뒷날 독립전쟁을 지휘할 장교들이 꼭 알아야 하는 군사학과 조련은 물론, 조국 근대화와 민족운동에 앞장서는 데 도움이 되는 교과목들이 마련되어 있었다. 아울러 처음 미국에 온 한인 유학생들을 위한 고등학교·대학교 속성 과정과 초급 필수과목들의 복습과정이 있어서 그들의 긴급한 필요를 개인별로 충족시켜주었다. 이러한 높은 이상과 실질적 목적에 더하여 군사교육만이 아니라 나라를 되찾고 새롭게 건설할 민족지도자들을 양성하기 위한 '선비정신'이 있었기 때문에, 국치 이후 많이 설립되었던 북미와 멕시코의 어느 한인 무관학교들보다 오래 존속할 수 있었다. 나중에 자세히 설명하겠지만, 소년병학교에서 쓰인 교재와 그 내용들은 블라디보스토크 근처와 남만주에 세

75) Blees Militany Academy : Session 1910~1911(Fort Blees Macon, Missouri, 1910), 77쪽.

워지는 여러 무관학교에서 구입해 사용하였다. 한마디로, 소년병학교는 모든 해외 한인 무관학교의 모범이었던 셈이다.

당시 미국 사립군사고등학교는 필수과목인 군사학·조련·체조의 전체 수업 시간을 충족시켜야 했다. 그리고 각 학교는 성격에 따라 실업고등학교처럼 부기·제도·목공·기계공 등의 과목을 두어 학생들을 전문대학 또는 상과대학에 입학할 수 있도록 준비시켰다.[76]

소년병학교는 재미 유학생들과 한국 광복운동의 실정에 맞추어 교과과정을 만들었다. 박용만·김장호·이종철·구영숙 등 미국에서 군사교육을 받은 교수들뿐만 아니라, 동학에 참가하였던 백일규, 사서(四書)를 번역했다고 하는 한학자 박장순, 한말의 큰 선비였던 최익현의 제자 김현구, 한글 문법에 남다른 관심이 있었던 홍승국, 문장력이 뛰어났던 정태은 등이 장래 독립군 장교의 자질을 결정할 과목 선정에 지대한 관심을 가지고 참여하였다.

그런데 소년병학교의 과목들은 어느 정도의 수준이었을까? 네브래스카 주립 커니 사범대학에 보관되어 있는 박처후의 학적부가 많은 물음에 답을 주고 있다(〈그림 41〉). 첫째, 박처후는 1907년 여름에 입학하여 1912년에 커니 사범대학을 졸업하였다. 입학 당시의 나이는 25세로, 박장현이 후견인이었다. 둘째, 소년병학교에서 선택한 고등대수와 기하학의 학점을 인정하였다. 셋째, 주립대학인 커니 사범대학에는 없는 교양과목(변론·성경공부·윤리)들을 소년병학교에서 택하여 커니 사범대학의 독일어 필수과목들을 대신 충족시켰다. 끝으로, 그는 2년제 주립사범대학을 고학을 하면서 5년에 걸쳐 다녔지만, 학업에 충실했고 좋은 성적으로 졸업하였다. 그 뒤 1913년 가을, 링컨에 있는 4년제 네브

76) "New York Military School", *Scribner's Magazine*(1902. 6. 6), 30쪽.

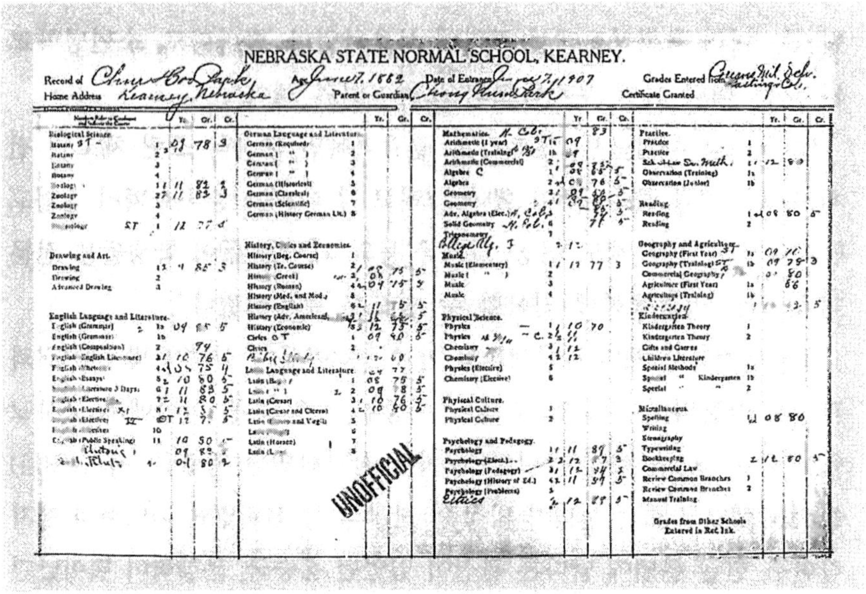
NEBRASKA STATE NORMAL SCHOOL, KEARNEY.

Record of Chur Bro Park Age June 7, 1882 Date of Entrance June 7, 1907 Grades Entered from
Home Address Kearney, Nebraska Parent or Guardian Certificate Granted

UNOFFICIAL

〈그림 41〉 박처후의 네브래스카 주립 커니 사범대학 학적부. 위 오른쪽에 한인소년병학교에서 학점을 이수했다고 적혀 있는데, 학점을 인정받은 과목은 변론(Rhetoric)과 성경공부(Bible Study) 그리고 윤리(Ethics)였다

래스카 주립대학에 입학하여 1915년에 영어 전공으로 졸업하였다. 그의 네브래스카 주립대학 학적부에는 필수과목인 군사훈련이 면제되어 있는데, 이는 소년병학교에서 세 번에 걸쳐 하기군사훈련을 받았기 때문이다(〈그림 42〉). 소년병학교는 이렇듯 네브래스카 주립대학이 인정할 만큼 학과목과 군사훈련 내용이 충실했던 것이다. 이는 소년병학교 설립자들과 교사들이 주의 깊게 부단히 계획을 세우고 충실하게 학과 강의를 수행한 덕분이다. 또한 생도들이 무더운 여름을 이겨내며 미국 대학에서 인정받을 수 있도록 애써 공부하고 노력한 결과이다. 이는 소년병학교의 특성으로, 목총을 메고 군사훈련을 한 것도 시민들의 감정을 건드리지 않기 위해서였다. 실제 총을 가지고 시가행진을 하는 바람에, 금지령에 이어 2년 뒤 폐교령까지 받은 간성학교와는 대조적이

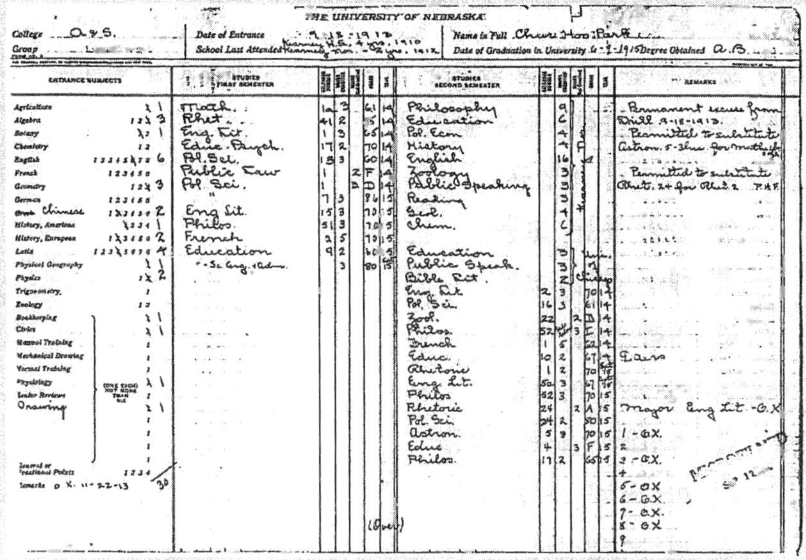
THE UNIVERSITY OF NEBRASKA

College A & S. Date of Entrance 9-18-1912 Name in Full Chur Hoo Park
Date of Graduation in University 6-9-1915 Degree Obtained A.B.

ENTRANCE SUBJECTS: Agriculture, Algebra, Botany, Chemistry, English, French, Geometry, German, Greek (Chinese), History, American, History, European, Latin, Physical Geography, Physics, Trigonometry, Zoology, Bookkeeping, Civics, Manual Training, Mechanical Drawing, Normal Training, Physiology, Drawing

STUDIES FIRST SEMESTER: Math., Rhet., Eng. Lit., Educ. Psych., Pol. Sci., Public Law, Pol. Sci., Eng. Lit., Philos., French, Education

STUDIES SECOND SEMESTER: Philosophy, Education, Pol. Econ., History, English, Zoology, Public Speaking, Reading, Geol., Chem., Education, Public Speak., Bible Lit., Eng. Lit., Pol. Sci., Zool., Philos., French, Educ., Rhetoric, Eng. Lit., Philos., Rhetoric, Pol. Sci., Astron., Educ., Philos.

REMARKS: Permanent excuse from Drill 9-18-1913. Permitted to substitute Astron. 5-3hrs. for Math. Permitted to substitute Rhet. 2+ for Rhet. 2. Major Eng. Lit.

〈그림 42〉 박처후의 네브래스카 주립대학 학적부. 1913년 9월 18일에 군사훈련을 면제한다
고 기재한 내용을 위 오른쪽에서 볼 수 있다

라 하겠다.

소년병학교의 교과목들은 생도 수와 교사 수가 늘어나면서 몇 차례 개편되었으리라 생각되지만, 마지막으로 알려진 것들은 다음과 같다.

(1) 국어 국문 : 교사 홍승국, 김홍기

① 문법 초등, 고등

② 작문 초등, 고등

③ 문학

(2) 영어 영문 : 교사 박처후, 양긍묵

① 문법 초등, 고등

② 작문 초등, 고등

③ 문학

(3) 한어 한문 : 한어회화교사 신형호, 한문작문교사 박장순

(4) 일어 : 문법회화교사 박원경

(5) 수학 : 교사 백일규

① 산술 초등, 고등

② 대수 초등, 고등

③ 기하 초등, 고등

(6) 역사 : 교사 이종철

① 조선역사 초등, 고등

② 미국역사 초등, 고등

③ 열국혁명전사

(7) 지리 : 교사 정희원

① 만국지리

② 조선지리 초등, 고등

③ 군용지리 초등, 고등

(8) 과학 : 교사 이용규, 이명섭

① 식물 초등, 고등

② 동물 초등, 고등

③ 물리 초등, 고등

④ 화학측량법

(9) 성서 : 서양인 교사 로이스

① 구약 초등, 고등

② 신약

(10) 병학 : 교사 이종철, 정희원, 이걸

① 연습과

1. 도수조련
2. 집총조련
3. 소·중대편제
4. 야외조련
5. 사격연습

② 병서과

1. 보병조련, 군대내무서
2. 육군예식, 군인위생
3. 군법통용, 명장전법[77)]

위에 열거한 과목들을 살펴보면, 민족의식이 충만한 독립군 장교를 양성하는 데 주안점이 있음을 알 수 있다. 또한 박용만·김장호·김현구·정태은 등이 헤이스팅스를 떠난 뒤, 소년병학교가 5년 동안 쌓은 경험을 바탕으로 교과목 선정에 심혈을 기울였음을 확인할 수 있다. 군사훈련만이 아니라 폭넓은 신지식과 세계정세에 밝은 눈을 갖도록 준비를 단단히 시키고 있었던 것이다. 그리고 어린 나이에 미국으로 건너오는 바람에 조국에서 초등 교육을 받지 못한 생도들을 위하여 배려한 과목들이 눈에 많이 띈다.

어린 생도들은 국문 시간에 편지 쓰는 법도 배웠는데, 김용성이 서부에 있는 부모님과 양주은(梁柱殷)에게 격식을 갖추어 보낸 문안 엽서들이 지금도 남아 있다.

77) 《신한민보》(1914. 4. 16).

소년병학교 생도들은 훌륭한 인격을 갖춘 교사들과 허물없이 생활하면서 그들의 말과 행동을 통하여 '선비의 모습', '장부의 몸가짐', '남자로서 큰 생각' 등을 배울 수 있었다. 소년병학교는 단순한 무관학교가 아니라 한국 고유의 '사랑방 교육'을 수행하는 곳이기도 하였다. 이 때문에 생도들은 소년병학교에서 인생을 살아갈 방향과 방법 그리고 가치관을 형성하는 데 큰 영향을 받았다. 이제 소년병학교의 무기와 군복을 살펴보기로 하자.

무기와 군복

남아 있는 소년병학교 사진들 가운데서 볼 수 있는 조총은 스프링필드 회사에서 1863년에 제조한 것이다. 이 조총은 1863년부터 1868년까지 미국 육군에서 사용하던 것으로, 1909년 당시에는 2달러만 주면 누구나 사서 쓸 수 있는 구형이었다. 총의 전체 길이는 140센티미터, 총열은 100센티미터, 무게는 3.5킬로그램이다.[78] 소년병학교의 자료 사진들을 보면, 연습용 목총이 아니라 실제로 이 총을 들고 훈련하였음을 알 수 있다(〈그림 43〉~〈그림 47〉).

목총이 아닌 실제 무기를 들고 실감나는 훈련을 하였지만, 백인들은 구형 무기로 훈련하는 소수의 한인들에게 위협을 느끼지 않았을 것이다. 실제로 사격 연습을 하기도 하였는데, 관련 기사가 《신한민보》에 짤막하게 실렸다.

78) 컬버 군사학교 교사였던 하드먼 씨에 따르면, 이 총관 속에는 총알이 돌아서 나가게 하는 강선(안쪽에 나사 모양으로 판 홈)이 없다고 한다.

〈그림 43〉 소년병학교의 엎드려쏘기 훈련. 뒤에 서 있는 이가 박용만이다(1909년 여름)

〈그림 44〉 사격 자세를 취하고 있는 소년병학교 생도들(1910년 헤이스팅스. 오른쪽에서 세번째가 임동식, 일곱번째가 조진찬, 여덟번째가 김용성이다)

〈그림 45〉 소년병학교의 훈련 모습

〈그림 46〉 소년병학교의 체조시간. 등을 보이고 있는 이가 박용만이다

〈그림 47〉 커니 시의 한 신문에 실린 총 광고(1909년). 이 총은 미국 남북전쟁(1861~1865) 때 쓰던 것이다

소년병학교에서 사격 연습을 하였는데, 신덕은 120점으로 장원, 권태용은 102점으로 차상을 하였다.[79)]

소년병학교의 교관들이 쓰던 군도는 1902년에 미군에서 처음 사용하기 시작한 것으로, 칼날 길이가 80센티미터이고 칼집과 손잡이까지 전체 길이는 95센티미터였다. 교관들은 각자 자기가 다니는 군사고등학교나 대학 간부후보생 훈련반에서 쓰던 군도들을 가지고 왔기 때문에 모양이 서로 달랐다(〈그림 48〉).

소년병학교 군복은 1889년 미국 육군이 대(對)스페인 전쟁 때 입었던 큰 주머니가 달린 구식으로, 미국 정부가 팔아버린 것이었다. 장교들은 그들이 다니고 있는 군사고등학교나 간부후보생 군복을 입고 있었으나, 중요 행사 때는 일제히 소년병학교 군복을 입었다. 모표(帽標)는 박용만이 도안한 것으로, 장총 두 개를 가로지르고 소년병학교 약자를 새긴 모양이다(〈그림 49〉).[80)]

79) 《신한민보》(1914. 7. 23), 1면.
80) 《국민보》(1913. 12. 20), 1면.

〈그림 48〉 1911년 여름 헤이스팅스 대학 교정에서 소년병학교 장교들(오른쪽부터 구영숙 · 박용만 · 이종철 · 이종희 · 김려식)

군 가

어느 무관학교나 군가가 있다. 평균 화씨 100도(섭씨 38도)를 오르내리는 네브래스카의 찌는 듯한 더위에 땀으로 범벅이 된 채 훈련을 받으면서 생도들과 교관들이 즐겨 부르던 군가는, 단순히 사기 진작을 위한 군가라기보다는 조국의 안위를 걱정하는 심경과 한인 전체의 염원이 담긴 것이었다. 소년병학교의 군가는 박용만이 작사하였다고 추정되지만, 정확한 기록은 없다.

壯志平生好讀兵
蒼磨一劍掛秋聲

亘千萬古丈夫業
文武雙全然後成

쇼년병학교감독 박용만

〈그림 49〉 소년병학교 군복 차림을 한 박용만과 그의 한시. 자신의 책 《국민개병설》에 실린 것이다(1912년)

소년병학교 군가

1.
이 몸 조선 국민되어
오늘 비로소 군대에 바쳐
군장 입고 담총(担銃)하니
사나이 놀음 처음일세

후렴 :
종군악(從軍樂) 종군악
청년 군가 높이 하라
사천년 영광 회복하고
이천만 동포 안녕토록
종군악 종군악
이 군가로 우리 평생

2.
군인은 원래 나라의 번병(藩屛)
존망과 안위를 담당한 자
장수가 되나 군사가 되나
나의 직분 나 다할 것

3.
나팔소리 들릴 때마다
곤한 잠을 쉬이 깨어
예령 동령 부를 때마다
정신차려 활동하라

4.
우리 조련 이같이 함은
황천(皇天)이 응당 아시리라
독립기 들고 북치는 노래
대장부 사업 이뿐일세[81)]

위의 군가를 박영석(朴永錫)은 다음과 같이 해석하였다.

1절에서는, 몸은 비록 머나먼 이국인 미국 땅에 와 있지만 한국의 국민임을 잊지 않고 조국을 위하여 군대에 입대한 것에 커다란 보람과 긍지를 느낀다고 외치고 있다.

2절에서는, 군대에 들어온 이상 온몸과 마음을 바쳐 한국 군인이 해야 할 바, 즉 외세의 침입을 막아내고 잃어버린 국권을 회복하는 데 맡은 소임을 다할 것임을 천명하였다.

3~4절에서는, 자나깨나 이처럼 민족정기를 모아 열심히 노력하면 하늘도 언젠가 그 뜻을 알아 조국의 독립을 볼 수 있을 것이라며 희망에 찬 결의를 드러내고 있다. '종군악, 종군악' 하는 후렴이 독립군가를 힘차게 부르며 행진하는 애국 청년들의 씩씩한 모습을 나타내주는 것만 같다.[82)]

다음으로는 어느 무관학교에서나 중요하게 여기는 정신교육을 살펴보도록 하자.

81) 《신한민보》(1914. 7. 16), 4면.

82) 박영석, 〈한인소년병학교 연구 : 헤이스팅스 한인소년병학교를 중심으로〉, 《한국 독립운동사 연구》 제1집(천안 : 독립기념관), 88~89쪽.

정신교육

소년병학교가 강조한 정신교육은 독립군 장교로서 갖추어야 할 지도자의 자질을 기르기 위한 과정이었다. 박용만은 '인내심'이 가장 중요하다고 역설하면서, 인내심 없이는 독립군 장교가 될 수 없다고 말하였다.[83] 그가 말하는 인내심은 꾸준히 준비하여 조국이 부를 때 독립군 장교가 되어 있어야 한다는 것이었다. 스스로 절제하고 고학의 어려움을 극복하며 소정의 학업을 마쳐, 독립군 장교뿐만 아니라 조국 근대화에 이바지할 수 있는 인물이 되어야 한다는 것이다.

참고로, 미국 컬버 군사고등학교에서 정신교육의 근간으로 삼는 것은 '믿음'인데, 기독교 서구 문화에서 이 단어는 많은 의미를 함축하고 있다. 컬버 군사고등학교에서는 정의보다는 믿음을, 규약보다는 감화를, 적극적인 지도보다는 조화를 중요하게 여긴다. 생도들은 각자 자신에게 맞는 길을 택하여 목적을 달성해야 한다. 도덕이란 인간과 인간의 관계를, 종교란 인간과 우주의 관계를 정의하는 것이다. 이 학교는 인격 형성 과정에 있는 생도들이 이러한 형이상학적 문제를 더욱 크고 신중하게 다루어야 한다고 강조하고 있다.[84]

블리스 군사고등학교에서도 기독교 신앙과 도덕성을 중요시하였다. 부모들은 자기 아들이 올곧고 담대하며 판단력을 갖춘 유능한 인격체가 되기를 바라는 마음으로 군사고등학교에 입학시켰다.[85]

소년병학교의 '인내심'이란 꼭 필요한 행동을 성공적으로 이루기 위

83) 《신한민보》(1915. 5. 13).

84) Alfred E. Sterns, R. L. Ginislliate, 앞의 책, 78쪽.

85) R. L. Ginilliate, "Education of Boys by The Military", *Scientific American*, vol. 3(1905), 184쪽.

한 기다림을 의미하는 것이었다. 박용만은 자기의 신분을 감춘 채 참고 때를 기다린 한(漢)나라의 한신을 자주 비유 대상으로 들었다. 그는 소년병학교 출신들이 인내와 자신감을 가지고 각자 열심히 노력하여 미국에 온 목적을 달성하고, 조국 광복군으로 귀국하여 조국 근대화에 기여할 실력 있는 일꾼이 되기를 바랐던 것이다. 박용만이 재미 한인에게 우선적으로 바랐던 것은 독립군 장교의 자질이었다. 이와 달리 뒷날 박용만의 정적이 된 이승만은 다른 견해를 가지고 있었다. 존슨에게 보낸 편지에서 이승만은 다음과 같이 썼다.

> 미국에 있는 한인 청년들은, 미국인들이 그들을 통하여 한국을 배울 것이니 한국을 대표하여 말과 행실이 방정한 모범 한인이 되어야 한다고 항상 주의받고 있다.[86]

이승만은 미국 안에서 한인이 어떻게 평가받는가 하는 상대적인 관계와 한국을 대표한다는 외교적 책임감을 중요시하였다. 이는 박용만의 절대적인 목적 의식이나 투쟁적인 자세와는 매우 다른 것이었고, 이런 가치관의 차이가 둘 사이를 결국 멀어지게 하는 하나의 원인이 된 셈이었다. 지도자 격인 그들의 이념적 차이와는 상관없이 한인 생도들은 조국을 위하여 열심히 배웠고 뒷날 재미 한인의 지도자 노릇을 해냄으로써, 비록 짧은 기간의 교육이었지만 소년병학교는 소임을 다하였다고 볼 수 있다.

86) 존슨 노트(1911).

소년병학교가 지역적으로 가까운 커니 군사고등학교의 영향을 받았다는 사실은 일본영사관 직원이었던 이누이의 보고서를 통해서도 알 수 있다. 그는 1914년 여름에 네브래스카 주로 가서 미국 감리교 계통의 강연회(Chautaqua Lecture Circuit)를 찾아다녔다. 그러다가 그곳 일본인들에게서 헤이스팅스에 한국 무관학교가 있으며 생도 수십 명이 조선총독부를 타도하기 위하여 군사훈련을 실시하고 있다는 사실을 전해 들었다. 그는 헤이스팅스와 커니로 가서 한국 학생들을 직접 만나보고 헤이스팅스 대학장을 만나 항의하였다. 이누이는 커니 군사고등학교에 적어도 매년 2명의 한국 학생이 8년 전부터 다니고 있었다고 보고하고, 아마도 한인들은 커니 군사고등학교를 모방하기 위하여 군사훈련을 시작하게 된 것 같다고 덧붙였다.[87)]

한인들이 커니 군사고등학교를 다니기 시작한 것은 1905년 가을에 박용만·박장현이 커니 시에서 유니온 퍼시픽 철도회사의 일을 맡아 한인들에게 일자리를 마련해주면서부터였다. 김장호(金長鎬)·이종철처럼 군사학에 관심이 많던 구한말 군인들이 학비가 저렴하고 고학이 가능했던 커니 군사고등학교에 다니기 시작하였다. 이어 정양필이 1907년에 등록을 하였고, 김시익·박처묵(박처후의 동생)·최병두도 그 뒤에 등록하였다.[88)]

커니 군사고등학교는 1892년에 성공회 감독 그레브스가 저렴한 학비

87) 일본외무성 외교사료관, 《不逞鮮人新件》 第2冊, 〈桑港 日本總領事에게 보낸 K. S. Inui 영문 보고서〉(1914. 10. 12).

88) 《신한민보》(1909. 7. 21), 2면/(10. 27), 2면.

로 대학 진학을 준비할 수 있는 남녀공학 사립학교를 세우면서 시작되었지만, 1898년 스페인과 미국 사이에 전쟁이 벌어짐에 따라 군사고등학교로 바뀌었다. 1923년에 화재로 말미암아 건물들이 소실되자 폐교하고 병원(St. Luke Home)으로 탈바꿈하였는데, 학교는 이때까지 31년 동안 존속하였다.[89)]

커니 군사고등학교는 정직함·성실함·정확함을 추구하고 독자성을 강조함으로써, 생도들의 개성을 발전시킬 수 있는 교육을 목표로 하고 있었다. 커니 군사고등학교는 경제적으로 어려운 생도들이 고학할 수 있도록 화요일과 금요일은 반나절만 수업을 하였고, 교과목은 각 생도의 요구에 따라 네브래스카 주립대학, 육군사관학교(West Point), 해군사관학교(Annapolis) 입학을 준비할 수 있도록 마련되었다. 각자 전공 선택권이 있어서 실업고등학교처럼 부기·목공·기계·영어 등을 전공할 수 있었는데, 정양필은 전공으로 선택한 것은 영어였다. 학생이 많을 때는 125명이 등록할 때도 있었다.[90)] 대부분의 생도들은 고학을 할 수 있도록 배려해주는 커니 군사고등학교가 아니면 고등학교 교육을 받을 수 없는 학생들이었다. 소년병학교는 커니 군사고등학교로부터 각자 실력과 필요에 따라 과목을 선정하고 그 내용과 진도를 조절하는 방법을 배웠다. 그리고 고학이 가능하도록 학업 시간을 융통성 있게 짜는 방법 또한 배웠다(〈그림 50〉).

소년병학교에 영향을 준 또 다른 학교로는 블리스 군사고등학교가 있다. 이 학교는 멕시코 등에서 온 외국 유학생이 많았으며, 네브래스카 주 링컨 시에서 가까운 미주리 주 메콘(Macon) 시에 자리를 잡고 있었

89) 1921년 커니 군사고등학교 잡지 *Liaison*, 72쪽.

90) *Kearney Daily Hub*(1973. 6. 15), 21~22면.

〈그림 50〉 커니 군사고등학교 교복을 입은 이름이 알려지지 않은 한인 생도

다. 김장호·구영숙이 다닌 이 군사고등학교는 독일에서 이민 온 사업가이자 발명가 프레드릭 블리스(Fredrick W. Blees 1860~1906)가 유수한 지도자 배출을 목적으로 1899년에 자비를 들여 세운 학교이다.

교사들은 모두 웨스트포인트 출신이거나 박사학위 소지자였다. 조련교관들은 모두 독일 군인 출신들로, 창립자는 프러시아 육군의 전통을 미국 생도들에게 가르치고자 하였다. 미국 중부의 사립고등학교로서는 최신식 설비를 갖춘 군사고등학교였다. 실내수영장과 사진 현상을 위한 암실 그리고 엑스선 장비는 물론, 군사교육 과목으로 보병학·통신대·기마대가 마련되어 있었다. 현장 실습에서는 실제로 대포도 쏘고 임시 교량도 놓는 등, 다른 군사고등학교가 따라갈 수 없는 교육 환경을 갖추고 있었다.[91] 이 학교는 엄격한 훈련을 받고 싶어하는, 교양 있고 부유한 집안의 자제를 학생으로 뽑고자 했다. 성격상 결함이 있거나, 수치스러운 조상이 있거나, 다른 학교에서 성적이 나빴던 학생들은 학교에 들이려 하지 않았다.[92]

미국 전역은 물론, 캐나다·영국·독일·멕시코 등지에서도 학생들이 블리스 군사고등학교를 찾아왔다. 1,500에이커에 이르는 농장도 있어서 생도들이 먹을 우유와 고기 같은 식량을 모두 자급자족하였다. 물론 생도들은 농장 일을 하지 않았다. 일년 학비는 600달러였으며, 교복값은 100달러였다. 이 학교에 다닌 김장호·구영숙(구연성)의 후견인은 '윌리엄 박'으로 되어 있는데, 아마도 박용만의 가명일 것으로 여겨진다. 실제로는 노동으로 생계를 유지하던 한인들에게서 학비를 도움받았는데, 이는 그들에게 큰 부담이었다(〈그림 51〉).

91) Blees Military Academy Year Book(1910~1911).

92) Blees Military Academy(1910).

BLEES MILITARY ACADEMY

Utah

HENRY COHEN . . . . Salt Lake City
Henry Cohen & Company, Merchants

S. V. TRENT . . . . Salt Lake City
Trent Engineering and Mining Company

Wisconsin

T. B. JEFFERY . . . . Kenosha
T. B. Jeffery Company, Automobiles

CARL FRESCHL . . . . Milwaukee
Manufacturer

J. L. NYE . . . . Platteville
Photographer

Mexico

F. B. MCKERCHER . . . . Mexico
Assistant General Manager Compania Limitada del Ferrocarril Central Mexicano

DON FRANCISCO SADA . . . . Monterey

Canada

HENRY GAYS . . . . Ottawa
President Ottawa & New York Railway

District of Columbia

DR. ROBT. TALBOT . . . . Washington
Rector St. Paul's Church

Germany

RECHNUNGSRAT D. TUTT . . . . Metz
Rechnungsrat

Korea

WM. PARK . . . Yhung Sun Koo Yhang Ho Kim

Page one hundred thirty-five

〈그림 51〉 미주리 주 메콘 시 블리스 군사고등학교의 1910년 외래 학생(다른 주에서 온 생도들과 외국 유학생) 명단. 한국인 유학생 구연성(영숙) · 김장호의 이름과 후견인 박용만의 영어명 윌리엄 박이 보인다

고아인 구영숙을 양자로 삼아 하와이로 이민 온 김원택은 아들 김용성과 구영숙의 학비로 캘리포니아 중부 프레스노 지방 동포들로부터 99달러를 도움받았지만, 구영숙의 학비로는 턱없이 부족하였다.[93]

구영숙은 성적이 우수하여 블리스 군사고등학교에서 1등을 하였지만, 등록금을 내지 못하는 바람에 1등에게 수여하는 금메달을 2등 생도에게 양보하라는 학교 측의 강요를 받기도 하였다. 1910년의 학교 안내서에는 전 생도의 사진이 실려 있는데, 한국 생도 두 명만 사진 없이 이름만 올라가 있다. 이들은 이렇게 교묘한 차별을 감수하여야 했다.[94] 그러나 두 한인 생도들은 그들이 블리스 군사고등학교에서 배운 지식과 경험을 곧 소년병학교에서 가르쳤다.

이 학교의 1년 모집생은 20명 정도에 불과하였다. 졸업을 하려면 고전어로 히브리어나 라틴어를, 그리고 현대 외국어로 독일어나 불어 또는 스페인어를 필수로 이수하여야 했다. 일류 군사고등학교에 장래가 유망한 두 한인 생도를 보내어 공부를 시킨 것은 우수한 독립군 장교를 배양하려는 박용만의 장기 계획의 일부였다.

93) 《신한민보》(1909. 10. 27).

94) 《신한민보》(1911. 5. 24), 3면 ; Blees Military Academy 안내서(1910).

제5장 한인소년병학교의 과외활동

한인소년병학교는 창의력 있는 독립군 장교를 양성할 목적으로 세워진 군관학교로서, 생도들에게 과외활동을 적극 지원하였다. 과외활동으로는 육상반·야구반·연극반이 있었다. 운동반은 경기를 통하여 10대 소년들의 승부 의식을 길러주었다. 연극반은 해외 한인들에 관한 자신들의 해석과 생각을 반영하여 각본을 쓰고 공연하였다. 이러한 과외활동은 소년병학교가 헤이스팅스로 옮겨진 뒤부터 시작되었다. 헤이스팅스 대학은 헤이스팅스 시 북동쪽 외곽에 자리하고 있는데, 학교 바로 옆에는 연못이 있고 담장이 없는 아담한 공원이 골프장과 연결되어 있어, 청소년들의 여름 수련장으로는 이상적인 환경을 갖추었다.

육상반

육상반에 대한 기록이나 보도 기사는 없다. 단지 교기(校旗)를 든 육상반원들의 모습이 담긴 사진이 한 장이 남아 있을 뿐이다. 기록이

〈그림 52〉 1913년 소년병학교 육상반의 모습. 왼쪽부터 첫번째가 홍승국, 여섯번째가 이관수, 일곱번째가 김홍균, 아홉번째가 정양필

없는 이유는 아마도 소년병학교가 개학하는 6월에는 봄 운동인 육상경기가 다 끝난 상태였고, 또 시합할 경쟁 학교들이 방학에 접어들었으므로 경기를 할 일이 없었기 때문인 듯하다. 사진으로 본 유니폼은 흰색에 바지 통이 넓은 스타일이다. 육상화는 스파이크가 짧고 뒷굽이 없다. 달리기는 모든 운동의 기본이고 달린다는 것 자체가 재미있는 일이었기 때문에, 소년병학교 생도들은 틈나는 대로 헤이스팅스 대학 육상경기장과 인접한 공원 잔디 위를 달렸다. 1914년에 북미 대한인학생대표회의가 일주일 동안 열려 학생회 단결과 영문 학생보를 계속 발행할 방침을 의논하였는데, 그때 학생들은 토론·연설대회와 함께 간단한 운동인 달리기를 하였다(〈그림 52〉).[1)]

1) 《신한민보》(1914. 7. 30), 1면.

〈그림 53〉 1910년 여름 소년병학교 야구반. 앞줄 왼쪽에서 두번째가 박길용, 세번째가 유일한. 가운데 줄 왼쪽에서 두번째가 정양필. 뒷줄 왼쪽에서 첫번째가 김용성, 네번째가 박용만, 다섯번째가 정희원, 여섯번째가 홍승국

야구반

당시 재미 교포들이 '격구(擊毬)'라고 불렀던 야구는 생도들이 가장 즐기고 잘했던 운동이다. 소년병학교에는 야구를 잘한 생도들이 있었는데, 그들은 정규학교나 동네에서 미국 친구들과 함께 야구를 하였다. 특히 유일한과 이관수 생도의 실력이 뛰어났다. 소년병학교 야구반은 하와이를 포함해서 재미 한인 교포사회에 처음으로 생긴 한인 야구팀이었다. 당시 소년병학교 생도들의 야구에 대한 열정은 대단하였다. 황색을 중심으로 세 가지 색이 조합된 유니폼과 1910년대에 유행한 모자(모표가 없고 짧은 챙이 달려 있다)를 쓰고 찍은 단체 사진에는 여름학교의 열정적인 과외활동이 잘 드러나고 있다(〈그림 53〉).

야구에 대한 네브래스카 주민의 관심은 매우 컸다. 헤이스팅스의 지역신문에는 매일같이 메이저리그 팀들의 점수와 경기 상황이 보도되었고, 각 학교·회사·단체들도 야구 팀이 있어서 서로 시합을 하였다. 1911년에 소년병학교 야구 팀은 헤이스팅스 고등학교 팀 그리고 헤이스팅스 향토방위대 팀과 시합해서 모두 이겼다.[2] 1912년에는 모두 15게임을 하였는데, 전적은 12승 1패 2무승부였다.[3]

모든 야구 팀에는 별칭이 있었다. 소년병학교 팀은 피부색과 유니폼이 황색 계통이었기 때문에 '브라우니스(Brownies)'라고 불렸다. 여름학교인 탓에 실제 정식 팀 이름이 없었던 그들에게 잘 어울리는 이름이었다. 미국에서 '브라우니'는 초콜릿 가루로 집에서 누구나 만들 수 있는, 어린이들이 가장 좋아하는 과자 이름이기도 하였다. 소년병학교가 사용했던 응원가로 〈소년 남자가〉라는 노래가 있었다. 노래의 가사는 1907년 서울 상동교회 안의 학교에서 목총을 메고 실시한 군사훈련 겸 체조 시간에 불리던 것으로, 나중에 간도 지방으로 퍼져나갔다.[4] 이 가사는 다른 곡조에 맞추어 불린 것도 있었던 것 같다.[5]

소년 남자가

1.
무쇠골격 돌근육 소년 남자야

---

2) 《대도(大道)》(1911년 8월호), 48쪽. 《대도》는 상항 한인감리교에서 출판하였던 기독교 월간잡지이다.

3) 《신한민보》(1912. 7. 30).

4) 《한국기독교 청년운동사》(서울 : 범우사, 1994), 99쪽.

5) 《창가집》(서울 : 국가보훈처, 1996), 72쪽.

애국의 정신을 분발하여라.
다다랐네 다다랐네
소년의 활동시대 다다랐네

후렴 :
만인대적 연습하여
후일전공 세우세
절세영웅 대사업은
우리 목적 아닌가

2.
신체를 던져 발육하는 그때에
경쟁심주의를 양성하려고
공기좋은 연습장에
활발활발 나는 듯이 나가세

3.
충열사의 더운 피 순환 잘되고
독립군의 팔다리 민활하다
벽력과 부월이라도
우리는 조금도 두렴없겠네

4.
돌이고 빼어치는 백년적기는
신속함이 흑운번개불 같고
받아치는 송곳투구(投球)는
분분함이 백일청천 비로다

5.
해전과 육전의 전후 유희는
차례로 재미있게 승부맺고
개선문 열리는 곳에
승전고 울려라 둥둥둥 두둥둥[6)]

1912년 여름 소년병학교 야구 팀의 구성원과 포지션은 다음과 같다.

주무원 박용만
판단원 정희원
서 기 이종철
투구인 조오홍
수구인 김일신(용대)
거구인 김용성
(1대) 유일한, (2대) 정충모, (3대) 이병섭, (중앙) 한시호,
(우편) 홍승국, (좌편) 박재규, (조수) 김경배·박길용[7)]

주무원(主務員)은 코치이고 판단원은 주심으로, 백인 팀과 시합할 때 백인들은 한인보다 그들의 국기(國技)인 야구를 더 잘 안다고 우기며 자기들의 주심을 세우려 하였는데, 소년병학교 쪽의 주심도 있었다고 생각된다. 그리고 서기란 스코어키퍼(score-keeper)로서 경기의 진행

6) 《신한민보》(1911. 2. 25). 1915년 9월 2일자의 〈베이스볼 칠 때 쓸 노래〉는 이성식이 발표하였는데, 부르기 쉽게 가사를 아홉 군데나 고친 흔적이 있다. 이 노래는 태평양전쟁 때도 재미 한인사회에서 불렸던 것 같다. 재미 한인들의 노래를 적은 한장호(韓章鎬)의 수첩에도 이 가사가 적혀 있다.

7) 《신한민보》(1912. 7. 29).

상황을 기록할 뿐만 아니라, 큰 글씨로 몇 회 몇 점이 났다는 것을 쓰고는 높이 들어올려 경기장 멀리 나가 있는 팀 멤버들에게 이를 알리는 임무도 맡았다.

어린 소년병학교 생도들이 중요 구성원이었던 야구 팀은 그들이 얼마나 미국 중부 문화에 잘 적응하였는가를 단적으로 보여준다. 이와 달리 나이 든 생도·교사들이 주도하였던 한국말 연극반이 있었다.

연극반

1912년에 시작한 연극 공연은 생도들이 직접 각본을 쓰고 연출하였으며, 한국말로 진행되었다. 소년병학교는 해외 한인사회에서 가장 먼저 각본을 만들어 연극을 한 단체이기도 하였다. 연극은 자신들의 생각과 감정을 드러내는 매개체이며 여름학기 마지막을 장식한 행사였으므로, 생도들은 모든 정열을 쏟아 부었다. 이 연극제는 그들을 후원해준 헤이스팅스 대학 관계자들, 한국 학생들에게 거처를 마련해준 장로교와 감리교의 목사들, 지방 유지, 한인 후원자에 대한 감사의 표현인 동시에 스스로도 즐긴 행사였다.

소년병학교가 존속한 6년 동안 연극은 모두 두 차례 공연되었다. 1912년에는 〈안중근 의사전〉을 발표하고, 1913년에는 제목 미상의 창작극을 발표하였다. 17명이 출연한 4막 짜리 〈안중근 의사전〉은 대학 예배당에서 1시간 30분가량 진행되었다. 막간에는 정한경이 영어로 연설을 하고, 바이올린 전공인 조규섭이 바이올린 독주를 하여 청중을 사로잡았다.[8] 연극 〈안중근 의사전〉 가운데 격렬하게 고민하는 장면들은 100명의 손님들과 50명의 교포들의 눈물을 자아냈다.[9] 이 연극은 당시 헤이스팅스 고등학교에 다니던 정태은의 작품으로, 애국심을 잘 그려낸 것이다(〈그림 54〉). 1909년 8월, 정태은은 영국에서 공부하던 인도 청년 딩글라가 인도의 영국총독부에서 근무하였던 영국 고관 두 명을 런던에서 사살한 사건에 대하여 동정하는 글을 쓴 적이 있었다. 〈안중근 의사전〉 역시 감상적이면서도 약소국의 비애가 넘치는 격렬한 내용으로 이루어져 있었다.

1913년 7월 19일에 공연된 정태은의 두번째 연극은 박이라는 청년과 바바라라는 한인 여성 사이의 사랑이 주제였다. 바바라가 일본인과 결혼을 강요하는 아버지 몰래 박 청년과 상해로 도망쳐 우여곡절 끝에 결혼한다는 내용인데, 일제 치하의 억압을 폭로하면서 국제결혼에 반대하는 이중의 메시지를 담은 연극이었다.[10] 이 연극의 주요 줄거리는 다음과 같다.

제1막

아버지가 바바라에게 일본 귀족 고가와와 결혼을 권하면서 애인인 박을 만나지 못하게 한다. 바바라는 한국과 일본이 적국이므로 결혼할 수 없다고 거절한다.

제2막

박 청년은 바바라를 집에서 빼내어 그녀를 친구 집에 숨겨놓는다. 그러나 중국인 친구는 박 청년의 신뢰를 저버리고 바바라를 꾀어 상해로 함께 떠난다.

---

8) *Hastings Daily Tribune*(1912. 8. 16).
9) 《국민보》(1913. 8. 16), 6면.
10) 《국민보》(1913. 8. 16), 6면.

〈그림 54〉 정태은(1913년 헤이스팅스 공립고등학교 졸업앨범)

제3막

박은 바바라를 찾아 나서고, 박의 아버지는 아들을 찾아 집을 떠난다. 바바라 아버지와 일본 귀족 고가와도 바바라를 찾아다닌다. 결국 모두 상해에서 그녀를 찾는다.

제4막

속임을 당한 바바라는 상해의 아이스크림 가게에서 일하는 처지에 놓이게 된다. 드디어 박 청년과 그의 아버지는 아이스크림 가게에서 만나게 되고, 경찰은 박의 중국인 친구를 체포한다. 박과 바바라는 결혼식을 올리고, 바바라 집의 심부름꾼은 고가와의 여동생과 결혼한다.[11)]

《국민보》는 이 연극의 배역을 다음과 같이 소개하였다.

박아모 정인	정희원
리바바라 정랑	권태용
바바라의 부친	리상진
바바라의 모친	김익환
바바라의 집 상노	조오홍
일본 귀족 고가와	리승창
일본 귀족의 누이	김배혁
박아모의 중국인 친구	이응순
중국인의 아내	김일신
박아모의 하인	정충모
박아모의 부친	량극묵

11) 《국민보》(1914. 9. 10), 2면.

〈그림 55〉 1912년 소년병학교 연극반. 〈박과 바바라〉를 공연한 뒤 찍은 사진으로, 앞 왼쪽에 바이올린을 들고 있는 이는 조규섭

중국 별순검	김병학·백일규
바바라의 오빠	박길용
바바라 부친의 친구	안만진·김병학[12]

모두 16명이 등장하는 이 연극에는 남자가 여자로 분장하는 역이 넷이나 있었으며, 당시 33세이던 백일규는 중국 순경으로 분장하고 출연하여 어린 생도들을 적극 후원하였다. 바이올린 전공인 조규섭은 막간에 바이올린을 연주하였다(〈그림 55〉).

연극의 극본에는 당시 한인 생도들의 결혼관과 조국·일본·중국에 대한 시각이 잘 드러나 있다. 그들은 낭만적 사랑을 매우 구체적으로

12) 《국민보》(1913. 8. 16).

묘사하였으며, 애국심·의지력·모험심·인내심을 가진 충실한 한인 여성을 자신들의 상상 속에서 이상화하고 있다. 또한 바바라 집 심부름꾼과 일본 귀족 딸의 결혼을 통하여 한인의 우월성을 표시함으로써 미묘한 반일 감정을 드러내고 있다.

소년병학교에서 연극 각본과 연출을 도맡았던 정태은이 1913년에 헤이스팅스 고등학교를 졸업하고 시카고 대학으로 떠나면서 연극반 활동은 막을 내렸다. 이미 헤이스팅스를 떠나 《신한민보》의 주필로 있던 백일규는 1914년 9월에 〈연극의 희문덕(喜文德)이 풍속개량과 정신고취에 필요함〉이라는 글을 《신한민보》에 실어, 연극이 메시지를 전달하는 수단으로서 매우 효과적인 구실을 한다고 역설하였다. 정태은이 떠난 탓에 더 이상 연극이 없다는 여름학교의 소식을 듣고 아쉬운 감정을 내보인 것이었다.[13] 백일규는 또한 〈서양연극역사〉라는 장문의 논문을 연재할 정도로 연극에 관심이 많았다.[14]

위의 두 연극에서 10대 어린 생도들은 자신들이 체험하는 문화가 혁명사상을 지닌 서른이 넘은 교사들과는 다름을 보여주었다. 어린 생도들과 교사들의 문화적 차이와 미국 문명에 대한 적응 정도에 대해서, 그리고 그들이 서로 도와가며 1920년대에 어떻게 새 사업을 창출하고 재미 한인 지방사회의 지도자들이 되었는지에 대해서는 다음에 살펴보도록 하겠다.

13) 《신한민보》(1914. 9. 10), 2면.
14) 《신한민보》(1915. 5. 13/5. 16/5. 24).

한국유학생회 창립과 영문잡지 출판

1913년 6월 4일 소년병학교 출신들이 주동이 되어 미국에서 최초로 한국유학생회가 조직되었다. 이들은 박처후를 회장으로 선출하고 1년에 두 번씩 영문잡지를 발행할 것을 결의하였다.[15] 헤이스팅스의 지역 신문은 이 모임을 '한국학생대표자대회(Korean Student Convension)'라고 불렀다. 이 신문은 이들 대표자들이 시카고 대학, 노스웨스턴 대학, 네브래스카 대학, 오마하 고등학교, 링컨 고등학교 등 미국 각처에서 왔다고 보도하였다.[16]

백일규는 1914년 1월에 〈북미한인학생(北美韓人學生)의 책임(責任)〉이라는 글을 통하여, 한국 학생들이 한국의 지리·풍속·역사, 한국 교회, 동양의 대세, 한일 관계와 한미 관계, 그리고 한국민이 당하는 일제의 폭정 등을 영문으로 써서 미국사회에 한국과 한국 사정을 알려야 한다고 역설하였다. 한국과 한국 사정을 미국에 알려 동정하는 친구들을 만들어놓으면 '105인 사건' 같은 억울한 일이 일어났을 때 미국 잡지의 지면을 빌리지 않아도 내용을 드러낼 수 있다는 것이 그 이유였다. 더불어 중국 금릉대학도 《금릉광》이라는 학생잡지가 있고 동경제국대학도 때때로 영어 논문을 발표하여 미국 잡지에 실음으로써 자기들 일을 자랑하는데, 한인들이 침묵만 하고 있을 수는 없다고 하였다. 그는 계속하여, 정한경이 이미 한국 실정을 폭로하는 9,000자 분량의 글을 쓰기는 하였으나 논문 하나로는 잡지나 책을 낼 수 없으니, 많은 한국

15) 김원용, 《재미한인오십년사》(Reedly, California : Charles Ho Kim, 1959), 33쪽 ; 《국민보》(1914. 6. 11), 1면.

16) *Hastings Daily Tribune*(1913. 7. 16), 2면 ; Dorothy Meyer Creigh, *Adams County : The Story, 1872~1972*(Hastings, Neb. : Adams County Centennial Commission, 1972), 73쪽.

학생들의 참여와 기고를 바란다고 호소하였다.[17)]

6개월 뒤인 1914년 6월 초에 한인유학생회(The Korean Students' Alliance)는 재미 한인으로서는 첫번째 영문잡지인 《한인학생보(*The Korean Students' Review*)》를 발행하였다(〈그림 56〉). 이 영문잡지의 표지 사진은 서울 덕수궁 앞에 있던 원구단(圜丘壇)을 담고 있다. 원구단은 조선시대에 왕이 하늘에 제사를 지내던 곳으로, 1897년에 고종이 대한제국의 황제로 즉위할 때 바로 이곳에서 제사를 드리고 황제위(皇帝位)에 올랐다.[18)]

중국의 속국이 아닌 독립국임을 상징하며 대한제국을 선언하였던 원구단 사진을 표지에 실은 것은 이 잡지의 의도를 보여준다. 그리고 주희(朱熹, 朱子)의 〈권학문(勸學文)〉 첫머리에 나오는 "물위금년불학이유내년(勿謂今年不學而有來年, 금년에 배우지 않고 내년이 있다고 말하지 말라)"과 "물위금일불학이유내일(勿謂今日不學而有來日, 오늘 배우지 않고 내일이 있다고 말하지 말라)"이라는 두 한문 구절도 표지에서 볼 수 있다.[19)] 영문 학생잡지의 겉장에 한자를 쓴 것은 이채롭기도 하거니와, 아마도 미국인들의 눈길을 끌고 동양인들에게 자기들의 좌우명을 천명하려는 의도가 있었을 것이다. 이 한문 구절을 통하여 조국에서 소년병학교 교사들이 받았던 높은 교육 수준과 문화적 배경을 엿볼 수 있다.

《국민보》의 주필 박용만은 〈네브래스카 학생들이 영문잡지를 발행〉이라는 제목 아래 영문 《한인학생보》의 겉장 사진과 편집·발행인들 그리고 기고(寄稿)한 학생들을 소개하였다. 소개된 한인 학생들과 이들이 다닌 대학은 다음과 같다.

---

17) 《신한민보》(1914. 1. 1/1. 8).

18) 《한국민족문화대백과사전》(서울 : 한국정신문화연구원, 1991) 제16권, 675쪽.

19) 《古文眞寶》(서울 : 景文社, 1979), 9쪽.

VOL. 1 JUNE 1914 NO. 1

The KOREAN STUDENTS' REVIEW

PUBLISHED BY

THE KOREAN STUDENTS' ALLIANCE

U. S. A.

Twice a Year in June and December 25c per Copy

勿謂今日不學而有來日

勿謂今年不學而有來年

Application made at the Post Office, Lincoln, Nebr., for admission to the mails as Second Class matter under act of Congress March 3, 1879.

〈그림 56〉 네브래스카 한인학생회의 영문잡지(1914년 6월). 표지의 그림은 고종이 황제로 즉위하였던 원구단이다

총주필	박처후	네브래스카 대학
문학	리노익	네브래스카 웨즐리언 대학
	장○○	네브래스카 유니언 대학
	김호연	네브래스카 대학
학생계	김현구	코넬 대학
세계 뉴스	이관영	시카고 대학
평론계	정한경	네브래스카 관립사범대학
한국 소식	신형호	오마하 관립중학
잡보	김일신	링컨 관립중학

일반 사무는 다음과 같이 분담하였다.

총무	정태은	시카고 관립대학
발행인	백일규	네브래스카 대학
지방 협동인들	량묵극	네브래스카 대학
	리상진	헤이스팅스 대학
	박재규	시카고 대학
	정양필	네브래스카 대학
	이종희	링컨 중학
	김○○	오마하 학생[20]

이러한 기사를 실감나게 하는 것은 백일규가 사용한 영문편지의 레터헤드(letterhead)이다. 이 레터헤드에 따르면, 한인 학생 영문보의 완전

20) 《국민보》(1914. 6. 11). 원문에도 '○○'로 기재되어 있다.

한 명칭은 《대한인북미유학생영문보(大韓人北美留學生英文報)》였고, 한국 유학생 가운데 혼자 기계공학을 전공하던 이명섭이 재무(財務)로 있었음이 확인된다(〈그림 57〉). 1914년 7월 중순에는 일주일 동안(15일부터 21일까지) 북미대한인학생대표회를 열고 학생 단결과 학생보의 지속 출간 방침을 의결하였으며, 남은 시간을 이용하여 운동·경주·토론·연설 등의 모임을 가졌는데, 일시 성대한 광경이 벌여졌다고 박처후 소년병학교 교장이 《신한민보》에 전하였다.[21)]

이 영문 학생보는 1915년 겨울에 2호가 발행되었고, 같은 해 여름에 3호 그리고 같은 해 겨울에 4호(2권 1호)가 발행되었으며, 백일규는 《신한민보》에 이를 광고하였다.[22)] 이 《대한인북미유학생영문보》는 지금까지 한 권도 발견되지 않아 자세한 내용은 알 수 없으나, 나라를 잃어 한국 문제를 홍보하는 기관이 없어지고 모든 사람들이 한국을 잊어가고 있을 때 학생들이 자발적으로 조국의 처지를 알리려 했다는 점에서, 소년병학교가 무력투쟁만을 추구한 군인양성소가 아니었음을 입증한다고 하겠다.

소년병학교 출신들은 미국 정치와 정부의 정책이 여론에 따라 움직인다는 것을 간파하였기에, 한국 문제를 환기시키고 일제 치하의 한국 실정과 한국인의 자주독립 정신을 홍보할 목적으로 이 영문보를 발행한 것이었다.

이 어려운 민간 차원의 홍보는 2년 뒤인 1918년에 제1차 세계대전이 끝나고 강화회담이 파리에서 열리고 있을 때 재차 부활되었다. 한국 문제에 대한 국제 여론을 새삼 환기시킬 필요가 생기자 오하이오 주

---

21) 《신한민보》(1915. 7. 30), 1면.

22) 《신한민보》(1915. 5. 27), 4면/(1916. 2. 22), 3면.

C. H. PARK,
Editor-in-Chief.
M. S. LEE,
Treasurer,
P. O. Box 1187, Station A.
Lincoln, Neb.

T. U. CHUNG,
Business Manager,
Chicago, Ill.
E. K. PAIK,
Circulation Manager,
Korean National Association,
1521 David Hewes Bldg.,
San Francisco, Cal.

大韓人北美留學生英文報

THE KOREAN STUDENTS' REVIEW

Dec. 21, 1914.

Mr. J. Y. K. Kim,

Dinuba, Cal.

My dear friend:-

Yours of recent date was received with my great pleasure and thanks. But I am really sorry for that you have nothing to do this time. Permit me to say that you may not discourage yourself in such lonesome surroundings and may you comfort by reading some books. It would be worthwhile in your educational life. As you know already such necessity of human being, I need not to repeat what is well known; but since I feel that you recognize me as a friend and do I the same I dare to say all that I have in my mind. Don't you yhink so? I sincerel desire that you may write me once a while and keep the friendship between us. I want to say lots of things but my time does not permit me to do so. With my very best wishes for the Xmas blessings and New Year greetings, I remain

Yours very cordially,

E. K. Paik

〈그림 57〉《대한인북미유학생영문보》. 윗부분에 영자보 임원들의 이름(박처후 · 정태은 · 이명섭 · 백일규)이 보인다

콜럼버스 캠퍼스에 있던 한인 유학생들은 월보(月報) 《한국문헌(*Korean Publication*)》을 출간하였다. 이때 소년병학교 출신인 김현구·홍승국·김홍기·김려식·백일규 등이 동참하였는데, 분명 그들의 《한인학생보》 간행 경험이 도움이 되었을 것이다(〈그림 58〉).

《한국문헌》은 서재필이 필라델피아 통신부에서 《코리아 리뷰(*The Korea Review*)》로 이름을 바꾸었으며, 1919년 3월부터 1922년까지 발행되었다. 《코리아 리뷰》가 폐간되자 뉴욕학생회에서 계간 《한인학생회보(*The Korean Students Bulletin*)》를 1940년까지 발행하였다.[23] 이와 같이 '영문보'는 재미 유학생회를 중심으로 시작되었으며, 미주 유학생들의 영문 정기간행물 발행이 소년병학교에서 처음으로 시작되었다는 데 역사적 의의가 있다. 이는 또한 미국에 있는 새시대의 젊은이로서, 일제 아래에 고통받고 있는 조국을 위하여 마땅히 해야 할 일이었다.

지방사회 미국인들과 교류

여름마다 헤이스팅스 대학에서 군사훈련을 하는 한인소년병학교는 지방 백인들에게 이채롭고 흥미 있는 존재들이었다. 미국인들은 멀리 동양에서 인구 1만인 농촌도시로 찾아온 그들이 궁금하였다.

헤이스팅스 장로교 교회가 1910년 10월에 화재로 전소되어 재건축 모금운동을 할 때, 한국 유학생들은 그들의 미국 유학 경험담을 이야기하는 특별 집회를 같은 도시의 침례교회에서 가졌다. 지역신문은 〈한국

23) *The Korea Review*(서울 : 국가보훈처, 1994) ; *The Korean Students Bulletin*(서울 : 국가보훈처, 2000).

The Korean Students' League of America

Temporary Headquarters, 1574 Worthington Street, Columbus, Ohio, U. S. A.

Our Fellow Countrymen: February 11, 1919.

At a meeting of the Korean students of Ohio State and Ohio Wesleyan Universities on the 30th day of December, 1918, a resolution was drawn on the following points. (About the same time, the Korean students at Park College made a similar decision for a more permanent organization. As a result of a careful consultation between the students in Ohio and those in Missouri, it has been agreed to carry on the said resolution. Further, through the approval of the Korean students in fourteen American universities and colleges—Ohio State U., Meridan C., Denison C., Willows, Valparaiso U., Mount Union C., Worcester Politechnic, Ohio-Wesleyan U., U. of California, U. of Michigan, Wooster C., Boston U., Ashbury C., Park C.—the organization to carry on this resolution is named as THE KOREAN STUDENTS' LEAGUE OF AMERICA).

1—The Korean students in American universities and colleges should unite to publish a monthly in English during the Peace Conference in France.

2—The primary and main object of this paper should be to support the national movement being carried on by the Korean National Association, by showing to the world the present conditions of Korea and the aspirations of the Koreans, and thus obtaining the international good will and sympathy from the Western world in the peace settlements and in other things.

3—This paper should contain editorials and a collection of facts and their comments about the past, present and future of Korea, in history, government, education, religion, finance, industry and so forth, with a special emphasis on her relations with Japan.

4—This paper should be reformed and remodelled into a permanent publication of the Korean student body in America, after it would be proved to have worked successfully throughout the period of the Peace Conference. The headquarters of the organization and the place of publication should be placed in California or any other place where there would be sufficient number of Korean students all the time, when the above condition is reached.

5—This paper should be distributed among large colleges and public libraries, Y. M. C. A.'s, churches of recognized importance, U. S. Congress, clubs and societies, magazines and papers of known standing.

6—The livelihood of the editors during their services should be supported by a part of the collections made for this paper.

7—This paper should be financed with the collections made for the purpose among the students, patriots and friends of Korea.

8—Such collections should amount not less than $300.00 before starting the publication.

9—Korean college men should all be hereby requested to make a study of some useful material on the subject of Korea in old and current books, magazines and papers (especially the American Review of Reviews, the Outlook, the Living Age, the Continent, the Christian Herald, the Literary Digest, the Atlantic Monthly, the World's Work, Harper's Weekly, the New York Times, the London Times, etc., during the periods of 1893-5, 1902-6, 1907-11), and to send in their writings either in a form of outline or in a form of finished essay to the editors. (Typewritten works are preferred. The editors should maintain the right of selection and minor alteration.)

10—The temporary officers of The Korean Students' League consist of the following:
President—Choon Ho Lee, Delaware, Ohio.
Business Manager—Chong Soon Ahn, Columbus, Ohio.
Treasurers—James C. Oak, Columbus, Ohio; Young Sun Yun, Columbus, Ohio.
Secretaries—Pyung Too Lee, Delaware, Ohio; Byerng Chik Lyhm, Columbus, Ohio.
Editors—Henry Kim, '17, Ohio State U.; Julian Paik, '18, Baldwin-Wallace C..

11—Contributions should be sent by the U. S. Postal money orders or certified checks to the treasurers at an early date. (Address, 1574 Worthington Street, Columbus, Ohio, U. S. A.)

12—The present and incoming members should contribute (at least pledge to contribute in the near future) more than $10.00 to this work—as much as their red blood dictates.

13—With the provision that new members will be added to the list, the pre-members are listed as follows:

Ahn, Chong Soon
Char, Joseph H.
Charr, Eui Suk
Chai, Seung Suk
Chang, Keun
Chang, L. W.
Cheegh, Sung Chin
Cho, Chung Whan
Cho, Kyung Oak
Cho, William
Choi, Yinho
Choy, Yun Ho
Chung, James K.
Chung, Robert
Chung, Too Heung
Hahn, S. K.
Hong, Seung Kook
Hur, Chin Up
Kang, C. W.

Kang, Young
Kang, Young Moon
Kang, Young Sang
Kang, Young So
Kim, C. K.
Kim, Gay Bong
Kim, Henry
Kim, Geuk Lo
Kim, Hongkie
Kim, K. H.
Kim, Keui Man
Kim, Keui Won
Kim, Koon Hoa
Kim, R. Suk
Kim, Youxaik
Kim, Young Ki
Ko, Choong Myung
Koo, Young Sook
Koun, Young Ho

Kwak, L. D.
Jaisohn, Philip
Lee, Miss Claire
Lee, C. H., Nebr.
Lee, Chai Heui
Lee, Choon Ho
Lee, Heui Too
Lee, Pyung B.
Lee, Pyung Too
Lee, S.
Lee, S. H.
Lee, William Y. C.
Lee, Wook
Lim, Cho
Lim, Doo Wha
Lim, Tai
Lyhm, Byerng Chik
Oak, James C.
Oh, Tai Do

Paik, Earl Kyu
Paik, George
Park, Chang Soon
Park, Don Oak
Park, In Choon
Park, In Taik
Park, Julian
Park, Yun Keun
Pil, Chi Sung
Pyun, Sung Oak
Ro, David C.
Ro, Chungil
Ro, Chung Min
Whang, George
Whangbo, Jung Kul
Yang, Chul
Yang, You Chan
Yum, Kwang Sup
Yun, Young Sun

Most respectfully submitted,

Secretary.

〈그림 58〉 재미 한국 유학생들이 파리강화회의가 열리고 있는 동안 한국을 홍보하기 위하여 영문잡지를 발행하기로 한 결의문(1919년 2월 11일). 소년병학교 출신인 김현구 · 홍승국 · 김려식 · 김홍기 · 백일규 등을 중심으로 오하이오 주 콜럼버스에서 발기하였다

학생들의 미국 유학을 위한 모험담〉이라는 제목 아래 그들의 경험담을 기재하였다.

당시 헤이스팅스에는 한국 학생 8명이 거주하였다. 5명은 헤이스팅스 대학에 다니고, 1명은 초등학교에 다니며, 2명은 학비를 벌기 위하여 일하고 있었는데, 그 가운데 한 학생이 자신의 모험담을 발표하였다.

홍승국은 고향을 떠나 1년 동안 온갖 모험을 무릅쓰고 두만강을 건넜으며, 시베리아·유럽·영국을 거쳐 뉴욕에 도착하였다. 헤이스팅스 장로교회에서 건물신축자금 모금을 위하여 '한국의 밤'(1911. 2. 14)을 열었을 때 그는 이 내용을 발표하였다.

나는 어떻게 미국에 왔는가?

내가 미국에 온 경험담은 내 인생에 가장 재미있는 이야기일 뿐만 아니라 모험담이기도 하다. 그러나 지금까지 아무에게도 왜 집을 떠나 외국에 오게 되었는지 말하지 않았다. 내 영어가 서툴러 하고 싶은 말을 모두 전달 할 수 있을지 모르겠다. 오늘 저녁 나의 발표 순서는 다섯번째이지만 영어 못하기로는 첫번째이기 때문이다. 나는 2년 반 전에 집을 떠났으나 겨우 1년 반 전에, 약 1년 걸려서 이 나라에 도착할 수 있었다. 시베리아에 도착하기까지 기차도 기선도 타지 않았다. 나는 마르코 폴로처럼 걸어서 대륙을 횡단하고 싶지는 않았으나, 비행기나 기선을 탈수 없었던 것이다.

1907년 9월, 대한의 황제가 일본의 강압으로 양위한 지 1년 뒤, 12명의 젊은 우리들은 해외로 나가서 공부하기로 결심하였다. 우리들은 눈물을 흘리는 부모들과 작별하고, 미국으로 가기 위하여 일본으로 건너갔다. 일본 관리들은 여권 발급을 거절하였다. 한인들은 유럽이나 미국으로 갈 수 없다는 법규가 새로 생겼기 때문이라고 하였다.

우리들은 어려움을 무릅쓰고 국제항인 원산으로 가서 외국으로 가는 선편을 살폈으나 곧 일본 경찰의 추적 대상이 되었고, 절반은 체포되었다. 이런 상황에서 남은 우리들은 시골뜨기로 변장을 하였다. 원산을 빠져나올 때는 몹시 추운 겨울이었다. 높은 산길을 넘고 황량한 들판을 건널 때, 귀는 얼고 손은 감각을 잃었다. 그러면서 우리들은 강만 건너면 유럽행 기차를 탈 수 있는 북방 국경까지 도달하였다. 그러나 도강(渡江)은 쉬운 일이 아니었다. 첫째로 우리는 〔경계가 삼엄한〕 국경선에 있었고, 둘째로 시베리아까지 자동차를 타고 갈 여비가 없었다. 그래서 우리는 비밀리에 부모님들께 연락하여 여비를 보내달라고 하였다. 우리들은 곧 다시 일본 경찰의 추적을 받아 일행 가운데 3명이 체포되었다. 오늘 저녁, 내 바로 앞에 발표한 김현구와 나 그리고 또 한 친구가 남았을 뿐이었다. 1909년 3월에 우리는 여러 번 도강을 시도했지만 번번이 실패하였고, 5월이 되어서야 밤중에 강을 건널 수 있었다. 국경을 넘은 뒤 우리들은 완전히 자유의 몸이 되었으나, 블라디보스토크에 도착했을 때는 주머니가 텅 비었다. 러시아어·독일어·불어·영어, 어느 외국어도 모르는 탓에 언어불통이 되어 돈을 벌 방법도 없었다. 고생 끝에 우리는 블라디보스토크에서 한인 상인인 정순만을 만날 수 있었다. 그는 〔국내에서도〕 잘 알려진 사람이었다. 그는 초면이었으나 여비를 주면서 박용만 씨를 찾아가라고 하였다. 그래서 〔시베리아를 거쳐〕 뉴욕에 도착한 뒤 동행하던 한 사람과 헤어지고 김현구와 나는 박용만을 찾아 덴버 시로 갔던 것이다. 현재 우리들은 네브래스카에서 박용만 씨 그리고 동지들과 더불어 잘 지내고 있다. 나는 여러분들 이웃으로 정착하게 된 것을 기쁘게 생각한다. 헤이스팅스는 나의 제2의 고향이고, 헤이스팅스 대학은 내가 사랑하는 학교이다. 이 모든 것에 대하여 하나님과 존슨 씨에게 감사한다.[24)]

24) 이 연설문은 미국에 온 지 1년밖에 안 되는 홍승국의 글을 수정하여 헤이스팅스 대학 학생신문에 실은 것이다. 이를 요약한 것이 이 번역문의 원문이다. 인터넷(http://www.hastings.edu/library/archives/Vol_III_No_2/VolIIINo2HowIcametoAmerica.htm)에

이 글은 나라가 망하는 것을 보고 분발하여 부모와 처자를 떠나 해외에 나가서 공부하려는 젊은 선비들의 불같은 욕망을 잘 보여준다. 그들을 알아본 또 하나의 선비 정순만이 초면인 그들에게 여비를 내어주고 의형(義兄)인 박용만을 찾아가라고 하는 내용은 한말 젊은 선비들의 아름답고 넉넉한 마음가짐을 일깨워준다.

헤이스팅스의 지역신문은 다음과 같은 기사를 실었다.

> 한국 학생 지도자 박용만이 링컨에서 와서 OHP(overhead projector)를 사용하여 한국과 한국 학생운동에 관한 연설을 하였는데, 그들의 영어는 유창하지는 못하였으나 청중을 충분히 이해시켰다.[25]

이 기사에서 말하는 헤이스팅스 대학의 한국 학생들은 백일규·김현구·홍승국·정태은·송진헌이었다. 그리고 박용만이 당시의 최신식 기기인 OHP(overhead projector)용 슬라이드를 준비할 수 있었던 것은 소년병학교 출신 사진사가 네 명이나 있었기 때문이다.[26]

헤이스팅스 시 상공회의소는 1911년 7월 18일과 19일 이틀에 걸쳐 최초의 비행 시범을 보였는데, 지역신문들은 행사 이삼일 전부터 소년병학교 생도들이 산병교련 시범을 한국 군대식과 미국 군대식으로 할 것이라고 1면에 보도하면서 그들의 구실을 대서특필하였다.

서 이 원문을 볼 수 있다. 서대숙이 번역한 김현구의 자서전 *Wsitings of Henry Cu Kim*에는 여권 없이 뉴욕에 도착한 뒤 노자가 떨어져 고생하며 덴버로 박용만을 찾아갔다가 다시 링컨 시로 가는 과정이 자세하게 서술되어 있다.

25) *Hastings Daily Tribune*(1910. 10. 1), 1면/(1911. 2. 16), 1면.

26) 소년병학교 출신으로 네브래스카와 그 근처에서 사진술을 공부한 이들로는 신태림·배병헌·이노익·남정헌 등이 있는데, 그들은 소년병학교와 생도들의 모습을 사진으로 많이 남겼다.

〈그림 59〉 1911년 7월에 헤이스팅스에서 군중을 매혹시켰던 복엽기

비행 시범이 있던 날, 인근에서 4,000명의 군중이 모였다. '슈팅스타(Shooting Star)'라는 이름의 커티스 복엽기(curtis biplane)는 헤이스팅스 대학 운동장에서 하늘로 1킬로미터를 치솟아 오르며 시속 80킬로미터로 비행하여 군중을 매혹시켰다. 인근 도시의 고등학교 군악대와 응원단들도 동원된 이 행사는 전례 없이 많은 군중이 모여 성공적으로 치러졌다(〈그림 59〉).[27] 이날 소년병학교의 산병교련이 많은 사람들의 눈길을 끌었음은 물론이다. 모여든 구경꾼 가운데는 헤이스팅스 북쪽 그랜드 아일랜드(Grand Island)에서 농사를 짓던 일본인 농부들도 있었는데, 이들은 뒤에 샌프란시스코 일본총영사관 직원 이누이에게 소년병학교는 조선총독부를 타도하려는 무관학교라고 보고하게 된다.

헤이스팅스 유지들은 소년병학교 생도들이 기독교인이 되도록 선교하는 것 외에, 특별 강의를 통하여 미국의 전통과 문화를 전해주면서

27) *Hastings Daily Tribune*(1911. 7. 18/7. 19/7. 20) ; Dorothy Meyer Creigh, 앞의 책, 77쪽.

외국 유학생으로 고학하는 그들을 격려하였다. 대표적인 예로 지방법원 판사 윌리엄 버튼을 들 수 있는데, 그는 헤이스팅스 시가 속한 애덤스 카운티의 역사를 저술한 역사가이기도 하다. 그는 1911년에 매주 〈식민지를 독립국으로〉라는 제목 아래 생도들을 위한 강연을 하였다.

> 판사 버튼 씨가 민주정부라는 주제로 네번째 특강을 하였다. 한인 생도들은 흥미진진하게 청강하며 미국 독립전쟁과 헌법 제정 과정에 깊은 관심을 보였다.[28]

이처럼 헤이스팅스 시의 유력 인사들은 한국 학생들을 후원하였고, 소년병학교의 설립 목적에 동정적이었다. 버튼 판사를 포함한 유지들의 특강은 소년병학교의 생도들에게 신선한 경험이었으며, 매 여름 종강하기 전에 강의는 절정을 이루었다(〈그림 60〉).

소년병학교는 1910년대 초반의 헤이스팅스 역사에서 흥미롭고 의미 있는 사건이었다. 소년병학교 생도들은 호의를 베풀어준 지방사회 지도자들에게 매년 종강하는 날이면 저녁식사를 준비해서 대접하였다. 지역신문에 실린 첫 연회 모습을 한번 살펴보자.

> 한인 여름학교 생도들은 어제 저녁 헤이스팅스 대학에서 네 가지 음식이 마련된 연회를 열었다. 여기서 그들은 서울에서 선교활동을 하고 돌아온 그린필드[權弼斗] 목사를 위로하였다. 이 만찬에서는 그린필드 목사, 존슨, 헤이스팅스 대학 재무이사, 학생처장 렘프, 박용만, 헤이스팅스 대학 교목(校牧) 등 여러 유지들이 연설을 하였다.[29]

---

28) *Hastings Daily Tribune*(1911. 7. 22), 5면.

29) *Hastings Daily Tribune*(1911. 8. 3), 1면 ; 김승태, 《내한선교사총람(1884~1984)》(서울 : 한국기독교역사연구소, 1994), 170쪽.

WILLIAM R. BURTON

〈그림 60〉 소년병학교 생도들에게 미국역사 특강을 한 버튼 판사

〈그림 61〉 헤이스팅스 대학의 학생처장 라틴 렘프

이 기사는 그 지방 인사들이 얼마나 소년병학교에 관심을 가졌는지 잘 보여준다(〈그림 61〉).

1913년 여름, 소년병학교 생도들은 학교 교정을 5년 동안 빌려준 헤이스팅스 대학에 감사를 표시하기 위하여 교정에 시멘트로 물을 마실 수 있는 분수대를 만들었다. 이는 앞으로 여름마다 군사훈련을 받을 소년병학교 생도들을 위한 것이기도 하고, 백일규·김현구·정태은이 고학으로 헤이스팅스 고등학교를 졸업한 것을 기념하기 위한 것이기도 하였다.[30] 1914년에는 한인소년병학교 6주년 기념만찬회를 열고 지방 유지들과 자리를 함께 하였는데, 연설 제목과 연사들은 다음과 같다.

영문 학생보	존슨 재무이사
보통사상	울어스
부인세계	디어볼드 여사
세계사업	로우만 은행장
세계대관	크론 학장
금일 20세기	이노의
독립담	존스 이사장[31]

이 자리에 참석했던 사람들은 이것이 마지막 소년병학교 만찬이 될 것이라고는 생각하지 못하였다. 당시 소년병학교는 재미 한인사회에 널리 알려져, 1914년 여름 안식년으로 미국에 와서 각 회 한인들을 방문하던 선교사 윤산온(尹山溫, George S. McCune)이 따로 심방할 정도였다. 그는 생도들에게 하나님 복음을 전하며 조국 소식을 전해주어 생도들의 환영을 받았다.[32] 소년병학교를 세운 사람들은 소년병학교가 자립·자족하며 계속되기를 바랐지만, 1914년을 마지막으로 소년병학교는 다시 문을 열지 못하였다.

---

30) 《국민보》(1913. 9. 6), 4면 ; Dorothy Meyer Creigh, 앞의 책, 72쪽. 필자가 1992년에 헤이스팅스 대학을 답사하였을 때, 그 분수대는 한번 자리를 옮겼다가 수년 전에 없어졌다고 학교 관리인이 말해주었다. 또 필자가 1994년에 뉴욕에서 소년병학교 출신 조오흥 씨의 부인 김매리 여사를 인터뷰할 때, 김 여사는 작고한 남편으로부터 분수대 선물에 대해서 들었다고 말하였다.

31) 《신한민보》(1914. 8. 13), 1면.

32) 《신한민보》(1914. 7. 16), 3면.

제6장 한인소년병학교의 종말

소년병학교의 종말과 관련하여 지금까지 두 가지 이야기가 있었다. 첫째는 박용만이 1912년 네브래스카 대학을 졸업하고 하와이 《신한국보》 주필로 초빙되어 간 뒤 생도 수가 줄어 폐교하게 되었다는 것이다.[1] 둘째는 생도 모집이 어려워 폐교되었다는 주장이다.[2]

어릴 때 박용만에게 지도를 많이 받았던 소년병학교 출신 김용성과 구영숙은 1913년 여름에 캘리포니아 서니베일(Sunyvale)에서 사탕무 농사를 짓는 양부 김원택을 뵈러 갔다가 그곳 고등학교에 진학하였다. 그들은 거기서 장차 평생지기가 되는 최동(崔棟)과 강영각 그리고 한영대를 만났다(〈그림 62〉).[3] 이 두 어린 소년들과, 헤이스팅스 고등학교를

1) 김원용, 《재미한인오십년사》(Reedly, California : Charles Ho Kim, 1959), 344쪽.

2) 방선주, 《재미한인의 독립운동》(춘천 : 한림대학교 아세아문화연구소, 1989), 32쪽.

3) 《신한민보》(1913. 8. 1), 3면/(10. 3), 3면. 최동은 최정익의 맏아들이고, Donald Kang 또는 Young Kang으로 알려진 강영각은 강명화의 막내아들이자 강영소의 동생이다. 한영대는 한시대의 동생이다. 김용성·구영숙·최동·한영대는 나중에 모두 의사가 되었다.

〈그림 62〉 구영숙(왼쪽)과 최동(崔棟)

졸업하고 대학에 진학한 몇몇 학생들을 빼고는 생도 수가 눈에 띄게 줄지는 않았으며, 네브래스카의 한국 유학생 수는 오히려 늘고 있었다. 일례로, 1915년 가을학기에 헤이스팅스 대학 예비과에는 5명의 한국 유학생들이 등록하였고, 1916년 봄학기에 링컨 주립대학에는 20명의 한국 학생들이 있었다. 그러므로 네브래스카에는 60명 이상의 한국 유학생들이 있었던 것이다.[4] 이로 미루어보면, 소년병학교의 종말에는 더욱더 복잡한 배경이 있었음을 알 수 있다.

일본 정부의 한인소년병학교에 관한 보고서들

지금까지 발견된 일본 정부의 한인소년병학교 관련 보고서들은 모두 8건으로, 1912년 11월부터 1914년 10월까지의 것이다. 첫번째 보고서는 샌프란시스코의 박용만이 만주의 손정도(孫貞道) 목사에게 보낸 서신과 소년병학교 사진엽서를 하얼빈 주재 일본총영사가 불법 검열하고 내용을 번역하여 일본 외무성에 보낸 것이다.[5]

재미 조선인 박용만이 손정도에게 보낸 서신

제3호

8월 12일 부친 제2호 편지는 이미 보셨을 것입니다. 편지 가운데 개진한 여러 조항에 대한 소감은 어떠하신지. 아무튼 머잖아 답신이 있을 것으로 깊이 자신하고 있습니다. 이후는 서로 서신이 도착하는 대로 즉시

4) *Hastings Daily Tribune*(1915. 10. 15), 6면 ; 《신한민보》(1916. 2. 8), 3면.

5) 1912년 11월 14일 주하얼빈 일본총영사 本多能太朗이 외무대신 内田康哉에게 보낸 〈在美 排日鮮人의 書信에 관한 件〉이라는 보고서.

회신을 보내기로 하고 양지간(兩地間)에 소식이 중단되지 않기를 지극히 희망하는 바입니다. 북경·동경·상해 등에 대한 통신도 위와 같은 취지를 바탕으로 할 요량이나 북경에는 마땅한 인물이 없어서 매우 개탄하고 있습니다.

북경·천진의 재류인사(在留人士)가 체포된 사실은 바로 알았습니다만, 그 뒤 어찌 되었는지에 대해서는 소생이 아직 아무런 이야기를 듣지 못하여 기우(杞憂)하고 있습니다. 또 동삼성(東三省)에 풍파가 없는지 번거롭더라도 일보(一報)해주시기 바랍니다. 듣기로는 이동녕(李東寧)·정영택(鄭令沢) 두 사람은 간도에 재류하고 있다 하는데, 더러 면회를 하셨는지요? 소생이 양군(兩君)에게 사용(私用)으로 통신을 하려고 하는데, 동지(同地)에서 통신을 하려면 어떠한 절차를 밟아야 하는지? 또 더구나 주소조차 불명하오니 형이 만약 동지에 통신을 하실 때가 있으시다면, 알아보시고 회보해주시기 바랍니다.

전번 하서(下書)에 논급하신 만주식민책은 앞서 졸신(拙信)으로 다 말씀드렸습니다만, 그 장소·지질(地質)·지가(地價) 및 적당하다고 생각되는 개소(個所)와 그 견적가격 등을 빨리 알려주시기 바랍니다.

소생은 금년에 미국 네브래스카 주 관립대학에서 문과를 마치고 정치학사의 학위를 얻었습니다. 더 연학(研學)을 계속하고 싶지만 각양의 사건들은 소생으로 하여금 부득이 학사(學事)를 중지하기에 이르렀으며, 현금(現今) 미국 서북 지방으로 향할 뜻을 가지고 있습니다. 그 소요(所要)의 첫째 목적은 형이 권고하신 식민책의 실현에 있습니다. 일의 성패는 감히 알 수 없사오나 오직 형의 원대한 계모(計謀)를 받아들여 이를 성취시키고자 하는 바입니다.

포왜(布哇, 하와이)에 재류하는 한인 등도 소생의 심방을 열망하고 이미 여비의 송금을 받기도 하였으나, 동지(同地)에 갈 것인지의 여부는 아직 미정입니다. 하여간 서면을 발송하실 때에는 두서(頭書)에 검은 선을 그은 영문(英文)으로 보내주기 바라며, 이 번호로 보내시면 소생이 귀국한다 하더라도 누락이 없이 도착할 것입니다. 소생의 귀국은 어쩌면 1915년 이후가 될 것입니다.

1912년 10월 10일 손제(損弟) 박용만 배수(拜手)

별지에 첨부한 무관학교 생도의 군장사진 뒷면에 기재한 것

이 엽서는 바로 소년(무관학교 생도를 말하는 것인가?)학교 하기강습 때 촬영한 것으로 그 잡역(雜役)과 조련(操鍊)을 할 때 군복의 제정이 대략 이와 같습니다. 제(弟)도 잡역에 복무하였기 때문에 학도들과 함께 촬영하였습니다.

위의 편지는 일본어로 번역된 것을 다시 우리말으로 번역한 것인데, 이를 통하여 몇 가지 중요한 점들을 지적할 수 있다. 첫째, 박용만은 1912년 10월 현재 극동 독립투사들의 활약을 자세히 알고 있고, 또 통성명이 없는 지도자들과도 서신으로 의견 교환을 바라고 있었다. 둘째, 손정도가 제시한 한인의 만주 이민에 관심이 있었고, 1915년 이후 귀국할 의향이 있다는 것이다. 셋째, 그는 1912년 10월 중순까지도 링컨에 체류하고 있던 것으로 추정되며, 그때 이미 하와이 동포들로부터 하와이로 이주할 여비를 받은 상태였다.

두번째 보고서는 박용만이 《신한국보》 주필로서 호놀룰루에 도착하여 지방 영자신문에 크게 소개되고 1912년 12월 9일에 동포 600명의 성대한 환영을 받았다는 내용을 담고 있다. 호놀룰루 일본총영사가 일본 외무대신에게 네브래스카 주 헤이스팅스의 한인소년병학교 창립자 겸 교장이었던 박용만이 도착하였음을 보고한 것인데, 이 보고서는 곧 조선총독부에도 보내졌다.[6] 세번째 보고서는 이승만이 호놀룰루에 도

착한 뒤 일본총영사가 외무대신에게 보낸 것으로, 박용만이 소년병학교와 같은 무관학교를 하와이에서도 시도하였으나 한인 청년들이 아무런 예비 교육이 없다는 것을 구실로 미국 이민국이 도항(다른 섬에서 호놀룰루가 있는 오아후 섬으로 이동)을 거절하여 목적을 달성하지 못했다는 내용을 담고 있다.[7] 네번째 보고서는 1913년 5월 17일 조선총독부에서 일본 외무성으로 보낸 것인데, 소년병학교 생도들이 하와이 교포들에게 경제적 지원을 호소한 《신한국보》의 지면 내용을 번역한 것이다. 여기에는 적극적으로 지원해주던 와이오밍 주 슈피리어 탄광의 동포들이 이주하였고 교장 박용만도 하와이로 갔기 때문에 오는 여름 재정이 모자라 걱정된다는 내용이 담겨 있다.[8] 이어서 1913년 4월 22일 《신한국보》에 기재된 〈소년병학교와 재슈피리어 동포〉라는 제목의 기사를 보고하였는데, 슈피리어 탄광의 동포들이 올해에도 여름학교를 위하여 50달러를 보냈다는 내용의 글이다.[9] 다섯번째 보고서는 1913년 5월 21일 시카고 총영사에게 외무대신이 발송한 것으로, 네브래스카 한인소년병학교의 조직·내력·현황을 조사해 보고하라는 공문이다.[10] 여섯번째는 1913년 7월 31일 시카고 총영사가 외무대신에게 보낸 〈소년병학교를 현지답사 조사하여〉라는 제목의 보고서이다. 이 보고서는

6) 1912년 12월 20일 재호놀룰루 총영사 永滝久吉이 외무대신 桂太朗에게 보낸 보고서 〈鮮人 新聞主筆 來布 보고의 件〉.

7) 1913년 2월 5일에 호놀룰루 총영사 永滝久吉이 외무대신 加藤高明에게 보낸 보고서 〈朝鮮人 朴容萬의 行動에 관한 件〉.

8) 보고서에 《신한국보》의 날짜가 적혀 있지 않으나, 1913년 3월 말이나 4월 초일 것으로 추정된다.

9) 1913년 5월 17일에 조선총독부 정무총감 山県伊三朗이 외무차관 松井慶四朗에게 보낸 보고서 〈北美 네브래스카 鮮人 少年兵學校의 件〉.

10) 牧野大臣이 시카고 阿部 총영사에게 보낸 보고서 〈北美 '네브래스카' 鮮人 少年兵學校에 관한 件〉.

소년병학교의 주소가 명확하지 않아서 링컨·헤이스팅스·커니·오마하를 조사하였으나 그런 이름의 무관학교가 없더라는 내용을 담고 있다.[11] 일곱번째 보고서는 1913년 8월 28일 조선총독부에서 외무성으로 보낸 것으로, 내용은 여섯번째 보고서와 같다.[12] 여덟번째 보고서는 이 책의 제4장에서도 잠시 언급했던 샌프란시스코 일본총영사관의 이누이(K. S. Inui)가 1914년 10월 12일에 작성한 것이다. 이누이는 여행을 하다가 한인들이 헤이스팅스 대학에서 여름마다 무관학교를 열고 있다는 소문을 듣고 근처 한인 학생들을 만나본 뒤 헤이스팅스 대학 학장을 찾아가 항의하였다. 이 때문에 헤이스팅스 대학은 한인소년병학교에 더 이상 교정을 빌려주지 않겠다는 결정을 내리게 되었다.

그러면 이누이가 샌프란시스코로 돌아와 일본총영사에게 보낸 영문 보고서를 살펴보도록 하자.

노마노 총영사에게.

이번 여름 제가 네브래스카에서 셔토쿼(chautauqua) 순회 연설회를 할 때, 비교적 많은 한국 유학생들이 네브래스카에 있으며 그들이 한국에 있는 일본 통감부의 타도 계획을 세우고 있다는 불쾌한 소식을 들었습니다. 강의 일정이 끝나는 대로 그랜드 아일랜드(Grand Island)와 헤이스팅스로 가서 3일 동안 이 정보에 대한 사실 여부를 조사하였는데, 다음과 같은 사실들을 발견하였습니다.

한인들은 8년 전부터 네브래스카로 이주해왔고, 커니 시의 유니온 퍼

11) 1913년 7월 31일에 시카고 총영사 阿部嘉八이 외무대신 牧野伸顯에게 보낸 보고서 〈北美 '네브래스카' 鮮人 少年兵學校에 관한 件〉.

12) 1913년 8월 28일에 조선총독부 정무총감 山県이 외무차관 松井에게 보낸 보고서 〈北美 네브래스카 鮮人 少年兵學校에 관한 件〉.

시픽 철도회사에 고용되면서 커니 시를 그들의 본부로 만들었습니다. 미국 중부에는 한인들이 적기 때문에 이 지방의 미국인들은 환영하였고, 그래서 그들의 수는 점차 늘었습니다.

커니에는 성공회에서 경영하는 커니 군사고등학교, 네브래스카 주립 사범학교, 공립고등학교 등이 있어서 한인 유학생 수가 늘었으며, 3년 전에는 약 30명이 커니 시내와 인근에 거주하였습니다.

그들 가운데는 에이 박(A. Back)이라는 일본 군관학교 졸업생이 있었다는데, 그는 한인들을 멕시코에 보내어 멕시코를 식민지화하려고 했답니다. 그 밖에도 커니 고등학교에는 소년 웅변가도 있었는데, 그는 남침례교 교인이었습니다. 이들 말고도 두 한인 학생들이 2년 전까지 커니 군사고등학교를 다녔는데, 한 사람은 사우스다코다 주로 갔고, 또 한 사람은 어디로 갔는지 알 수 없다고 합니다. 금년 가을학기에는 커니 군사고등학교에 한인이 한 명도 등록을 안했지만, 몇 년 전에는 이 커니 군사고등학교에서 군사훈련을 할 동기를 얻었답니다.

한인 학생들은 점차 여름에 모여 집회를 하였습니다. 3년 전에는 약 50명이 모여 집회를 하고 군사훈련을 받았다고 합니다. 그들은 헤이스팅스에서 〔1911년 여름〕 첫 비행기 시범 비행이 있을 때 초대되어 각개교련 시범을 보였고, 이 뉴스는 지역신문들에 보도되었습니다. 그들의 궁극적인 목적은 제가 위에서 보고한 바와 같습니다.

헤이스팅스 대학 재무이사 존슨 씨가 한인들에게 흥미를 갖고 여름방학 동안 쓰지 않는 대학 시설을 한인들이 이용할 수 있게 주선해주었답니다. 헤이스팅스 대학은 장로교 교단에서 지원해주는 대학으로, 미국 장로교는 조선에 선교사업을 크게 하고 있습니다. 조선에 가 있는 장로교 선교사들의 요구와 미국 안의 장로교 선교사업 목표가 미국에 와 있는 조선 학생 선교였으므로, 헤이스팅스 대학 시설을 여름 동안 빌려주게 되었는지도 모릅니다. 제가 알기로 장로교는 조선에 선교사들을 파견하였는데, 금년에 보낸 사람은 크로터(Crothers)와 브라운(Brown)입니다.

크론 학장에 따르면, 현재 학생이 약 200명 있고 한국 학생 서너 명이 가을학기에 등록하였답니다.

위에서 말한 여름학교는 네브래스카 주 링컨에 있는 한인 학생회가 관할하고, 교사는 그들 가운데 선정하며, 그들은 대학 건물의 하나만 쓸 수 있도록 허용되어 있습니다.

그들의 나이는 초등학생부터 대학생까지 다양하며, 여러 곳에 문의한 결과 헤이스팅스 대학은 성경 선생 한 사람만 지원할 뿐 군복을 포함한 모든 비용은 그들 자신이 부담한다고 합니다.

크론 학장이 군사훈련을 허용한 이유는, 그들의 나이 차이가 심해서 미식축구나 야구 팀을 만들 수 없는데다 헤이스팅스 대학에 오기 전에 이미 군사훈련을 스스로 하고 있었기 때문이랍니다. 크론 학장은 군사훈련을 심각하게 생각하지 않는 이유에 대하여 말하기를, 첫째로 한인 학생 수가 매년 일정하지 않고, 둘째로 그들의 수가 작년에 40명, 금년에 20명에 그쳤으며, 내년에는 여름 동안 대학이 자체적으로 모든 건물을 사용하려고 하므로 한인 여름학교를 신청하지 않을 가능성이 높다는 것입니다.

조사한 결과 한국 학생들이 거의 다 고학하고 있다는 사실에 비추어, 어느 큰 단체와 연관이 있다거나 어느 단체의 후원을 받는다거나 하는 일은 없는 것 같습니다. 헤이스팅스에 있는 약 30명의 한인 학생들과 대화를 나누어보았는데, 다수는 일본어로 의사소통을 할 수 있었고, 일부는 유창하게 하는 학생도 있었습니다. 후자는 접근하기 쉬웠고, 일본에 대한 불만도 적었습니다. 그러나 어떤 한국 학생들은 큰 망상과 오해를 가지고 있었는데, 그들의 불평은 다음과 같습니다.

(1) 한국의 일본총독부는 한인 교사를 고용하지 않고,

(2) 한국의 일본총독부는 한국말 교과서를 사용하지 않고,

(3) 한국의 일본총독부는 한국말을 학교에서 못 쓰게 하며, 한국적인 것을 말살시키고,

(4) 교육받은 한국인들은 흔히 정당한 법적 이유 없이 투옥되고,

(5) 한인 기독교인들은 학살되었고,

(6) 일본은 최신식 사기와 악습을 한국에 들여오고,

(7) 한인은 허가 없이 두 사람 이상 모일 수 없다고 하는 것입니다.

다시 말해서, 한인은 집회의 권한과 자유가 전혀 없다는 것입니다.

저는 3년 전에 한국에 갈 기회가 있어서, 데라우치 총독을 살해하려던 한인들을 검찰이 기소하여 법정에서 재판하는 것을 보았기 때문에 상세히 압니다. 그러므로 환상에 빠져 있는 한국 학생들에게 그들이 전혀 들어보지 못한 정보를 주었습니다.

저는 미국에 있는 한국 유학생들에게 일본에 대한 신뢰감을 심어주기 위한 세 가지 방책을 생각하였는데, 그 가운데 하나라도 실천되기를 바랍니다.

(1) 한국 유학생들에게 현재 한국에 관한 모든 정보를 제공함으로써 환상에 젖어 있는 그들이 장래에 실수를 하지 않도록 하며, 일본에 관한 왜곡된 의도와 계획을 그들 사이에 퍼지지 않게 한다.

(2) 재미 한인교회 목사들과 YMCA 서기들은 한국에 관한 잘못된 정보들을 써서 재미 한인뿐만 아니라 미국인들에게도 나누어주는데, 이에 대한 대책을 세운다.

(3) 미국에 유학하는 한국 학생들을 도와주고, 특히 그들이 귀국한 뒤 도와주는 것이 중요하다.

1914년 10월 12일 케이 에스 이누이(K. S. Inui) 서명[13)]

---

13) 일본외무성 외교사료관 소장 〈不逞團關係雜件：朝鮮人ノ部：歐米ノ4〉. UCLA Asian American Studies의 Yugi Ichioka 교수에 따르면, 이누이의 원명은 Kiyosue Inui로 일본에서 출생하여 미국에서 교육받았으며, 스탠포드 대학을 졸업한 일본인 2세와 결혼하였다. 일본인으로 미국 여러 대학에서 가르쳤고, 제1차 세계대전 뒤 일본 정부 외교관으로 복무하였다. 미국에 오랫동안 거주하였으나, 일본에서 사망했다고 한다.

이누이의 이 보고서를 통하여 소년병학교와 생도들에 대한 몇 가지 새로운 사실들을 알 수 있다. 첫째, 링컨에 있는 한인 학생회에서 소년병학교를 관할하였다는 것, 둘째, 소년병학교는 한 건물만 쓰고 있었는데, 1915년 여름부터는 헤이스팅스 대학이 자체적으로 모든 건물을 쓰려고 계획하고 있었다는 것, 셋째, 1914년 가을 헤이스팅스 근처에 한국인들이 30명이나 있었고, 그들이 일본말을 하였다는 것, 넷째, 유일한은 정한경 못지않게 웅변가로서 커니 시에 알려져 있었다는 것, 다섯째, 한인들은 한국 소식을 한인교회 목사들이나 미국 YMCA 서기들을 통해서 듣고 있었다는 것 등이 그것이다.

이 보고서를 보면, 크론 학장이 취임한 뒤에 소년병학교 생도들은 헤이스팅스 대학 기숙사인 링랜드 홀(Ringland Hall)에서 묵지 않고 교정에 천막을 친 채 병영생활을 하였으며, 아마도 부엌이 달린 식당 건물만을 사용하였던 것 같다. 박용만과 백일규가 떠난 뒤 경제적으로 어려워진 소년병학교는 시설 사용조차 점점 제한을 받게 되고, 대학 당국과 보이지 않는 틈이 생기기 시작한 것이다. 대학 측은 빌려준 농장에서 한인 학생들이 열심히 일하여 학비를 벌고 농사를 배우며 소년병학교의 경비도 마련하기를 바랐지만, 학생들은 농장 일보다는 '스쿨보이'나 실내에서 일정 시간 일하는 것을 더 좋아하였다. 또 특정 농작물이 없어서 지방 농산물과 경쟁할 수 없었기 때문에 농장 경영이 난관에 부닥치게 되었다. 따라서 대학 측은 농장을 돌려달라고 했을 것이고, 네브래스카 한인들은 정성껏 키워온 소년병학교의 존망을 피부로 느끼게 되었을 것이다. 그들은 《신한민보》를 통하여 소년병학교 유지를 위한 재단설립운동을 벌이고, 재미 한인사회에 호소하였다. 1914년 2월에 발표된 소년병학교 유지단의 취지서를 살펴보자.

소년병학교 유지단 취지서

우리 해외에 있는 단기 유족은 만물이 생소한 미국에 우거(寓居)하는 바에, 저 망(亡)한 고국을 한번 생각하여 장래 유명한 인물이 되기를 바라노라.

우리가 고상한 인물을 배양하고자 하면, 먼저 그 기지를 정해야 될지니, 이는 곧 소년병학교라.

이 학교는 기원 4242년에 커니라 하는 농장에서 시작하여 지금 4~5년 서양 사람과 우리 동포의 찬조를 많이 받았으므로 오늘까지 유지하여 왔으며, 이 학교를 설립한 헤이스팅스 땅은 서양 사람들이 많이 우리에게 동정을 표시하는 곳이라.

그러나 우리의 말과 뜻과 일이 같지 못함으로 금년에는 더욱 고고혈혈(孤孤孑孑)한 운명이 실낱같이 되었으니, 이에 대하야 한번 생각하기를 바라노라.

여러분들이 나라가 망한 것을 원통히 생각하면서도 나라를 위하여 인재를 배양하는 학교에 대하여 성력(誠力)을 쓰지 않음이 이 어찌 그 힘이 부족함이리오. 다만 생각이 미치지 못함이라.

그런즉 허랑방탕(虛浪放蕩)한 곳에 허비하는 돈을 좀 경제(經濟)하여 이러한 학교를 위하여 찬조하기를 바라노라.

지금 우리 몇몇 사람이 이 학교에 대하여 발기하되 소년병학교 유지단이라 하는 단체를 조직하는 바 대개 동지(同旨)는 병학교를 유지하자는 데 불과하니 여러분은 이에 대하여 찬조하기를 바라노라. (취지서의 대지〔大旨〕만 의지하여 생략.)

발기인 조진찬, 이상진 등[14)]

14) 《신한민보》(1914. 2), 19쪽.

이 취지서에서 주의할 부분은 "우리의 말과 뜻과 일이 같지 못함으로"라는 구절이다. 이로써 크론 학장과 한인들 사이가 멀어지고 있음을 알 수 있다. 실제로 소년병학교를 도와온 헤이스팅스 대학으로서는 별다른 실리랄 것이 없었다. 대학 측이 기대한 만큼의 수가 소년병학교에 등록한 것도 아니고, 그나마 그 학생 수마저 점점 줄어들어 그들 가운데 헤이스팅스 대학에 입학하는 학생들은 많아야 6명가량에 불과하였다. 이 때문에 대하은 실망하였다. 대학 측은 학비까지 반으로 줄여주는 등 지원을 해보았으나 성과는 별로 없었다. 소년병학교의 생도·교사·졸업생들 그리고 후원자들은 마지막으로 한인들이 제일 많은데다 박용만 덕에 숭무사상이 고취되고 군사훈련이 한창이던 하와이 동포사회에 소년병학교 유지를 호소하였다.

다음에 인용한 소년병학교 유지단 취지서는 네브래스카에 거주하던 평안도 출신 후원자가 쓴 것으로 추정되는데, 취지서 내용이 구체적이므로 여기에 소개한다. 이 취지서에 서명한 사람들은 소년병학교의 생도·졸업생·교사·후원자들로, 소년병학교의 높은 목적과 충실한 내용의 교과목들에 지지를 보냈다. 이들은 뜨거운 여름 땡볕 속에서 자기극복 수준의 군사훈련을 통하여 자신감을 불어넣던 소년병학교가 문을 닫는 일이 결코 있어서는 안 된다고 생각하였다. 이들은 한인들이 많은 하와이 《국민보》에 호소문을 실었다.

소년병학교 유지단 취지서

우리의 항상 숭배하고 우리의 항상 사랑하는 동지와 형뎨여 우리가 단군조의 동일한 자손이 안이며 반도국의 동일흔 즛손이 안이며 반도국의 동일흔 민족이 아니인가 한번 부모국을 버리고 만리 해외에 표박흠으로부터 어ᄂᆞ산 어ᄂᆞ물에 가련ᄒᆞᆫ 신세를 탄식ᄒᆞ며 몃해 몃칠이나 망극ᄒᆞᆫ 눈물을 금치 못ᄒᆞ였ᄂᆞᆫ가 만히 여러분의 총명자질로 창ᄌᆞ에 끌ᄂᆞᆫ피가 식지아니ᄒᆞ며 머리에 가득ᄒᆞᆫ 생각이 마지안이ᄒᆞ고 일ᄒᆞ면 여러분은 오직 미국에 와싱톤 그랜트 덕국 버스막 이태리에 가부이가 안이면 여러분은 이 글을 볼 때에 큰 강갇히 쉬지아니ᄒᆞ는 마음과 새벽별갇히 청명한 눈으로 깁히 생각ᄒᆞ면 반갑게 깨닷기를 축슈ᄒᆞ노라

우리ᄂᆞᆫ 한번 이세상에 살아 만샹을 관찰ᄒᆞ면 조물도 한심샹치 아니ᄒᆞᆫ 것을 증거ᄒᆞ리로다 하ᄂᆞᆯ이 비를 쥬고져ᄒᆞ면 먼져 빽빽한 검은 구름이 공즁을 덥퍼오며 대해에 태양이 도들때에ᄂᆞᆫ 먼저 물결에 붉은 광션이 빗치ᄂᆞᆫ것과 갇히 우리의 희망ᄒᆞ고 축수ᄒᆞ는바 독립의 지초 ᄌᆞ유의 행복을 구ᄒᆞ는 요소ᄂᆞᆫ 이물건으로부터 츌생ᄒᆞ는것을 증거ᄒᆞ리니 즉 우리의 갇히 사랑ᄒᆞ는바 동산 이슬밧테 아름다운꼿 우리의 갇히 조심ᄒᆞ는바 만경창파에 외로운 배 우리의 갇히 귀즁히 생각ᄒᆞ는바 불면날가 드듸면 꺼질가 금옥갓치 사랑ᄒᆞ든 어린아히 즉 이 학교ᄂᆞᆫ 건국지원 사천이백사십삼년 미국 네부라스카 컨니라ᄒᆞ는 적막ᄒᆞᆫ 궁촌 한 조그마ᄒᆞᆫ 농장에서 발생ᄒᆞ엿스니 이때에 하ᄂᆞ님이 은근히 도으시며 조물이 범샹티 안이ᄒᆞ며 자연 셔양사람의 소개와 동포유지 제씨의 극력쥬션으로 이 학교를 셩립ᄒᆞᆫ후 청년의 애국사샹을 깨다른쟈이 몃몃 사람이며 청년의 얇은 지식을 얻은쟈이 몃몃 사람인고로 또 미국에 우리 거류ᄒᆞ는 학생즁심디ᄂᆞᆫ 어ᄂᆞ곳이라 일을지며 우리 본국에셔 청년의 다년 신앙ᄒᆞ든곳은 어ᄂᆞ곳이라 일을 지며 또 셔양사람들의 찬셩ᄒᆞ며 감샤히 녁이ᄂᆞᆫ곳은 어ᄂᆞ곳이라 일흘이요 이곳은 네부라스카 헤스팅스 소년병학교를 창립ᄒᆞ든 곳이요 이학교ᄂᆞᆫ 이곳에 아즉 두렷이 놉히잇지마ᄂᆞᆫ 슯흐다 이 소년병학교여 나든 첫해로붓터 우금오년에 살진 음식의 자양분을 만히엇디 몯ᄒᆞᆷ인지 엷은 의복의 치움을 면티몯ᄒᆞᆷ인지 신톄도 더자라디 몯ᄒᆞ엿스며 졍신도 더 츙만티 못ᄒᆞ엿슬뿐 안히라 금년에 와서는 더욱 고고혈혈ᄒᆞᆫ 운명이 실머리

와 갇히 붓헛스니 이것은 하ᄂᆞ님이 엇지 사랑을 쥬시지 안이ᄒᆞᆫ 연고인가 대한민족의 운슈가 업ᄂᆞᆫ고인가 산천초목도 눈이 잇스면 슯허ᄒᆞᆯ지며 동해 어별도 마음잇스면 동졍을 표ᄒᆞ리라 우리ᄂᆞᆫ 다만말과 뜻과 일이 갇티 몯ᄒᆞᆫ 연고로다

우리사람들이 늘 말ᄒᆞ기를 우리ᄂᆞᆫ 나라업슴으로 가련해 우리ᄂᆞᆫ 돈이 업서셔 사업을 몯해요 말은 다 ᄒᆞᆯ줄아나 뜻은 봄물에 어름갇히 풀어지며 가을 바람의 입새갇히 떠러지ᄂᆞᆫ니 엇지 사업을 ᄒᆞᆯ슈잇스리요 우리ᄂᆞᆫ 만고력사와 세계각국을 관찰ᄒᆞ여도 허랑방탕ᄒᆞ다가 패가망신ᄒᆞ엿다ᄂᆞᆫ 사람은 잇스나 한사업을 ᄒᆞ다가 패가망신ᄒᆞ엿다ᄂᆞᆫ 사람은 듯도 보도 몯ᄒᆞ엿스니 여러분은 허랑ᄒᆞᆫ곳에 쓸돈은 잇스며 됴흔사업에 쓸돈은 업스리오 어ᄂᆞ 철학쟈 말ᄒᆞ엿스되 너는 발은길로 가라 가거던 쉬디말라 쉬디말면 목뎍디에 달ᄒᆞ리라 ᄒᆞ엿고 어ᄂᆞ 영웅이 말ᄒᆞ엿스되 하ᄂᆞ님이여 우리에게 자유를 쥬시오 그럿티 안히ᄒᆞ거던 우리에게 죽엄을 쥬시옵소셔 ᄒᆞ엿스니 즉 이 학교는 우리의 바른길이며 우리의 자유를 회복ᄒᆞᆯ 지초라 이학교의 현샹은 마른집에 불이 한똑에 ᄇᆞᆮ허오며 어린아희가 방장 우물에 떠러질나 ᄒᆞ는 형상이라

우리사람이 목셕이 안히면 엇지 이때를 다ᄒᆞ야 감동되지 안ᄒᆞ리요 우리 몃몃사람은 이학교 대ᄒᆞ여 발지ᄒᆞ되 소년병학교 유지단이라 ᄒᆞ는 단톄를 조직ᄒᆞ온바 대개 됴례는 규측에 의지ᄒᆞ야 알려니와 그종지ᄂᆞᆫ 병학교를 유지ᄒᆞ자ᄒᆞ는돼 불과ᄒᆞ니 여러분 동지께셔는 서로 생각ᄒᆞᆯ때에 나ᄂᆞᆫ 하로밤 유쾌ᄒᆞᆫ 구경을 폐ᄒᆞᆯ지라도 부득불 이왕 셩립된 학교를 유지ᄒᆞ기로 결심ᄒᆞ시려니와 매년 사오십명 청년의 단체ᄒᆞ는 정신이야 엇지 샹쾌ᄒᆞᆫ 일이 안이리요 그러ᄒᆞᆷ으로 므슨 물건이던지 일시에 만족ᄒᆞᆫ법은 업ᄂᆞ니 대해가 가은물을 갇히디 안히ᄒᆞᆷ으로 능히 큰 바다를 일웃것이요 태산이 조고마ᄒᆞᆫ 흙덩이를 샤양티 아니ᄒᆞᆷ으로 큰 뫼를 일우엇ᄂᆞ니 우리는 항샹 빙설 가운대에 뎌 헤스팅스 소년병학교를 두디말고 장래에 대한 륙군대학교 지초로 생각ᄒᆞ시기를 바라노라 쇽담에 ᄆᆞᆯ하기를 사슴은 즉을

때에도 뿔을 보호ᄒᆞ여 사향노루ᄂᆞᆫ 죽을 때에도 뱃꼽을 깨믄다ᄒᆞᄂᆞ니 우리사람의 정신은 생명이며 의식요 이학교는 우리의 정신이라 여러분은 깃분 웃음과 뜨거운 눈물로 힘을 다ᄒᆞ여 정신을 다하여 갇히나가기를 축슈ᄒᆞ노라

소년병학교 유지단 발기인 조진찬 김유성 박양태 신형호 리기오 최경오 안재창 박처후 백일규 박호민 류진익 김호연 졍양필 김일신 리홍기 량금묵 한시호 리치겸 리무일 리걸 리졍수 신덕 박원경 홍승국 권태용 호시한 리상진 김츄성 김홍기

소년병학교 유지단 규측

뎨一장 목뎍 위치

뎨一됴 본단의 명층ᄂᆞᆫ 소년병학교 유지단이라ᄒᆞᆷ

뎨二됴 본단의 목적은 소년병학교를 유지ᄒᆞ기 위ᄒᆞ야 설립ᄒᆞᆷ

뎨三됴 본단의 위치ᄂᆞᆫ 북미합즁국 네부라스카 헤스팅스로 뎡ᄒᆞᆷ

뎨二장 단원 자격 의무 권리

뎨四됴 본단원의 자격은 내외국을 물론ᄒᆞ고 무릇 됴션민족으로 본단인 되기를 원하ᄂᆞᆫ사람

뎨五됴 본단원의 의무ᄂᆞᆫ 매년 금화 二元식 례납ᄒᆞ여 소년병학교를 유지ᄒᆞᆯ일

뎨六됴 본 단원은 본단 임원이되며 또 임원을 션거ᄒᆞᄂᆞᆫ 권리

뎨七됴 본 단원은 소년병학교 유지방침에 대ᄒᆞ야 재외ᄒᆞᄂᆞᆫ권리

뎨八됴 본 단원은 본단 의결사결사건에 대ᄒᆞ야 가부ᄒᆞᄂᆞᆫ 권리

다만 멀리 잇서셔ᄂᆞᆫ 자긔의 의견을 셔신으로 표ᄒᆞᆯ슈도 잇음

뎨三장 임원 죠직 직무

뎨九됴 본단 임원죠직뎨은 여좌ᄒᆞᆷ

단장 一인 종무 一인 재무 一인 셔기 一인 교통위원 一인씩 각

디방에 찬성원 무명수

뎨十됴 단쟝은 본단뎐톄를 대표ᄒᆞ야 일톄사무를 쳐리ᄒᆞᆷ

뎨十一됴 총무는 단쟝의 지휘를 이어 사무를 집행ᄒᆞᆷ

뎨十二됴 서기는 단쟝과 밋 총무의 지휘를 받아 본단일톄 문부를 장리ᄒᆞᆷ

뎨十三됴 재무는 본단 재졍 출납과 밋 재졍상 일톄 문부를 쟝리ᄒᆞᆷ

뎨十四됴 각 디방 교통위원은 본단원을 모집ᄒᆞ며 그 단원들의 의무금을 받아 본 단으로 보내며 본단과 그 디방 단원에게 교통을 장리ᄒᆞᆷ

뎨十五됴 본단의 의무를 매년에 행ᄒᆞ지안코 다만 소년병학교 유지하ᄂᆞᆫ듸 찬셩ᄒᆞ여 다소의 금액을 의연ᄒᆞ시ᄂᆞᆫ이는 본단 창셩원이 됨

뎨四장 임원선거 임긔

뎨十六됴 본단의 임원션거는 항상 헤스팅스에서 행ᄒᆞᆷ

뎨十七됴 본단임원의 임기ᄂᆞᆫ 一년으로 뎡ᄒᆞᆷ

뎨五장 재졍쳐리

뎨十八됴 본단 재정은 재무가 정리ᄒᆞ되 十元이샹되ᄂᆞᆫ 때에ᄂᆞᆫ 총무 재무 두사람이 연셔ᄒᆞ야 은행에 임치ᄒᆞᆷ

뎨十九됴 본단의 재정은 소년병학교 경비에 보용ᄒᆞ되 본 단결의로 지출ᄒᆞᆷ

뎨二十됴 의무금은 매년 四월내로 지부ᄒᆞᆯ일

부측

뎨卄一됴 본측에 미비ᄒᆞᆫ것은 습관에 의지ᄒᆞᆷ

뎨卄二됴 본규측은 반포일로 시행ᄒᆞᆷ[15]

소년병학교 유지를 제창하며 위의 취지에서 서명한 사람들은 재미한인들이 처해 있는 처지를 보는 나름대로의 관점과 나름대로의 민족

15) 《국민보》(1914. 2. 2).

주의적 지향을 보여주었다. 소년병학교가 문을 닫게 된 데는 여러 가지 여건이 복잡하게 얽혀 있었다.

첫째, 네브래스카의 한인들은 1914년 2월에 소년병학교를 후원하기 위하여 일으킨 '소년병학교 유지단'의 발기문을 박용만이 주필로 있는 하와이 《국민보》에 실었으나, 하와이 한인사회에서는 별다른 반응이 없었다.[16] 박용만도 더욱더 큰 계획인 '국민군단'의 창설에 매달려 있었다. 게다가 네브래스카에 거주하는 한인들 사이에서도 변화의 물결이 일고 있었다. 소년병학교를 적극 지원하던 후원자들이 소작농으로 만족하지 않고, 1915년 봄에 1만 달러의 자본금을 출자하여 재미 한인으로는 최초의 '한인농산주식회사'를 설립하고 콜로라도 주 게일턴으로 이주한 것이다. 이에 따라 소년병학교 농장 관리인 임동식도 이주하였다. 열정을 다하여 소년병학교를 세우고 튼튼히 다지는 구심점이 되었던 주요 인물들이 하나둘씩 새로운 삶을 향해 떠나게 되었고, 결국 소년병학교도 이 시기를 전후하여 막을 내리게 된 것이다.

둘째, 소년병학교를 이끌던 지도교사들의 이주를 들 수 있다. 1912년에 박용만이 《신한국보》 주필이 되어 하와이로 간 뒤, 창립 멤버 가운데 한 명이자 지도교사를 맡았던 백일규도 1914년 8월에 《신한민보》 주필로 학교를 떠났다. 같은 해 9월에는 헤이스팅스 대학 이사장의 어머니이자 소년병학교 생도들에게 성경을 가르쳤던 존스 부인(Mrs. C. L. Jones)이 기차 사고로 사망하였다.[17] 박처후는 1915년 5월에 수학 전공으로 네브래스카 주립대학을 졸업하고 다시 영어 전공으로 두번째 학사학위 과정을 밟고 있다가, 1916년 11월에 웰치 감리교 감리사의

16) 《국민보》(1914. 2. 18).

17) 《신한민보》(1915. 2. 11).

보조원으로 귀국하였다.[18] 그리고 그 동안 많은 도움을 주었던 교사 이종철·김려식·이결·김현구·홍승국·정희원 등은 미국 중부에서 학교를 다녔지만, 여름에 그들을 초빙할 만한 경제적 여건이 되지 못하였다.

셋째, 소년병학교를 졸업하더라도 처음의 의도처럼 극동에 가서 장기 무장 독립운동을 하기에는 여건이 마련되어 있지 않았다. 가장 먼저 만주로 갔던 김장호는 수개월 만에 미국으로 되돌아올 수밖에 없었다. 소년병학교의 최종 목표는 현실적으로 달성 불가능한 진공상태임을 누구나 인정하지 않을 수 없게 된 것이다.[19]

마지막으로, 샌프란시스코 주재 일본영사관 직원인 이누이 등이 헤이스팅스 대학 학장에게 항의하고 나선 것도 경시할 수 없는 이유였다. 그들은 일본 통치를 무력으로 물리치고 한국의 자주독립을 이루겠다는 소년병학교를 지원하는 것에 반기를 든 것이다. 당시 세계열강의 제국주의적 식민지정책은, 강대국끼리 경쟁을 벌이면서도 약소민족의 식민지화는 합리화해주는 상부상조의 원칙을 견지하고 있었다. 그러므로 일본의 항의는 무시할 수 없는 것이었다. 다음으로 한인소년병학교의 영향을 살펴보자.

한인소년병학교의 단기적 영향

1910년 국치(國恥) 이후 미국 각지에는 재미 한인들의 군사훈련 캠프들이 생겼다. 이들은 그해 여름에 소년병학교 자금을 모집하러 서부

18) 《신한민보》(1916. 11. 16).

19) 《신한민보》(1911. 1. 5/5. 3).

재미 한인 지역사회를 방문하였던 박용만의 홍보에 자극을 받았다. 500명 이상의 구한말 군인 출신들이 재미 한인사회에 있었기 때문에, 그들은 자발적으로 대한인국민회 학무부에서 그해 9월 발행한 군사훈련 교과서 《체조요지》를 가지고 군사훈련을 하였다. 이들이 군사훈련을 할 수 있었던 것은, 한인들은 농사일을 거드는 농촌의 노동자들이나 탄광의 광부들이었으므로 도시에서 멀리 떨어져 있어 눈에 띄지 않았고, 또한 목총을 메고 조련하는 동양인들에게 백인들은 위협을 느끼지 않았기 때문이다. 그들을 빼면 노동자들이 없었으므로, 낮에는 일하고 훈련은 오후 늦게 하였다. 당시 미주와 하와이 군도 그리고 극동에 있었던 군사훈련 단체들을 정리해보면 다음 표와 같다.

재미 한인들의 군사훈련은 박용만을 위시하여 소년병학교 출신인 정희원과 박장순 등이 앞장섰음을 쉽게 알 수 있다. 나중에 다시 말하겠지만, 정희원은 여름에는 소년병학교에서 가르치고 가을에는 슈피리어에서 광부들의 군사훈련을 맡았다. 그가 캔사스 주 토피카 주립대학에 다닐 때는 캔사스 시 한인들을 모아놓고 군사훈련을 하였다.[20] 이런 배경 때문에 훈련을 위한 모임의 이름도 '소년병'에 '학원'이나 '학회'를 붙인 '소년병학원'·'소년병학회'가 되었다. 이들은 군사훈련이 군인을 양성하는 일뿐만 아니라 봉건적이고 나태한 국민성을 고치는 일도 해야 한다고 여겼다. 그럼으로써 근대화에 이바지할 정신적 자세를 바로 잡아야 한다고 생각한 것이다. 또 박용만은 《군인수지》, 《국민개병설》, 《아메리카 혁명》 등을 저술·발간하여 이론적으로 군사훈련의 긍정적 가치를 높이 평가하였다(〈그림 63〉, 〈그림 64〉).

20) 《신한민보》(1910. 2. 9/1911. 5. 17) ; 《국민보》(1913. 12. 10) ; 김원용, 앞의 책, 342쪽.

설립일	장소	이름	설립자와 관할단체
1909년 6월	네브래스카 주 커니, 헤이스팅스	한인소년병학교	박용만, 백일규 등 설립 주정부의 인가를 받은 정규군사고등학교로 한인 학생회가 관할
1910년 2월	멕시코 메리다	숭무학교	이근영 등 설립
1910년 8월	캘리포니아 주 롬팍	의용훈련대	
1910년 10월	캘리포니아 주 클레어몬트	훈련반	대한인국민회 한국학생양성소
1910년 11월	캔사스 주 캔사스 시	소년병학원	정희원 설립
1910년 11월	하와이 각 섬		하와이 국민회 연무부
1910년 12월	와이오밍 주 슈피리어	소년병학회	정희원, 박장순 설립
1911년	만주 서간도	신흥무관학교	이회영, 이시영, 이동녕, 이상룡
1914년 6월	하와이 오아후 섬 카할루	국민군단	박용만 설립
1914년	만주 북간도	대전학교	이동휘
1920년 2월	캘리포니아 주 윌로우스	한인비행학교	김종림, 한장호, 노백린 설립

한인 군사훈련 학교들[21)]

국치를 계기로, 소년병학교와 만주 신흥무관학교만큼 군사운동에 많은 영향을 끼친 무관학교는 없다. 그러나 세계 강국인 일본에 무력으로 맞서 독립을 쟁취하겠다는 것이 과연 현실적이었는가 하는 문제는 뒤에서 다루도록 하겠다. 위에 소개한 무관학교 가운데 하와이의 국민군단과 캘리포니아 주 윌로우스의 한인비행사양성소는 독립운동에 큰 영향을 주었으므로 여기서 간략히 살펴보겠다.

21) 김원용, 같은 책, 274쪽, 342~350쪽 ; 《신한민보》(1920. 2. 24).

〈그림 63〉 정희원

〈그림 64〉 와이오밍 주 슈피리어 탄광의 한인 탄부들로 구성된 소년병학회

국민군단

박용만은 1912년 12월 초에 《신한국보》의 주필로 취임하기 위하여 호놀룰루에 도착하였다. 그는 대한인국민회 연무부 확장을 위하여 한국에서 물건을 수입해 교포들에게 팔아 자금을 마련하고 현지 유지들의 기부를 받아서, 1914년 6월 10일 오아후(Oahu) 섬 카할루(Kahaluu) 지방 아후마누(Ahumanu)에 국민군단을 세웠다. '리비' 회사와 계약하고 1,500에이커의 농지에서 파인애플을 재배하며 약 300명의 군인들을 훈련시켰다. 이들 대부분은 구한말 군인이었다.

1916년 10월에 국민군단이 경작하던 농토의 계약이 만료되고 또 농

〈그림 65〉 국민군단의 교련 모습

토의 토질이 좋지 않아서 군단을 옮겨야 했으나, 군단장 박용만이 이승만에게 모함을 당하여 어찌할 바를 모르고 지내던 때라 군단이 정할 곳을 찾지 못한 채 사업이 중단되었다(〈그림 65〉).[22]

만주에 세워진 대전학교(大甸學校)에 대해서는 윤병석의 글을 인용하는 것으로 간략히 설명에 갈음하고자 한다.

연해주에서 러시아 당국의 전시체제 확립으로 퇴거당한 이동휘(李東輝)는 오랫동안 노령 지역 한인들이 독립전쟁 준비를 위해 세우려던 무관학교를 북만주 왕청현(汪淸縣) 나자구(羅子溝)에 1914년에 세우고 대전학교라 하였다. 약 2년간 지속하였던 대전학교는 이동휘가 교장이었고 군사학 교과서, 실습무기 부족으로 군사기술 연마는 미흡한 점이 많았지

22) 같은 책, 345~348쪽.

만 조국을 광복하려던 사관으로서의 정신교육은 철저하였다.

초창기에는 같은 지방에 있었던 태흥학교가 중국관헌의 탄압을 받아서 80여 명이 전학하였고 사관학생이 많을 때에는 300여 명의 혈열 청년들이 모여들었던 것이다.[23]

한인비행사양성소

캘리포니아 주 윌로우스의 한인비행사양성소(Korean Flying School)는 1920년 2월 쌀농사로 돈을 번 김종림(金宗林)과 국민군단 별동대(해병대) 책임자였던 노백린(盧伯麟)이 세운 것이다.[24] 여기서는 비행기 조종과 수선을 배우는 것 외에 군사훈련·체육·공민교육 등도 실시하였다. 이때 노백린은 대한민국 임시정부 군무총장이었기 때문에 생도 19명 가운데는 중국에서 훈련을 받으러 온 박희성(민족대표 33인 가운데 한 명인 박희도의 동생), 손니도(임시정부 의정원 원장 손정도 목사의 동생), 신형근(신규식의 조카) 등도 있었다.

훈련에는 김종림이 사들인 비행기 두 대가 쓰였다. 그리고 네브래스카 소년병학교에서 쓰던 장총과 지휘도도 함께 활용하였다. 군복은 제1차 세계대전 때 미국 육군이 입던 것이었다. 비행기 조종의 책임지도교사는 경험이 많은 프랭크 브라이언트(Frank Bryant)였고, 조교수는 비행면허를 가지고 있던 이용선·이초·오림하 등 6명이 담당하였다(〈그림 66〉).

23) 윤병석, 〈李東輝의 亡命活動과 大韓光复軍政府〉, 《한국독립운동사연구》 11 (1997).

24) 김원용, 앞의 책, 350쪽 ; 《신한민보》(1920. 2. 24), 3면.

〈그림 66〉 한인비행사양성소의 군사훈련 모습(1919년 봄)

1921년 가을, 벼를 추수해야 하는 중요한 시기에 3주 연거푸 비가 내리는 일이 벌어졌다. 이 때문에 농사는 실패하였고, 한인비행사양성소는 결국 재정난으로 막을 내렸다.[25)]

한인소년병학교를 제대로 규명하기 위해서는 비슷한 성격의 다른 무관학교와 나란히 놓고 살펴볼 필요가 있을 것이다. 그래서 지금부터는 한인소년병학교를 다른 무관학교들과 견주어보도록 하겠다. 먼저 소년병학교의 성격을 재조명하고 특징을 알아보기 위하여 간성학교와 함께 비교해보자.

25) Richard S. Hahn, "Hahn Chang Ho and the First Korean Independence Air Force", *Korean Culture Fall*(1995), 15쪽. U.C.L.A.에서 석사논문으로 "Korean Rice Farming"을 쓴 Richard S. Kim과 인터뷰(U.C.L.A., 1996).

소년병학교와 간성학교의 비교

첫째, 소년병학교의 목적은 일제로부터 조국의 광복과 그 뒤 조국의 근대화에 이바지할 문무를 갖춘 지도자를 양성하는 것이었다. 그럼으로써 장기적으로 조국의 진정한 광복을 이루는 것이었다. 반면 간성학교의 목적은 단기적으로 짧은 시일 안에 많은 군인들을 훈련시켜 문호개방과 개혁을 반대하는 청나라 정부를 타도하는 것이었다.

둘째, 소년병학교는 군사훈련 외에도 국내에서 한학과 국학을 공부한 선비들의 주도로 한국 고유문화를 익히며 정신교육을 하는 데 힘썼다. 한편 각자 취향에 맞는 전공을 택하여 정규대학에서 학업에 정진하고 졸업하도록 장려하였다. 소년병학교 학과목들은 네브래스카 주립대학에서도 인정하여, 생도들은 학점 취득에 배려를 받을 수 있었다. 간성학교에서는 은퇴한 미국 육군 장교들이 전적으로 군사훈련에만 전념하였고, 훈련받은 화교(華僑)들은 각자 소속된 차이나타운으로 돌아가 동료들에게 군사훈련을 시켰다. 또한 간성학교 생도들은 기회가 있을 때마다 군복을 입고 총을 멘 채 시가행진을 하여 조국에 대한 충성심과 개혁에 대한 의지를 과시하고, 차별대우를 하는 미국인들에게 자신들도 훌륭한 근대시 군인이 될 수 있다는 자부심을 보였던 것이다. 그런데 결과는 그들의 의도와는 정반대로 백인들의 의심과 불안감을 자아내어 법적 문제로 불거졌으며, 본격적으로 군사훈련을 시작한 지 여섯 달도 안 되어 소문만 파다하게 퍼뜨린 채 폐교하였다.

셋째, 소년병학교의 재정은 네브래스카 대한인거류민회의 인두세와 헤이스팅스 대학의 농장 경영 수입으로 충당하였다. 간성학교의 재정은 남북미대륙의 차이나타운에서 상업에 종사하는 화교들을 대변하는 보황회가 지원하였다.

넷째, 소년병학교는 비교적 조용하게 목총을 메고 군사훈련을 하였음에도 많은 지도자들 배출하여 비교적 그들의 행적을 추적하기 쉬우나, 간성학교는 짧은 시일 안에 많은 군인들을 양성하는 바람에 명단도 없고 따라서 생도들의 행적을 추적할 수도 없다.

다른 한인 무관학교와 비교

군사학교로서 소년병학교를 평가하기 위해서는 당시 한국 안팎에 있던 다른 무관학교와 견주어볼 필요가 있다. 고종은 1883년 10월에 대한제국의 장교훈련을 근대화할 목적으로 주한 미국대사 푸트(Lucious H. Foote)에게 미국 군사고문의 파견을 요청하였다. 5년 뒤인 1888년 4월, 일본 고베에 있던 미국 장교들이 한국에 와서 연무공원(鍊武公院)이라고 불린 한국 무관학교를 세웠다. 당시 미국 장교들로는 다이(Willam McEntyre Dye) 준장, 커밍스(E. H. Cummins) 중령, 리(John G. Lee) 소령과 네인스테드(F. H. Neinstead) 해군 대위 등이 있었다(〈그림 67〉).[26]

그러나 한국 최초의 이 무관학교는 성공적이지 못하였다. 무엇보다도 한국 고관의 자제인 생도들의 나태한 태도가 그 원인이었다. 그나마 이 무관학교마저 1894년 일본군이 청나라 군사를 습격하기 전에 포위되어 무장해제되고 말았다.[27]

그 뒤 개화운동이 한창이던 1895년 5월, 일본 장교들의 지도 아래 '훈련대 사관양성소'가 설립되어 3개월 또는 6개월 과정의 훈련이 실시

---

26) 이광린, 《한국개화》(서울 : 일조각, 1977), 172~180쪽.

27) 임재찬, 《구한말 육군무관학교 연구》(부산 : 제일문화사, 1992), 13쪽.

〈그림 67〉 주한 미국공사관의 미국 해병대(1900년, 서울)

되었다. 그러나 한 달도 채 못 되어 민비가 시해되고 고종이 러시아대사관으로 피신하는 '아관파천'이 일어났다. 이로 말미암아 러시아 장교들이 양성소의 교사로 다시 등용되는 등, '훈련대 사관양성소'는 일대 혼란을 겪었다. 결국 러일전쟁이 일어나기 전에 일본은 대한제국 정부에 군사 요지(要地)의 이양을 강요하여, 사실상 한국 군대는 그 기능을 상실하고 말았다. 이러한 소용돌이 속에 한국의 무관학교는 1896년부터 1909년 사이에 다섯 번이나 학제와 교련 방식 그리고 무기 등을 바꾸어야 했다. 힘없는 나라의 무관학교는 왕실을 경호하기 위한 의장대 양성소로 전락해버렸다. 이미 국방을 담당할 장교를 양성하기 위한 무관학교가 아니었던 것이다.

해외에 있던 무관학교 가운데 손꼽을 수 있는 것으로는, 우선 국경선 근처에서 9년 동안 존속하며 약 400명의 졸업생을 배출한 신흥무관학교가 있다. 신흥무관학교 출신들은 뒷날 광복군으로 활약하였다. 1911년 4년제 정규학교로 시작하여 1913년에는 신흥중학으로 이름을 바꾸었으며, "오른손에는 총을, 왼손에는 삽을!"이라는 교훈을 내세웠다. 장교 과정은 6개월, 상사 과정은 3개월이었다.[28] 이 학교는 3·1 운동이 일어나자 신흥무관학교로 이름을 바꾸고 사관 양성에 주력하였으나, 마적(馬賊)들의 습격 목표가 되어 1920년 폐교하고 말았다.

신흥무관학교가 시작될 무렵인 1912년 8월, 샌프란시스코 대한인국민회 총회장에게 블라디보스토크의 북쪽에 있는 우수리스크(Ussuriysk)에서 서신이 왔다. 오는 가을 무관학교를 세울 예정이어서 소년병학교의 교과서들과 《국민개병설》·《국민독본》·《독립정신》을 구비하려고 하니 부송해달라는 내용이었다.[29] 이때는 바야흐로 신흥강습소가 신흥무관학교로 바뀌는 시기였다. 신흥무관학교는 소년병학교의 교재뿐만 아니라 이미 실험한 과목들의 내용도 함께 받아 참고하였을 것이다.[30] 만약 이 신흥무관학교가 일본 군대의 감시를 피할 수 있는 외곽으로 자리를 옮겼다면, 그리고 이를 지원해줄 지하조직이 국내에 있었다면, 조국의 광복운동에 크게 이바지하였을 것이다.

신흥무관학교도 둔전제를 실시하여 1914년부터 백서농장(白西農莊)

---

28) 김강령, 〈신흥무관학교 연구〉(성신여자대학교 석사학위논문, 1988), 13쪽.
29) 도산안창호선생기념사업회 편, 《미주 국민회 자료》 18, 347쪽.
30) 서중석, 《신흥무관학교와 망명자들》(역사와 비평, 2001), 108~113쪽.

을 개척·경영하였는데, '백서'는 백두산 서쪽이라는 뜻이다. 군영은 백두산 서쪽 사방 200리에 달하는 무인지경의 고원에 자리 잡고 있었다. 이곳은 정확히 말하면 봉천성(奉天省) 통화현(通化縣) 제8구 관할 팔리소구(八里哨區)의 소북차(小北岔)라는 곳이다.[31] 신흥무관학교가 창립되는 데는 이상설·정순만 등의 영향을 받았다. 이상설은 미국에서 덴버 애국지도자대회와 대한인국민회 창립을 보고 재미 중국인들의 간성학교를 경험한 뒤 블라디보스토크로 돌아갔으며, 박용만의 결의형제(結義兄弟)인 정순만은 극동의 중심지인 블라디보스토크에서 독립운동 기지화에 매진하던 인물이다.[32] 신흥학교는 1912년에 최초의 국외 한인 학생잡지인 《신흥학우보(新興學友報)》를 발행하였다. 이듬해 발행된 제2호는 국외에서 발행되는 신문들의 사진과 함께 《국민보》 창간 6주년 기념 특집기사에 크게 소개되었다.[33] 소년병학교는 이에 자극을 받아 유학생회를 조직하고 영문잡지 발행을 결의하게 되었다.

박용만은 《신한국보》 제호를 《국민보》로 고치고 일주일에 세 번씩 발행하여 극동과 국내에도 보냈다. 계몽과 교양에 필요한 다양한 사진들을 포함한 《국민보》는 6면이나 8면으로 구성된 호화판 신문이었다. 이들 사진 가운데는 미국 프로야구 승자의 모습과 호놀룰루에서 벌어진 조정대회 우승 팀의 경기 모습도 있었다. 나라를 지키지 못하고 해외에 나와 육체노동을 하고 있는 한인들에게는 문화적·경제적으로 너무나 거리가 먼 사진들이라고도 할 수도 있겠으나, 《국민보》 주필인

31) 윤병석, 《국외한인사회와 민족운동》(서울 : 일조각, 1993), 42~43쪽 ; 서중석, 《신흥무관학교와 망명자들》(서울 : 역사비평, 2001), 138~148쪽.

32) 윤병석, 같은 책, 407쪽.

33) 《국민보》(1913. 9. 13), 5면. 국민보는 《신흥학우보》를 위탁 판매하였다 ; 《국민보》(1913. 10. 22), 8면.

박용만은 국내외 동포들에게 서구 일등국의 스포츠 모습을 보여줌으로써 한국 청년들도 씩씩한 기상과 스포츠맨 정신을 배우고 그에 따라 세계무대에서 경쟁할 의욕을 가지기를 바랐던 것이다.[34] 박용만은 미국 서부의 길목인 하와이로 나와 극동 지역 한인지도자들과 빈번히 접촉하며 독립 방략, 특히 장기무장투쟁 방략을 교환하였다. 이는 신흥학교의 설립자 가운데 한 사람인 이회영(李會榮)이 '우당'이라는 필명으로 〈한국은 엇더흔 인물을 요구 하는가?〉, 〈국긔〉, 〈아동교육에 대하야〉를 발표한 것으로도 미루어 알 수 있다.[35] 박용만은 '산넘어 파인애플 농장'에서 저녁마다 조련을 하던 국민군단을 1914년 초부터 내놓고 홍보하였고, 따라서 백서농장에 직접적으로 영향을 주었다.[36] 한인이 많은 만주에 자리 잡은 이 신흥무관학교는 미국의 소년병학교보다 수적으로 우세하여 독립군으로 활약한 애국투사들을 많이 배출하였으며, 해방 이후 소년병학교 출신들은 미국에 영주한 반면 신흥무관학교 출신들은 거의 다 귀국하여 익히 알려진 것처럼 국내에서 활발한 활동을 펼쳤다.[37]

두 학교의 다른 점으로 먼저 지적할 수 있는 것은, 소년병학교는 대부분의 생도가 미국의 중·고등학교 및 대학에 재학하고 있어서 다양한 학과목을 두었고, 미국의 최신 군사훈련 방식을 일정하게 활용하였다는 점이다. 두 학교의 같은 점은 자급자족을 하는 독립군을 양성하기 위하여 농사를 장려하고 농사기술을 가르쳤다는 것이다. 다시 말해서, 둔전제의 병농일체(兵農一体)를 실현한 것이다.

---

34) 《국민보》(1913. 9. 24), 4면/(10. 11), 4면.

35) 《국민보》(1914. 5. 30), 2면 ; (6. 6), 2면 ; (10. 6), 2면.

36) 김원용, 앞의 책, 345~350쪽 ; 《국민보》(1914. 2. 4), 1면.

37) 박영석, 《한민족 독립운동 연구》(서울 : 일조각, 1982), 276쪽.

제7장 네브래스카 한인사회와 네브래스카 문화

네브래스카 주의 한인사회는 남자들로만 구성되어 있었다. 1905년 가을부터 삼촌·조카 팀은 한인 노동자들에게 일자리를 얻어주고 유학생들을 스쿨보이로 취직시키는 등 분망한 활동을 하였다. 이 때문에 한인들이 서부에서 이주해 오며 네브래스카 한인 구성원은 점차 늘어갔다. 또한 한인 농부들은 미국 서부보다 동양인에 대한 차별대우가 덜하고 소작(小作) 조건과 농토임대 조건도 까다롭지 않은 네브래스카를 선호하였다. 일부 노동자들은 오마하에 있는 유니온 퍼시픽 철도회사(Union Pacific Railroad Company)와 서던 철도회사(Southern Railroad Company)의 본부에 일자리를 얻었으며, 나중에 오마하 바로 옆의 미주리 강을 끼고 있는 카운실블러프스(Council Bluffs)에서 돼지와 소를 운반하는 화물차들의 세차(洗車) 일을 하였다.

19세기 말에 대륙횡단철도가 놓이고 이에 따라 지역철도망이 거미줄같이 건설되면서, 오마하는 철도회사들을 포함해 각종 보험회사 본부들이 들어서며 벼락경기를 맞은 신흥도시가 되었다. 따라서 많은 노동자들이 몰려들었고, 삼촌·조카 팀이 1905년 가을에 도착하면서 한인 노동자들은 물론 학생들까지 도시로 들어왔다. 1910년경에는 약 40명의 한인들이 있었던 것으로 보이는데, 그들은 철도 작업 같은 힘든 노동 외에 침대차의 침구를 가는 일이나 기차 청소 등도 하였다. 한인들은 직접 철도회사에서 일한 것이 아니라, 백인 하청업자들에게 고용되었던 것이다.[1] 이들 가운데는 샌프란시스코 지진 때 일본영사관에서 한인을 대표하여 구제금을 받은 일로 동포들에게 지탄을 받고 도망친 문경호와, 노자가 떨어져 노동판에서 '우병길'이라는 이름으로 행세하던 윤병구도 끼어 있었다.[2]

또 약삭빠른 한인들은 싸구려 '찬관'(음식점)도 경영하였는데, 고학을 하던 방사겸·유흥조·정이용 세 명이 합자하여 고성태의 '찬관'을 매입하였다. 이들은 이 찬관을 운영하며 학교를 다녔다(〈그림 68〉, 〈그림 69〉). 방사겸은 건물 주인을 설득하여 2층에 거처할 방들을 얻고, 외국 유학생들이라며 아래층 음식점의 월세도 깎았다. 이렇듯 호황을 맞은 오마하는 인심도 좋고 동양인이 서부보다 적어 차별대우도 덜하였다. 오마하의 미국인들은 기독교 선교에도 열심이어서 운 좋은 한인 학생들은 편하게 공부할 수 있었다.

동석기(董錫琪, 1881~1972)가 소년병학교의 생도였다는 기록은 없다. 그는 1904년에 하와이로 노동 이민을 온 뒤 곧 미국 본토로 건너갔으며, 1906년부터 오마하의 워싱턴 부인 집에서 노동하며 공립학교를 졸업하였다. 1909년 여름에는 시카고 노스웨스턴 대학에 입학하여 떠나게 되었는데, 워싱턴 부인이 800달러를 적금한 뒤 이자는 대학 학비로

1) Union Pacific Railroad Company 장부에는 이탈리아 하청업자 이름들만 기재되어 있다.

2) 유영익, 《이승만의 삶과 꿈》(서울 : 중앙일보, 1996), 67쪽.

〈그림 68〉 네브래스카 주 오마하의 학생 방사겸(1910년경)

〈그림 69〉 네브래스카 주 오마하 고등학교의 한국 학생들. 오른쪽이 방사겸, 가운데가 유흥조, 왼쪽이 정이용(?)

쓰다가 졸업하고 귀국할 때 찾아서 가지고 가라고 하였다.[3] 그는 1913년에 신학교까지 마치고 목사 안수를 받았으며, 귀국한 뒤 감리교 교회에서 봉사하였다. 그는 해외 소식에 정통하여 제1차 세계대전 뒤 민족자결주의를 국내에서 제일 먼저 알았고, 동료 박희도 등 교역자들에게 이를 전해줌으로써 그들은 독립선언서에 서명하는 인물이 되었다.[4]

박용만은 1908년 가을에 덴버에서 다시 돌아와 링컨에 있는 네브래스카 주립대학에 편입하였다. 1년 뒤인 1909년 가을에는 네브래스카에 모두 46명의 한인 학생이 있었는데, 그들의 절반은 영어를 배우거나 사립대학에서 예비과(Academy)에 다녔다. 네브래스카 한인사회는 학

3) 《대도》(1909년 6월호), 45~46쪽.

4) 《기독교대백과사전》(기독교문사, 1985), 638쪽.

생·농부·노동자로 구성되어 있었고 그들은 모두 네브래스카 대한인거류민회(大韓人居留民會) 소속이었다.[5] 거류민회란 남의 나라에 거류하고 있는 자기 나라 국민들의 자치단체(自治團体)를 뜻한다.[6]

네브래스카 대한인거류민회

1909년쯤에 박용만은 네브래스카 한인들을 결속하고 소년병학교를 후원해줄 자치단체인 '네브래스카 대한인거류민회'를 지방 단위로 조직하였다. 로키 산맥 동쪽에 위치한 이 단체는 링컨[林肯]·헤이스팅스[憲市]·오마하[五馬河]에 지방회들을 거느린 연합회로, 와이오밍 주 슈피리어 탄광 한인들과 긴밀한 관계를 유지하였다. 역시 로키 산맥 동쪽에 있던 공립협회 그리고 그 뒤의 대한인국민회와 공존하였다. '네브래스카 대한인거류민회'는 네브래스카 주의 한인단체로 시작하였으나, 타주의 한인들과 소년병학교를 함께 후원하면서 그리고 네브래스카 주 학생들이 타주 대학으로 진학하면서 타주의 한인들을 포함하게 되었으며, 1914년 이후 네브래스카의 유학생 수가 늘어나면서 크게 성장하였다. 나중에 다시 말하겠지만, 링컨에는 한인 학생 기숙사가, 헤이스팅스에는 한인 학생 전도관이, 오마하에는 방사겸이 경영하던 식당이 각 지방회의 주소와 연락처로 쓰였을 것이다. 네브래스카 거류민회 헌장은 소년병학교 시작 전에 만들어졌겠지만, 세칙(細則)은 박용만의 지도 아래 정태은·김헌구·홍승국이 1910년 여름에 만들었다. 이 대한

---

5) 김현구의 필사본 자서전.

6) 이희승, 《국어대백과사전》(서울 : 민중서관, 1982).

인거류민회는 박용만의 정치 이념인 삼권분립·정당정치·지방자치·연방제도 그리고 자유와 평등사상을 실현하는 마당[場]이었다.[7]

이 자치단체는 일종의 가정부(假政府)로, 네브래스카에 거주하는 한인은 1년에 3달러씩 인두세(人頭稅)를 내야할 의무가 있었다. 그렇게 거둔 금액 가운데 100달러는 소년병학교 운영비로 쓰였다.[8] 이때 하와이와 미국 본토에는 많은 자치단체들이 있었다. 이들 단체에 가입할지 여부는 각 개인의 의사에 달린 것이었데, '네브래스카 대한인거류민회' 가입은 의무적이었다. 영토가 없는 해외동포를 조직하여 만든 가정부는 일찍이 나라를 잃은 아일랜드 인들에게서 착상을 얻은 것이었다. 아일랜드 인들은 민족주의 정당인 신페인당(Sinn Feinn Pairti Na Noibri, 신페인 노동자당)을 1906년에 창립하였는데, 이 정당의 강령이 된 수동적 저항, 세금 징수, 아일랜드 인의 통치위원회, 그리고 지방자치를 위한 지방법원 등은 이미 1902년부터 알려졌던 것이다.[9] 다른 한편으로 '네브래스카 대한인거류민회'는 1년 전 덴버에서 열렸던 '애국동지대표회'의 결의에 따라 조직된 하나의 한인 지역사회였고, 뒷날 '대한인국민회 중앙총회'의 모델이 된 자치단체였다. 이는 박용만의 정치적 이상이 구체화하고 발전하고 있다는 것을 보여주기도 한다.

이러한 사실로 볼 때, 박용만은 나름대로 네브래스카에서 무형정부와 둔전제를 실험한 것이다. 그리고 이를 더욱 크게 실현하고자 1912년 11월에 '대한인국민회 중앙총회 결성 선포문'을 쓰게 된다. 그는 이것이 결의되는 것을 보며 하와이로 떠났다. 공부를 하려는 유학생들은 박용

---

7) Dae Sook Suh, *The Writings of Henry Cu Kim*(Honolulu : University of Hawaii Press, 1987), 153쪽, 188쪽.

8) 〈소년병학교 역사〉, 《신한민보》(1911. 4. 19).

9) Robert Mitchell Henry, *The Evolution of Sinn Fein*(London : Kennikat Press, 1970), 71쪽.

만이 떠난 뒤에도 인심이 후하고 작은 사립대학이 많은 미국 중부, 특히 한인 학생들이 자리 잡은 네브래스카로 모여들었고, 이에 따라 네브래스카 대한인거류민회도 커졌다.

대한인국민회와 교섭

네브래스카 대한인거류민회는 1914년 10월에 재건과 확장운동을 시작하는데, 이는 일본인 이누이가 소년병학교를 추적하여 헤이스팅스 대학 학장에게 항의하고 샌프란시스코 일본총영사에게 보고서를 쓴 시기와 같음을 유의할 필요가 있다. 헤이스팅스 대학 학장은 1914년 9월에 이누이의 항의를 받은 뒤, 1915년 여름방학부터 학교의 모든 건물과 시설에 대한 이용 계획이 있으므로 소년병학교에 사용 허용가를 주지 못하겠다며 곧바로 교장 박처후에게 통고하였을 것이다. 그리고 미국 중부 한인사회의 상징이던 소년병학교는 일본 정부의 항의와 경제적 문제로 더는 버티지 못한 채 문을 닫게 되었다. 이에 링컨의 유지들은 소년병학교 출신들과 후원자들 그리고 한인유학생회 동조자들을 바탕으로 로키 산맥 동쪽에 위치한 미국 중부와 동부에서 지방회들을 조직하였다. 이들 모임의 연대감을 공고히 하고 총회를 만들어, 당분간 군사훈련을 못한다 하더라도 학생들을 중심으로 계속 광복운동을 추진하려고 했던 것이다. 1914년 가을에는 이미 네브래스카에서 영어와 미국 풍습을 익히고 대학 예비과나 중학을 졸업한 뒤 타주 대학으로 진출한 소년병학교 출신들이 많이 있었다. 가까운 아이오와 주에는 김려식이, 오하이오 대학에는 안정수·홍승국·윤영선이, 시카고 대학에는 김경·정태은·김호연·신형호·이희경이, 미네소타 대학에는 이명섭이, 콜로라도 주에는 조오홍이, 펜실베이니아 주에는 김장호가, 뉴욕 주 코넬 대학에는 김현구가, 조지아 주 에모리 대학에는 구영숙과 김유택이 있었다.

네브래스카 대한인거류민회는 백일규를 전권대표위원으로 선출하고, 대한인국민회와 접촉하도록 하였다. 때마침 백일규는 《신한민보》 주필로 초빙되어 네브래스카 대학의 학업을 중단하고 샌프란시스코로 가게 되었기 때문에, 곧 교섭이 시작되었다. 《신한민보》에 그때의 상황을 담은 기사가 실렸다.

네브래스카 교섭ᄉᆞ건 : 디방회조직 ᄌᆞ티법안

오마하, 헤스딩쓰, 네부라스카 디방에 ᄌᆡ류ᄒᆞᆫ 동포들은 헤스딩쓰를 듕심으로 명ᄒᆞ고 거류민회를 조직ᄒᆞ야 으락기산 동편 일ᄃᆡ디방에 흣터저잇ᄂᆞᆫ 한인을 련락ᄒᆞ더니 거류민회 주권자는 '국민정ᄒᆡ에 몸을 던져 한목뎍으로 활동ᄒᆞᆷ이 가ᄒᆞ다'는 여론에 의지ᄒᆞ야 작년 10월경에 젼권ᄃᆡ표원으로 ᄒᆞ야금 북미총회에 디방회조직청원서를 뎨츌ᄒᆞ야 모든 의론이 거의 닉어가ᄂᆞᆫ고로 거류민회임원부에서 네부라스카 ᄌᆞ티안을 제명ᄒᆞ야 북미총회인쥰을 요구ᄒᆞ얏ᄂᆞᆫᄃᆡ 북미총회는 젼권쳐분ᄒᆞ라는 승낙을 이번 ᄃᆡ의회에서 엇엇스니 네부라스카 교섭ᄉᆞ건은 조만간 원만히 ᄒᆡ결될지라.

드르니 거류민회 조직톄는 그 셩질이 국민회로부터 동일ᄒᆞ며 오직 일흠만 달으더니 이제 그 일흠을 변ᄒᆞᆷ에 장ᄎᆞ 일흠ᄭᆞ지 ᄀᆞᆺ흘지오 간부임원은 대학교의 슈양을 밧은 청년학ᄉᆞ로 모다 고상ᄒᆞᆫ 디식을 가졋스니 한번 그 완력을 펴면 치카고 뉴욕 등디에 헤여진 동포를 것어 국민회쟝명법위안에 단결ᄒᆞᆷ이 용이ᄒᆞᆯ지로다.[10]

10) 《신한민보》(1915. 1. 28), 4쪽.

백일규도 박용만과 같이 대한인국민회를 해외민족운동의 구심점으로 만들어야 한다고 생각하였다. 그래서 새로운 연합지방회나 총회를 신청하기보다는 각 지방회를 신청하여 통합하기를 청원하였고, 이에 다음과 같은 답장을 받았다.

答复

貴請願書는 接准이온 바, 內開에 本代表員이 本會 各地方會(林肯, 五馬河, 蕙市)를 國民會의 名義로 貴總會에셔 管轄하기 爲ᄒᆞ야 玆에 請願ᄒᆞ오니 照亮后 承認ᄒᆞ심을 敬要等이온 바, 此를 査ᄒᆞ온 즉 貴會와 弊會가 東西에 各立ᄒᆞ야 一致의 行動을 未擧ᄒᆞᆷ은 吾當局諸人의 欠感이 되는 바더니, 今에, 貴代表員의 請願槩意가 如斯하오니, 本會長은 快感ᄒᆞᆫ 意로 此를 可認ᄒᆞ고 認准狀을 另具ᄒᆞ오니 照亮하심을 爲要.

大韓建國 紀元四千二百四十年 月 日

國民會北美地方總會

네브래스카 大韓人居留民會 專權代表員 白一圭 閣下.[11]

그러나 네브래스카에 남아 있던 박처후 등 유학생들은 네브래스카의 지방회들이 대한인국민회의 지방회로 이름을 바꾸고 흡수·통합되는 것에 반대하여, 대한인국민회의 또 하나의 '지방총회'로 인정해줄 것을 청원하였다. 대한인국민회는 '연합지방회'에 관한 명문이 헌장에 없어 부결되었으니 먼저 보낸 대한인국민회 인준장들을 반환해달라며 네브래스카 거류민회 총회장인 박처후에게 공문을 보냈다.

11) 《미주 국민회 자료》 11, 351쪽.

答复

貴函의 仰复이 如是ᄒᆞ기는 去月 本總會 任員會는 他事 所關으로 開催치 못ᄒᆞ고 本月 任員會에 提出議ᄒᆞ온 바 本會 憲章 及 自治規程에 聯合地方會의 名文이 無ᄒᆞᆫ 所以로 貴函에 依施치 못ᄒᆞ게 議決되얏기 玆에 仰复이로니 照亮ᄒᆞ신 后에 曩者 裁送ᄒᆞᆫ 認准狀을 邀還하심을 敬要.

大韓建國 紀元四千二百四十八年 五月 壱日

國民會北美地方總會

네브래스카 居留民總會長 朴処厚 閣下.[12)]

이렇듯 네브래스카 거류민회와 대한인국민회는 통합되지 않았다. 박처후는 독립한 조선 선교구의 첫 주교(Bishop)로 1916년 11월 부임해 가는 헐버트 웰치의 통역 겸 조수로서 동행하였다. 1916년에 국민회 총회장 강영소가 박처후에게 간절한 공문을 보낸 것으로 볼 때, 박처후가 귀국할 때까지 두 민회는 공존하였다. 국민회 총회장인 강영소가 박처후에게 보낸 공찰(公札)을 소개하면 다음과 같다.

〈번역〉

공찰

삼가 말씀드리는 것은, 나라가 깨지고 집이 기운 뒤로, 우리가 남의 나라에 객지 생활을 하면서 고초를 겪고 욕을 먹는 것이 구차한 생활을 감수해서이겠습니까? 번화한 풍물을 즐거워함이겠습니까? 아닙니다. 국민의 정중한 책임을 두 어깨에 무겁게 짊어지고 만사(萬死)에서 일생(一生)을 구하려고 할 때, 이에 선진의 제군은 단결로 정신을 살리고

12) 《미주 국민회 자료》 11, 234쪽.

혈맥을 통하여 힘을 저축하면서, 청년 제군은 학업으로 지식을 기르고 재능을 북돋우면서, 그 쓰일 때를 기다려야 한다는 데는 이의(二義)가 없습니다.

많은 사람들이 한마음으로 우리나라를 어떻게 하면 광복할 것이며 우리 민족을 어떻게 하면 자유롭게 할 것인가 하고 계속 힘쓰는 데 변함이 없건마는, 오늘날 우리의 사세(事勢)야말로 썩은 칡넝쿨 몇 줄기에 달라붙어 천 길의 골짜기에서 뛰어나오려고 희망하는 것이며 난파한 배 몇 조각에 의지하여 만경의 파도를 날아서 건너려고 하는 것과 같으니, 일이 되는 것과 희망을 달성하는 것을 어찌 쉽게 말할 수 있겠습니까?

그러나 자유가 아니면 삶이 없는 것과 같은지라, 만란을 배제하고 자강자립을 하려고 할 때, 실낱같은 희망은 불가불 우리 민족의 단결력에서 먼저 찾아야 하겠기에 흩어져 있는 동족을 규합하기에 급급하는 것이니, 대개 단결이라는 것은 많은 사람을 맺어서 하나로 합친다는 뜻이라, 비유하건대 작은 시냇물이 합쳐 큰 강물이 되고 강물이 합쳐 큰 바다를 이루는 것과 같으며, 작은 먼지가 합쳐 토양이 되고 토양이 합쳐 태산을 이루는 것과 같은 것입니다.

그런데 단결이 작으면 힘이 박하고 단결이 크면 힘이 장합니다. 강하(江河)는 겨우 주즙(舟楫)을 움직이게 하지만 대양은 철선을 조종하며, 토양은 겨우 지형을 꾸미지만 태산은 하늘을 떠받치는 것이니, 단결의 대소의 실력을 이미 남김없이 다 안 동시에 우리는 물론 대단결을 희망할 뿐, 호령과 진퇴를 우러러 하나의 법을 따르고자 하여, 외양 각처에 별처럼 성라(星羅)하였던 우리 민족의 각 단체가 동기(同氣)에 서로 투합하고 동성(同声)에 서로 호응하여 이미 하나의 단체로 성립하였으니, 대한인국민회, 곧 본회인 것입니다.

그러나 아직도 혈족이 같고 취의가 같은 귀회에 본회의 성의를 전달하지 못하여 기치를 각각 세우고 정의(情誼)를 소격(疏隔)하게 하는 것은 하나의 큰 유감이온 바, 본의회(本議會)는 이것을 간절하게 생각하여 우리 두 회(會)의 연락을 의결하였기 때문에, 이 영소(永韶)는 감히 성의를 앙달하오니, 조량하신 뒤에 귀회의 여러분께 본회의 간독(懇篤)한 성의를 전서(転敍)하셔서 동족단체로 통일하는 공을 이루신다면, 국가의 행심(幸甚)이요 민족의 행심이겠습니다.

건국 4249년 월 일

대한인국민회 북미지방총회 강영소

대한인거류민회 회장 박처후 각하.

〈원문〉

公札

敬啓者, 吾人이 國破ᄒᆞᆫ 後로 人邦에 羈旅ᄒᆞ야 苦를 喫하며 辱을 忍함은, 苟且ᄒᆞᆫ 生活을 甘ᄒᆞᆷ인가 繁華한 風物인가, 否否라, 國民의 鄭重한 責任을 兩肩에 重荷ᄒᆞ야 萬死에 一生을 求할새 於是乎 先進諸君은 團結로 精神을 活ᄒᆞ고 血脈을 通ᄒᆞ야 力을 蓄ᄒᆞ며 青年諸君은 學業으로 知識을 養ᄒᆞ고 才能을 培ᄒᆞ야 用을 待함이 二義가 無히 萬衆一心으로 吾國을 何以則光复이며 吾族을 何以則自由케ᄒᆞ야 勉勉 不衰하것만은, 今日 吾人의 事勢地ㅣ 枯葛數條에 附ᄒᆞ야 千仭의 塹을 躍出코자 希望地ㅣ 破舟數片에 憑ᄒᆞ야 萬頃의 波를 飛渡코자 함과 如ᄒᆞᆫ지라 事之濟와 望의 達을 豈易言哉릿가.

然ᄒᆞ나 不自由則寧不如無生이라, 萬難을 排ᄒᆞ고 自強自立코자 할새 希望線을 不可不 吾族 團結力에 先求ᄒᆞ겠ᄂᆞᆫ故로 散在의 同族을 糾合團結ᄒᆞ기에 急急ᄒᆞᄂᆞ니 夫團結者는 衆結合一의 義라, 譬컨대 細流를 合ᄒᆞ야 江流로, 江流를 合ᄒᆞ야 大洋을 成함과, 微塵을 合ᄒᆞ야 土壤으로, 土壤을 合ᄒᆞ야 泰山을 成함과 如한 者라. 然ᄒᆞᆫ대, 團結이 小ᄒᆞᆫ즉 力이 薄ᄒᆞ고 團結이 大ᄒᆞᆫ즉 力이 壯ᄒᆞ야 江河는 僅히 舟楫을 動ᄒᆞ되 大洋은 鉄船을 操縱ᄒᆞ며, 土壤은 僅히 地形을 裝하되 泰山은 天空을 支柱ᄒᆞ엿ᄂᆞ니 團結의 大小 實力을 已悉無余ᄒᆞᆫ 同時에 吾人은 勿論 大團結을 希望

홀뿐 号令進退를 仰道一法코쟈ᄒᆞ야 外洋 各処에 星羅ᄒᆞ엿던 吾族 各團体ㅣ 同氣에 相投ᄒᆞ고 同声에 相応ᄒᆞ야 임의 一團体로 成立ᄒᆞ니 大韓人國民會, 곳 本會이라.

然而, 尙히 血族이 同一코 趣義가 同一ᄒᆞᆫ 貴會에 本會의 誠意를 達치 못ᄒᆞ야 旗幟를 各竪ᄒᆞ고 情誼를 疏隔함이 一大遺憾이온바, 本議會 此를 切念ᄒᆞ야 吾兩會의 聯絡을 議決한 故, 永韶 敢히 誠意를 仰達ᄒᆞ오니, 照亮ᄒᆞ신 後에 貴會 僉位게 本會의 懇篤ᄒᆞᆫ 誠意를 転敍ᄒᆞ시와 同族團体로 統一의 功을 遂ᄒᆞ시면 國家幸甚이요 民族幸甚일기 ᄒᆞ나이다.

建四二四九年 月 日

大韓人國民會北美地方總會 會長 姜永韶

大韓人居留民會 朴処厚 각하.[13]

위에서 살펴본 것처럼, 로키 산맥 동쪽 대평원에는 박용만이 건설한 자치 한인사회가 샌프란시스코 대한인국민회와 공존하고 있었다. 그 이유를 다음과 같이 추리해볼 수 있겠다.

첫째, 두 단체는 지리적으로 약 2,600킬로미터나 떨어져 있었다. 링컨에서 샌프란시스코를 가려면 기차로 48시간을 여행해야 하는 먼 거리였다. 대한인국민회는 광활한 미국 본토에 산재해 있는 동포들을 망라하지 못하였다.[14]

둘째, 두 단체는 구성원이 달랐다. 대한인국민회는 캘리포니아 주 동포들이 기반이었고, 네브래스카 대한인거류민회는 유학생들이 중심인 단체였다. 네브래스카의 유학생들은 미국에 도착한 지 10년이 된 1916년에는 주류사회의 문화에 많이 적응하였다. 이에 견주어 캘리포

13) 《미주 국민회 자료》 11, 311~313쪽.

14) 김원용, 《재미한인오십년사》(Reedly, California : Charles Ho Kim, 1959), 99쪽.

니아의 동포들은, 대부분 농촌에서 경제적으로 비교적 안정된 생활을 하고 있었으나, 문화적으로는 고립된 소수민족사회 속에서 살고 있었다. 유학생들은 각자 전공 분야에서 전문지식을 쌓아 조국 근대화에 기여할 것이라는 자부심을 가지고 있었고, 대학을 졸업하면 속속 귀국하여 교단에 섰다. 그러므로 정서에서든 사고방식에서든 가치관에서든, 이들은 서로 다른 부류의 재미 한인이 되었던 것이다.

셋째, 두 단체는 성격이 다르기 때문에 성장 과정과 이력도 달랐다. 대한인국민회의 모체는 1907년에 창립된 공립협회였다. 공립협회는 하와이의 한인협성협회와 통합하여 1909년 2월에 국민회가 되었고, 국민회는 대동보국회를 흡수하여 1910년 5월에 대한인국민회가 되었던 것이다. 1911년에는 북미 지방총회에서 파송된 전권위원들이 16개 지방회를 거느린 시베리아 지방총회와 8개 지방회를 거느린 만주 지방총회를 조직하였다. 그러나 1915년에는 제1차 세계대전과 혁명으로 시베리아의 지방 조직이 소련 정부로 말미암아 폐쇄되었고, 만주의 지방 조직은 동포들의 이동이 심한 탓에 해체하였다.[15] 더구나 제1차 세계대전에는 일본과 미국이 연합국으로 참전하고 있어서 대한인국민회의 독립운동은 침체 상태에 있었다.

한편 네브래스카 대한인거류민회는 출발할 때부터 공립협회와는 소원한 사이였다. 박용만이 1908년 7월 덴버에서 애국동지대표회를 소집했을 때 이들은 참가하지 않았다. 네브래스카 대한인거류민회가 후원하던 한인소년병학교는 내용이 충실한 무관학교로 발전하면서, 뒤이은 학교 설립에 자극제가 되었다. 이 책 제6장에서 설명한 것처럼, 1910년 11월에는 캔사스 주 캔사스 시에 소년병학원이, 같은 해 12월에는 와이

---

15) 같은 책, 111~112쪽.

오밍 주 슈피리어 탄광에 소년병학회가 세워져 군사훈련을 실시하였다. 그리고 극동에 파견된 김장호는 무관학교의 설립 가능성을 타진하였다. 소년병학교 출신들은 지성인답게 1913년에 첫 한인유학생회를 발족시키고, 1914년에는 첫 영문잡지인 《한인학생보(*The Korean Students' Review*)》를 발행하였다. 한국 유학생들의 연줄로 인심이 후하고 고학하기 좋은 네브래스카로 와서 중학교나 대학 예비과를 마친 유학생들은 장학금을 받을 수 있는 대학을 찾아 다른 주로 떠났다. 이리하여 그들의 활동 범위는 지리적으로 넓어지고 있었다. 이렇듯 네브래스카 대한인거류민회는 단기적·현실적인 목표를 세우며 또 성취하고 있었다. 그러나 대부분의 유학생들은 미국에 영주할 생각이 없었다. 그들의 목표는 학업을 마친 뒤 귀국하여 조국에 이바지하는 것이었기 때문이다.

박처후가 귀국한 뒤 네브래스카 대한인거류민회는 자연스럽게 없어졌다. 그러나 제1차 세계대전이 1918년 11월에 끝나고 파리에서 강화회담이 개최되자, 그는 1919년 2월에 조국을 홍보하기 위한 영문잡지 발행을 발기하였다. 1919년에 미국 각처에서는 한인유학생회가 창립되었고, 구미위원부의 《코리아 리뷰(*The Korea Review*)》가 1922년에 폐간되자 유학생들은 소년병학교의 전통을 이어 1922년부터 1940년까지 《한인학생회보(*The Korean Students Bulletin*)》를 발간하였다. 또한 국문으로 된 연간지 《우라키》를 1925년부터 1935년까지 발행하여 조국을 홍보하고 유학생의 단결을 도모하였다. 1920년대 후반에는 뉴욕·시카고·로스앤젤스에 한인유학생회의 각 지방총회가 있었고, 각 분야에서 많은 인재가 배출되었다.

100명 미만으로 추정되는 네브래스카의 한인사회를 좀더 구체적으로 살펴보자.

박용만이 1908년 가을학기부터 네브래스카 대학에 다니게 되면서, 한인 학생들이 그의 지도를 받으러 링컨 시에 모여들었다. 부모를 따라 미국 서부로 이민 왔던 김용성·김용대 같은 어린 학생들도 찾아왔고 유학생들도 모였다. 유학생 가운데는 블라디보스토크·런던·뉴욕·덴버를 거쳐 1909년에 링컨에 도착한 홍승국과 김현구를 빼놓을 수 없다.

박용만은 한인 학생들을 위하여 네브래스카 대학 교정에서 두 블럭 떨어진 곳에 집 한 채를 빌려 기숙사로 삼았다. 유은상을 이곳 관리인으로 맡기고, 박용만은 미국 생활에 미숙한 학생들에게 손수 미국 풍속과 학습 방법 등을 지도하였다(〈그림 70〉, 〈그림 71〉).[16]

김현구는 그의 자서전에서 링컨 시 한인 학생기숙사에 관하여 다음과 같이 말하였다.

> 우리는 P가(街) 1721번지 기숙사에 있었는데, 한인 학생이 12명가량 있었고, 우성(又醒, 박용만의 호)은 우리들의 공부·행동·예의 등을 감독하였다. 그는 직접 이중어로 학과목을 가르쳤고, 유은상은 집안 정리와 식사·청소·위생을 책임졌다. 매 토요일은 현황·시사를 함께 토론하였고, 일요일에는 예배를 보았다. 모든 것은 우성의 지도 아래 이루어졌다.[17]

기숙사의 모든 생활은 군율(軍律)에 따라 행해졌다.[18] 링컨 한인 학생

16) Dae Sook Suh, 앞의 책, 104쪽. 한인 학생 기숙사 주소는 '1721 P. Street'로, 지금은 대학교 주차건물이 되었다.

17) 같은 책, 104쪽.

18) 《대도》(1910년 10월호), 45쪽.

〈그림 70〉 링컨 시의 한인 학생 기숙사(1910년). 앞줄 왼쪽에서 네번째가 김용성, 다섯번째가 유홍조, 끝에 비스듬히 서 있는 이가 박용만이고, 뒷줄 왼쪽에서 네번째가 김현구, 다섯번째가 박처후, 여섯번째가 방사겸이다

〈그림 71〉 링컨 시 한인 학생 기숙사의 박용만 공부방(1911년경)

이름	관계	나이	결혼 여부
박용만	세대주	30	결혼
유친일	숙박인	20	미혼
이종희	숙박인	18	미혼
김용성	숙박인	12	미혼
김현구	숙박인	19	미혼
김일신	숙박인	15	미혼

기숙사에 관한 구체적인 기록으로는 미 연방정부가 1910년에 작성한 인구조사 보고서가 있는데, 여기에 나타난 한인 기숙사 거주인들의 신상은 위의 표와 같다.[19)]

인구조사를 낮에 실시한 탓에, 보고서에 실린 이 내용은 대부분의 학생들이 기숙사에 없을 때 집계된 것이다. 따라서 누락이 되기도 하였겠지만, 사람 수가 방(房) 수보다 너무 많으면 방화법(防火法)에 저촉되기 때문에 실제 거주인 수를 줄였을 것이다.

이 한인 기숙사 앞에서 찍은 사진에는 방사겸의 모습이 보이는데, 기록에 따르면 그는 유홍조(柳鴻朝)와 함께 오마하 시에 있었으므로, 사진에 나오는 학생들이 모두 링컨 한인 학생 기숙사에서 생활하지는 않았을 것으로 보인다.[20)]

박용만은 1912년 여름에 네브래스카 대학을 졸업하고 샌프란시스코로 떠났지만, 링컨 한인 학생 기숙사는 1913년 봄학기까지 운영되었다. 유은상은 1913년부터 헤이스팅스 한인 학생 전도관의 관리인으로 자리

19) The U. S. Census 1910, Lincoln City, Lancasta County Nebraska, Supervisors District 63, Enumeration Date April 19, 1910, Roll No. T624-850, sheet 11B. 김일신은 김용대의 옛 이름이다.

20) 방사겸, 《평생일기》 제2권(천안 독립기념관 소장).

를 옮겼다. 어린 김용성은 1913년 여름방학에 구영숙과 더불어 캘리포니아로 아버지를 뵈러 가서는 돌아오지 않았다(〈그림 72〉).[21]

링컨 시에는 한인 학생 기숙사에 기숙하는 학생들 외에도, 네브래스카 웨즐리언 대학(Nebraska Wesleyan College) 예비과에 다니던 이노익과 네브래스카 아카데미를 다니던 이상진 같은 학생들이 있었다.[22] 링컨 시 근방의 칼리지뷰(College View)라는 작은 도시에는 백일규·정태은·이홍주(Hong C. Lee)가 머물었는데, 이들은 미국인이 경영하는 하숙집에서 30명의 미국인들과 함께 기숙하고 있었다.[23]

소년병학교 출신들은 링컨 시에 있는 네브래스카 주립대학에 많이 다녔는데, 1915년 12월 11일에는 정한경을 중심으로 헤이스팅스에서 했던 것처럼 교수들과 미국 친구들을 호텔로 초청하여 서로의 이해를 도모하고 우의를 돈독하게 하기 위한 연말 만찬을 개최하였다. 그때 네브래스카 주립대학에는 정한경·정양필·조규섭·이용규 등이 재학하고 있었다.[24]

이용규·조규섭·정양필·박처후·이희경·정한경 등, 한인 학생들은 지속적으로 네브래스카 대학에 진학하였다. 이 때문에 1920년대 초반까지 링컨 시에는 많은 한인 학생이 있었다.

21) *1913 Hastings City Directory*, 140쪽 ; 《신한민보》(1913. 10. 3).

22) Nebraska Wesleyan College에서 보낸 1997년 4월 23일자 서신에 따르면, 이노익은 1906년 가을학기부터 같은 대학 예비과에 등록하였으며, 1914년에 화학 전공으로 학사학위를 받았다고 한다. 그 밖에도 나이 많은 한인 학생들이 나이를 18세로 줄이거나 초등학교 교장의 허락을 받아 초등학교에 다니면서 영어를 배웠는데, 김현구가 그 좋은 예이다.

23) The U. S. Census 1910, Lancaster County, Nebraska, Enumeration District No. 45, May 11, 1910.

24) 《신한민보》(1916. 2. 8), 3면.

〈그림 72〉 링컨 시에서 공부하던 김용성이 1911년경 캘리포니아 주 프레스노에 거주하던 아버지 김원택에게 보낸 사진

헤이스팅스의 한인 학생 전도관

헤이스팅스에 한인들이 모이기 시작한 것은, 1910년 4월에 소년병학교 경영인인 조진찬이 헤이스팅스 대학에서 빌려준 20에이커(2만 2,000평)의 밭을 경작하기 위하여 이주할 때부터이다.[25] 그해 여름 훈련을 마친 뒤 헤이스팅스 대학 예비과나 헤이스팅스 공립고등학교에 진학하는 학생들이 있었기 때문에 이 지역에도 한인 학생들이 거주하게 되었고, 1911년에는 그 수가 늘어났다.

그러나 도심지에서 14블럭이나 떨어진 헤이스팅스 대학의 위치 때문에, 도심지에서 고학하는 학생들은 불편을 겪어야 했다.[26] 더구나 헤이스팅스 대학의 예비과는 성경공부 등 기독교 과목이 많았고 규율도 엄격하여, 나이 많은 학생들은 적응하기 힘들었다.[27]

이때 헤이스팅스 시의 감리교 목사와 장로교 목사 그리고 백일규·김현구·정태은·홍승국이 다니고 있던 헤이스팅스 공립고등학교 교장의 주선으로 집 한 채를 빌려 기숙사 겸 한국 학생 전도관(Korean Students Evenglical Association)을 만들게 되었다.[28] 백일규는 따로 집을 얻어서 '김피터', '김 Y. S.'라는 학생들과 자취를 하고 있었는데, 일요일에는 백일규가 전도관에서 예배를 인도하였다.[29]

---

25) *Hastings Daily Tribune*(1910. 4. 15).

26) Dae Sook Suh, 앞의 책, 106쪽, 129쪽.

27) 같은 책.

28) 같은 책, 107쪽. 1911년도 *Hastings City Directory*에는 North Minesota Avenue 831번지에 홍승국·김현구·유은상 등의 이름이 실려 있는데, 이것이 한인 학생 전도관이었다. 1913년의 헤이스팅스 시 주소록에는 같은 주소에 정태은·홍승국·이걸·리제임스·유은상 등의 이름이 보인다.

29) *1913 Hastings City Directory*, 116쪽, 128쪽, 137쪽, 140쪽, 165쪽, 220쪽 ; Dae Sook

이 한인 학생 전도관은 1914년 유일한·홍승국이 헤이스팅스 공립고등학교를 졸업하고 대학으로 진학할 때까지 유지되었을 것으로 추정된다. 앞에서 말한 두 곳 말고도 스쿨보이로서 미국인 집에 거주하는 한인 학생들이 있었는데, 김현구는 헤이스팅스 대학 재무이사 존슨의 집에 있었다. 김현구는 자서전에서, 학비와 용돈을 벌기 위하여 아침 5시에 일어나 소제부로 일하고, 방과 후에는 미국인 하숙집 주방에서 잡일을 하였으며, 저녁 8시에 돌아와 자정까지 숙제와 공부를 하였다고 밝혔다.[30)]

이때 서울에서 일본을 거쳐 블라디보스토크까지 함께 왔다가 여비가 떨어져 남아 있던 김홍기(본명 김규섭)에게 김현구·홍승국이 여비를 보내주어, 마침내 꿈에 그리던 미국 유학을 실현하게 된 일이 있었다. 박용만은 이들의 아름다운 우정을 《국민보》에 기재하였다.

> 우리 동포 김홍기 씨는 가장 유지한 청년이라 유학차로 미국을 향하고자 하는 결심으로 수삼 년 전에 본국을 떠났으나 본디 가세가 넉넉치 못하여 경비가 없음으로 뜻을 이루지 못하고 시베리아 등지에서 무한한 고초를 겪으며 글을 지어도 노래를 불러도 꿈을 꾸어도 미국뿐이러니 네브래스카에서 공부하는 두 동지 김현구 홍승국 양씨의 성력으로 여비를 보내어 금년 10월 29일에 뉴욕에 내도하였으니 김 씨 소원을 곧 성취할 줄로 여겼으나 휴대금이 20불이 불만함으로 이민국에서 법률에 구애됨으로 인하여 환송하기로 결정하였더니 네브래스카 헤이스팅스 대학장이 전보를 보냈고 뉴욕에 있는 김헌식 씨가 서신을 보내어 김 씨의 상륙에 대하여 담보한 결과로 와싱톤 이민국의 인허를 얻어 11월 13일에 상륙하

Suh, 같은 책, 106쪽.

30) Dae Sook Suh, 같은 책, 106~107쪽.

〈그림 73〉 1913년 헤이스팅스 공립고등학교 졸업생들. 백일규가 앞줄 맨 오른쪽에 앉아 있고, 정태은이 그 뒤에 서 있다

였고 곧 헤이스팅스로 향하여 뜻과 같이 입학이 되었으니 일반 치하할 일인저.[31)]

헤이스팅스에서 공부하던 한인 학생들은 좋은 성적으로 고등학교를 졸업하였다. 졸업 뒤 백일규는 네브래스카 주립대학에, 김현구는 코넬 대학에, 정태은은 시카고 대학에 각각 진학하였으며, 이들에 이어 다음 해에는 홍승국이 오하이오 주립대학으로, 유일한은 미시건 사범대학으로 떠났다(〈그림 73〉). 백일규가 고등학교를 졸업할 때의 나이는 34세였다(〈그림 74〉).

31) 《국민보》(1913. 12. 10) ; *Hastings Daily Tribune*(1911. 2. 16), 1면 ; Dae Sook Suh, 같은 책, 97쪽, 225쪽.

〈그림 74〉 백일규(1913년 헤이스팅스 공립고등학교 졸업앨범)

헤이스팅스에는 캘리포니아에서 매년 세 명의 한인 학생들이 왔다. 한편, 여권 없이 뉴욕에 도착한 한인 학생들에게 헤이스팅스 대학은 스스로 신원보증을 서고 자기 대학에서 공부할 수 있도록 배려해주었다. 그래서 헤이스팅스 대학에는 태평양전쟁이 발발할 때까지 지속적으로 한인 재학생이 있었는데, 학생 수가 많을 때는 세 명, 적을 때는 한두 명 선이었다.[32]

1914년에는 한인 2세로 초등학교를 다니는 학생들을 포함하여 미국 본토에 모두 150명의 한인 학생이 있었는데, 그 가운데 60명은 네브래스카 주에, 나머지 대부분은 캘리포니아 주에 있었다. 캘리포니아 주에 거주하는 한인 학생들의 절반은 미국에서 태어났거나 어려서 부모를 따라 이민 온 학생들이었다. 한인 유학생들은 1908년경에 설립된 클레어몬트(Claremont) 시의 학생양성소(學生養成所)에서 기초적인 공부를 하고, 각자 영어 실력에 따라 그 지방의 학교를 다녔다.[33]

네브래스카의 한인 유학생들은 캘리포니아에서 우선 의사소통을 할 만큼 영어를 배우고 미국 물정을 살핀 뒤, 네브래스카로 가서 개신교파 계통의 사립대학 예비과에서 대학 진학을 준비하였다. 이들보다 먼저 고등학교나 예비과를 마치고 다른 주의 주립대학이나 사립대학으로 장학금을 받고 떠난 한인 학생들 덕에 이들은 비어 있는 일자리를 소개받을 수 있었으며, 한인 학생들에게 관심이 있는 미국인들을 소개받기도 하였다.

---

32) *Hastings Daily Tritune*(1915. 10. 15), 6면. 1997년에 필자가 헤이스팅스에 거주하는 존슨 재무이사의 손자와 가진 전화 인터뷰.

33) 《공립신문》(1908. 8. 26), 1면. 《신한민보》는 교육을 장려하기 위하여 1909년부터 1년에 한 번씩, 그리고 1913년부터 1918년까지는 1년에 두 번씩 국민회 지방회 학무원으로부터 한인 학생 성명, 연령, 학교명, 학급 보고를 받았다. 《신한민보》의 학생현황 보고는 전체 한인 학생 수와 현황을 파악하는 데 도움이 되었다.

앞에서 말하였던 것처럼, 한인 유학생들 가운데 대학에 다니는 학생들은 링컨 시에 집중되어 있었다. 1914년 봄, 한인 학생들과 교포들은 미국 남녀 학생들과 함께 링컨 시 남쪽에 있는 공원으로 야유회를 갔다. 애국가를 부르는 것으로 정양필이 개회를 하였고, 박처후는 한국의 봄놀이인 화전(花煎)놀이 풍속을 소개하였다. 이노익은 '링컨 학생의 과거와 장래'에 대한 연설을 하였고, 그런 뒤 달리기와 씨름 같은 경기도 벌였다. 몇몇 학생들은 운자(韻字)를 내어 사율시(四律詩)를 짓기도 하였는데, 강개(慷慨)한 뜻이 많았다. 그렇게 시간을 보내고는 다함께 다과(茶菓)와 아이스크림을 먹고 폐회하였다. 《신한민보》는 이들 내용을 기사로 실었다.[34] 이렇듯 링컨에 집결한 한인 학생들은 백일규·박처후·이명섭 등이 지도하고 있었다. 이들은 1914년 6월에 한인들의 첫 영문잡지인 《한인학생보》를 한인유학생연합회(The Korean Students' Alliance) 이름으로 출판하였다.[35]

한인 학생들은 이처럼 소년병학교 교사들을 중심으로 모여 단체 생활을 하였다. 소년병학교의 교사들은 서구 문명이 들이닥치는 19세기 말에 태어났으며, 어려서는 한학(漢學)을 공부한, 개혁에 눈뜬 젊은 선비들이었다. 그들은 언어와 문화의 벽 그리고 경제적 어려움 등을 무릅쓰고 학업을 마쳐 소기의 목적을 달성한 지식인들이었다. 다음으로는 소년병학교의 후원자들에 관하여 살펴보자.

34) 《신한민보》(1914. 5. 14).
35) 《국민보》(1914. 6. 11).

소년병학교의 후원자들

소년병학교의 후원자들은 대부분 1870년대 초반에 태어났으며, 한말에 몰락한 사대부의 후예들이다. 이들은 1903년에서 1905년 사이에 하와이로 이민을 왔다. 안재창은 경기도 양주(楊州), 임동식은 황해도 안악(安岳), 조진찬은 경상도 김해(金海) 사람이다(〈그림 75〉).[36] 이들의 할아버지나 아버지는 새로 부임한 관리들의 지방행정을 주기적으로 도와주고, 지방 유지로서 시비를 가리며, 옳은 일을 지원해왔다. 어린 시절부터 이런 모습을 보고 자란 사람들인 터라, 미국에서는 나이도 많고 가족 부양 책임도 있어 학업을 포기하였으나, 대신 소년병학교 생도들을 후원함으로써 자신들의 꿈을 성취하고자 하였다.[37] 이들 가운데는 소년병학교 생도 조오흥의 아버지 조진찬, 김일신의 아버지 김병희 같은 사람이 있었고, 권종흡과 정용기 등은 노동을 하여 돈을 버는 대로 소년병학교에 모두 쏟아부었다.[38] 이들은 노동의 대가로 하루에 1달러가량을 받는 데 그쳤지만, 기꺼이 소년병학교 생도들을 도왔다. 농부 최경오는 이명섭에게 방과 식사를 제공하였다.[39] 농부들 가운데는 농장주와 이윤을 반씩 나누어 가지는 캐시 크로퍼(cash cropper)와 자작농도 있었는데, 박용만이 1914년 9월 16일에 작성한 하와이 대한민국민공회 민적(民籍)에서 '소유재산 부동산' 난에 '1,500달러', '고본금(股本

36) 안재창은 필자의 종증조부이고 그의 조부는 홍직필(洪直弼)의 문하생이었다. 조진찬은 풍양 조씨 후예이다.

37) Dae Sook Suh, 앞의 책, 111~112쪽. 필자가 1957년에 리들리에 갔을 때 초기 이민 노인 독신자들은 한국 학생들에게 방과 식사를 제공해주고 있었다.

38) 같은 책.

39) *Hastings Daily Tribune*(1912. 10. 22), 1면 ; *1912 Lincoln City Directory*, 126쪽.

〈그림 75〉 네브래스카 주 링컨 시 근처 농장에서 안재창(1910년경)

金)' 난에 '40달러', 그리고 '소참주식회사명(所參株式會社名)' 난에 '네브래스카 농장(農庄)'이라고 기입한 것을 볼 때, 그는 최경오가 경영하던 링컨 시 근처의 농장에 투자를 하였던 것 같다. 박용만이 농장사업에 투자를 한 것은, 한인들이 썩 잘 경영할 수 있는 사업인데다가 둔전병 제도를 주장하던 그로서는 특별히 관심이 많이 갔기 때문이다.[40] 또 소년병학교 후원자인 윤상호는 1910년에 생도들의 군복을 장만해주고, 1911년 여름에는 쌀 다섯 가마를 기증하였다.[41] 소년병학교 후원자들이 네브래스카 주에만 있었던 것은 아니다. 콜로라도 주 덴버 시 근처의 탄광과 사탕수수 농장 등에서 일하던 노동자들, 와이오밍 주 슈피리어 탄광에서 일하던 노동자들, 그리고 네바다 주 솔트레이크의 철도 공사

40) 김원용, 앞의 책, 288쪽 참조. 김원용에 따르면, 최초의 농업주식회사인 '한인농업주식회사'가 1914년 12월에 콜로라도 주 게일턴(Galeton, Welds County)에 설립되었다고 하므로, 그 이전에는 초보적 회사인 합자회사 형태로 자본을 모금하여 농장을 사거나 캐시 크로퍼 형태로 경영하였을 것으로 추정된다.

41) 《신한민보》(1911. 5. 10).

장에서 일하던 노동자들도 소년병학교를 후원하였다. 한인 학생들은 학비를 벌기 위하여 이들을 연줄로 노동판에 뛰어들었고, 학비를 마련한 뒤에는 다시 학교로 돌아오곤 하였다.[42]

끝으로 네브래스카 주 한인들의 분포도를 만들어 정리해보면 다음 쪽의 표와 같다. 이 표에서는 1912년 5월경으로 초점을 맞추었는데, 소년병학교가 개학하는 6월 초 이후로 기준을 잡으면 다른 주에서 들어오는 학생들 때문에 그 수가 늘어나기 때문이다.

다음으로 1910년대 초에 한인 학생들에게 학업과 고학의 길을 열어주고 한인 농부들에게 농사기술을 가르치며 농업을 기업으로 배울 수 있는 기회를 준 네브래스카 주 커니와 헤이스팅스의 경제와 문화를 살펴보자.

1910년대 초 커니와 헤이스팅스의 경제와 문화

네브래스카는 로키 산맥 동쪽에 펼쳐진 넓이 3만 평방킬로미터의 대평원 북서쪽에 위치한 주(州)로, 남북전쟁(1861~1865)이 끝난 뒤 1873년에야 농업이 시작된 곳이다. 건조한 기후 탓에 강우량을 보충할 수 있는 방안이나 새로운 농사기술이 개발될 때까지도 들소(Buffalo)가 이 주민보다 압도적으로 많았다. 1889년에 네브래스카 주는 인구가 겨우 2만 5,000명밖에 안 되는 미개척의 벌판이었다.[43] 커니 시는 버펄

42) 《공립신보》(1908. 1. 5/1908. 11. 4/1909. 7. 28/1909. 10. 6) ; 《신한민보》(1904. 4. 14/1909. 10. 6/1910. 1. 26).

43) *Biographical and Historical Memoires : Adams, Clay, Hall and Hamilton Counties, Nebraska* (Chicago : The Godspeed, 1890), 107쪽.

오마하	학 생 : 동석기,** 방사겸,* 오한수, 유홍조,* 정이용,* 호시한 후원자 : 권종흡, 김병휘, 김예원, 임동식 (문경호, 우병길, 김성국, 이동호, 박윤섭, 김종옥, 김응규, 김용삼, 김동헌, 노석원, 유진익, 김여권)
링컨	학 생 : 박용만, 김배혁, 김진실, 김용성, 신태규, 이노익, 이명섭, 이응규, 이창수, 유친일, 조규섭 후원자 : 안재창, 유은상, 유상호, 최경오
커니	학 생 : 김병학, 김예원, 김일신, 박처묵, 박처후, 안만진, 양극묵, 유일한, 이관수, 이종철, 정양필, 정한경 후원자 : 김유성, 박죠(Joe), 홍○○
헤이스팅스	학 생 : 권태용, 김경, 김익환, 김추선, 김현구, 박길용, 박원경, 백일규, 신덕, 신형오, 유돌, 이걸, 이상진, 이응순, 이정수, 이홍주, 정태은, 조오홍, 홍승국 후원자 : 조진찬
캘러웨이	후원자 : 배병헌

도시 이름	학생	후원자	계
오마하	6	18	24
링컨	11	4	15
커니	12	3	15
헤이스팅스	19	1	20
캘러웨이	0	1	1
계	48	27	75

네브래스카 주 한인분포도(1912년 5월, 소년병학교가 개학하기 이전)

주 : * 방사겸의 식당 동업자들.

** 동석기는 신학을 전공하려고 준비하고 있어 소년병학교에 참여하지 않았다. 괄호안의 이름들은 1908년 장인환 의사 법정 통역으로 이승만이 초청되었을 때 이승만의 여비 충당을 위해 의연금을 냈던 한인 노동자들로, 이들은 테이블 록(Table Rock)의 철도 공사를 하려고 네브래스카에 가서는 그곳에서 고용처를 찾아다니며 1912년까지 계속 거주하였을 것이다.

로 카운티의 군청소재지로, 오레곤 트레일(Oregon Tail) 위에 플래트 강(Platte River)을 끼고 있는 군사 요새였으나, 서부 태평양 연안까지 철도가 연결되면서 경제적·군사적 중요성을 잃게 되었다.

소년병학교가 시작된 1909년에 커니에는 6개의 초등학교와 하나씩의 공립중학교·고등학교가 있었다. 그리고 초등학교 교사를 양성하는 2년제 주립사범대학과 성공회(聖公會)에서 운영하는 사립 중·고등무관학교가 있었다. 인구 6,000명의 농촌도시였으나, 일간신문이 두개나 있었고 주간신문 역시 두 개가 있었다.[44)]

여러 개신교 교회들이 11개나 있었는데, 동양을 오가는 선교사들을 초청하여 그들의 경험담을 듣는 일이 지방 뉴스가 되곤 하였다. 마차와 자동차가 공존하던 커니 시 도심지에는 은행·법원·기차정거장·오페라하우스 등이 있었는데, 이것들이 이 작은 도시의 큰 건물들이었고 사람들이 많이 모이는 장소였다(〈그림 76〉~〈그림 80〉). 특히 커니 시에 있던 앤더슨 사진관에서 한인 배병헌이 사진기술을 배웠다.[45)]

커니는 농촌도시로서 제분소와 벽돌공장 등이 있었기 때문에 거의 자급자족이 가능한 도시였다. 주변 농산물들을 모아 큰 도시로 보내고 도시에서 생산된 소비품들을 인근 농가에 분배하는 접합도시(Junction City)였는데, 이러한 구실은 점차 헤이스팅스에 빼앗기게 된다. 헤이스팅스는 서로 다른 일곱 철도회사의 화물 객차가 들어오는 곳이었다.[46)]

---

44) 일간신문에는 *The Kearney Morning Times*와 *The New Era—Standard Times*가 있었는데, 후자는 *The Kearney Daily Hub*가 되었고, 주간지로는 *The Kearney Weekly Times*와 이름은 전해지지 않으나 일주일에 두 번 출간되던 것이 또 하나 있었다.

45) 《신한민보》(1911. 5. 3), 3면.

46) Merrill J. Mattes, *The Great Platte River Road*(Lincoln, Neb : Nebraska State Historical Society, 1969), 167쪽, 192쪽, 193쪽.

〈그림 76〉 1900년대 초의 커니 시 도심가 모습. 이때는 거리에 마차와 자동차가 섞여 다녔다

〈그림 77〉 커니 시 도심지의 은행 건물

〈그림 78〉 커니 시의 네브래스카 주립사범학교. 한국인 유학생 박처후 · 정한경 등이 졸업하였고, 한인소년병학교의 과목들과 학점을 인정하였다

〈그림 79〉 커니 시 도심지에 있던 앤더슨 사진관. 여기서 배병헌이 사진 기술을 익혔다

〈그림 80〉 커니 시에 있던 버펄로 카운티 재판소. 지금은 역사적 건물로 남아 있는 옛 재판소인데, 이곳 지하실 트렁크에서 1900년대 초반 초등학교 한인 학생들의 신상 기록이 발견되었다

헤이스팅스 시의 경제와 문화

네브래스카 주 남부 중앙에 위치한 헤이스팅스는 밀과 옥수수 대평원 덕에 미국 북부에서 이들 생산지의 심장부에 해당한다. 여러 사립 철도들의 접합도시가 된 뒤, 1880년도에 3,000명이던 인구는 1910년 소년병학교가 자리를 옮겼을 때 9,300명이 되었다.[47)]

헤이스팅스는 커니와 같이 접합도시여서, 인근 농산물들을 모으고 큰 도시로 소모품들을 분배하는 구실을 맡았다. 헤이스팅스에는 네브

47) *Hastings Daily Tribune*(1910. 8. 31), 1면.

래스카에서 두번째로 큰 맥주공장이 있었으며, 마구(馬具)를 만들어 네브래스카·캔사스·아이오와에 공급하는, 고용인 45명 규모의 공장도 있었다(〈그림 81〉, 〈그림 82〉). 당시 여송연(呂宋煙)은 각 소비도시에서 제조하였는데, 헤이스팅스에는 7개의 여송연 공장에 200명의 고용인들이 있었다.

벽돌공장은 115명의 인부를 채용하였고, 연간 매상은 11만 달러였다. 제분소에 들어오는 옥수수와 밀은 인근 농장에서 구입한 것이고, 밀가루와 옥수수 가루는 50킬로미터 거리의 소비자들에게 공급되었다. 헤이스팅스는 거의 자급자족이 가능한 작은 농촌도시였으나, 여행하는 판매원들을 위하여 작은 호텔이 3개 있었고 하숙집이 하나 있었다. 대량 생산되는 자동차는 미국의 대륙 풍경을 바꾸고 일상생활을 변화시켰다. 1910년에는 작은 도시 헤이스팅스에도 7개의 자동차 판매소가 들어서 서로 최신식 자동차를 소개하는 데 열을 올렸다.[48]

사회기구와 각 교파 교회들

헤이스팅스에는 4개 철도회사의 정거장이 있었고, 5개 철도회사의 기차들이 들어왔다. 은행은 4개가 있었고, 전신전화회사가 4개, 극장이 2개, 밴드가 2개, 교향악단이 1개, 공원이 4개, 병원이 1개가 있었으며, 주립정신병원도 있었다. 교육기관으로는 초등학교 6개, 공립중고등학교가 1개, 사립고등학교가 1개, 음악학교가 1개 있었다. 지방 일간지는 두 종류가 있었는데, 하루에 약 2,600부씩 인쇄하였다.[49] 그리고 19개의

48) Dorothy Weyer Creigh, *Adams County : The Story 1872~1972*, 71~72쪽.

〈그림 81〉 헤이스팅스 시에 있던 맥주 제조 공장

〈그림 82〉 헤이스팅스 시에 있던 마구(馬具) 공장

49) Dorothy Weyer Creigh, *Adams County : The Story : 1872~1972*, 69쪽. 두 개 일간신문은 *Hastings Daily Tribune*과 *Hastings Daily Republican*이었다.

사교단체(Social club)와 YMCA 그리고 유명한 연사들을 초청하여 강연을 듣던 셔토쿼 협회(Chautauqua Association)가 있었다(〈그림 83〉, 〈그림 84〉).[50] 셔토쿼 운동은 원래 남북전쟁 뒤 감리교에서 주일학교 교사들을 훈련시키기 위한 하기강습회였다. 첫 시도가 성공적으로 마무리되자 각 도시에 지부를 두고 인디언식 목조건물을 만들어 연사들을 초청하고는, 그들에게서 교양 강연을 들었다. 한마디로, 일종의 문화운동이었다. 기독교의 봉사정신, 민주주의, 과학적 이해를 잘 융합한 실질적 지식과 정보 등이 강연 주제였고, 연사로 초청된 사람들은 주지사와 연방정부 의원 그리고 유명한 과학자들이었다. 한 예로, 1910년에 세계적인 과학자 웨번(Reno B. Webourn)은 '2000년'이라는 연설에서 90년 뒤에는 햇빛을 유용한 에너지로 사용할 것이고 무선으로 전기에너지를 보낼 수 있게 될 것이라고 예언하였다.[51] 뒷날 태양력 에너지와 레이저 개발이 이어지면서 그의 예언은 정확하게 맞아떨어졌다.

헤이스팅스에는 무려 12개의 개신교 교회가 있었다. 그 가운데 독일어로 설교를 하는 교회는 4개가 있었는데, 3개는 루터 교파였다. 남북전쟁 이후 각 개신교 교파들은 수천만 내지 수억에 이르는 검은머리 동양 이교도들의 전도에 열을 올렸고, 20세기 초에는 많은 성과를 거두어 선교사들이 보람을 느끼고 있었다. 헤이스팅스 대학 교수였던 화이트(G. E. White)는 교육선교사로 터키에 들어가 그곳 대학장이 되었으며, 헤이스팅스 대학을 졸업한 스미스(Mrs. Margaret Jones Smith)는 중국에 가서 전도사로 봉사하였다(〈그림 85〉).[52]

50) *Hastings City Directory*(1910, 1912, 1915).

51) *Hastings Daily Tribune*(1910. 10. 2), 7면.

52) *Hastings Daily Tribune*(1908. 11. 20), 2면/(1915. 5. 11), 6면.

〈그림 83〉 헤이스팅스 시의 셔토쿼 건물

〈그림 84〉 헤이스팅스 시에 있던 애덤스 카운티 재판소

〈그림 85〉 헤이스팅스 장로교회. 이곳에는 한국 학생들을 위한 성경반이 따로 있었다

소년병학교가 있었던 1909년부터 1915년까지 헤이스팅스에서는 주기적으로 초교파적인 각종 해외 선교활동 후원을 벌였다. 감리교 해외 여자선교부는 동양 각 나라의 선교관 건물 건축비 모금운동을 벌여 5만 달러를 모금하였다.[53] 헤이스팅스 장로교는 "예수는 중국의 왕(Rex Christus China)"이라는 제목으로 중국 선교를 위한 집회를 열었는데, 주일학교 어린이들이 세계 각국의 옷을 입고 〈만국행진〉이라는 연극을 하였다.[54]

외국에서 돌아온 선교사들이 헤이스팅스에서 연설한 제목들은 "이교도의 나라들", "새 일본", "일본인을 기독교로 인도하기까지", "일본 여자들", "제국주의 중국", "새 중국", "일본 전도의 장애물 일본국교",

53) *Hastings Daily Tribune*(1908. 10. 10), 1면.
54) *Hastings Daily Tribune*(1912. 2. 1), 2면.

"하와이와 필리핀" 등 온통 동양에 관한 것이었다. 이들 제목이 암시하는 것처럼, 미국 선교사들은 자기들의 우수한 서구 문명을 소개함으로써 후락한 극동의 여러 봉건적 나라들을 새로운 국가로 인도하고 있다고 소개하였다.[55)]

조그마한 농촌도시 헤이스팅스를 통해서 본 미국인들의 뜨거운 해외 선교열은 그 역사적 배경에서 역설적인 면이 있다. 미국 각 교파들은 미국에 도착한 직후부터 남북전쟁이 시작되기까지 약 300년 동안 본토 인디언들에게 전도를 시도하였는데, 모두 실패하였다. 남북전쟁 뒤에는 대륙횡단철도를 놓기 위하여, 그리고 새로 이민을 온 개척자들의 농지 충족을 위하여, 인디언들을 인디언 보호구역에 감금하다시피 하여야 했다. 인디언 선교 실패는 그들의 문화를 이해하지 못하고 무조건 백인을 꼭 닮은 인디언을 만들어내려고 했던 데 가장 큰 원인이 있었다.[56)] 그런데 동양인들은 글을 가지고 있었기 때문에 성경을 번역·출판하여 체계적으로 그리고 조직적으로 전도할 수 있었다. 나아가 많은 동양인들이 19세기 말 봉건적 왕실 정치에 불만을 품고 개혁을 바랐으며, 특히 기독교의 평등주의(Equalitarianism)를 크게 환영하였다.

이러한 상황에서 외국 유학생들을 '토박이 전도사'로 만들고자 했던 미국인들의 의도를 국수주의적인 견지에서 잘 묘사한 인물이 바로 민주당 대통령 후보로 세 번이나 공천을 받았던 브라이언(Willian Jennings Bryan)이었다.

55) *Hastings Daily Tribune*(1912. 4. 12), 2면/(8. 14), 2면.

56) Robert F. Berkhofer, *Savage and Salvation : an Analysis of Pretestant Missions and American Indian Response, 1787~1862*(Lexington : University of Kentucky Press, 1965), 120~125쪽.

> 이교도(異教徒)들의 나라에서 온 유학생들이 기독교 교리와 사랑으로 접종된 기독교 생활을 하고 그들의 조국으로 돌아가서 기독교 문명을 전도한다면, 미국은 외부로부터 오는 위협을 미국 해군 유지비의 10분의 1밖에 안 되는 경비로써 더욱 효과적으로 막는 것이 된다. 기독교는 현재 미국이 세계적 지위를 차지하는 데 큰 구실을 하였다. 기독교로 말미암아 미국의 발전과 위대함을 보일 것이다.[57]

십자가군병의 이러한 전도 의무 그리고 미국 문명의 우월성과 자부심을 속에 품고 그들은 동양인에게 전도하였다. 다음으로 헤이스팅스 시의 소수민족에 대하여 살펴보자.

소수민족들

헤이스팅스에는 95명의 흑인이 살고 있었으나, 헤이스팅스의 지역신문에는 그들과 관련한 기사가 거의 실리지 않았다. 한 흑인 여자가 112세 생일을 맞게 되자 사진과 함께 1면에 기사가 기재된 일이 있는데, 이것은 아마도 지역신문에 실린 최초의 흑인 사진이었을 것이다. 흑인들은 도시 외곽의 후미진 곳에 떨어져 살았다.[58]

한국 유학생 외에 동양인으로는 세탁소를 경영하는 중국인이 한 명 있었는데, 이 손빨래 세탁소에서 백일규·정태은·김현구 등이 일하며 용돈을 벌었다.[59]

---

57) *Hastings Daily Tribune*(1911. 3. 3), 4면.

58) *Hastings Daily Tribune*(1910. 7. 12), 3면/(8. 9), 1면.

59) Dae Sook Suh, 앞의 책, 107쪽.

문화적으로 소수민족인 26명의 그리이스 인들도 헤이스팅스에 거주하였는데, 이들은 경양식점을 운영하였다. 그들은 조국이 1912년에 터키의 침략을 받자 독립의연금을 보내는 것은 물론이고, 징집된 남자 6명은 입대를 하려고 속속 귀국하였다.[60]

20세기 초 네브래스카 주의회에는 미국 시민이 아닌 동양인이 농토를 소유할 수 없다는 법안이 상정되었으나 부결되었다. 그러나 백인은 흑인의 피가 8분의 1 이상 섞인 사람이나 일본인과는 결혼할 수 없다는 1876년 이래의 유색인종차별법안이 1962년까지 유효한 상태였다.[61]

1910년대에 헤이스팅스에서 남의 집안 잡일을 했던 사람들은 러시아 볼가(Volga) 지역에서 집단으로 이민을 와 정착한 독일 여자들이었다. 그 여자들은 자기 집에 살면서 백인 집으로 가 음식·빨래·다림질·청소 등을 하는, 요샛말로 파출부들이었고, 남편들은 언어 소통이 많이 필요하지 않은 벽돌공장에서 노동을 하였다.[62] 한인 학생들은 잡일 거리를 얻기 위해서 이 볼가 독일 사람들과 사실상 경쟁하여야 했다.

문 화

네브래스카 주의 20세기 초반 문화를 이야기하면서 빠뜨릴 수 없는 것이 두 가지가 있는데, 바로 변론(辯論)과 야구(野球)이다. 네브래스카는 미국에서 제일 큰 변론 리그(debating league)가 있었는데, 무려 70개의

60) *Hastings Daily Tribune*(1912. 10. 14), 1면.

61) 1992년 6월에 네브래스카 대학 역사학 교수 Fredrick C. Luebke와 가진 전화 인터뷰. *Historical News*(Hastings, Neb. : Adams County Historical Society, January, 1978).

62) *Hastings Daily Tribune*(1912. 5. 2), 2면.

고등학교들이 참여하고 있었다. 고등학교 학생들에게 변론을 장려하는 이유를 당시 사람들은 다음과 같이 설명하였다.

> 변론의 가치는 일상생활에서 사용된다는 것이다.…… 그리고 변론을 하려면 많은 시간을 준비해야 하고, 문제의 찬반(贊反)을 모두 생각해야 하며, 반대편의 논쟁에 반론할 준비도 해야 한다.[63]

한마디로, 변론은 어떤 주제를 여러 각도에서 추리할 수 있는 사고력을 길러주며, 자기의 독창적인 의사를 여러 사람 앞에서 명확하고 설득력 있게 표현할 수 있도록 하므로, 고등학생으로 하여금 사려깊은 성숙한 청년이 되도록 한다는 것이다.

20세기 초에 네브래스카 주립대학에서는 변론이 필수과목이었다. 네브래스카 주립대학을 다닌 박용만·박처후·박처묵·백일규·정양필·이용규·조규섭·이희경 등과 커니 시의 주립사범대학을 다닌 배병헌·정한경·양긍묵 등도 변론과목을 택하였다. 변론의 가치를 주장하는 이러한 미국 특유의 문화 속에서 유일한·정한경·이관수도 커니 공립고등학교 변론반원으로 활약하였는다. 정한경은 1910년 3월에 버펄로 카운티 웅변대회에서 아이티(Haiti)를 프랑스로부터 해방시키고 노예들을 풀어준 흑인 오버처(Toussaint L. Overture) 장군에 대하여 연설함으로써 일등을 차지하였다. 당시 백인은, 아무리 훌륭한 일을 해냈더라도 흑인을 칭찬하지 않았다.[64] 이렇듯 한인 학생들은 변론과 웅변은 물론 민주주의의 근본인 회의진행법(會議進行法)도 몸에 익혔다.

---

63) 헤이스팅스 고등학교의 1913년도 졸업앨범 *Tiger*.

64) 《신한민보》(1910. 6. 22), 2면 ; *Kearney Daily Hub*(1910. 3. 14), 2면.

미국의 국기(國技)인 야구는 일단 배우기가 쉽고, 단체 운동이면서도 개인의 기술과 재능을 마음껏 발휘할 수 있는 스포츠여서, 갓 도착한 외국인도 쉽게 익혀 미국인들과 함께 경기를 할 수 있었다. 야구를 통하여 언어와 문화의 차이를 넘어 함께 어울릴 수 있는 기회를 가짐으로써 모든 사람들이 소속감을 얻을 수 있었다.[65]

커니와 헤이스팅스의 지역신문들은 일면에 매일같이 지방 마이너리그(minor league)의 경기 결과를 실었을 뿐만 아니라, 미국을 방문하는 일본 대학 야구 팀 기사도 게재하였다.[66] 커니 시에는 커니 공립고등학교, 커니 군사고등학교, 커니 주립사범대학교, 그리고 커니 우편국에도 야구 팀이 있었다. 헤이스팅스의 5개 초등학교에는 모두 야구 팀이 있었는데, 이들은 공원에서 시합을 벌여 우승 팀은 상공회소로부터 저녁식사 대접을 받았다.

미국 각 도시의 YMCA 향토방위군에도 야구 팀이 있었다.[67] 푸른 여름 하늘 밑 한적한 농촌도시의 대평원에서 풀을 뜯는 소들과 공원에서 야구를 하는 모습은 전형적인 미국 풍경이었다. "미국인과 그들의 마음을 알려면 누구나 야구를 배워야 한다"는 명언이 있을 정도로 야구는 미국에 깊이 뿌리박은 운동이었다.[68]

미국에 갓 도착한 한인 학생들에게 야구는 완전히 새로운 경험이었다. 이들은 미국 문화에 적응하면서 새로운 것들을 배우며 자기완성에 힘쓰는, 낙관적이고 진취적인 정신 자세를 배울 수 있었다. 야구를 통하여 단순한 운동뿐만 아니라 미국 문명의 근본인 적극적이고 부단히

65) John Thorn, *Baseball : Our game*(New York : Penquin Books, 1995), 20쪽, 22쪽.

66) *Hastings Daily Tribune*(1911. 5. 4), 8면.

67) *Hastings Daily Tribune*(1909. 7. 15), 3면/(1912. 5. 12), 4면.

68) Harold Seymour, *Baseball : The Early Years*(New York : Oxford Press, 1960), vii쪽.

노력하는 낙관적 사고방식을 자기도 모르게 배우게 된 것이다. 유일한·정양필·이관수·홍승국은 어느 미국 선수들 못지않게 야구를 잘하고 또 열심히 하였다.[69]

당시 헤이스팅스의 젊은이들은 주말이면 영화관에서 자막을 읽으며 흑백 무성영화를 즐겼고, 로큰롤의 전신인 '래그타임(ragtime)'을 들으며 춤을 추었다. 당시 미국인들은 동양에도 관심이 많아, 동양을 상징하는 국화와 종이우산 등이 대중 포스터 소재로 등장하였다(〈그림 86〉). 도시 생활을 선망하는 분위기 속에 도시와 도시를 연결하는 철도를 따라 많은 농촌 인구가 도시로 집결하기 시작하면서, 미국 전체에 사회적·문화적 변화가 일어나고 있었다.[70] 어린 소년병학교 생도인 김용성은 기타를 사서 배웠으며, 바이올린을 전공하는 조규섭은 소년병학교 연극 발표 때 막간을 이용하여 바이올린 독주를 하였다. 당시에는 보헤미안 스타일의 옷을 입고 꽃송이를 머리에 꽂은 여자가 바이올린을 연주하는 것이 유행이었다(〈그림 87〉). 소년병학교의 어린 학생들은 쉽게 미국 문화에 적응했기 때문에, 나이 많은 교사들과는 문화적 차이가 있었다.

일할 때는 열심히 일하고, 놀 때는 마음껏 놀며, 자신들의 감정을 솔직히 표현하는 것이 미국 중부 문화의 특징이다. 이러한 문화에 잘 적응한 소년병학교 생도들의 모습을 단적으로 보여주는 사진들이 있다. 〈그림 88〉을 보면 몇몇 생도들은 건빵을 입에 문 채 맛이 없어

69) 홍승국은 야구를 하다가 왼손 손가락을 다쳐 평생 손가락이 굽은 채 살았다. 그는 운동을 좋아하여, 운동선수들에게 자신의 호를 딴 모운(莫雲)장학금을 연세대학교 학생들에게 주었다.

70) Charles Sellers and Henry May, *A Synopsis of American History*(Chicago : Rand McNally and Company, 1963), 285쪽.

〈그림 86〉 래그타임 포스터에 동양적인 분위기가 물씬 풍긴다

〈그림 87〉 1910년대 초반의 래그타임 포스터. 바이올린을 연주하는 여인의 모습을 통해 당시 유행하던 패션을 엿볼 수 있다

〈그림 88〉 소년병학교의 휴식 시간(1912년경). 생도들이 건빵을 입에 물고 맛이 없다며 항의하고 있다. 뒷줄 왼쪽에서 세번째가 정양필, 다섯번째가 유일한이다

싫다는 시늉을 하고 있으며 앞의 생도는 일부러 카메라를 등뒤로 하고 모자로 얼굴을 가리고는 거리낌 없이 누워 있는데, 이러한 모습은 자유분방한 그들의 마음을 잘 보여준다. 소년병학교의 자유로운 분위기를 잘 나타내는 또 하나의 사진을 보자. 〈그림 89〉는 휴식시간에 눕기도 하고 엎드리기도 하며 자유롭게 쉬고 있는 장면인데, 사진의 오른쪽을 보면 한 생도가 앞의 생도를 걷어차는 흉내를 내고 있다. 이러한 행위는 동양의 무관학교에서는 절대 볼 수 없었다. 이 두 사진은 그들이 얼마나 미국 문화에 잘 적응하였는가를 보여주는 것이다. 어린 생도들은, 놀 때는 마음껏 놀고 일할 때는 열심히 일하는 그리고 열심히 노력하면 성취한다는 미국 중부의 낙관적 사고방식을 은연중에 체득하였고, 이

〈그림 89〉 소년병학교의 휴식 시간. 오른쪽을 보면, 한 생도가 앞의 생도를 발로 차는 흉내를 내고 있다

러한 긍정적 사고방식은 장성하여 새로운 사업을 창출해내는 원동력이 되었다. 이들이 창출해낸 중국음식 도매업은 제9장에서 자세히 서술할 것이다.

제8장 한인소년병학교 교사와 생도들의 글

소년병학교 출신들은 개화기에 상투를 자르고 양복을 걸친 선비들로서, 일생을 조국 독립과 근대화를 위하여 삶을 바친 선각자들이었다. 그들 가운데 박용만·백일규·김현구·김려식은 재미 한인 신문들의 주필을 역임하였고, 유일한은 제2차 세계대전 말기에 영문으로 된 월간경제잡지 《고려경제회보(*Korea Economic Digest*)》를 발행하였다. 그들이 남긴 글은 수백 편이 넘는다. 여기서는 소년병학교의 교육과 이념 그리고 소년병학교의 교사·생도·후원자들의 가치관 등을 이해하는 데 도움이 될 만한 것으로, 1914년 이전에 쓴 것들만 추려내었다.

소년병학교의 교사·생도·후원자들이 남긴 글은 한시(漢詩)·시조·수필·사설·만사(挽詞) 그리고 영문편지와 수필 등 다양하다. 박용만은 미국으로 유학을 가기 전《신학월보》에 〈교는 정치의 근본〉, 〈십자군의 격서〉라는 글을 발표하였다. 우리나라도 개신교와 평등사상을 받아들여 미국·영국·독일처럼 개화하고 부강한 나라가 되어야 한다는 개화기 '계몽신앙'의 대표적 글들이다.[1]

《제국신문》에 실린 소년병학교 교사들의 글

박용만은 미국에 도착하여 서울의 《제국신문》에 글 하나를 투고하였다. 이승만의 아들과 정순만의 아들을 데리고 미국으로 갈 때 마침 일본에서 하와이로 이민 가는 한인들과 같은 배를 타게 되었는데, 이때의 경험을 〈여행 중에 보고 들은 것〉이라는 제목으로 쓴 것이다. 또한 〈청춘소년들아〉라는 수필도 발표하였다.[2] 이 글은 박용만의 뛰어난 문장력을 보여주고, 아울러 젊은 박용만을 잘 표현하고 있어서 여기에 소개한다.

청춘소년들아 五

즐겁다 청춘들아 청춘이 곧 오늘이오 오늘이 곧 나의 날이로다. 청춘들아 오늘 세계가 곧 청춘이오 나도 또한 세계의 청춘일세.…… 오늘은 나의 날이오 이 세계 곧 나의 세계라, 만일 주먹을 한번 들어 힘있게만 칠양이면 반드시 저 아시아 구라파도 한편이 무너질 것이요.…… 고로 대장부 세상에 태어나서 능히 당시 애란을 구하지 못하고 천하의 근심을 풀지 못하면 필경은 다만 의식에 종노릇만 하고 세월에 도적놈만 되어 두렵도다 오늘날 우리 한국 청년들이여 나 일직이 서양 사람 말들을 들으매 세상에 세살 먹은 노인도 있고 팔십 된 청년이 있다 하며 또 한편 청국 지사 양계초 씨의 말을 들으니 그대가 만일 소년이면 그대 나라도 소년이요 그대가 만일 노인이면 그대 나라도 또한 노인이라 하니.…… 오직 우리가 소년의 때를 당하여 소년의 뜻을 가지고 다시 소년의 일을 행하면

1) 《신학월보》(1904. 5/1904. 6).

2) 《제국신문》(1905. 5. 9/1905. 5. 13).

자연 우리 국보는 소년의 기상을 가지고 우리 이름으로 소년 여사에 올라저 옛적 영웅호걸과 어깨를 비길 터이니 이는 우리 청년의 감히 때를 일치 못할 때라. 원컨대 청년들아 나 여러 말 다하지 못하고 오직 다시 일만 가지 일을 함께 포함하여 한번 다시 크게 부르노니 이 즐겁고 아름다운 청년시절 청춘세계에 우리 사랑하는 소년 한국 모든 청춘소년들아.

이 글은 그가 24세 때 미국에 도착하여 쓴 것이다. 새로운 기상과 국민성을 어떻게 바꾸어야 하는가를 제시하면서 그의 웅지를 보여준다. 뿐만 아니라 그의 한국 '문학혁명', 즉 순수한 우리말 표현 연구와 문법 연구가 미국으로 떠나기 전에 이미 많이 진전되었음을 보여주고 있다. 특히 박용만이 우리말 소설 기사 등을 섭렵하였음을 보여주고 있다. 박용만은 자신의 저서 《국민개병설(國民皆兵說)》 표지에 '청년인 박용만저(青年人 朴容萬著)'라고 쓸 정도로 '청년'이라는 말을 즐겨 썼는데, 이 글은 이상재의 〈청년(青年)이여〉보다 약 20년 빨리 쓰여졌고, 수필가 민태원의 〈청춘예찬〉보다는 30년이나 이른 것이다. 《제국신문》에는 이희경·박처후도 기고하였다. 이들은 미국으로 유학 가면서 일본·하와이·미국에서 보고 들은 서구 문명을 소개하고는, 한국이 매우 낙후하였으며 개혁에 분발해야 한다는 내용을 글에 담았다.[3]

박장현은 1905년 9월 두번째 미국행 전에 〈애고아로년동포(哀告我老年同胞)〉와 〈경고아청년동포(警告我青年同胞)〉라는 글을 《제국신문》에 기고하였다. 이 두 글에서 그는 부유한 가정의 청년들이 안일하게 있지 말고 문명국에 유학하여 서양 문물을 배워야 하며, 그런 뒤 한국을 개화해야 나라를 잃어버리지 않고 지킬 수 있다고 하였다.[4]

3) 《제국신문》(1905. 4. 18/1905. 6. 16).

4) 《제국신문》(1905. 6. 2/1905. 6. 5).

박용만의 글들은 샌프란시스코에서 출판된 기독교 월간잡지 《대도(大道)》에도 실렸는데, 제목은 〈대도〉, 〈그리스도교와 문학〉, 〈연설을 엇더케홈〉, 〈교육상의 새 주의〉 등이다.[5] 이들 글은 1908년 12월호부터 1911년 10월호까지 실렸다. 이때는 그가 네브래스카 주립대학에 다니다가 《신한민보》의 주필로 1911년 2월부터 1911년 11월까지 봉사하고 있을 때이므로, 당시 그의 관심사가 무엇이었는지, 그동안 수업받은 과목들을 어떻게 소화하였고 조국 근대화를 위하여 어떠한 생각을 가지고 있었는지 엿볼 수 있다. 이 글들은 《신학월보》에 실렸던 것보다 내용이 충실하고 체계적 논리를 갖추고 있어서, 미국으로 온 뒤 6년 동안 그가 얼마나 성숙하였나를 보여주기도 한다.

〈대도〉는 개신교가 위대한 종교이니 한인들은 모두 기독교인이 되어 조국과 천국을 위하여 노력해야 한다는 취지로 쓰여졌다. 이 글에서 박용만은 미국 청교도들이 이 세상을 하늘나라처럼 만들기 위하여 부단히 노력했던 그 정신을 흠모하고 있다. 그에게 '새 종교'는 개화된 '새 조국'을 위해서 필요한 것이었다.[6] 〈그리스도교와 문학〉에서는 성경이 서양 각 나라의 말로 번역되어 그 나라 문학 발전에 공헌하였다는 점을 밝히면서, 한글은 창제한 지 오래되나 한문만 숭상하여 한국 순수문학이 없으니 지금부터라도 국문학을 시작해야 한다고 강조하였다. 또 국문학이 없고 국사를 모른다면 어디서부터 애국심이 생기겠는가 하고 묻고 있다.[7] 〈연설을 엇더케홈〉이라는 글에서는 그 당시 '연설'이라는 단어가 생소했던 한인들에게 연설의 목적을 알려주고, 여기에는

5) 《대도》는 1908년 12월부터 1912년 11월까지 샌프란시스코 한인감리교에서 미국 남감리교의 도움을 받아 편집·발행한 것으로, 인쇄는 신한민보사에서 하였다.

6) 《대도》(1908년 12월호), 6~8쪽.

7) 《대도》(1909년 5월호), 6~19쪽.

타인을 이해시키고 설득하기 위한 힘이 있어야 한다는 전제 아래 연설을 하기 위한 준비와 자료, 그 방법과 재미 등을 설명하고 있다. 아마도 그가 대학에서 택한 변론(rhetoric) 과목의 내용을 쉽게 요약한 것 같다.[8] 〈교육상의 새 주의〉에서는 학교에서 받는 학식과 학위보다 가정교육이 더 중요함을 강조하였다.[9]

《대도》에는 〈도는 우리의 생명〉,[10] 〈태평양화륜선들이여〉,[11] 〈성의관과 마귀관〉[12] 등과 같은 백일규의 글도 실렸다. 여기서 백일규는 '개몽신앙'을 가진 어느 전도사 못지않게 기독교가 한국을 개화하는 데 꼭 필요함을 역설하였다. 그는 태평양을 정규 횡단하는 기선들이 조물주의 뜻대로 서양 문명과 기독교를 동양에 전해주고 있다고 믿었다. 〈성의관과 마귀관〉에서는 유교의 성선설과 기독교를 접목시킨 이야기를 펼치고 있다. 즉, 인간은 본래 착하기 때문에 모든 일에 정성을 들이면 자연히 마음이 유쾌해지고 스스로 일을 만족시킨다는 것이다. 이 밖에도 〈태극기설〉,[13] 〈상업상의 관계〉,[14] 〈미국 농민의 규모와 진취〉[15] 같은 글들은 그의 넓은 지식과 관심을 보여주고 있다. 《대도》는 재미한인사회에서 처음 발행된 월간기독교잡지 겸 교양지로 많은 한인들이 구독하였는데, 박처후도 구독료를 낸 사람으로 명단에 나온다.

다음은 소년병학교 교사들의 문화적 배경을 잘 나타내는 한시들을

8) 《대도》(1910년 3월호), 3~7쪽.
9) 《대도》(1911년 10월호), 123~126쪽.
10) 《대도》(1909년 3월호), 13~15쪽.
11) 《대도》(1909년 5월호), 27~28쪽.
12) 《대도》(1909년 11월호), 10~15쪽.
13) 《대도》(1909년 6월호), 17~21쪽.
14) 《대도》(1909년 10월호), 8~14쪽.
15) 《대도》(1909년 5월호), 27~28쪽.

소개한다. 어려서부터 한문과 한시를 배운 그들이 자신들의 감정을 표현하기 위하여 한시를 짓는 것은 지극히 자연스러운 일이었다.

소년병학교 교사들의 한시(漢詩)

재미 한인들이 남긴 한시들은 대부분 1908년부터 1914년 사이의 것으로, 모두 60여 수가 발표되었다. 특히 박용만이 《신한민보》의 주필로 있던 1911년에 가장 많은 한시가 발표되었다. 따라서 소년병학교 후원자들의 시가 많다. 소년병학교에 관한 한시로는 백일규가 지은 것 하나가 남아 있다.

從少年軍	소년군에 종군하다
백일규	
師出又令催	교관이 또 군령을 재촉하니
塵風払面來	먼지바람이 불어와 얼굴을 쓸고 가네
劍光争日月	검이 번쩍번쩍 해와 달과 다투고
銳氣激風雷	예기는 바람과 우뢰처럼 거세네
誓不讐天戴	원수와는 함께 하늘을 이지 않으리라 맹세하며
期將旧物回	장차 옛날의 모든 것 회복하기를 기약하네
第識古今史	그리고 고금의 역사를 알아보니
被強亦遂摧	저들이 강하나 또한 마침내는 부서지리라[16]

16) 《신한민보》(1911. 8. 23), 1면.

이 시에서 백일규는 역경을 무릅쓰고 무더운 여름날 정장(正裝)을 한 채 군사훈련을 받는 소년병학교 생도들의 충천한 기백과 신념을 읊고 있다.

박용만은 1908년 가을학기에 네브래스카 주립대학에 편입하면서 ROTC 군사훈련을 받았다. 1909년에 네브래스카 주 링컨 시와 오마하 시 사이에 있는 애슐랜드(Ashland)에서 야전훈련을 받을 때, 그는 다음과 같은 시를 지었다.

從軍行　　　　　종군의 노래(2수)

己酉夏從美軍在艾蘇蘭城作
　　　　　　　　기유년 미군을 따라 애소란성에 있을 때 지음

박용만

(一)
十里平郊一片城　　10리 평야에 한 조각 성이 외로운데
人家斷續路縱橫　　인가는 드문드문 길만이 종횡으로 났네
夕陽下寨分相守　　석양에 하채하여 나누어서 지키는데
特地安危即我兵　　높은 곳의 안위가 아군에게 달렸네

(二)
野營杖劍獨巡軍　　야영에 검을 잡고 홀로 순찰하니
残月疎星夜已分　　달 기울고 별은 듬성하니 이미 한 밤중이네
一步徘徊三步立　　한 걸음 배회하고 세 걸음에 멈춰 서니
烽烟処処尽疑雲　　곳곳의 봉화 연기는 모두 구름인 듯하구나.[17]

시상(詩想)이 "요망중원, 막연외, 허다성곽(遙望中原, 幕煙外, 許多城郭)"으로 시작되는, 남송(南宋) 장수 악비(岳飛)의 〈만강홍(滿江紅)〉이라는 사(詞)와 같다.

다음에 소개하는 것은 소년병학교와 생도들의 1911년 봄방학 분위기를 엿보게 하는 한시이다. 문양목이 헤이스팅스를 방문할 때 한인들이 모여 그를 환영하였는데, 문양목의 청에 김현구가 즉흥적으로 지었다고 하는 시이다.

詠竹	대나무를 노래함
김현구	
春去与春來	봄이 가거나 봄이 오거나
長春猶有竹	오래도록 봄인 것은 대나무가 있는데
戀春俗世人	봄을 그리워 하는 속세 사람은
何事林間宿	무슨 일로 숲 속에서 자고만 있는가[18]

위의 오언절구(五言節句)는 김현구가 많은 한시들을 암송하고 있었고, 시 또한 잘 지었으며, 문학에 큰 재능이 있었음을 보여준다.

박용만은 문무(文武)를 겸한 지도자가 되는 것이 이상(理想)이라 여겼으며, 이를 다음과 같은 시로 표현하였다.

---

17) 《신한민보》(1911. 5. 17).

18) 국한문으로 쓰여진 김현구의 미발표 자서전. 서대숙은 *The Writings of Henry W. Kim*의 121쪽에서 이 시의 주제를 봄(spring)으로 다루고 있는데, 이는 잘못된 것이다. 이 시의 주제는 대나무[竹]이다.

決志修兵學	병학을 공부하기로 뜻을 결정하다
박용만	

壯志平生好讀兵	장한 뜻으로 평생에 병서 읽기 좋아하며
蒼磨一劒掛秋声	일검을 푸르게 갈아 추성에 걸었도다
亙千萬古丈夫業	천만 년 옛날부터 장부의 사업이란
文武兼全然後成	문무를 아울러 갖추어야 이루어지는 것이니라[19]

한편 박용만은 자신의 번민을 다음과 같이 읊기도 하였다.

自嘲自戒	스스로 조롱하며 스스로 타이른다
丙午秋作	병오년 가을에 지음
박용만	

十載讀書意如虛	이미 공부한 십년은 헛된 것 같고
更期十載又讀書	또 십년을 공부하니 이러다간 책 읽다 늙겠다
此生老豈文章已	세상에 살아서 문장을 다 읽지 못하고
七賊五奸尙未除	일곱 도적과 다섯 간신을 아직도 제거치 못했네[20]

撥 憫	번민을 뿌리치다
박용만	

一声大哭又放歌	한 소리 통곡하고 또 슬픈 노래 부르니
丈夫胡爾不平多	장부여 너는 어찌 그리 불평이 많은가

19) 《신한민보》(1911. 5. 3).

20) 《신한민보》(1911. 5. 3). 이 시는 1906년에 지은 것이다.

殺燼國恨將難尽	죽이고 태워 나라의 한 다 풀기 어렵고
遁世天工亦奈何	세상 숨어 사는 것도 천명이니 어이하리
神器寧帰他種族	신기〔국보〕는 영구히 남에게 빼앗기고
人權尙在我山河	인권은 아직도 내 산하에 있도다
當時無复燕家俠	지금에는 다시 연가의 협객〔荊軻〕이 없으니
易水水寒謾自波	역수의 물은 차고 물결만 절로 이네[21]

이 시를 본 몬타나 주의 어떤 농부는 박용만 시의 운(韻)에 화답하여 다음과 같이 위로하였다.

次朴容萬韻	박용만의 시에 차운함
몬타나 유객(遊客)	

一嘯一吟又唱歌	휘파람 불고, 읊조리고, 또 노래 부르니
不平君也不平多	불평군이니 불평이 많을 테지
出軍武略終無复	출군하는 무략은 다시 세울 수 없으니
警世筆鋒亦奈何	경세하는 필봉은 또 어쩌겠는가
獨立旗翻争日月	독립의 깃발을 일월과 다투며 펄럭이고
自由花発滿山河	자유의 꽃을 산하에 가득히 피우리라
邦時更得雄才子	어느 때 다시 웅재가 있는 사람을 만나
即渡欣然易水波	곧 바로 기쁘게 역수의 물결을 건널 것인가[22]

재미 한인 역사가 방선주는 〈박용만평전(朴容萬評傳)〉에서 "30대로 들어선 박용만은 침울해졌다가 다시 자신이 큰일을 해낼 수 있다는

21) 《신한민보》(1911. 4. 12).

22) 《신한민보》(1911. 5. 31).

사명감 같은 것을 가지기도 하였던 모양이다. 그의 한시 〈지명시(知命詩)〉에서 나의 그릇은 문(文)에 있지 않고 무(武)에 있다, 조만간 달도 만월이 되고 꽃도 피는 것처럼 천병만마를 이끌고 동벌(東伐)할 때가 오고야 말 것이라며 그 자부심의 일단을 피력하는 것이다"라고 썼다.[23]

知命詩　　지명시
박용만

大夢平生自覺知　평생 큰 꿈 스스로 깨달아 알아야 한다
丈夫胡爾等諸児　장부가 어찌 아이들 같을까
文非窮我終成器　글은 내게 궁하지 않으니 성공할 것이요
武則達人也得時　무술은 사람에게 통달하였으니 때를 얻을 때가 있다
重陸遠洋西渡誓　무거운 육지 바다 서쪽으로 건너가기를 맹세한다
千兵萬馬東伐期　천병만마로 동쪽 치기를 기약한다
青年先志何須恨　청년들이 뜻을 잃었으니 어찌 한탄 안하랴
月滿花開早或運　달이 차고 꽃피는 것이 이르거나 늦게 올 것이다[24]

자신의 '무(武)'적 자질이야말로 '달인(達人)'하였다는 무인으로서의 자부심은 그로 하여금 하와이에 건너가서도 병학교 경영에 심혈을 기울이게 하였던 것이다.[25]

소년병학교 교사들과 소년병학교를 후원하던 사람들 사이에 주고받은 시들이 많은데, 그 가운데 동지로서 형성된 공감대와 평생 지속된

23) 방선주, 《재미한인의 독립운동》(춘천 : 한림대학교, 1989), 35쪽.
24) 《신한민보》(1911. 9. 27).
25) 방선주, 앞의 책, 35쪽.

돈독한 우정을 보여주는 시 세 수를 소개한다. 우선 문양목이 백일규에게 준 것으로 추정되는 시를 보자.

贈友人　　　　　친구[백일규]에게 주다
憂雲 文讓穆(우운 문양목)

百年世事水同流　　　백년 세상사는 물처럼 흘러가는데
去去波燔淡欲秋　　　가면 갈수록 물결은 깊고 가을처럼 맑구나
雨雨風風津古渡　　　비가 오나 바람이 부나 나루는 옛 나루터
幽人携上木蘭舟　　　시인은 손잡고 조각배에 오르네[26)]

이 시에 답한 것으로 추정되는 시가 있는데, 바로 백일규가 문양목에게 준 다음과 같은 시이다.

贈文讓穆　　　　　양목에게 주다
백일규

同舟將暮日　　　같은 배 타고 가며 장차 해는 지려는데
長海又潮生　　　큰 바다에 또 조수가 일어나네
登陸雖難事　　　뭍에 오르는 일이 비록 쉽지 않으나
克終自有成　　　결국에는 저절로 잘 이루어질 것이네[27)]

박용만은 샌프란시스코의 동지들을 그리는 한시를 세 수 지었는데,

---

26) 《신한민보》(1911. 3. 22).
27) 《신한민보》(1911. 5. 10).

그 가운데 한 수를 소개한다.

別金門諸友　　샌프란시스코 친구들과 이별
박용만

西來三月又東流　　서쪽으로 삼월에 찾는데 다시 동쪽으로 흘러간다
萬事此身不係舟　　모든 일을 맡은 이 몸은 매지 않은 배와 같다
金門佳會將何日　　샌프란시스코의 아름다운 회람을 어느 날 잊을거냐
望裏雲山一点愁　　수심 속에서 먼 산을 바라보고 있다[28)]

이 시는 1911년 이른 봄에 휴학하고 샌프란시스코에 와서《신한민보》주필로 있다가, 볼일이 있어 헤이스팅스로 가던 길에 지은 것으로 추정된다. 끝으로 시인으로서 박용만의 '멋'을 엿볼 수 있는 구절을 소개한다.

遊太湖(其三)　　렉타호에서
박용만

太湖之水太澄清　　태호의 물 하도 맑기도 하여라
俗陋不會染此汀　　속인이야 언제 물든 적이 있었으랴
白鷗爾若能容我　　갈매기여 나를 행여 벗 삼아 주려무나
斬敵頭來一洗兵　　그제사 적의 머리랑 베어들고 개선하리라[29)]

28) 《신한민보》(1911. 6. 7). 중국인들은 샌프란시스코를 금문이라고 불렀다.
29) 《신한민보》(1911. 11. 1). 성균관대학교 국문학과 교수인 최진원의 번역.

국문학자인 성균관대학교 최진원 교수는 이 시에 대하여 평하기를, "시인의 호기는 뻗치기만 하는 것은 아니다. 때로는 갈매기와 벗하기도 한다. 이런 것이 옛 시가의 정취이다"라고 하였다.

마지막으로 안중근 의사의 순국 소식을 듣고 소년병학교 생도가 지은 한시를 소개한다. 시를 쓴 김호연은 하와이 섬 힐로 고등학교를 졸업하고, 박용만의 소개로 1913년 8월에 미국 본토 인디애나 주 디프스 대학에 입학하였다.[30]

輓安公重根	안공 안중근의 만장을 쓰다
김호연	
線語朝來渤海浜	이어진 소문이 발해 주변에 아침부터 전해오자
忠魂遼度玉京春	충혼은 멀리 하늘나라 봄을 건너갔네
遺名不朽千秋史	남긴 이름은 천추의 역사에 녹슬지 않을 것이오
瘦骨還宜萬古郎	야윈 모습은 만고의 티끌로 변하지만 오히려 편안히 여기네
三千里域無双士	삼천리강토에 둘도 없는 의사요
五百年朝有一人	오백년 조정에 한 사람이 있도다
死如任意非難死	죽음을 임의대로 했다면 죽는 것이 어렵지만 아니었을 것이나
堪使余生感淚新	남은 사람들에게 감동의 눈물을 새롭게 참고 견디게 하네[31]

30) 《신한민보》(1913. 9. 5).

31) 《신한민보》(1910. 5. 4).

박용만의 시조(時調)

재미 한인이 발표한 시조는 모두 20여 수밖에 안 되는데, 모두 박용만이 《신한민보》와 《국민보》 주필로 있던 1911년부터 1914년 사이에 발표되었다. 한국 고유의 시형·시조에 대한 그의 관심을 보여주는 일이라고 하겠다. 그의 시조 8수 가운데 두 개를 소개한다.

상무혼(尙武魂)

보던책 덥허노코 칼ᄲᅢ아 놉히들고
닷ᄂᆞᆫ말에 뛰여올라 압흐로 나아가니
어됴타 견양춍쇼ᄅᆡ 사나희 몸을[32)]

위의 시조는 숭무주의(崇武主義)와 문무(文武) 연마를 역설하던 그가 옛 시조 형식을 빌려 자신의 감정을 표현한 것이다.

텬디가 적다 말라 나의 한을 능히 용납
텬디가 크다 말라 나의 몸을 둘 곳 어ᄃᆡ
그리면 뎐디 민물을 내 흙으로 용납[ᄒᆞ리라][33)]

국문학자 최진원 교수는 이 시조를 다음과 같이 평하였다. "얼핏 봐서는 평범하다. '나의 한을 능히 용납'과 '나의 몸을 둘 곳 어디'는 기계적 짝맞추기의 감이 없지 않아 있기 때문이다. 그러나 음미하면 그

32) 《신한민보》(1911. 6. 7).
33) 《국민보》(1913. 8. 13), 2면.

평범은 가시고 만다. 그것은 종장의 '천지 만물을 나 홀로 용납하리라'의 호방(豪放)때문이다. 지사(志士)의 기상은 과연 이런 것인가 싶다."[34]

위에서 본 것처럼, 박용만은 옛 시형에 자신의 생각과 감상을 담아 시조를 발전시키려고 시도한 선구자이기도 하였다.

박용만의 《신한민보》 사설

1909년 2월 1일에 대한인국민회가 창설되었으나, 멀리 흩어져 있는 해외 한인사회의 연결·통합체일 뿐, 독립된 방향과 구심점을 가진 정치단체는 아니었다. 1911년에 문양목이 국민회 회장에 당선된 뒤 링컨으로 박용만을 찾아왔다. 그는 국민회 정강을 고치고, 《신한민보》 주필이 되어주기를 간절히 청하였다.[35]

박용만은 쾌히 승낙하고 《신한민보》 주필로 취임하여 1911년 2월부터 11월까지 31개의 사설을 썼다.

그의 사설이 실린 《신한민보》의 날짜와 제목은 다음과 같다.[36]

1월 11일 〈이 글을 쓰는 자의 회포〉
2월 8일 〈조선민족의 생활문제〉
2월 15일 〈캘리포니아 주정부의 새정책〉
3월 1일 〈조선국문 전정(前程)〉

---

34) 은사인 최진원 성균관대학교 명예교수가 필자에게 보낸 2000년 12월의 서신.
35) 김원용, 《재미한인오십년사》(Reedly, California : Charles Ho Kim, 1959), 129쪽 ; 남정헌, 〈우운선생추도문〉, 《태평양주보》(1941. 4. 26), 11쪽.
36) 방선주, 앞의 책, 67~68쪽.

3월 8일 〈조선민족에 대하여 《신한민보》의 관계〉
3월 15일 〈합중국과 멕시코〉
3월 22일 〈동포의 잡힘과 서양선교사 고발 사건에 대하여〉
3월 29일 〈조선민족의 기회가 오늘이냐 내일이냐〉
4월 12일 〈조선의 워싱턴이 누구뇨〉
4월 19일 〈신민보(申民甫) 씨의 원정〉
4월 26일 〈속(續) 신민보 씨의 원정〉
5월 3일 〈정치적 조직에 대하여 두번째 언론〉
5월 10일 〈정치적 조직에 대하여 세번째 언론〉
5월 17일 〈정치적 조직의 계획〉
5월 24일 〈정치적 조직의 계획〉
5월 31일 〈정치적 조직의 계획〉
6월 7일 〈이범진 씨의 죽음과 세상 사람들의 평론〉
7월 26일 〈실행하라(멕시코 동포 구제공채 발행)〉
8월 2일 〈이공(李公)기부금의 이용방법〉
8월 9일 〈축대양보(祝大洋報)〉
8월 16일 〈과거역사 금일활동〉
8월 23일 〈재외동포의 통일과 인구조사〉
8월 30일 〈무국우일년(無國又一年)〉
9월 6일 〈저축심은 즉 독립심〉
9월 13일 〈교육계의 현상－교육의 주의와 방침을 먼저 정하라〉
9월 20일 〈국민적 상식을 비하라〉
9월 27일 〈안창호 군을 환영함〉
10월 4일 〈안창호 씨 연설〉
10월 18일 〈청국혁명에 대하여〉

10월 25일 〈과무형가일인호 우무자방호(果無荊軻一人乎 又無子房乎), 경제상 긴급한 문제〉

11월 1일 〈북경정국의 현상〉

위에 열거한 사설 제목들을 살펴보면, 시사적(時事的)인 것들도 있지만 박용만의 두 가지 큰 주제(主題), 즉 국호론(國号論)과 무형국가(無形國家) 건설론이 드러남을 알 수 있다. 그는 두 번에 걸쳐 게재한 〈신민보 씨의 원정〉을 통하여 식민지로 전락한 현실에서 '대한'보다는 '조선'을 선호함을 밝혔다. 그에게 대한제국이란 개화를 못하고 망한 나라였으나, 조선은 자주국가였다. 한반도와 만주 일대에 걸쳐 웅대한 국토를 거머쥐었던 고조선, 그것을 회복하고자 하는 의욕을 일깨워 국권회복운동을 강력하게 전개하자는 뜻에서였다. 그 예로 그는 하와이 국민회의 연무부(鍊武部)를 대조선 국민군단(大朝鮮 國民軍團)으로 개편하였다.[37] 국치(國恥) 이후 박용만은 여섯 번에 걸친 〈정치적 조직의 계획〉이라는 제목의 사설을 통하여 무형국가(임시정부)론을 단계적으로 강론하며 재미 한인들을 설득하였다. 그의 임시정부론인 무형국가론은 국치를 당한 현실에서 구체적으로 구국운동을 펼칠 방향과 방법을 제시하고 있다. 무형국가론에서 말하는 것은, 모든 해외동포가 가정부(假政府)에 공민(公民)으로 참가하여 의무를 하면 가정부가 변하여 진정부(眞政府)가 될 것이고, 결국 무형한 국가가 유형한 국가로 된다는 것이다.[38] 여기서 주목할 것은 그가 제창한 해외 한인의 정치 조직인 '무형정

37) 김원용, 앞의 책, 345쪽 ; 김도훈, 〈1910년대 박용만의 정치사상〉, 《한국민족학연구》 4, 38~41쪽.

38) 〈國民的常識을 備하야〉, 《신한민보》(1911. 9. 20).

부'의 개념이다.[39] 박용만의 무형정부론과 연방제정부 주장은 하와이·북미·시베리아에 지방총회를 조직하는 데 이론적 바탕이 되었다(〈그림 90〉). 박용만의 무형정부 개념은 그가 1912년에 초안을 쓴 대한인국민회 '중앙총회 결성 선포문'에서 찾아볼 수 있다.

중앙총회 결성 선포문

오늘 우리는 나라를 잃었고 우리의 생명과 재산을 보호하여줄 정부가 없으며 법률도 없으니 동포제군은 장차 어찌 하려는고－제군이 왜적의 정부와 법률에 복종하려는가 이는 양심이 허락되지 않아서 못할 것이니 우리가 스사로 다스리고 다스림을 받을 기관이 있어야 할 것이다.

이 시대의 정치는 자치제도가 정치의 주안이오 어느 백성이나 자치능력이 없으면 기반을 받게 되나니 나라가 없어지는 것도 그 백성의 자치력이 완전하지 못한 연고이며 잃었던 나라를 회복하는 것도 그 백성의 자치력이 완전하여야 되는 것인즉 우리는 우리 사회에 자치제도를 실시하여 우리 자치력을 배양할 것이다.

우리가 목도하는 미국의 정치를 보라. 동(洞)과 군(郡)과 도(道)에 각기 자치가 있어서 그 직분을 이행하여 동시에 중앙에 국가 자치가 있으니 이것이 민주 독립 국가의 제도이다.

우리는 나라가 없으니 아직 국가 자치는 의논할 여지가 없거니와 우리의 단체를 무형정부로 인정하고 자치제도를 실시하여 일반 동포가 단체 안에서 자치제도의 실습을 받으면 장래 국가 건설에 공헌이 될 것이다.

지금 국내와 국외를 물론하고 대한(大韓)정신으로 대한민족의 복리를 도모하며 국권 회복을 지상 목적으로 세우고 그것을 위하여 살며 그것을 위하여 죽으며 그것을 위하여 일하는 단체가 어데 있는가.

39) 방선주, 앞의 책, 67~68쪽.

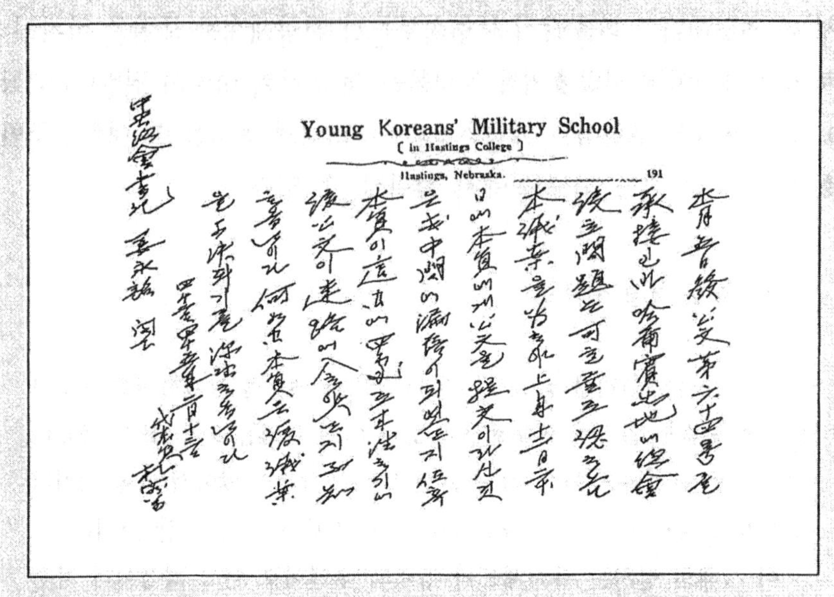
Young Koreans' Military School
(in Hastings College)
Hastings, Nebraska. ____________ 191

〈그림 90〉 만주 지방총회 설립에 관한 박용만의 답서. 소년병학교의 편지지에 쓰여 있다

오직 해외에 '대한인국민회'가 있을 뿐이오 그 외에 아무리 보아도 정신과 기초가 확립된 단체를 찾아볼 수 없는 것이 현상이다.

어제까지 정신과 단결력을 손상하며 분립하려는 망동과 파란이 없지 않았으나 오늘부터는 큰 것을 위하여 적은 것을 희생하며 과거의 폐단을 쓸어버리고 마음을 한 곳으로 기울여 '대한인국민회'로 하여금 해외 한인의 자치기관이 되게 하여야 살길을 찾을 것이다.

대한인국민회가 중앙총회를 세우고 해외 한인을 대표하여 일할 계제에 임하였으니 형질상 대한제국은 이미 망하였으나 정신상 민주주의 국가는 바야흐로 발흥되며 그 희망이 가장 깊은 이때 일반 동포는 중앙총회에 대하여 일심 후원이 있기를 믿는 바이다.

(1) 대한인국민회 중앙총회를 해외 한인의 최고 기관으로 인정하고 자치제도를 실시할 것.

(2) 각지에 있는 해외동포는 대한인국민회의 지도를 받을 의무가 있으

며 대한인국민회는 일반 동포에게 의무 이행을 장려할 책임을 가질 것.

(3) 금후에는 대한인국민회에 입회금이나 회비가 없을 것이고 해외동포는 어느 곳에 있던지 그 지방 경제 형편에 의하여 진전되는 의무금을 대한인국민회로 보낼 것이다.

1912년 11월 20일 대한인국민회(〈그림 91〉)

북미 지방총회 대표 이대위, 박용만, 김홍균
하와이 지방총회 대표 윤병구, 박상하, 정원경
서백리아 지방총회 대표(통신) 김병종, 유주규, 홍신언
만주리아 지방총회 대표대리 안창호, 강영소, 홍언[40]

여기서 보는 것처럼, 박용만의 정치사상은 1908년 덴버에서 열렸던 '애국동지대표회'에서부터 1909년 '네브래스카 대한인거류민회'를 거치며 점차 발전하였고, 1912년 대한인국민회 '중앙총회'가 결성됨으로 더 구체화하였다. 이 과정에서 박용만에게 확신을 주었던 중앙총회의 모델은 '네브래스카 대한인거류민회'였음은 물론이다.

그런데 박용만의 '무형정부' 개념은 독창적인 것일까? 20세기 초 미국은 약육강식의 서구 제국들에게 나라를 잃은 약소민족들이 독립운동을 전개하던 본거지였다. 유태인, 영국에 나라를 잃은 아일랜드 인, 터키에 나라를 잃은 아르메니아 인들이 독립운동을 벌이고 있었다. 그들 가운데 아일랜드 인들은 수백만 재미 동포들을 배경으로 가장 활발한 독립운동을 벌이고 있었다. 이들은 해외 교포들을 바탕으로 독립운동을 전개해나가는 과정에서 '무형정부' 개념을 만들고 이론적으로 발

40) 김원용, 앞의 책, 107~110쪽.

〈그림 91〉 1912년 11월 말, 샌프란시스코 대한인국민회관 앞에서 국민회 간부들(왼쪽에서 세번째가 도산 안창호, 다섯번째가 문양목, 여섯번째가 박상하, 일곱번째가 박용만이다)

전시켰으며, 해외 교포로부터 인두세(人頭稅)를 거두었다.

아일랜드 인들은 1801년에 영국에 합방된 뒤 연합 왕국(United Kingdom) 밑에서 줄기차게 독립운동을 펼쳤다. 이들은 1886년에 1차 자치행정권(Home Rule)을 얻어내어 영국 하원에 자신들의 의원을 참석시켰고, 1900년에는 "쿠만 나 느게달(Cumann Na nGaehdal)" 운동을 벌여 민족의식을 고취시키는 한편 영국의 문화동화정책에 반대하고 나섰다. 구체적인 내용을 보면, 아일랜드 사람들끼리 친목을 도모하고, 아일랜드의 자원을 널리 알리고, 아일랜드의 산업을 장려하고, 아일랜드의 역사·문학·음악·미술·언어를 연구하고, 아일랜드 고유의 놀이·풍습을 장려하고, 영국화를 막고, 아일랜드 젊은이들을 정신적·육체적으로 훈련시키고, 아일랜드의 독자적 외교정책을 수립한다는 것이었다. 1906년, 조국 아일랜드의 독립 방법을 논의하던 모임에서 새로운 과격파 정당인 신페인(Sinn Fein) 당이 출범하였는데, 이들은 명목뿐인 자치행정과 참정권을 비난하면서 완전한 독립국가를 만들기 위한 운동을 벌였다. 신페인 당의 독립 노선과 방법은 날이 갈수록 적극적이고 과격해져서, 1914년에는 더욱 자립적인 3차 자치권을 얻어낼 수 있었다. 그 뒤 박차를 가하여 빈번한 폭력을 과시한 끝에 1922년에는 결국 독립하기에 이른다.[41] 박용만을 비롯한 해외 독립투사들은 아일랜드 독립투쟁을 지켜보며 '무형정부'·'가정부'·'임시정부'라는 망명정부의 개념을 배우고 또 그들 나름대로 발전시키게 되었다. 아울러 이는 상해임시정부 등 한인들의 해외 독립운동 이론과 방향에 많은 영향을 주었다.

소년병학교 교사들의 글

소년병학교의 대표적인 교사 박처후는 1908년 6월에 〈아한의 ᄒᆞᆫ큰 긔회를 창설ᄒᆞᆯ일〉이라는 글을 발표하여, 당시 지성인들이 관망하고 있던 독립운동의 방향을 보여주었다.

> 우리 한국은 외국에 나아가 잇ᄂᆞᆫ 백성이 만은지라 시방 살펴 보건ᄃᆡ 청국과 로국과 일본과 미국에 거류ᄒᆞᄂᆞᆫ 한인이 오십여만명이니 무엇슬 근심ᄒᆞ며 무엇슬 걱정ᄒᆞᆯ이오.……

41) Robert Mitchell Henry, *The Evolution of Sinn·Fein*(London : Kennikat Press, 1920), 64쪽, 71쪽, 78쪽, 84~85쪽 ; Giovanni Costigan, *A History of Modern Ireland : with Sketch of Earlier Times*(New York : Pegasus, 1962), 271쪽, 274쪽.

저 화려한 강산을 회복홀 쟈도 외국에 있는 동포요 뎌 불상훈 싱령을 구졔홀 쟈도 외국에 있는 동포요 뎌 보호국을 자유독립으로 창셜홀 쟈도 외국에 잇는 자요 또훈 셰계만국이 대한을 위후야 손벽을 치며 찬셩케홀 쟈도 외국에 잇는 우리형뎨자믹라…….[42]

박처후는 1909년에 소년병학교의 첫 훈련을 마친 뒤 〈오인(吾人)의 급선무(急先務)는 재숭무(在崇武)〉라는 글을 썼다. 그는 여기서, 탄식만 하고 있는 동포들에게 무기의 필요성을 일깨우고 전 국민이 군사훈련을 받아 나라를 다시 찾고 지켜야 한다는 것을 강조하였다.

우리의 토디를 빼앗는 쟈 일인이요 우리의 싱업을 빼앗는 쟈 일인이오 우리의 자유를 빼앗는 쟈 일인이오 우리의 싱명을 끈는 쟈 일인이라…….

우리의 원슈를 업시홀 공부는 다른 것 안이오 곳 무학이오 무긔요 무육이라…… 무기가 안이면 강토를 회복홀 슈 업고 무긔가 안이면 싱업을 임의로 홀 슈 업고 무긔가 안이면 이 셰상에 살 슈 업소이다. 귀하다 무긔여 아름답다 무긔여 무긔는 나라의 안위를 담당훈 쟈 무긔니 그런고로 나라에 정신과 혼은 곳 무긔라 슯흐고 슯흐도다 우리 무긔업는 나라이여 무긔업는 백셩들이여 총 한번 칼 한번 써보지 못후고 이ᄀ치 된 것은 사천년(四千年) 릭에 처음이오 쳔하만국에 한나이라 우리가 오늘날이라도 느졋다말고 빅홀 슈 잇는딕로 빅옵세다. 엣날 스파다라 후는 나라은 군ᄉ가 젹고 나라이 약후여 파사국에 곤란을 무수히 밧을 때에 그 나라빅셩이 다 군ᄉ되는 법을 힝후야 릭죵에는 강훈 원슈를 물리치고 렬국에 픽권을 잡앗고…….[43]

---

42) 《공립신보》(1908. 6. 3), 3면.
43) 《신한민보》(1909. 9. 22), 4면.

전국민이 군인이 되어 군사훈련을 받아 나라를 되찾고 또 지켜야 한다는 이 글의 요지는 박용만의 《국민개병설》과 같은 논지이다.

다음에 소개할 것은 소년병학교에서 한문을 가르친 박장순의 글이다. 그는 〈무육의 필요 : 쇼년병학교로 올지어다〉라는 글에서, 재미 한인들은 모두 소년병학교에 와서 군사훈련을 받고 정신무장을 하여 조국 광복을 위해 목숨이라도 바칠 수 있는 각오를 해야 한다고 주장하였다. 이 비장한 이 글을 보면 소년병학교가 단순히 무기 다루는 기술과 군사학 지식을 가르치는 곳이 아니었음을 알 수 있다.

> 신셩ᄒᆞᆫ 됴션민족으로 금일뎐직을 다ᄒᆞ고져 ᄒᆞ거던 마음을 한번 작정ᄒᆞ고 쇼년병학교에 들어가 군인의 생활을 배흘지어다.
>
> 업셔진 나라를 다시 건셜ᄒᆞ랴면 그 도리가 병법을 배호ᄂᆞᆫᄃᆡ 잇ᄂᆞ니 병학도리는 반ᄃᆞ시 나라를 건셜ᄒᆞᆯ 덕이 구비ᄒᆞᆯ지라 천만고 력ᄉᆞ로써 만국의 력ᄃᆡ를 샹고ᄒᆞ건ᄃᆡ 그 흥ᄒᆞ고 패ᄒᆞ며 죤ᄒᆞ고 망홈이 그 백셩으로 ᄒᆞ여곰 군사의 술법을 알고 몰으며 련슈ᄒᆞ고 력숙디 몯ᄒᆞᆫᄃᆡ 달녓ᄂᆞ니라…….
>
> 구차히 사ᄂᆞᆫ것은 영광스러히 죽ᄂᆞᆫ것만 갇디 몯ᄒᆞ다 ᄒᆞ니 죽을때 죽고 보면 죽ᄂᆞᆫ것이 사ᄂᆞᆫ것보다 오히려 나흐리라…….
>
> 난고의 살어잇ᄂᆞᆫ 의리에 나아가 죽엄을 취ᄒᆞ야 만고의 영생ᄒᆞᄂᆞᆫ 영광을 눌히ᄂᆞᆫ것이 남자의 더ᄉᆞ더ᄉᆞᄒᆞᆫ 일이라 아모리 의리에 죽고십흔 열성이 잇슬지라도 능히 죽을만ᄒᆞᆫ 준비가 업스면 그 뜻을 셩취ᄒᆞᆯ수 업ᄂᆞᆫ것이니 의리에 죽기를 예비코져ᄒᆞᆯ진ᄃᆡ 쇼년병학교로 향홈이 엇더ᄒᆞ뇨…….
>
> 이학교는 다만 쇼년만 들어오기를 허낙홈이 안히라 무론 됴션사람에게는 남녀와 로유를 갈히디안코 배호기를 원ᄒᆞᄂᆞᆫ 동포로 ᄒᆞ여곰 들어오기를 권ᄒᆞᄂᆞᆫ바이니, 오천년(五千年) 늙은 나라으로써 쇼년됴션국을 새로 건셜코져ᄒᆞᄂᆞᆫ 동포여 남녀를 물론ᄒᆞ고 들어 올지어다…….[44]

다음 장에서 자세히 말하겠지만, 이 글을 쓴 박장순은 미군에 자원하여 유럽 전선에 뛰어들었다가 총탄에 맞아 전사하였다.

생도들의 글

소년병학교 생도들 가운데는 먼저 소개한 정한경 말고도 여러 문장가들이 있었는데, 여기서는 국문으로 쓰여진 것만을 소개한다. 정태은은 시인인 박용만·김현구·백일규에 못지않은 문학적 자질을 지닌 생도였다. 인물도 좋았으며, 앞에서 소개한 것같이 소년병학교에서 공연한 두 연극의 희곡을 썼다. 1909년 7월에 영국 런던에서 '딘끄라'라는 인도 학생이 두 영국인을 권총으로 사살한 사건이 있었다. 사망한 영국 사람들은 인도총독부의 고위 관료였고, 사살한 인도 청년 유학생은 곧 사형을 당하였다. 정태은은 같은 망국인으로서 애끓는 조사를 썼다.

인도 애국지사 딘끄라씨를 죠상ᄒᆞᆷ

내 일ᄌᆞᆨ히 군의 미거ᄅᆞᆯ 듯고 공경ᄒᆞᄂᆞᆫ 마ᄋᆞᆷ과 사모ᄒᆞᄂᆞᆫ 생각이 간졀ᄒᆞ고 깁흐며 군과 나의 디위ᄅᆞᆯ ᄉᆡᆼ각ᄒᆞᄆᆡ 동무 과부의 셜ᄋᆞᆷ을 익의지 못ᄒᆞᄀᆡᆺ도다. 군도 일ᄀᆡ 학ᄉᆡᆼ이오 나도 일ᄀᆡ 학ᄉᆡᆼ이며 군도 아셰아 사ᄅᆞᆷ이오 나도 또ᄒᆞᆫ 아셰아 사ᄅᆞᆷ이며 군도 망국유민이오 나도 또ᄒᆞᆫ 망국의 유민이며 군의 원한이 텰텬ᄒᆞᆯ 때에 나의 원한도 구천에 사못친다라…….

장하도다 군의 졀ᄀᆡ여 긔이ᄒᆞ도다 군의 총이여 년젼에 상항부두에셔 대한의사 당인환씨의 총소ᄅᆡ가 셰샹을 놀ᄂᆡ더니 금일 론돈시듕에 인도의

44) 《국민보》(1914. 3. 21), 2면.

사 딘끄라씨의 총소릭가 그 뒤를 니여 일영의 강적으로 ᄒᆞ야곰 꼬리를 끼고 눈을 둥그러 야심 졍칙이 좔긔되며…….

슯흐다 망국의 한이 뢰슈에 깁혓고 뎍국의 원이 골슈에 가득ᄒᆞ얏건만은 군의 렬렬ᄒᆞᆫ 목뎍이 압헤 잇스믹 칙을 지고 뎍국에 유학ᄒᆞᆯ제 군의 뜻을 누가 알앗슬이오…….

…… 나의 두어줄 글이 족히 나의 무한ᄒᆞᆫ 감긱를 다 그리지 못ᄒᆞ거니와 군의 육톄는 죽을지라도 군의 혁혁ᄒᆞᆫ 방혼은 일월ᄀᆞᆺ치 붉아 만세에 꺼디지 아니ᄒᆞᆯ지오 군의 동포가 즉금은 원슈의 노예가 되얏스되 군과 ᄀᆞᆺᄒᆞᆫ 튱의지사가 날마다 니러나는 곳에 군의 고국은 셰계에 명예잇는 독립강대국을 회복 할지며 즉금은 군의 령혼이 우듀간에 외로울지나 무수ᄒᆞᆫ 인도인과 대한인이 군의 령혼을 위로ᄒᆞᆯ 쟈 뒤를 니을지니 군은 명목을 ᄒᆞᆯ지어다. 졍릭은은 빅번 절하고 군의 영광스러운 죽엄을 티하 ᄒᆞ기를 마지 아니ᄒᆞ노라.[45]

이 글에서 정태은은 사무치는 망국의 한, 구천에서도 못 잊을 침략자들, 목숨을 던진 의사들의 충절, 식민지에서 와 만리타국에서 고학하는 유학생들의 번민 등을 격렬하게 표현하였다. 앞에서도 말했듯이, 정태은은 1912년 여름에 소년병학교 훈련이 끝난 뒤 공연되었던 연극 〈의사 안중근〉의 희곡 작가였다. 위의 글로 미루어볼 때, 격렬한 장면이 많았으며 청중이 눈물을 뿌렸다는 말은 과장이 아니었을 것이다.[46]

생도들의 또 다른 글로는 정희원의 〈신한국은 우리청년에게 잇음〉[47]과 한영호의 〈대도보를 위ᄒᆞ야 한번 연구ᄒᆞᆯ 일〉[48] 그리고 이창수의

45) 《신한민보》(1908. 8. 11), 4면.
46) 《국민보》(1913. 8. 16), 4면.
47) 《신한민보》(1910. 11. 23), 1면.
48) 《대도》(1911년 10월호), 160~163쪽.

〈병학교에 갈 동무를 구ᄒᆞᄂᆞᆫ 중〉[49] 등 여러 가지가 있는데, 신형호의 〈병학교〉라는 글은 조국을 바라보는 관조와 심상(心像)이 특히 뛰어나므로 여기에 소개한다.

정신을 가다듬고 머리를 들어 동편을 바라보라 텬디가 참담ᄒᆞ고 일월이 무광ᄒᆞ도다 삼천리(三千里) 화려ᄒᆞᆫ 강산에 꽃이 떠러지고 물결이 잔잔ᄒᆞᄆᆡ 소실ᄒᆞᆫ바람 핑핑ᄒᆞ며 이천만(二千萬) 사람ᄒᆞᄂᆞᆫ 동포가 도탄에 침몰ᄒᆞ여 부모를 부르며 자녀를 잇끌고 구원ᄒᆞ라ᄒᆞᄂᆞᆫ 소ᄅᆡ 은은 ᄒᆞ지 안히ᄒᆞᆫ가.

슯흐다 뎌 무ᄉᆡᆨ참담ᄒᆞᆫ 강산은 누의 강산인가…… 슯픔을 먹음어 죽이년 ᄒᆞᆯ수업고 살리면 다행으로만 생각ᄒᆞ고 좌이대사ᄒᆞᆯ 따름이라 디구가 광활ᄒᆞ지마는 몸을 던질 따히 어ᄃᆡ 잇스며 법률이 발달되엿디마는 호소ᄒᆞᆯ 곳이 어ᄃᆡ 잇슬가.

하날이 우리를 도으시고 귀신이 우리를 도우사 실낫갇ᄒᆞᆫ 잔명으로 한곳 생문방을 명ᄒᆞ여 주시니 이곳은 즉 소년병학교라 삼천리 강산을 다시 빗나ᄂᆞᆫ 이학교요 이천만 동포의 피난ᄒᆞᆯ곳도 이학교가 분명ᄒᆞ도다…….

여러분은 한번 ᄉᆡᆼ각ᄒᆞ여 보시오 오륙월(五六月) 염텬에 태양은 불쌀갇티 나려쪼히ᄂᆞᆫᄃᆡ 군복을 탄탄히 입고 받들어춍 억깨춍ᄒᆞᄂᆞᆫ 것이 일시 자미와 일시 희락으로 이리ᄒᆞᆯ가. 안히라 하날을 이불ᄒᆞ고 따ᄒᆞᆯ 요를 삼아 천병만마(千兵萬馬)를 대동ᄒᆞ고 백전백승ᄒᆞ여 우리의 부모형뎨를 구완ᄒᆞ자ᄒᆞᆷ이오 남텬으로 오ᄂᆞᆫ 뜨거운 바람에 땀은 비줄갇티 흘러나오ᄂᆞᆫᄃᆡ…… 쥬먹밥을 먹고 죠양이 물을 마시며 우리의 원수를 갑자ᄒᆞᆷ이오 렬강의 동등과 평화를 구ᄒᆞ자 ᄒᆞᆷ이라…… 인정풍습이 다르고 언어동정이 익지 못하며 산천초목이 생소ᄒᆞᆫ곳에 와서 더우나 추우나 논을 갈고 받을

49) 《신한민보》(1914. 4. 10), 3면.

매며 굴을 파고 틀장을 메이는 우리의 골수에 박히여잇는 마음이야 부월이 당디흔들 헛허지며 하날이 문허지고 따히 꺼질지라도 죠곰인들 해이홀이오마는 다시 한말을 더며 경고흐노니 시호시호여 불재래라 한번 가면 두번 오지 못흐는 긔회이니 여러분 여러분이여 마음을 기우려 찬셩흐며 힘을다흐여 도와셔 후일 태평양에 군함을 띠우고 호호에 격양가를 불으며 딕딕 영영에 개션고를 울이고 대한독립 만만셰를 천추만세에 길히 불으기를 긔약흐노라.[50]

지금까지 살펴본 글을 통하여, 소년병학교의 교사와 생도들은 누구에게 설득되었거나 명령 때문에 모인 사람들이 아니라, 이들 각자가 사명감이 충만한 젊은 '선비'들임을 알 수 있다. 박용만은 그들에게 나아갈 방향과 방법을 제시하고, 스스로 앞장서서 몸소 모범을 보였다. 그랬기 때문에 소년병학교는 그가 떠난 뒤에도 계속 유지·발전할 수 있었다. 소년병학교에 참가하였던 사람들은 각자 소년병학교에서 결의하고 훈련받은 대로 자신들의 전문 분야에서 소년병학교의 이상을 실천해나갔던 것이다.

끝으로 소년병학교를 도와주었던 후원자들의 글을 소개하고자 한다. 이 글을 통하여 미국사회에서 그들이 처한 처지와 그들이 가지고 있던 자아상(自我像)을 살펴볼 수 있을 것이다. 다음에 인용한 글은 소년병학교의 후원자였던 한인들이 농업주식회사를 만들면서 그에 필요한 주식을 모으기 위하여 쓴 취지서이다. 하와이로 이민을 온 지 10년이 되고 나이도 마흔이 넘어가자, 그들은 노동자나 소작농으로 다가오는 노년기를 대비할 수는 없다는 데 의견을 함께 하고, 자신들의 회사를 만들고자 하였다(〈그림 92〉).

50) 《국민보》(1914. 2. 4), 2면.

〈그림 92〉 1916년경 콜로라도 주의 웰도(Weldo) 카운티 갈레턴 한인농업주식회사 회원들(모자를 쓰지 않은 이가 안재창)

한인농업주식회사 취지서

혈맥이 잇슨 연후에 사룸이 능히 활동ᄒᆞ고 재정이 잇슨 연후에 사룸이 능히 생활ᄒᆞᆫ다 ᄒᆞᆷ은 우리의 항상 말ᄒᆞ든 바이며 우리 입의 아ᄂᆞᆫ바이라 그러나 우리가 외양에 나온지 혹은 십년이 되고 혹은 십여년이 되엿스되 의연히 젹슈공권으로 바람을 좃차 동에서 할우 서에서 할우 뎡처업시 사방에 표룻하니 슯흐다 동포야 알으시오 몰으시오 세월은 흘으ᄂᆞᆫ 물이니 년부텩강(年富力強) ᄒᆞᆯ때가 몃날이나 잇슬가.

아무렴 우리ᄂᆞᆫ 외국사룸이라 언어풍속이 판이ᄒᆞ고 범백ᄉᆞ물이 싱쇼ᄒᆞᆫ 곳에 와셔 ᄌᆞ본을 뎌츅ᄒᆞ기 엇지 쉬우리오만은 한편 생각ᄒᆞ면 과히 어렵다 ᄒᆞ지 안을지라 넷말에 태산은 틔끌로 말미암아 하해(河海)ᄂᆞᆫ 세류(世流)로 좃차 일우엇ᄂᆞ니 한아 둘 셋 열 천 이와갓치 여러 사룸이 합력ᄒᆞ고 보면 엇지 ᄌᆞ본 젹음을 한탄ᄒᆞ며 엇지 실업의 영셩(榮盛)ᄒᆞᆷ을 근심ᄒᆞ리오.

우리가 이나라에 와셔 남의 일을 눈으로 보며 또ᄒᆞᆫ 귀로 듯ᄂᆞ니 우리와 ᄀᆞᆺ흔 외국사ᄅᆞᆷ듕에 듕국인이라던지 일인이라던지 유롭 각국의 단봇짐 지고 온 사ᄅᆞᆷ들은 간곳마다 셔로 ᄌᆞ본을 모아 한 상뎜을 버리던지 한 회샤를 셜립하야 상업농업을 경쟁ᄒᆞᄂᆞᆫ고로 큰 쟈ᄂᆞᆫ 한 성시(盛市)의 상권농권을 잡고 적은쟈ᄂᆞᆫ ᄌᆞ긔들의 생활을 풍족히 ᄒᆞ며 곤궁ᄒᆞᆫ 동포를 인도ᄒᆞ야 셔로 붓들며 셔로 보호ᄒᆞᄂᆞ니 아지못게라 동포여 우리가 지금까지 곤궁ᄒᆞᆫ 상태를 면치못ᄒᆞᆷ이 과연 재능이 업슴인가 혹 단합심이 견고치 못ᄒᆞᆷ인가.

뿔희가 업스면 열ᄆᆡ따기를 바라지 못ᄒᆞᆯ지오 곡식을 심으지 안으면 츄슈ᄒᆞ기를 긔약지 못ᄒᆞᆯ지니 어쳔만ᄉᆞ(於千萬事)에 시작이 업스면 됴흔 결과를 엇고져 ᄒᆞᆷ이 리티밧기라 그러면 우리가 오날붓터라도 이후 ᄉᆞ업의 지초를 잡지 안으면 오날 ᄅᆡ일 금년 명년 십년 이십년지나 몃백 몃천년 후이라도 금일 형편에셔 한거름을 떠날수 업ᄂᆞᆫ것은 사ᄅᆞᆷ마다 의심치 안ᄂᆞᆫ 일이 안인가?

그럼으로 여러 동지 제군이 자본을 구취(鳩聚)하여 한 회사를 셜립ᄒᆞ니 일홈은 한인농업쥬식회사요 ᄌᆞ본춍익은 일만원[1만 달러를 말함]으로 뎡ᄒᆞᆫ지라 금년붓터 긔업ᄒᆞᆯ사 우리의 형세ᄂᆞᆫ 우리가 아ᄂᆞᆫ고로 금화 십원[10달러]으로 일주를 삼아 우리 동포 제군으로부터 한가지 리익을 도모ᄒᆞ기로 ᄒᆞ얏ᄂᆞ니 여러분 동포 형제들이여 깁히 생각ᄒᆞ고 멀니 궁구(窮究)ᄒᆞᆯ지어다.

긔원 4248년 1월 1일 발기인 안ᄌᆡ창 림동식 최경오 신형호 박쳐후 한시호 이명섭 쇼진찬 김홍긔 리지욱 이상진 리병희 박쟝슌 홍승국.[51]

지금까지 소개한 글들을 볼 때, 소년병학교의 교사와 생도 그리고 후원자들은 자아의식이 있고 사명감이 강한 사람들이었음을 알 수 있

51) 《신한민보》(1915. 2. 4), 2면.

다. 이 글들은 또한 그들이 정한 광복운동의 목적과 방법에 따라 각자 나름대로 부단히 힘을 기울였음을 보여주고 있다. 다음 장에서는 소년병학교 출신들이 어떠한 방식으로 나름의 민족운동을 일생 동안 벌여 나갔는지 살펴보도록 하겠다.

제9장 한인소년병학교와 민족운동

소년병학교의 눈에 띄는 특징은 소년병학교에 관여하였던 약 90명의 교사·학생들과 약 10명의 후원자들이 각자 나름대로 추구한 분야에서 두드러진 업적을 성취하였다는 점이다. 그들은 소년병학교에서 습득한 이상·궁극목적·가치관 등을 통하여 밤하늘을 밝히는 환한 보름달같이 자신들의 삶을 비추어주는 길잡이를 마련하였던 것이다. 괄목할 만한 그들의 성취는 크게 세 가지로 나누어볼 수 있다. 첫째, 1920년대 초반에 이룬 이들의 학업 성취는 모든 사람들에게 선망의 대상이 되었다. 소년병학교 출신 가운데 많은 수가 4년제 대학을 졸업하여 학사학위를 받았고, 철학박사가 두 명, 명문 의과대학 졸업생이 네 명, 그리고 법과대학 졸업생이 한 명이었다. 고학하는 외국 유학생으로서는 놀라운 성과였다. 둘째, 그들 가운데는 새로운 사업가들도 나왔다. 이들은 중국음식 도매업(Wholesale chop suey)을 창출해낸 것이다. 이 새 사업으로 많은 재미 한인들이 1920년대와 1930년대에 더 나은 삶을 영위할 수 있었다. 셋째, 그들은 모두 각자 거주하는 한인 지역사회에서 지도자로 활동하였다. 국민회나 동지회의 지방회를 조직하여 광복운동에 앞장선 것은 물론이고, 한인교회도 세웠으며, 한국에서 온 유학생들로 하여금 자녀들에게 한국어를 가르치게 하는 등 민족운동에 앞장섰다. 한편 학업을 마치고 귀국한 사람들은 전문학교 교수들이 되어 조국 근대화에 이바지하였다.

학업의 성취

소년병학교 출신들의 거의 과반수는 6년 내지 8년씩 고학하면서 언어와 문화의 장벽을 뛰어넘어 학사학위를 받았다. 몇몇 사람들은 대학원에 진학하여 석사학위와 박사학위를 받았다. 박용만은 한인으로서는 첫번째로 네브래스카 주립대학을 좋은 성적으로 졸업하여 다른 생도들에게 모범이 되었다. 두번째 졸업자는 이노익으로, 그는 1914년에 네브래스카 웨즐리언 대학을 졸업하며 학사학위를 받았다. 세번째는 박처후로, 1915년에 네브래스카 주립대학에서 수학 전공으로 학사학위를 받았다. 1916년에는 이용규가 네브래스카 주립대학에서 화학 전공으로 학사학위를 받았으며, 이듬해에 같은 대학에서 석사학위를 받았다. 또한 블리스 군사고등학교에서 1등을 한 바 있는 구영숙은 1916년에 조지아 주 옥스퍼드 대학을 졸업하고 에모리 대학 의과대학에 입학하였다(〈그림 93〉). 이렇게 시작한 소년병학교 출신들의 학업 성취를 연도별로 정리하면 다음과 같다.

졸업년	성명	대학 이름	학위	전공
1912	박용만	University of Nebraska	학사	정치
1913	백일규	Hastings High School	졸업	

〈그림 93〉 에모리 대학의 한인 학생들. 왼쪽부터 구영숙 · 임두화 · 김유택

	김현구	Hastings High School	졸업	
	정태은	Hastings High School	졸업	
1914	이노익	Nebraska Weslyan College	학사	화학
	정한경	Kearney High School	졸업	
	유일한	Hastings High School	졸업	
	홍승국	Hastings High School	졸업	
	정양필	Kearney Military Academy	졸업	영어
1915	박처후	University of Nebraska	학사	수학
	정한경	Kearney Normal School	졸업	교사자격
	이홍주	Hastings High School	졸업	
1916	이용규	University of Nebraska	학사	화학
	이희경	University of Nebraska	의사	의학
	조규섭	University of Nebraska	학사	음악
	구영숙	Oxford University, Georgia	학사	의과준비
	김장호	Franklin & Marshall	학사	상과
	이관수	Kearney High School	졸업	
1917	양극묵	University of Nebraska	학사	
	정한경	University of Nebraska	학사	정치학
	유일한	Michigan State Normal School Yipsilanti, Michigan	졸업	초등학교 교사자격증
	이종희	Hastings College	학사	교육학
	조오홍	Goodwilly College, Denver	학사	상과
1918	김려식	University of Iowa, Iowa City	학사	정치학
	정양필	University of Nebraska	학사	농학
	한시호	University of Nebraska	학사	농학
	이명섭	University of Minnesota	학사	기계학

	김현구	Ohio State University, Columbus	학사	철학
	백일규	University of California, Berkeley	학사	경제학
	김호연	Northwest University	학사	화학
1919	정한경	University of Nebraska	석사	정치학
	이홍주	University of Nebraska	학사	문과
	유일한	University of Michigan	학사	상과
1920	정태은	De Paul University	학사	법률
	김용성	Valparaiso University, Indiana	학사	화학
	김려식	University of Iowa	석사	정치
1921	구영숙	Emory University	의사	의학
	정한경	American University	박사	정치외교학
	홍승국	Ohio State University, Columbus	학사	교육
1921	신형호	Northwestern University	학사	정치학
1922	김유택	Emory University	의사	의학
1923	박길용	Ohio State University, Columbus	학사	상과
1924	김용성	University of Southern California	약사	약학
	김려식	American University	박사	정치학
1928	김용성	Yale University	의사	의학
	김일신	Northwestern University	의사	의학
	이종철	Chiropractic School Backersfield, California	졸업	척주교정 전문가자격증[1]

소년병학교 출신들은 이렇듯 '인내심'으로 고학하면서 언어의 장벽과 경제적 고난을 극복하였다. 그러고는 소기의 목적인 미국의 대학

1) 〈유미졸업생일람표〉, 《우라키》(1925), 161~163쪽 그리고 각 대학의 기록 담당자들(University Archivist)과 나눈 서신 자료를 바탕으로 정리한 것임.

교육을 마치고 학사학위를 받았던 것이다.

소년병학교 생도들의 절반은 하와이로 이민 왔다가 미국 본토로 들어가 공부할 기회를 찾던 청년들이었다. 그 대표적 인물인 이용규(李容圭)도 1904년 3월 30일에 24세의 나이로 하와이에 도착하였다. 미국 이민국의 기록에 따르면, 한국에서 그의 마지막 거주지는 함흥이었다.[2]

그는 하와이에서 1년가량 일하다가 캘리포니아로 건너가서 농장일을 보았다. 그 뒤 삼촌·조카가 운영하는 노동 주선소를 찾아 덴버로 가게 되었고, 박용만의 권유로 미국인 예배당 지하실에 살면서 청소와 정원 가꾸는 일을 하며 학교에 다니게 된 것 같다. 《신한민보》 기자 홍언이 〈자랑할 청년 리용규〉라는 글을 '량화추선'[3]이라는 필명으로 익살스레 연재하여 유학 온 젊은이들이 학업을 포기하고 노동판에서 지내는 사태를 경고하였을 정도로, 이용규는 어려운 환경을 극복하며 공부하는 모범 유학생의 전형을 보여주었다. 그들 통해서 언어의 장벽을 넘어 분투하며 소기의 목적을 달성하는 소년병학교 생도들의 모습을 엿볼 수 있기에, 아래에 소개한다.

자랑할 청년 리용규

리용규는 하와이로부터 건너온 농민이니 이전 사적은 알기 어려울 뿐 아니라 또한 기록할 필요도 업난 사람이라 뎌가 미쥬에 건녀온 후 가쥬로브터 점점 구을너 나아가나 거름이 댄버에 닐으니 때는 1906년인데 당년이 이십육(二十六)세요 키가 육(六)척 이상이요 즁량은 1백육십(六十)

2) Duk Hee Lee Murabayashi, *Korean Passengers Arriving At Honolulu 1903~1905*(Honolulu : Center for Korean Studies, University of Hawaii, 2001), 127쪽.

3) '량화츄선'은 홍언(洪焉)의 또 다른 호(号)이다.

여근이니 한 건장한 농부라. 그의 친구의 권함을 닙어 영어를 공부하기로 결심하고 당디 쇼학교를 차저가니 이때의 모양은 남들이 볼만하얏다. 두말 할것업시 골격은 일군인데 림시 학생의 복색을 차려노흐니 백의풍간에 인병부를 노끈으로 끼여찬것과갓다. 귀는 셜명하고 머리는 솔닙갓흔데 바지져고리는 제치슈에 맛지 안이하니 마모라도 우슬만치 되엿다. 그러나 자긔는 우슬리치가 업스니 남이 우슬때에는 매우 붓그러웟겟다.

무슈한 됴소를 밧고 퇴박을 마져오니 이때는 응당 호믜를 가쟝 통정할 친구로 알았겠다. 그러나 호미보다 가벼운 붓을 한번 쥐여보기로 결심한 이샹에는 그져 도라갈슈 업다하야 '와이머'라 하난 쇼학교를 차져 갓다. 이학교 교댱은 동양을 유람한 사람이라 동양 사람을 그리 무시하지 안이하야 쇼학 데이(二)반에 붓쳐쥬난지라. 독본 데일(一)권을 끼고 교수실로 들어가니 병아리틈에 타조(오스튜리취)가 석긴듯하다. 키는 커서 모든 학생을 내려다 보난데 모든 학생은 학년이 놉하서 어룬으로 자처하니 실속업시 키만 큰것이 도리어 귀치안은것을 이때에 확실히 깨다랏다. 그럼으로 허리를 구부정하고 맨끗헤 자리를 차저들어가 안즈니 다리가 책상과 걸상틈에 끼어서 동작을 임의로 못하니 모든 학생이 입을 가리우고 웃난다. 그러하니 얼골은 확근하고 가슴은 울렁거린다.[4]

키가 큼으로 교사가 칠판에 써놋난 과정을 남보다 만져보겟스나 글자마다 처음보난터이라 밋처 밧이쓸수가 업고 교사이 설명하난 말을 한마듸도 귀에 들어오지 안으니 처음에는 등에서 땀이 흘으더니 나죵에는 니마에서도 땀이 흘은다. 겻헤 안젓던 적은 학생이 민망히녀여 자세히 닐너쥬며 또 긔록하여쥬니 뎌가 오날에 비로소 망음이 즐거운것은 항상 붓그럽든 끗자리를 면한것이로다. 이러케 한 주일을 단니다가 참으로 견딜수업난 디경에 닐으러 그 친구를 차져가 닐러 갈아대 '키가 남갓치

4) 〈자랑할 청년 리용규(一)〉, 《신한민보》(1917. 9. 13), 3면.

적을지대 오히려 남갓치 참아볼슈 잇슬것이어늘 육척당신 이몸이 아해틈에 끼여서 땀을 흘니난것은 심히 붓그러운 일이니 내 도라가 다시 효뢰를 잡을가 할지라' 한대 그친구가 간곡히 권하고 교당에게 다리고가서 소회를 말하야 사(四)반에 올녀쥬매 이로붓터 일년을 공부하얏더라.

일년후의 리용규는 일년전 리용규가 안이라. 의사씨는 이로부터 진중한 붓을 밧고아 그 분투생활을 기록하노라. 익년은 1907년이라. 이해 가을에 다시 입학할시 대학에 들어갈 의사가 잇서 덴버대학교 교당 빽텔씨를 차져가서 대학교에 들어갈것을 의론한 즉 교당이 머리를 흔들어 갈아대 '그대가 대학에 입학하난 것은 내가 밀히 생각지 못한일이라. 알건데 그대는 지금 불완전한 쇼학 사반에 잇스니 이제도 팔년공부를 더하여야 대학에 들어 갈슈 잇스리라'하고.[5]

대학총당 하욱씨를 청하야 '이학생은 쇼학 사반에서 공부함으로 뭇난말도 잘대답지 못하난 사람인대 이제 대학에 들어 오고저하니 총당은 엇더케 생각하시오' 대학총당이 이윽히 생각하다가 '더 학생은 나희 이십칠(二十七)세라 하니 사람의 지식은 말하난대만 잇지 안이하고 아난대 잇스니 우리가 쉬운 문제를 대강 시험해보아서'하고 처음 뭇난 말을 칠판에 써 갈아대 '그대가 무삼연고로 대학에 왔나야?' 대답 '공부하러 왓소' 다시 무러 갈아대 '이전에 갑을 두 학생이 잇난대 갑은 을보다 이(二)년공부가 압섯스니 을은 갑보다 일심으로 삼(三)배나 더 공부하니 언제나 갑이 을을 따라 한반렬에 갓치 공부할고?' 대답 '이년이면 갑이 을을 따라 한반렬에 안즐리이오' 대학총당이 갈아대 '이학생이 영어는 능치 못하나 영문은 알고 영문쓸줄도 알고 겸하야 산슐을 아니 넉넉히 대학과정을 츠러나갈듯 하다' 하고 입학을 허락하야 듕학과 대학과를 석거 공부를 식힌ㄴ데 즁학과는 영어·라틴·대슈·대학과목은 다만 ㅎ리[생물]학을 가

5) 〈자랑할 청년 리용규(二)〉, 《신한민보》(1917. 9. 20), 3면.

져 처음 일년을 시험하고 그해 겨울방학에 일으러 이상 네가지 과뎡을 다 칠십(七十)끗이상을 엇으매 교당도 자미가나서 그 이듬해부터는 화학·물리학을 가라치기를 시험하더라.

일(一)반 재미학생에게 고하노라.

스사로 생각하여 보아서 그 자격이 능히 리용규를 따라 갈만하거든 리용규의 자취를 밟으려니와 그럿치 못하거든 쇼학일반 타됴(駝鳥)가 되난것을 붓그러워하지 말지어다. 일즉히 보건데 어제까지 쇼학에 단니던자가 돌연히 대학에 들어가서 과정을 츠려가지 못함으로 교당의 거절을 밧거나 제풀에 따러저 나와 인하야 공부를 폐하난자 만흐니 이러한자들은 리용규를 위하야 붓그러워 죽을 일이로다.[6]

리용규는 본래 로동자이였다.

자긔 일신을 자긔손으로 벌어서 슬엇섯다. 호매를 가지고 각농장으로 도라다닐때에 몸은 괴로앗지만은 돈귀한줄은 몰나섯다. 시방 호매를 놓고 붓을 잡으니 손은 흠흠하야 진다만은 쇽은 탕탕 비었다. 돈쓰든 사람이라서 졸디에 돈을 쓰지못하니 마음이 클클한때가 만핫다. 하심 클클할때에는 '에라 나가서 돈을 벌어가지고 와서' 할때도 만핫다.

이러다가도 문듯 문듯 생각키난것은 '아모지도 돈벌어가지고 공부하려다가 못하얏다' 하여서 떠나지를 못하고 그대로 참으려닛가 아프리카 사자를 뉴욕 박물원 털창에 잡아너흔것과 갓다. 좁은 방안에서 밤잠을 못 자고 닐어나 왓다갓다 하기를 여러번 하얏다. 사지도 점점 길이들어가닛가 어린양과 갓하야 목자의 집행끗헤 인도를 맛난다. 그래서 교당을 의지하야 아츰저녁은 일을 하야주고 남난시간에 공부를 하난대 짧은시간에 다음과정을 예비할슈업서 토요일과 일요일에는 오난쥬일의 과명을 밀히 예비하얏고 의복은 자긔손으로 살아닙고 기워 닙엇다.

---

6) 〈자랑할 청년 리용규(三)〉, 《신한민보》(1917. 10. 4), 3면.

이러케 분투의 생활을 하며 차차 공부의 자미를 붓처난대 뎌는 말하기를 '화학에 뎨일 자미를 들엇노라'한다. 뎌는 본래 고향에 잇을때에 의사를 공부하야 잘하나 못하나 약화제를 내든 사람이 였다. 곽향·딘피·창출·건강을 가지고 군신조○사와 온행허실을 빌니고 급치완치를 위하야 용해침면을 연구하든 리치가 금세의 화학상 방정식의 산화환원의 론리와 용해침면등의 논리 리를 매우 도아쥬엇다. 이젼 우리나라의 가의 약쓰난법도 모다 화학상원리에 의지하지 안음이 업섯다. 그러나 연구실험이 업시 이치를 몰으고 다만 신진자의 경험방이라고만 하얏다.[7]

화학상에 심득이 잇난 뎌는 그 밋난바로 밝혀 증거하야 갈아대 '시방 화학학의 진보는 연구자가 선진의 논리를 가지고 원질과 변화를 일일(一一)히 실험하야 노아서 그 논리와 실험이 들어마저야 비로소 믿으므로 화학의 진보가 생긴것이라. 화학은 의학상에만 필요할뿐만 아니오 농·공·실업에 더욱 긴요하니 우리가 물질을 발달식히랴면 밧고아 말하면 이 이십(二十)새긔 경쟁시대에 생존하랴면 그 인민이 화학의 전문뎍 지식이 잇서야 하리로다' 하더라. 화학은 공부하기가 가장 복잡한 과명이라. 자료의 중벽한것이 만코 이를따라 명칭·부호·원쇼·합성의 성질들과 또 변화등 여러가지가 잇스니 여간 정신을 가지고 이를 다 기억할슈 업다. 그래서 뎌는 비망록과 파켈뿍을 가지고 듯난대로 보난대로 긔록하고 시간만 잇스면 혯쳐보아 긔억하얏난대 뎌는 원래 박문강긔의 총명이 엿슴으로 이갓치 생각을 여러곳으로 난호아도 로동이 방해를 쥬지안었다고 한다. 오년동안 덴버대학에서 공부하고 1912년 구월에 네브래스카관립대학으로 들어가 삼년을 지나니 화학상 깨다름은 자신만잇슬뿐 안이라 교사들도 다 갓치 허락한다.

그래서 1915 히긔시험에 우등으로 뽑혀서 미국 정부의 석유분석소의

7) 〈자랑할 청년 리용규(四)〉, 《신한민보》(1917. 10. 18), 3면.

조슈로 가니 스사로 생각하야보아도 호긔를 부릴만한것은 일개 로농자로 젠틀맨이 된것은 남들이 부러워할 일이요 몰으난 사람으로 아난 사람이 된것이 그 마음을 만족히 위로할만하다. 미국 십년에 비로소 상류사회에 몸을 던저 한 녀름동안 유쾌히 지나고 동년 구월에 다시 입학하야 1915년 이월 십오일에 화학을 졸어하고 네브래스카 알카라이실업회사의 화학분석가 되어 오개월동안 실습을 행하고 그 뒤 정부학교 화학실험실의 죠사가 되엇다가 금년 팔월 삼일에 화학학사의 학위를 밧앗더라.[8]

이 기사를 통해서도 알 수 있지만, 덴버 대학의 기록에서도 이용규가 1907년 가을학기부터 1912년 봄학기까지 다닌 것을 확인할 수 있다. 학적부를 보면, 이공 과목과 수학에서눈 90점 이상을 받았으나, 역사·영어·라틴어 등에서는 70점을 받은 것으로 나온다. 인문계 학생들이 택하던 변론(oratory) 과목은 한 번도 들은 적이 없는, 전형적인 이공계 학생이었다.[9] 네브래스카 대학의 기록에는 그가 1916년에 학사학위를 받은 것으로 나온다. 당시 한국 학생들은 일본 경찰의 눈을 피하느라 졸업사진을 안 찍었는데, 그 역시 졸업앨범에 사진이 없다.[10] 그는 조용히 귀국하여 숭실전문에서 교편을 잡았다. 이명섭도 이용규와 마찬가지로 하와이에 와서 샌프란시스코로 옮겼고, 그곳에서 대동보국회 회원이 되어 일자리를 찾아 덴버로 갔다. 해외 애국동지대표회에도 참석하며 그곳에 머물다가 나중에 네브래스카의 링컨으로 옮겼다.[11]

방사겸의 기록에 따르면, 이노익은 1904년에 하와이로 이민 가는

8) 〈자랑할 청년 리용규(五)〉, 《신한민보》(1917. 10. 24), 3면.
9) 2001년 12월 7일자 University of Denver 서신.
10) 1999년 5월 6일자 University of Nebraska 서신.
11) 《대동공보》(1908. 1. 2).

한인들의 통변[통역]으로서 자신과 같은 배를 타고 호놀룰루에 도착하였다고 한다.[12] 이노익은 1906년 9월에 링컨 시 네브래스카 웨즐리언 대학의 예비과에 입학하여 1912년에 졸업하였고, 예비과 학점들을 인정받아 1914년에는 학부를 마치며 학사학위를 받았다. 그는 수학 전공이었으나 부전공으로 화학과 생리학(Physiology)을 택함으로써, 이수학점보다 훨씬 많은 학점을 받고 다양한 과목들을 공부한 뒤 졸업한 특이한 경우이다.[13] 그는 29세에 하와이에 도착하였고, 2년 뒤에 미국 대학 예비과에 입학하였으며, 39세에 대학을 졸업하였다. 나중에 다시 말하겠지만, 그는 1915년에 옛 친구들을 찾아 귀국하였다.

김호연은 이들보다 뒤늦게 하와이에서 미국 본토로 공부하러 간 노동자 유학생이었다. 그는 사탕수수밭에서 일하기 위하여 1904년 1월 23일에 호놀룰루에 도착하였다.[14] 1905년 7월에 오아후 섬 에와 농장에서 한인들이 임시공동회를 열고 윤병구를 포츠머스 강화회담의 참관인으로 임명할 때, 그는 서기로 활동하였다. 1908년 4월에는 장인환·전명운 두 의사의 변호 비용 모금운동에 앞장서며 임시공동회 회장이 되어 모금을 위한 광고문을 쓰기도 하였다.

김호연은 1910년에 실시된 미국 연방정부 인구조사에서 한국인 특별대리인으로 발탁되었다. 이 일로 그는 1910년 3월 1일부터 4월 19일까지 일곱 차례에 걸쳐 《신한국보》에 인구조사 설문 관련 내용을 설명하고, 정직하고 요령 있게 대답하는 방법을 제시하였다.[15] 그는 고학 끝에

12) 방사겸, 《평생일기》 제1권(천안 독립기념관 소장).

13) 네브래스카 웨즐리언 대학에서 필자에게 보낸 1997년 4월 23일자 서신. 《신한민보》(1921. 4. 21).

14) Duk Hee Lee Murabayashi, 앞의 책, 55쪽.

15) 《신한국보》(1910. 3. 1/3. 10/3. 29/4. 5/4. 12/4. 19).

1913년 여름 하와이 섬 힐로 고등학교를 졸업하였으며, 대학에 진학하기 위하여 네브래스카로 떠났는데, 이 같은 결정은 《국민보》의 주필인 박용만과 상의하여 내린 것 같다.[16)]

김호연은 시카고의 명문 노스웨스턴 대학에서 화학을 전공하고 1918년에 졸업하였다. 1918년 3월, 시카고에서 대한인국민회 지방회를 설립할 때 축사를 한 이가 바로 김호연이었다. 조규섭은 이때 바이올린을 연주하였다.[17)]

대학원을 마친 생도들

소년병학교 출신 가운데 몇 명은 학사학위에 만족하지 않고 대학원에 진학하였다. 정한경은 1919년에 〈미국의 극동정책(The Orient Policy of the United States)〉이라는 논문으로 석사학위를 받았고, 1921년에는 〈한국의 경우(The Case of Korea)〉라는 논문으로 아메리칸 대학에서 박사학위를 받았다(〈그림 94〉). 한편 김현구는 1924년에 버클리 대학에서 철학 전공으로 박사학위 과정을 마쳤으나, 논문을 쓰기 위하여 독일로 가던 도중 로스앤젤레스 한인사회의 분쟁에 말려들어 결국 독일행을 중단하고 말았다.[18)]

---

16) 《국민보》(1913. 8. 13), 4면 ; 《신한민보》(1913. 9. 5), 3면.

17) 《신한민보》(1918. 3. 21), 3면 ; 김호연이 1918년 화학으로 학사학위를 받았고 알려준 노스웨스턴 대학의 2000년 10월 23일자 서신.

18) Dae Sook Suh, *The Writings of Henry Cu Kim*(Honolulu : University of Hawaii Press, 1987), 133~134쪽.

〈그림 94〉 정한경의 박사학위 수여식. 앞줄 오른쪽에서 세번째가 정한경, 네번째가 하딩 영부인, 다섯번째가 하딩 대통령

1918년에는 백일규가 버클리 대학에서 경제학 전공으로 학사학위를 받았는데, 당시 그의 나이는 39세였다.[19] 그는 버클리 대학에서 계속 공부하여 석사 과정을 마치고, 한국어로 《한국경제사》를 저술하였다. 그러나 3·1 운동 이후 대한인국민회 회장으로 활동하는 등 분주했던 탓에, 자신의 책을 영어로 번역하지 못하여 석사학위는 받지 못하였다.[20] 1920년에 출판된 그의 《한국경제사》는 국내외를 통틀어 한국 경제를 다룬 첫번째 책이다. 김려식은 1918년에 아이오아 주립대학에서 정치학 전공으로 학사 과정을 마치고, 1920년에는 석사학위를 받았다. 석사논문의 제목은 〈한국의 정치 문제(The Political Problem of Korea)〉였다. 1924년에는 아메리칸 대학에서 〈초기 한미 관계(The Early Relations

19) 《신한민보》(1918. 5. 16).

20) 1994년 4월에 아들인 조지 백 박사와 가진 인터뷰.

Between Korea and the United States)〉라는 논문으로 정치학 박사학위를 받았다.

김용성은 1924년에 약학 전공으로 남가주대학(University of Southern California)에서 학위를 받은 뒤 1928년에 다시 예일 대학 의과대학에서 학위를 받음으로써, 재미 한인사회에서는 유일하게 약학과 의학을 모두 전공한 사람이 되었다.

이들이 많은 악조건을 물리치고 학업에 정진한 이야기가 많지만, 여기서는 그 가운데 두 가지를 소개하겠다. 홍승국은 학비가 떨어지자 와이오밍 주 슈피리어 탄광에 가서 일하며 학비를 벌어와 공부하였다. 그러다가 학비가 또 떨어졌는데, 마침 제1차 세계대전이 한창인 때라 필라델피아 탄약 공장에서 일하며 돈을 모아 학교로 돌아왔다. 대개는 학업을 한번 손에서 놓으면 돌아오지 못하게 마련이었다.[21] 외국 유학생 신분으로 미국에서 고학하며 학교에 다닌다는 것은 여간 고달픈 일이 아니었다. 말을 배우기 위하여 초등학교에서 시작해 수년 동안 학교를 다녀야 겨우 학사 과정을 마칠 수 있었던 것이다. 한번 생활전선에 뛰어들어 일만 하면 식생활이 해결되고 용돈도 생기니, 그러한 편안함에 젖어 다시 학교로 되돌아가기 어려웠던 것이다. 김일신은 남의 집 지하실에 방을 얻어 지냈는데, 때로는 생활비가 모자라 미국에서 제일 싼 식품인 팬케이크 가루를 사 먹곤 하였다. 그것으로 빈속을 채울 만큼만 나누어 먹으며 끼니를 대신하였던 것이다.[22]

21) 1998년 6월에 홍승국의 딸 홍준현과 가진 인터뷰.

22) 1998년 7월에 김일신의 딸 캐서린 김과 가진 인터뷰.

독립군 양성을 위하여 헌신한 소년병학교 출신

소년병학교 출신으로 타지에 가서 독립군 양성에 헌신한 사람은 김장호·박용만·정희원·박처후 등이고, 제1차 세계대전에 미군으로 참가한 사람은 박장순·이관수·한영호 등이다. 교관 김장호는 소년병학교 출신으로는 첫번째로 소년병학교의 궁극적 목적인 극동의 둔전제 실현을 위하여 1910년 9월 22일에 커니 시를 떠났다. 커니 시의 지역신문은 〈교육에 봉사할 것〉이라는 제목 아래 다음과 같은 기사를 실었다.

> 헨리 정(정한경)의 친구 김장호는 어제 커니 시를 떠나 동쪽으로 갔다. 김장호는 미주리 주 메콘 시의 블리스 군사고등학교를 다녔으며 서양의 문명을 익히고 교육을 받았으므로, 고국의 동포들에게 그가 습득한 것을 전달하려고 한다. 헨리 정은 김장호가 절대 무력으로 일본에 대항하려고 하지는 않을 것임을 강조하면서, 앞으로 최소한 120년 동안은 그런 기회가 오지 않을 것이라고 말하였다.[23)]

그런데 신문기사와는 달리, 김장호는 소년병학교 후원자들이 많이 있던 서쪽의 와이오밍 주 슈피리어 탄광으로 가서 석 달 동안 교련도 가르치고 노동도 하며 여비를 장만한 것으로 추정된다. 그는 동포들이 많은 유타 주 솔트레이크 시에 들러 대한인국민회에 입회하고, 대한인국민회의 첫 극동 파견 전권위원으로서 위임장을 받았다. 그런 다음 다시 미국 대륙을 동쪽으로 횡단하여 뉴욕에서 배를 타고 미국을 떠났다.[24)] 김장호가 극동을 방문할 때 지참하였던 위임장을 소개한다.[25)]

---

23) *Kearney Daily Hub*(1910. 9. 23), 4면.

24) 《미주 국민회 자료》 8, 7쪽.

委任狀

特派極東全權委員 金長浩

右는 滿洲各地와 西間島等地에 在留하는 同胞를 勞問하며 其精神을 糾合하야 大韓人의 大團体를 成立하야 國家에 대한 國民의 義務를 尽케 하기 爲하야 北美 桑港地方會員 金長浩를 另揀 特派하노니 往哉 勖哉하야 衆望을 克副하며 委任以軌限內로 全權行事함이 可함.

建國 紀元四二四三年 十一月 十五日

大韓人國民會北美地方總會長 代辦 許鼎元.

이 위임장에는 '독립기지'나 '무관학교'에 관한 언급이 일절 없다. 당시 총회장인 황사용 대신 허정원이 서명한 것은, 1907년부터 미주의 공립협회에서 이강·김성무·안창호 그리고 국민회 창립 뒤 정재관·이상설·전명운 등이 이미 극동에 국민회 지방회들을 설립하고 독립기지를 미국동포들의 성금으로 개척하고 있었기 때문이다.[26] 김장호는 자원하여 극동에 가는 것이지, 대한인국민회에서 결의하여 보내는 전권위원이 아니었다. 그는 수년 동안 연마한 병사학을 더 많은 사람들에게 가르치고 소년병학교의 장기적 광복운동을 실천할 기회와 기지를 장만할 정보를 얻기 위하여 떠났으나, 활동 범위는 이미 한정적이었다.

김장호는 1910년 12월 10일 뉴욕에서 배를 타고 런던과 파리를 거쳐 12월 18일 베를린에 도착한 뒤 《신한민보》에 서신을 보냈다.[27] 그가 기차로 계속 여행하여 1월 25일 하얼빈에 도착한 것을 그곳 국민회 지방회장이 북미 지방총회장에게 보고하였다.[28] 김장호는 한인 지방사

25) 《미주 국민회 자료》 10, 113쪽.

26) 김원용, 《재미한인오십년사》(Reedly, California : Charles Ho Kim, 1959), 105~106쪽.

27) 《신한민보》(1911. 1. 25), 3면.

회를 12곳이나 방문하고 한인학교 5곳을 둘러보았다. 그는 무려 1,000명의 동포들을 만났다고 하면서 《신한민보》에 고무적인 글을 보냈다. 미국에서 유럽을 거쳐 하얼빈까지 오는 경비와 여행에 필요한 물건들을 지적하면서, 극동에 오라며 장려하는 글을 《신한민보》에 실은 것이다.[29] 한편 하얼빈 국민회에서는 김장호가 하얼빈을 떠나 목릉(穆陵)과 그 근처의 석두하자(石頭河子)·횡도하자(橫道河子)를 방문하고 소왕영(蘇王營, 우수리스크)으로 갔다고 북미 지방총회장에게 1911년 4월 3일 보고하였다.[30] 이렇듯 동북 만주 지역을 방문하던 김장호는 한 달 뒤 소견을 바꾸어 "이곳에 와서 보매 오시는 것 필요치 안흐니 아직 중지하사 아무쪼록 여러 청년들은 공부와 실업에 종사하시라"며 충고하는 내용을 《신한민보》에 보내고 미국으로 향하였다.[31] 그러나 바로 돌아가지는 않고 런던에서 오래 머물렀다. 《신한민보》에는 "재미 동포의 위탁을 받아 무거운 짐을 지고 극동으로 향하던 김장호 씨는 긴관한 사고로 인하여 현금 영경 런던에 와서 두류하는 중이라고 하더라"는 기사가 실렸다.[32] 김장호가 동북 만주 지방 한인사회를 둘러보고 다시 돌아간 이유는 다음과 같이 몇 가지로 살펴볼 수 있다.

첫째, 미주 동포의 자본으로 독립기지를 개척하는 사업은 공립협회 전권위원들인 이강·김성무·이교담 그리고 도산 안창호가 이미 벌이고 있었기 때문에 김장호는 입지의 여지가 없었다. 1911년 봄에는 도산 안창호가 미주 동포의 자금을 조달받던 이상설과 이미 결별한 상태여

28) 《미주 국민회 자료》 18, 477쪽.
29) 《신한민보》(1911. 4. 3), 3면.
30) 《미주 국민회 자료》 18, 48쪽.
31) 《신한민보》(1911. 5. 3), 3면.
32) 《신한민보》(1911. 7. 12), 3면.

서, 이상설은 따로 연해주에 기지를 개척하고 있었다. 함경도파인 이종호의 자본도 쓸 수 없게 되어 기지 개척이 난관에 부딪힌 터라, 모금운동을 하기 위해서라도 미국으로 돌아가야 하는 형편이었다.

둘째, 국치 이후 독립투사들은 독립전쟁만이 광복에 이르는 길이라 결론을 내리고, 국내에서 만주로 건너가 여러 곳에 독자적으로 독립운동기지를 개척하고 있었다. 그러나 초기라서 무관학교를 시작할 만한 기반과 규모를 갖춘 곳은 없었고, 계몽을 위한 조그마한 학교들이 있을 뿐이었다. 이 때문에 교관인 김장호에게는 적당한 일자리가 없었다.

미국에서 파견된 공립협회 전권위원들은 길림성(吉林省) 밀산현(密山縣) 봉밀산(蜂密山)에 기지를 개척하고 있었고, 안중근 일가도 목릉에 정착하여 어느 곳보다 성공적인 모범촌을 건설한 터라, 도산 안창호 역시 미국으로 돌아가는 길에 그곳들을 방문하였다. 세브란스 출신 김필순(金弼淳)은 통화(通化)에서 개척 작업을 하고 있었다.[33] 이회영·이시영·이석영 일가와 이동녕·이상룡·허위·김대락 일가는 가산을 정리하고 봉천성(奉天省) 유하현(柳河縣) 삼원보(三原堡)에 집단 거주하며 경학사(耕學社)라는 자치 조직을 만들었다.[34] 원동임야주식회사를 세워 미국동포의 자본을 송금 받았던 이상설은 블라디보스토크 서북방 700리에 위치한 밀산부 봉밀산에 한흥동(韓興洞)이라는 마을을 건설하였다. 이렇듯 종합적이고 통일된 장기 계획 없이 재량껏 여러 곳이 개척되고 있었다.[35] 뿐만 아니라 극동의 독립투사들은 다양한 정치 이념을 지니고 있었기 때문에, 통합된 기구의 조직들로서 일치된 독립

33) 이명화, 〈1910년대 국외 독립운동기지 개척운동과 안창호〉, 《도산학 연구》 제10집(2004).

34) 서중석, 《신흥무관학교와 망명자들》(역사비평, 2001), 22쪽.

35) 윤병석, 《이상설전》(일조각, 1984), 114~211쪽.

방안과 목표를 설정하고 일사분란하게 역량을 다하는 것과는 거리가 멀었다. 정치 이념으로는 보수근왕주의, 복벽주의, 극단적인 근대화 지상주의, 공화주의 등이 있었고, 종교 역시 대종교를 비롯하여 기독교, 동학, 유학, 무신론 등 다양하였다. 이런 까닭에 한인들은 목표 설정조차 못하고 좌충우돌하고 있었다.[36] 당시 극동 동포들의 상황을 알 수 있는 연해주 유민(流民)들의 모습이 《신한민보》에 실렸다.

> …… 이곳 사오천리를 가도록 큰 촌락은 업스나 금광이 잇서서 ᄉᆞᆼ익가 됴흔고로 우리동포가 어ᄃᆡ든지 수십명으로 사오천명식 허여져 잇는ᄃᆡ 통히 합ᄒᆞ야 오만명가량이다. 그러나 대개 아직도 문명뎡도에 놉히 올으지 못ᄒᆞ야 의형뎨를 모을줄은 알아도 사회ᄅᆞᆯ 조직ᄒᆞᆯ줄은 알지 못ᄒᆞ고 술집과 계집방에서는 전대를 풀어도 학교와 교회에서는 신을 버서노치 안으며 ᄯᅩᄒᆞᆫ 본국정형에 ᄃᆡᄒᆞ야는 흔히 말ᄒᆞ기를 우리됴션의 망ᄒᆞᆫ것도 텬시(天柴)요 일본의 흥ᄒᆞᆫ것도 ᄯᅩ한 텬시라 하야 ᄒᆞᆼ상 명도령만 기다리더라…….[37]

이 기사는 당시 연해주 니콜라이스크에 있던 최철(崔哲)이 《신한민보》에 보낸 글 가운데 일부이다. 이러한 유민들에게 생활 터전을 마련하여 안정시키고 지방사회를 조직하여 계몽한다는 것은 결코 쉬운 일이 아니었다.

셋째, 서류상 김장호의 목적은 미주 대한인국민회 특파 전권위원으로 극동의 동포들을 방문하고 위로하는 것이었으므로, 그는 주어진 사명을 다하였기에 되돌아갈 명분이 있었던 것이다.

36) 이명화, 앞의 글.

37) 《신한민보》(1911. 3. 11), 1면.

김장호 극동 방문의 의의와 영향

김장호는 무관학교 교관이고 공립협회 출신이 아닌 재미 한인으로서, 국치 뒤 독립전쟁만이 광복의 길이라 믿고 여러 기지를 마련하고 있던 동북 만주 현장을 방문하여 현황을 파악하였다. 따라서 그는 새로운 눈으로 독립기지 개척 상황을 볼 수 있었다. 그의 극동 방문에 따른 의의는 다음 두 가지이다.

첫째, 극동 동포들에게 한인소년병학교를 자세히 소개하였다. 장인환 의사와 이재명 의사에 이어 재미 한인들은 소년병학교를 통하여 무력투쟁을 꾸준히 준비하고 있음을 알려 재미 한인의 신의를 돈독하게 하였다. 그 결과 극동에서 한인학교나 무관학교를 세울 때는 박용만의 저서들과 소년병학교 교재들 그리고 그 학과 내용들을 구하였다.

둘째, 김장호는 약 6개월의 극동 방문을 마치고 돌아오며 베를린과 런던에 체류하였는데, 영어를 구사할 수 있는 한인으로서 그는 아일랜드 독립투사들과 접촉하며 그들의 해외 독립투쟁 상황과 방략을 배울 수 있었다. 아일랜드 인들은 19세기 중반 연거푸 감자 흉년이 들자 생활고를 못 이기고 인구의 거의 절반이 미국으로 이민하였다. 그들은 미국에서 노동을 하며 민족운동을 지원하였다. 아일랜드의 독립투사들은 미국뿐만 아니라, 발칸 반도와 동유럽에서 나라를 잃은 소수민족들이 독립운동을 하고 있던 베를린에서도 활동하고 있었던 것이다.[38] 그러므로 김장호는 장인환 의사의 변호를 맡아준 세 아일랜드 변호사들〔John J. Barret, Nathan C. Coghlan, Robert Ferral〕을 통해서 알게 된 미국의

38) 베를린에 있던 아일랜드 인(Irish) 독립투사들의 문서는 스탠포드 대학 Hoover Institute Archives의 Hearly Collection에 보관되어 있다.

아일랜드 독립투사들 외에도 유럽에서 투쟁하는 그들을 만나 독립운동의 규모와 유대 관계를 이해하게 되었다.[39]

김장호가 극동 방문에서 얻은 정보는 박용만에게 큰 영향을 주었다. 첫째, 유럽에서 벌어지고 있는 아일랜드 인들의 유기적인 민족운동은 박용만에게 자신이 주장하는 무형정부(임시정부)론이 옳다는 확신을 주었고, 민족운동을 총괄할 구심점이 있어야 하며 그 구실을 대한인국민회 중앙총회가 담당해야 한다는 신념을 굳게 해주었다. 둘째, 초창기의 불안정한 극동보다는 미국의 통치 아래 정치·경제적으로 안정되고 수백 명의 구한말 군인들도 있는 하와이에서 둔전제를 구상하는 것이 현실적이라고 생각하게 되었다. 판매에 관한 한 걱정할 필요가 없는 파인애플 농사를 바탕으로 삼으면 되기 때문이었다. 셋째, 김장호는 극동에서 무력투쟁에 적극 참여할 김복(金复)·이회영(李會榮)·손정도(孫貞道) 등을 간접적으로 소개하였고, 박용만은 하와이로 간 뒤 이들과 긴밀한 관계를 가지게 되었다.

김장호가 미국에 돌아와 다시 소년병학교에서 활동하였지는 기록이 없어 알 수 없다. 그는 미국 동부 펜실베이니아 주 필라델피아 근처의 랭카스터(Lancaster)에서 고학하였고, 1917년에 프랭클린 마셜(Franklin & Marshall)에서 상과 전공으로 졸업하였다. 3·1 운동이 일어났을 때는 서재필을 도와서 일하였다.[40]

생도 정희원은 와이오밍 주 슈피리어 탄광으로 가서 '소년병학회'를 만들고 탄광의 한인들을 훈련시켰다. 그가 학교를 다녔던 캔사스 주

39) 김원용, 앞의 책, 329쪽 ; 김원모, 〈張仁煥의 스티븐즈 射殺事件研究〉, 《東洋學》(1988), 273~310쪽 ; *San Francisco Examiner*(12 April, 1908).

40) 방선주, 《재미한인의 독립운동》(춘천 : 한림대학교, 1989), 39~40쪽.

캔사스 시에도 '소년병학원'을 세우고 훈련을 실시하였다.[41)]

박용만은 1912년에 소년병학교 졸업식을 지켜본 뒤 샌프란시스코로 가서 대한인국민회 중앙총회를 결성하였다. 그 뒤 하와이 《신한국보》의 주필로 초빙되어 가서는 박상하와 함께 독립군 양성 계획을 계속 추진하였다. 당시 하와이에는 사탕수수 경작이 한물가고 파인애플이 새로운 농작물로 자리 잡고 있었다. 먼저 파인애플 통조림 회사인 맥닐 앤드 리비(McNeil and Libby)와 파인애플 농산물 전매계약을 맺고, 오아후 섬 카할루 지방 아후마누에 임대농장을 마련하였다. 이곳에 구한말 군인들을 모아 회사에서 준 목재로 병영과 숙소를 짓고, 1914년부터 1916년까지 낮에는 농장에서 일하며 저녁에는 군사훈련을 하였다.[42)] 하와이 대한인국민회 군사조련부를 독립시켜 더 큰 규모의 국민군단을 조직하였던 것이다. 그 결과 단원 수는 103명에서 311명으로 크게 늘어나, 사실상 해외에서 가장 큰 독립군 조직이 되었다.[43)]

박용만은 국민군단 설립 자금을 조달하기 위하여 한국에서 새우젓과 베적삼 등을 들여와 하와이 교포들에게 팔았다.[44)] 이때 그는 《신한국보》라는 이름을 《국민보》로 고치고, 주간지를 때때로 일주일에 두 번씩 발행하기도 하였다. 4면이던 신문을 6면이나 8면으로 늘려 문화·교양 난을 새로 만들고 사진도 많이 실어 볼 만하게 편집하였다.

이 《국민보》는 비밀리에 국내로 우송·배포되었고, 국내에 조선국민회(朝鮮國民會)가 생기는 데 한몫을 하였다. 1914년 9월에 숭실학교

41) 《신한민보》(1911. 5. 17), 3면.

42) 김원용, 앞의 책, 345쪽.

43) 같은 책, 346쪽.

44) 천안 독립기념관이 소장하고 있는 1913~1914년도 하와이 국민회 회계장부에 자세히 기록되어 있다.

출신 장일환(張日煥)은 하와이에 와서 박용만과 항일투쟁 방안을 협의하고, 1915년 4월에 귀국하여 조선국민회를 비밀결사로 조직하였다. 전국에 조직을 만들어 군자금을 모으고 간도에 토지를 구입하여 동지들을 이주시켰는데, 그가 추구하는 목표는 이렇게 함으로써 간도를 장래 독립운동의 본거지로 삼는 것이었다.[45]

박용만은 1917년 10월에 뉴욕에서 열린 '약소민족 국제회의(Congress of Small and Oppressed Nation)'에 한국 대표로 참석하였다. 이 첫 모임에는 폴란드·스웨덴·덴마크·노르웨이·아이슬란드·아일랜드 그리고 발칸 반도의 여러 나라 등 24개국의 대표들이 참석하였다. 박용만은 한국 사정을 연설하여 여러 차례의 큰 박수를 받았다.[46] 그는 하와이로 돌아가는 길에 캘리포니아에서 새크라멘토·샌프란시스코·스탁턴·로스앤젤레스 등의 한인 지역사회를 방문하여, 독립운동은 '외교와 무력운동'이 동시에 전개되어야 한다고 역설하였다.[47]

하와이에 머물던 박용만은 1919년에 중국으로 가서 둔전 군대 양성을 위하여 동분서주하다가 1928년 10월 17일에 북경에서 비명횡사하였는데, 지금으로서는 자료가 부족하여 유감스럽게도 그 행적을 자세히 밝힐 수가 없다. 앞으로 정확하고 구체적인 자료를 찾으려고 한다.[48]

박처후는 수학 전공으로 네브래스카 주립대학을 마치고 다시 영어를 전공하다가 그만두었다. 그는 한국으로 부임하여 가는 미국 감리교 감

45) 강영심, 〈조선국민회연구〉, 《한국독립운동사연수》 3(한국독립운동사연구소, 1989), 182쪽 ; 〈장일환〉, 《독립유공자공훈록》 9(국가보훈처), 407쪽 ; 윤병석, 〈대한광복군정부의 건립〉, 《이상설전》(일조각, 1998), 159~161쪽.

46) 《신한민보》(1917. 10. 24), 3면.

47) 《신한민보》(1917. 10. 24/1917. 11. 29).

48) 중국에서 그의 행적과 관련한 자료는, 지금으로서는 방선주의 《재미한인의 독립운동》에 실린 〈박용만평전〉이 전부이다.

독 헐버트 웰치의 통역 겸 조수로 귀국하였다.[49] 그는 연희전문에서 수학을 가르치다가, 1919년 3·1 운동이 일어나자 블라디보스토크로 건너가 무장독립운동에 가담하였다.[50] 그에 대한 소식을 알 수 있는 자료로는 1920년 1월에 이승만에게 보냈던 그의 편지가 마지막이다. 이 편지의 내용은, 부탁받은 박용만의 북경 주소를 찾아 알려주겠다는 것과, 국내에 공작원을 보내 일본인들을 사살하고 건물들을 폭파하여 한국이 일본 통치를 반대한다는 사실을 세계에 알리겠다는 것이었다.[51]

조국의 독립운동과는 연관이 없지만, 외국 군인으로서 생을 마친 교관과 생도들도 있다. 1918년에 미국 육군에 입대하여 제1차 세계대전 때 독일군으로 말미암아 전사한 박장순은 소년병학교에서 한문을 가르쳤던 인물이다. 그는 자신이 일하였던 슈피리어 탄광에 약 50명의 한인들을 취직시켰고, 그들의 지도자 역을 맡아 충실히 구실을 수행하였다.[52] 생도 이관수는 1916년에 네브래스카 주 향토방위군에 입대하였다. 모범 병사로 승진한 그는 유니온 퍼시픽 철도의 다리를 경비하던 도중 익사하여, 오마하 시 군인묘지에 묻혔다(〈그림 95〉).[53]

정희원도 제1차 세계대전 때 미국 육군에 입대하여 아메리칸 인디언 조사 업무를 맡다가, 삼 개월의 간호병 훈련을 받고는 하와이에서 복무하였다.[54] 생도 한영호도 1917년에 덴버에서 미국 육군에 입대하였다.[55]

---

49) 《신한민보》(1916. 11. 16) ; 《기독교대백과사전》(기독교문사, 1985), 392~393쪽.

50) 《신한민보》(1919. 20. 18), 3면.

51) 《우남 이승만문집》 17(동문선), 69쪽.

52) 방선주, 앞의 책, 141쪽 ; 《신한민보》(1918. 7. 18/1919. 2. 27).

53) *Kearney Daily Hub*(1917. 7. 8) ; 《신한민보》(1917. 7. 26) ; 네브래스카 제대군인 사무소 서신(1995. 1. 31).

54) 《신한민보》(1920. 8. 20), 2면.

〈그림 95〉 네브래스카 주 오마하 시의 미군 묘지에 있는 이관수 묘비

55) 《신한민보》(1917. 7. 19), 3면.

다음으로는 제1차 세계대전이 끝나고 민족자결주의가 대두되면서 3·1 운동이 일어났을 때, 소년병학교 출신들이 어떠한 활동을 펼쳤는지 살펴보도록 하자.

3·1 운동과 구미위원부

파리에서 강화회담이 열리고 있던 1918년 12월, 재미 한인 지식인들을 대표하여 김현구·홍승국·안정수를 포함한 오하이오 주 콜럼버스 주립대학 한인 학생들은 전미 한인학생회를 열었다. 그들은 한국을 홍보하기 위한 영문 월간잡지를 강화회담이 열리고 있는 동안 발행하기로 결의하고 모금운동을 벌였다. 발기인 명단에는 홍승국·김현구·백일규·김흥기·구영숙·박장순 등 소년병학교 출신들의 이름이 있는데, 이들은 1914년에 《한인학생보(*The Korean Students' Review*)》를 발행한 경험이 있기 때문에 선두에 섰던 것이다. 이렇게 하여 1919년 3월에 '일제 아래 한국의 자유와 평화는?(Freedom and Peace with Korea under Japan?)'이라는 부제가 붙은 영문잡지 《한국문헌(*Korean Publication*)》을 1,000부가량 발행하였다.[56] 서재필은 이 잡지를 인수하여 1922년 7월까지 《코리아 리뷰(*The Korea Review*)》라는 이름으로 발간하였다.[57]

3·1 운동이 한반도를 휩쓸 때 재미 한인들은 1919년 4월 14일부터 16일까지 필라델피아에 모여 3일 동안 '한인자유대회'를 갖고 시가행진을 벌였다(〈그림 96〉, 〈그림 97〉). 영어로 진행된 이 모임은 'First Korean

---

56) 윤병석, 〈해제〉, *The Korea Review*(국가보훈처, 1994), vi쪽.

57) 같은 글.

〈그림 96〉 1919년 4월 16일 필라델피아 독립기념관 앞의 한인들. 앞줄 왼쪽에서 두번째가 정한경, 네번째가 서재필, 다섯번째가 이승만. 뒤에서 둘째 줄 왼쪽에서 다섯번째가 유일한

〈그림 97〉 태극기를 붙들고 있는 유일한(오른쪽 앞)

Congress'라고 불렸다. 토론에는 유일한과 정한경이 참가하였다. 또 의장인 서재필의 부탁으로 유일한과 김현구는 미국인에 대한 홍보를 위하여 3·1 운동의 목적과 취지를 알리는 성명을 영어로 작성하였다. 아울러 미국 전역에는 한국유학생연합회가 생겼는데, 김용성은 뉴욕 대표로, 김현구와 김려식은 샌프란시스코 대표로 활약하였다.[58] 뿐만 아니라 한국 독립운동을 지원하기 위하여 미국인들로 구성된 '한국친우회(The League of the Friends of Korea)'가 조직되었는데, 이때 소년병학교 후원자인 안재창·임동식의 주도로 덴버에도 그 지방회가 만들어졌다(〈그림 98〉, 〈그림 99〉).[59]

한편 1919년 8월에는 상해임시정부의 외무부 구실을 하는 구미위원부가 워싱턴에 구성되었다. 당시 정한경은 노스웨스턴 대학 조교로 있었으나, 일을 그만두고 워싱턴 군축회담이 끝난 1923년까지 구미위원부에서 봉사하였다. 신형호는 1920년부터 1925년까지, 김현구는 1926년부터 1929년까지 구미위원부에서 일하였다.[60] 이어서 한인소년병학교의 영향으로 미국인들이 3·1 운동을 후원하기 위하여 자진해서 미국 연방정부에 청원서를 낸 사례를 살펴보도록 하자.

네브래스카 주 주민들의 한국을 위한 청원서

3·1 운동 이후 한국인이 당하는 학살·핍박과 관련하여 외국인들 가

58) 김원용, 앞의 책, 36~39쪽.

59) *The Korea Review*(1919. 12. 4)/(1920. 5. 11), 13쪽.

60) Dae Sook Suh, 앞의 책, 118쪽, 157쪽, 205쪽 ; 《구미위원 재정보고서》(1929).

〈그림 98〉 덴버 근처의 안재창 농장(1920년 3월 24일). 왼쪽에서 두번째가 안재창, 앉아 있는 이가 정한경, 네번째의 삼지창으로 찌르는 시늉을 하는 이가 이승만, 여섯번째가 임동식이다

〈그림 99〉 덴버 한국친구연맹 사무실을 열고(1920년 3월). 왼쪽부터 임동식 · 정한경 · 이승만

운데 무참한 학살을 거부하며 적절한 방법으로 일본을 제지해달라고 자기 정부에 청원서를 낸 것은 네브래스카 주 주민들뿐이었다. 네브래스카 주 주지사 매켈비(McKelvie)는 1920년 3월 20일에 네브래스카 주의 연방정부 상원의원인 조지 노리스(George Norris)에게 주민 1,000여 명과 지역을 대표하는 유명인사들의 서명이 담긴 청원서를 전달하였다.[61] 유명인사들 가운데는 주지사·부지사·주재무관·주서기·주감사원장·주고등법원상을 비롯하여 전 주지사 올드리치(Aldrich), 주립대학 총장 애버리(Avery) 등이 있었다.[62] 당시 미합중국에는 48개의 주가 있었는데, 유난히 네브래스카 주 주민들만 한국을 위한 청원서를 냈던 것이다.

네브래스카 주 주민들은 1904년을 전후하여 철도회사에 일거리를 찾아온 한인들과 접촉이 있었다. 또한 소년병학교를 중심으로 모여들었던 약 80명의 한국 유학생들은 네브래스카 주 역사에서 제일 많은 외국인 유학생들이었으며, 고학하는 모범생들이었다. 그들은 나름대로 학교와 자신들이 다니던 인근의 미국 교회에서 한국을 홍보하였고, 소년 웅변가로 이름을 떨친 정한경·유일한의 연설은 조국의 독립을 위하여 만리타국에서 고군분투한다는 좋은 인상을 주었다. 네브래스카 주 주민들은 미국을 배우고 조국을 근대화하려고 하는 그들에게 동정적이었다. 그런데 1919년 여름부터 한국의 참상을 찍은 사진들이 선교사들을 통하여 미국 전역에 알려졌다. 특히 한국 기독교인들에 대한 일본의 잔악한 학살·핍박은 미국인들의 분노를 불러일으켰다. 이러한 맥락에서 네브래스카 주 주민들은 청원서를 외교정책으로 반영할 수 있는 미국 연방정부에 제출하였던 것이다.

61) 《신한민보》(1920. 4. 16), 2면.
62) *The Korea Review*(1920. 5. 14).

청원서

일본 군인들은 조직된 폭력으로 무고하고 아무 방어가 없는 한인 남녀 노소를 무자비하게 학살하고 무참하게 핍박하니, 이는 터키가 아르메니아 사람들에게 저지른 죄보다 더하다. 일본 정부의 검열과 통제 때문에 서방국가들은 동방의 '벨기에'에서 어떤 일이 벌어지고 있는지 모르고 있다…….

여기에 서명한 네브래스카 공민들은 신빙할 만한 소식통에 따라 한국인들이 일본 정부로부터 핍박받고 비인도적인 대우를 받으며 특히 기독교 계통 한인들이 가혹한 박해를 받고 있음을 알고, 일본 정부에 강력히 항의한다.

미국 시민으로서 우리는 도덕적·인도주의적 견지에 따라 그리고 1882년 체결된 한미우호통상조약에 따라 그들이 제3국으로부터 압박을 받거나 부당한 대우를 받을 때 미국 정부가 도와줄 것을 약속하였음을 안다. 그러므로 한인들이 정치·경제·종교의 자유를 찾기 위하여 투쟁하는 이 시각에 우리의 심심한 동정을 표하는 바이다.[63]

위의 청원서는 1919년에 출간된 정한경의 《한국조약들(*Korean Treaty*)》에서 많은 영향을 받은 것 같다. 이 책은 대한제국과 서방국가들이 체결하였던 우호통상조약들을 엮은 것이다.

1920년 6월 21일에 네브래스카 주의 연방정부 상원의원인 노리스는 미국 상원에서 수난받는 한국인을 위하여 40분 동안 연설하였고, 한국 문제는 외교분과 위원회에 일임되었다. 그러나 미 연방정부는 일본의 심기를 건드리지 않으려 하였고, 그보다 한국과 필리핀 통치에 서로

63) *The Korea Review*(1920. 5. 14).

간섭하지 않는다는 태프트-가쓰라 비밀협약이 있었던 탓에 실제로는 아무런 조치도 취하지 않았다.

한편 미시건 주립대학을 졸업하고 굴지의 회사인 웨스팅하우스에 취직하여 한인들에게 선망의 대상이었던 유일한은 1920년 3월 15일에 뉴욕 주 맨체스터 시에서 '한국의 밤'을 조직하고 진행하여, 양유찬과 함께 2,000명 관중들에게 한국의 참상에 관한 연설을 하였다. 곧이어 하버드 대학 중국유학생회의 초청을 받아 제1차 세계대전 뒤 한국과 산동반도의 현황을 설명하고, 일본을 악마의 제국이라고 명명하였다.[64] 그 뒤 유일한은 국민회 중앙총회에서 정한경과 함께 피압제연맹(League of Oppressed Peoples)의 한국 대표로 임명되었다.[65] 다음은 박용만과 소년병학교 생도들의 한글 표기 표준화에 대한 연구 활동을 살펴보자.

박용만의 한글 연구와 소년병학교 생도들

박용만은 한글 문법 연구에 비상한 관심을 가지고 몰두하였으며, 여러 편의 글을 남겼다. 그는 하와이 대한민국민공회 민적(民籍)의 학위중최정통자(學位中最精通者) 난에 '장치학·군사학·어학'이라고 적을 정도로 우리말과 한글 연구에 관심과 자부심을 가지고 있었다.[66] 박용만은 일본 유학 시절 후쿠자와 유키치(福沢諭吉)와 요코하마에서 망명

64) 《신한민보》(1920. 4. 20), 3면. 이 모임에 참석했던 중국 학생들 가운데 19세기 한일관계를 연구하겠다는 학생들이 생길 정도로 충격적이고 새로운 시각을 제시하였다.

65) 《신한민보》(1920. 5. 7), 3면.

66) 김원용, 앞의 책, 378쪽.

생활을 하던 양계초(梁啓超)의 영향을 많이 받았다. 19세기 말의 이 두 동양 지성인들은 모국어의 문법 연구는 물론, 한자 수를 줄이면서 표기의 표준화를 위하여 노력하였다. 그리고 서양식 교육을 민중과 친근하게 만들려면 쓰는 글이 말과 같아야 한다[言文一致]고 주장하였다. 박용만은 한말에 옥중에서 다양한 사투리를 쓰는 동포들을 보고서는, 나름대로 한국어와 한글 문법 그리고 표기법을 연구하였다.

박용만이 처음으로 한글에 관한 글을 발표한 것은 1909년으로, 《신한민보》에 발표한 〈국문자모음약해(國文字母音略解)〉라는 논문이 그것이다. 이 글은 《대도》에 다시 실렸다. 이 글에서 그는 초성·종성·중성·이중모음·자음 그리고 ㄱ음·ㄴ음·ㅂ음·ㄹ음·ㅅ음의 변화를 예를 들어 설명하고, 한글이 세계에 자랑할 만한 가장 가치 있는 문자라고 하였다.[67] 이항우(李恒愚)는 멀리 영국 런던에서 이 글을 읽고 《대도》에 〈기박용만선생(寄朴容萬先生)〉을 발표하여 한글 표준화에 관한 논쟁이 해외에서 일어났다. 이항우는 박용만에게 사투리 문제[한글 표준어], 표기법 문제, 외국어 표기 문제, 한문을 안 쓰고 한글만 쓸 때 일어나는 혼동 등을 제기하면서 그의 의견을 물어보았다. 또한 이항우는 많은 약소국들이 그들의 모국어 연구를 하고 있다면서, 박용만이 "새로운 대한문학의 시조(始祖)가 되기를 진심으로 바란다"고 하였다.[68]

박용만이 1911년에 대학을 휴학하고 《신한민보》 주필로 봉사할 때 〈국문교정에 대ᄒᆞ야〉라는 글을 다섯 번에 걸쳐 발표하였다. 이 글은 소년병학교에 다니던 학생들이 보낸 한글 바로 쓰기 답안들을 추려서 한글 문법을 설명한 것이다. 박용만은 각처에서 보내온 답안들이 책상

67) 《신한민보》(1909. 4. 11), 1면 ; 《대도》(1909년 9월호), 36~40쪽.

68) 《대도》(1909년 9월호), 36~40쪽.

에 가득하여 기쁘며, 많은 한국 학생들이 자기의 한글 연구를 지지하는 증거라고 하였다. 1등을 한 홍승국의 모범 답안을 아래에 소개한다.

봄ㅅ바람에 옷을 떨치고 산에 올라 발아보니 일천리 넓은 들에 농부는 받흘 갈고 행인은 길에 널니엇고 붉은 곳 꽃받헤는 나뷔-가 오락가락 풀은 곳 버들에는 꾀꼬리가 들락날락ᄒᆞ니 아모리 보아도 이 강산에는 봄ㅅ기운이 가득[하구나].

박용만은 나름대로 맞춤법과 글자의 음 그리고 띄어쓰기에서 1등을 한 홍승국의 답안과 2등을 한 정희원의 답안을 견주면서 설명하였다. 한편 이러한 정황으로 알 수 있는 것은, 박용만이 소년병학교에서 한글 문법을 가르쳤고, 제일 관심을 두는 과목이었으며, 생도들은 한글이 당면하고 있는 문제가 무엇인지를 파악하고 있었다는 점이다. 그래서 박용만이 문제를 내고 교정하여 보내라고 하였을 때, 아마도 겨울방학 도중 답안을 작성하여 보낸 것 같다. 박용만은 《대도》에서 다음과 같이 자신의 한글 연구 목적과 연구 계획을 밝힌 바 있다.

우리 백셩으로 ᄒᆞ여금 모다 열살이 차지 못ᄒᆞ야 외국말만 배호기 시작ᄒᆞ면 결단코 됴션 국혼이 그 머리 가운대 업슬지라, 백셩이 되여 그 나라 문학을 모르고 그 나라 말을 모르고 그 나라 력사를 모르면 그 나라 사랑ᄒᆯ 마옴이 어대로 좇차 나리오 나는 이것을 근심홈이 깁고 또ᄒᆞᆫ 큰고로 이다음 론문붓터는 우리 됴션말과 문학의 다쇼간 연구ᄒᆞᆫ바를 차례로 시럼코져 ᄒᆞ노라.[69]

69) 《대도》(1909년 5월호), 19쪽.

이렇듯 박용만은 홀로 한글을 연구하고 발표하며, 타지에서 외국어를 배우며 한글 문법 표준화가 필요하다고 느끼는 유학생들과 공감대를 이루고 있었다. 그는 한글 표준화를 말하면서 가장 편리하게 만들어져야 함을 주장하였다. 박용만의 한글 연구와 보급의 공헌은, 1926년에 훈민정음 반포일을 환산하여 양력 10월 9일로 정하고 '가갸날'을 발표할 때 《조선일보》에 실린 〈우리글 보급(普及)의 일우(一隅)를 보고〉라는 글에서도 드러난다. 박용만의 미국 행적을 자세히 아는 익명의 저자에 따르면, 박용만이 20세기 초 한성감옥에 갇혀 있을 때 죄수들이 팔도 사투리를 쓰는 것과 말과 글이 같지 않은 것을 통탄하면서 우리말과 글을 연구하기 시작했다고 한다. 출옥 뒤 서울 상동교회에서 우연히 주시경(周時經)을 만나 한글 이야기를 하게 되었고, 주시경은 아무도 알아주지 않는 우리말 연구를 알아듣고 그의 연구가 깊은 것을 알고는 어쩔 줄 몰라 하다가 울음을 터뜨렸다고 한다. 익명의 저자는 또한 박용만이 미국에서 유학할 때 틈틈이 혼자서 민족운동과 국문 연구, 특히 성대학(声帯學)과 동서 열강의 어원(語源)을 섭렵하여 자신을 얻었으며, 하와이에 가서 《국민보》를 창설하여 우리글을 보급하였다고 쓰고 있다. 저자는 더 나아가 하와이 동포들의 문맹 퇴치가 짧은 시일 안에 잘 이루어진 것은, 첫째, 한글이 배우기 쉽고, 둘째, 하와이 동포들이 애초부터 한문을 몰랐으며, 셋째, 완전하지는 못하지만 표준이 단순하기 때문이었다고 나름대로의 의견을 제시하였다. '일견문생(一見聞生)'이라는 익명의 저자는 박용만과 함께 소년병학교를 운영하고 소년병학교에서 국문을 가르치다가, 처가 위독하다는 소식에 1922년 하와이를 거쳐 귀국한 홍승국이 틀림없다.[70]

70) 《조선일보》(1926. 11. 11/1926. 11. 12).

박용만은 1919년에 중국으로 간 뒤에도 계속 우리말을 연구하였다. 그는 한글 가로쓰기를 제창하고, 한글로 표기할 수 없는 발음들을 보충하기 위하여 12자(字)나 더 만들었으며, 가로쓰기를 위한 필기체를 또한 고안해냈다.[71] 그는 한글 보급과 민족운동 구상의 첫 실천으로 어린이들을 위한 《조션말독본》 두 권을 '대조선 독립단'에서 출판하였는데, 이 책에는 애국심을 심어주기 위한 수수께끼들도 들어 있다.[72] 박용만은 우리말 연구에 대하여 '한민족'의 '얼'을 되찾고 우리말을 개량하여 독립 문화를 세우려는 것이라고 천명하였다. 그는 또 국한문 혼용이 조선문학 발달에 큰 장애가 된다고 하였다. 그는 《됴션말독본》에 이어 《됴션말 음몬음》과 《됴션의 간략한 력사》를 출판할 예정이라고 발표하였다.[73] 박용만은 혼자서 우리말 연구와 함께 민족운동의 길을 모색하고 실천해나가고 있었다. 다음은 소년병학교 출신으로 재미 한인사회에서 언론인으로 이바지한 사람들을 살펴보자.

재미 한인 신문의 언론인으로 활약한 이들

소년병학교 출신들은 재미 한인사회의 지성인들로서, 주간(週刊)으로 발행되어 미국 전역에 흩어져 있던 한인들의 소식통 구실을 하던 재미 한인 신문들의 편집인 겸 주필로 활약하며 한인사회의 결집력을 높이는 데 공헌하였다. 백일규는 1907년부터 1년 동안 《대동공보》 주

---

71) 방선주, 앞의 책, 139쪽.

72) 박용만의 《됴션말독본》은 천안 독립기념관 자료실에 보관되어 있다.

73) 《됴션말독본》 2권에 발표한 〈출판된 서적의 미리통지〉.

필을 맡았고, 1915년부터 1919년까지는 《신한민보》 주필과 대한인국민회 대의회 의장을 겸하였으며, 1921년부터 1935년까지 다시금 《신한민보》 주필을 맡았다.[74] 박용만은 1911년에 1년 동안 《신한민보》 주필을, 1913년부터 2년 동안 《국민보》 주필을 역임하였다. 3·1 운동이 일어난 1919년 4월부터 김현구와 김려식은 《신한민보》 주필과 부주필을 번갈아 맡으면서, 3·1 운동의 영향으로 독립운동이 활발해진 한인사회를 위하여 사설을 썼다.[75] 《신한민보》에 사설을 써서 유명해진 김현구와 김려식은, 비록 당선되지는 않았지만 1921년도 대한인국민회 회장 선거에 후보로 추천되었고, 김현구는 그 뒤 1929년부터 1933년까지 《국민보》 주필을 맡았다.[76] 다음은 소년병학교 출신들이 창업한 중국음식 도매업을 살펴보자.

중국음식 도매업을 창업한 이들

소년병학교 출신들이 대학을 졸업하고 취직을 하거나 개인 자영업을 시작한 1920년대 초기에 새롭게 창안하여 개발한 사업이 바로 중국음식 도매업이었다.

미국인들은 중국음식을 '찹수이(雜碎)'라고 불렀다. 1896년에 청나라의 이홍장(李鴻章)이 대대적인 환영과 언론의 주목을 받으며 미국을 방문하자, 미국에 살던 화교들은 이홍장이 좋아하는 음식이 찹수이라

74) 《신한민보》(1915. 1. 25) ; 《미주 국민회 자료》 11, 491쪽, 353쪽, 355쪽.
75) 《신한민보》(1921. 1. 20) ; 서대숙, 앞의 책, 118쪽.
76) 김원용, 앞의 책, 270쪽.

고 선전하였다. 그 뒤 1920년경에는 잡채의 일종인 찹수이가 미국인들이 선호하는 외국 음식이 되었다. 재미 화교들이 찹수이를 중국음식으로 홍보하는 데는 성공하였지만, 미국 대중이 맛볼 수 있도록 싸고 간편한 음식으로 보급한 것은 바로 소년병학교 출신 한인들이었다. 미국인 입맛에 맞도록 튀긴 국수와 각종 야채·고기를 한데 볶아 섞어서 만든 이 음식은 사용한 고기에 따라 닭고기 찹수이, 쇠고기 찹수이, 돼지고기 찹수이, 새우 찹수이로 불렸다. 따라서 찹수이는 미국인을 위한 중국음식이고, 중국에는 없는 음식이었다.[77] 소년병학교 출신들은 자동차공장에서 일하려고 모여든 노동자가 많은 디트로이트로 가서 중국음식 도매업을 시작하였다. 그들은 기름에 튀긴 국수와 야채·고기를 무게를 달아 소매업자에게 팔거나, 전화로 주문을 받아 노동자들에게 직접 배달하였다. 이 새로운 개념의 도매업은 기존 화교들이 온갖 솜씨를 보이던 전통적 상술과는 대조적인 것이었다.

이 새로운 사업을 시작할 기회를 마련한 사람은 27세의 유일한이었다. 그는 미시건 주립대학을 다닐 때 미국 학생 월리 스미스(Wally Smith)를 만났는데, 이 둘은 숙주나물을 유리병에 키운 뒤 스미스 집안에서 경영하는 식품 체인점을 통하여 건강식품으로 팔았고, 졸업 뒤에는 찹수이를 통조림으로 만드는 방법을 실험하였다. 그들은 드디어 1921년에 통조림 제작에 성공하였고, '라초이(La Choy)'라는 주식회사를 세웠다.[78] 유일한은 판매를 담당한 부사장으로, 많은 주식을 받고 취임하였다(〈그림 100〉). '라초이'는 숙주나물을 기를 전문가를 비롯하여 음식을

77) Renqui Yu, "Chop Suey : From Chinese Food to Chinese American Food", *Chinese America : History and Perspective*(1987), 87쪽.

78) Hunt Wesson Inc., *History of La Choy*(Fullerton, Calif., 1995).

〈그림 100〉 라초이 회사의 첫 건물(1920년 디트로이트 시)

만드는 과정에서 동양 사람이 필요하였다. 이에 유일한은 소년병학교를 같이 다닌 정양필과 경험 있는 농부 겸 경영인인 안재창 그리고 사교에 뛰어난 조오흥을 불렀다. 그러나 정양필·안재창·조오흥은 '라초이' 회사의 대우가 만족스럽지 않자, 그곳을 나와 1921년에 합자회사로 중국음식 도매상(Whole sale chop suey)인 '정안주식회사(鄭安株式會社, Jhung & Co.)'를 디트로이트에 세웠다. 이 회사는 1925년에 주식회사가 되었다.[79] 정안회사는 포드 자동차회사, 학교, 백화점, 식당 등에 배달하는 방식으로 1925년에는 연 매상을 6만 3,000달러까지 올려, 재미 한인 사업체 가운데 가장 큰 회사로 자라났다.[80] 이 사업에 성공한 정양필은, 파리 강화회담에 참가차 파견되었던 김규식을 도와주었던 이화전문

79) 유기원, 〈北美洲同胞實業界覇王 : 鄭安會社〉, 《우라키》(1930), 90~95쪽.
80) 《신한민보》(1925. 5. 21).

〈그림 101〉 1920년 뉴욕에서 치러진 정양필과 이화숙의 결혼식. 유일한(뒷줄 오른쪽에서 두번째)과 한인소년병학교 졸업생으로 추정되는 사람이 한국에서 선교활동을 하였던 미국 선교사들과 함께 서 있다

1회 졸업생 이화숙과 결혼하여 많은 재미 한인들에게 선망의 대상이 되었다(〈그림 101〉). 1930년에는 새로 지하 1층 지상 1층의 건물을 지었다. 벽과 바닥에 흰 타일을 깐 주방과 특수 강철 용기 등, 최신식 시설을 갖춘 음식 제조업체 설비였다. 이런 깨끗한 최신식 설비는 고객들의 신뢰를 높이고 회사의 이미지를 홍보하는 데 크게 도움이 되었다(〈그림 102〉).[81] 성공한 사업가인 55세의 안재창 사장은 1928년에 하와이로 가서 18세의 처녀와 결혼하였는데, 이는 한인사회에서 화제가 되기도 하였다.[82] 한편 유일한은 1925년에 부친의 환갑을 맞아 일시 귀국하여

81) 안재창의 큰딸 앨버타 셜츠와 가진 1991년 11월 10일의 인터뷰.

〈그림 102〉《우라키》 잡지에 실린 정안주식회사 광고(1935년)

82) 《신한민보》(1928. 11. 29/12. 6). 안재창 부인과 1990년 2월 미시건 주 리보니아 자택에서 인터뷰.

사업 업종을 살피고, 상해로 가서는 미국과 무역할 물품들을 조사하고 돌아왔다.[83] 유일한은 경영에서 의견 차이와 미묘한 인종차별 때문에 '라초이'를 곧장 그만두고, 배당받았던 주식을 팔아 자본금 5만 달러로 유한주식회사를 차렸다. 중국에서 손수건·타월·식탁보 등을 수입하는 이 회사는 한인이 세운 것으로는 가장 큰 무역회사였다. 유일한은 회사를 차리면서 사장에 서재필을, 부사장에 정한경을, 그리고 전무에 이희경을 임용하였다.

시카고에서도 1920년대 초반에 정태은을 중심으로 김홍기·이상진·오한수·남정헌이 중국 식료품과 조미료 등을 도매하는 동양음식물제조회사(東洋飮食物製造會社, Oriental Food Company)를 1만 5,000달러의 자본금으로 시작하였다. 이 회사는 1950년대까지 지속되었다. 《신한민보》 주필을 그만둔 백일규도 1935년부터 1942년까지 미주리 주 캔사스 시에서 소·도매를 겸한 중국음식점을 열었고, 신형호도 로스앤젤레스에서 중국음식 도매업을 하는 등, 많은 한인들이 이러한 사업에 종사하였다.[84] 이것들은 오늘날 유행하는 패스트푸드의 시작이기도 하다.

소년병학교 출신 사업가로 김경(金慶)을 빼놓을 수 없다. 그는 평안남도 선천(宣川) 출신인데, 1905년에 15살의 나이로 미국에 도착하였다. 로스앤젤레스에서 영어 공부를 몇 년 하다가 네브래스카 소년병학교로 가서 훈련을 받고 1912년에 졸업하였다. 그 뒤 그는 시카고 근처에서 건축학을 공부하였다. 1915년에 시카고로 들어가 큰 식당에서 열심히 일하여 지배인이 되었다. 여기서 식당 운영을 파악한 뒤 새로운 개념의 식당인 카페테리아(Cafeteria)를 직접 경영하여 성공하였으며,

83) 유일한이 서재필의 딸 Muriel에게 보낸 1926년 5월 11일자 편지.

84) 《신한민보》(1936. 9. 10).

1930년에는 시카고 도심지에 카페테리아를 세 개나 운영하게 되었다.[85] 그는 소년병학교 출신답게 자기 사업에 경쟁자가 될 것을 알면서도 다른 한인에게 식당 경영 비결을 가르쳐주었고, 상해임시정부에도 큰 돈을 기꺼이 희사하여 백범 김구를 놀라게 하였다(〈그림 103〉).[86] 1933년에는 시카고에서 세계박람회가 열렸다. 이때 '상해의 거리(Street of Shanghai)'에서는 동양의 문물이 소개되었는데, 그는 5,000달러를 들여 건물을 짓고 한국의 '불고기'를 미국인들에게 선보이기도 하였다. 그러나 세계공황 때 열린 박람회였던 탓에 성공하지 못하였고, 수십 명의 고용인을 데리고 있던 그는 약 20만 달러를 손해본 뒤 다시는 재기하지 못하였다.[87]

의사가 된 소년병학교 출신들

이희경은 1916년에 시카고 롤라 대학 의과대학을 졸업하였고, 다음 해에 호놀룰루로 가서 개업하였다(〈그림 104〉).[88] 그는 1918년에 귀국하였다가 상해로 망명하였다.

구영숙은 1920년에 조지아 주 에모리 대학 의과대학을 졸업하고 귀국하였으며, 해방 뒤 이승만 정부의 보건사회부 장관이 되었다. 김유택은 1922년에 에모리 대학 의과대학을 졸업하고 하와이 군도로 들어가

85) 《한국일보》(시카고판, 1979. 8. 9/8. 24).
86) 《백범일지》(서울 : 교문사, 1979), 231쪽.
87) 《신한민보》(1934. 3. 22), 1면/(4. 26), 1면 ; 《한국일보》(시카고판, 1980. 1. 31/2. 6/2. 13).
88) 《신한민보》(1916. 6. 15) ; 《우라키》(1926), 150쪽.

〈그림 103〉 1905년 미국 도착 당시의 김경(15세)

〈그림 104〉 호놀룰루에서 개업을 한 이희경이 도산 안창호에게 보낸 편지

정부가 운영하는 나병환자 수용소에서 오랫동안 일하였다. 하와이 한인사회에서는 국민회와 이승만 파 사이의 당파 싸움이 수십 년 동안 이어졌는데, 구영숙은 여기에 참가하지 않고 백인 부인과 조용히 살았다. 말년에는 호놀룰루 한인감리교회에서 많은 봉사 활동을 하였다.[89)]

김용성은 예일 대학 의과대학을 나와 로스앤젤레스 지역에 두 곳의 진료실을 열고 많은 한인들에게 무료 진료를 실시하였다. 진주만 폭격 뒤 그는 캘리포니아 주 향토방위군의 요청으로 한국·중국·필리핀의 지원병 50병으로 중대를 구성해서 '맹호군'이라고 이름 붙이고 훈련을 시작하였다.[90)] 1947년에 북미주 대한인국민회 총회장을 맡았던 김용성

89) 1957년 가을에 필자는 김유택을 호놀룰루에서 만났는데, 당시 그는 한국어를 거의 다 잊고 유창한 영어로만 이야기하였다. 그때 그는 평생 꿈이 조국에 가서 병원을 세우고 의학을 가르치는 것이었다고 하면서 귀국하지 않은 것을 깊이 후회하고 있었다.

90) 《신한민보》(1942. 1. 1) ; 김원용, 앞의 책, 147쪽.

〈그림 105〉 1960년 캘리포니아 주 프엔테로 김용성을 방문한 김일신 내외와 친지들. 앞줄 왼쪽에서 두번째가 김용성 부인, 세번째가 김일신 부인(김용성의 동생), 네번째가 김일신의 딸이며, 뒷줄 왼쪽에서 첫번째가 김용성, 세번째가 김용성의 딸, 네번째가 김일신, 여섯번째가 이흥만이다

은 해방된 조국을 방문하고 싶었으나, 이승만 정권으로부터 입국 허가가 나오지 않아 끝내 귀국하지 못하였다[91]

노스웨스턴 대학교 의과대학을 나온 김일신은 김용성과 동서지간이었다. 처음에 이 둘은 로스앤젤레스에서 함께 일하였으나, 김일신은 나중에 인디애나 주 인디애나폴리스의 감리교 계열 병원에 근무하였다. 그는 1960년에 은퇴하여 94세까지 시애틀에서 딸 식구와 함께 살았다(〈그림 105〉, 〈그림 106〉).[92]

91) 그의 지인 박기벽과 가진 1995년 5월의 인터뷰.

92) 딸 캐서린 김과 가진 1998년 7월의 인터뷰.

〈그림 106〉 은퇴한 김일신이 딸과 함께(1959년)

사진사가 된 소년병학교 출신들

소년병학교의 사진이 많이 남아 있는 것은 생도들 가운데 사진 기술을 미국 전문가에게 배운 사람들이 있었기 때문이다. 이들은 사진을 생업으로 삼으려고 하였으며, 소년병학교의 활동을 많이 찍고 또 그 사진들을 엽서로 만들어 서로 나누어 가졌다. 배병헌은 네브래스카 주립사범학교에 다니며 1909년에 커니 시의 사진작가 앤더슨에게 사사를 받았다.[93] 조진찬의 농장에서 찍은 1909년의 소년병학교 사진들과 헤이스팅스 대학 교정에서 찍은 1910년의 사진들이 바로 배병헌의 손에서 나온 것으로 추정된다. 그는 당시로서는 고등 기술이던 사진 촬영에 자신이 있어서, 1910년에 커니 시에서 서북쪽으로 40마일 떨어진 캘러웨이(Callaway)에 사진관을 열었다.[94] 그 뒤 사진관을 교포에게 팔고 1912년에 덴버로 가서 새로운 사진관을 차리고는 2년 동안 운영하였다. 1914년에는 샌프란시스코로 가서 도시 외각에 활동사진과 사진 기술을 가르치는 시설을 차리고, 중국인과 한인들에게 유료 강습을 하였다.[95] 사업 수완이 있던 그는 더욱 큰 무대와 시장을 찾아서 1916년에 상해로 떠났다.[96]

1911년에 《신한민보》는 떠돌이 한인 노동자들에게 농업을 권장하려고 농장에서 찍은 사진을 모집하였다. 신태림(申泰林)은 이때 링컨 시 근처의 안재창 농장과 최경오 농장에서 찍은 사진을 보냈다.[97] 박용만의 링컨 한인 학생 기숙사 앞에서 찍은 사진과 1912년 이후의 소년병학교 사진들은 대개 신태림이 찍은 것으로 추정된다. 서대숙은 김현구의 자서전을 영문으로 번역하였는데, 이 책에 실린 김현구의 사진이 바로 신태림이 찍은 것 가운데 하나이다(〈그림 107〉, 〈그림 108〉).[98] 그는 미주

93) 《신한민보》(1911. 3. 15), 3면.
94) 《신한민보》(1911. 5. 3), 3면.
95) 《신한민보》(1914. 11. 19), 1면. 수강료는 활동사진 만드는 것에 250달러, 사진 만드는 것에 50달러였다.
96) 《신한민보》(1916. 5. 25), 3면.
97) 《신한민보》(1911. 5. 3), 3면.
98) Dae Sook Suh, 앞의 책, viii쪽.

〈그림 107〉 1919년경의 김헌구. 사진 아래 왼쪽에 "SHINN 1013 GRAND AV. K. C. MO(Kansas City, Missouri)"라고 쓰여 있다

〈그림 108〉 신태림이 찍은 것으로 추정되는 소년병학교 생도들(1913년경). 위의 사진에서는 가운데가 홍승국, 오른쪽이 정태은이며, 아래 사진에서는 가운데가 김현구, 오른쪽이 홍승국이다

리 주 캔사스 시에서 10년 동안 사진관을 경영하였다. 1931년에 신태림이 하와이로 가는 길에 샌프란시스코 국민회에 들러 옛 소년병학교의 백일규를 만나 회포를 푼 일이 있는데, 백일규는 그를 "광무시대에 한국 삼림 벌채를 일본에게 허락할 때 보안회와 만국공동회의 회원으로 활동하던 사람이다"라고 소개하였다.[99] 그는 1931년에 동포들이 많이 거주하는 호놀룰루로 가서 사진관을 경영하며 많은 재미 한인들의 역사적 사진들과 2세들의 결혼사진을 남겼다.[100] 백일규가 하와이 대한인국민회의 《국민보》 주필로 2년 동안(1948~1949) 봉사할 때, 신태림은 그와 국민회 회장 조병요 그리고 성공회 목사 조광원과 함께 비행기를 타고 '빅 아일랜드'로 유람을 갔다.[101] 그 뒤 신태림은 호놀룰루에서 가족 없이 혼자 살다가 6·25 전쟁 전에 사망하였는데, 한국에 있는 딸의 소원대로 시신은 조국에 보내졌다.[102]

남정헌도 1910년대 말에 시카고에서 '남 체스터 포토(Nahm Chester Photo)'라는 사진관을 경영하였다. 1920년대 초에는 네브래스카 주 캘러웨이와 콜로라도 주 푸에블로로 가서 사진관을 경영하였다.[103] 그는 이승만이 집정관 총재로 선출되자 컬러 우편엽서를 만들었다.[104]

---

99) 《신한민보》(1931. 5. 7), 1면.

100) 《국민보》(1937. 3. 31), 2면. 서대숙의 *Writings of Henry Cu Kim*에 실린 김현구의 독사진은 신태림의 캔사스 시 사진관에서 찍은 것이다. 안형주와 홍한식 목사의 딸 Ms. Mary Hong Park과 가진 2001년 5월의 인터뷰.

101) 《국민보》(1948. 11. 16), 2면.

102) 《국민보》(1950. 3. 22/3. 29) ; 강신표, 《단산사회와 한국이주민(壇山社會와 韓國移住民)》(서울 : 한국연구원, 1959), 11쪽. 임준호 목사의 인터뷰 참조 ; 필자와 Roberta Chang의 인터뷰(2003. 6).

103) 유영익, 《이승만의 삶과 꿈》(서울 : 중앙일보, 1996), 145쪽. 집정관 총재 이승만의 홍보엽서 ; *Pueblo City Directory*(1925) ; 《신한민보》(1921. 10. 6), 3면.

104) 유영익, 같은 책, 145쪽.

이들 세 명의 생도 외에 1904년 1월 방사겸이 탄 하와이 이민선에서 함께 올라 '통변(통역)' 일을 하였다는 이노익도 1914년에 네브래스카 웨즐리언 대학을 졸업하고 사진 기술을 배웠으나, 사진사로서 활동은 밝혀지지 않고 있다.[105] 다음으로 한인소년병학교 출신들의 저서를 살펴보자.

출판된 저서들

소년병학교 교사 가운데 한글로 책을 낸 이는 모두 세 명이다. 이들은 덴버 애국동지대표회에서 거론되었던 출판 사업을 실천에 옮긴 것이다. 먼저 박용만은 보병을 위한 《군인수지(軍人須知)》(1911), 《국민개병설(國民皆兵說)》(1911), 《아미리가혁명(亞美里加革命)》(상권, 1914)을 냈고, 백일규는 《한국경제사》(1920), 김현구는 자서전과 더불어 부록에 속칭 '삼만전'이라고 하는 〈우남약전(雩南略傳)〉·〈우성유전(又醒遺傳)〉·〈검은유전(儉隱遺傳)〉을 실었는데, 이 원고는 하와이 대학 서대숙 교수가 1987년에 영문으로 번역·출판하였다(〈그림 109〉).[106]

한편 졸업생들의 영문 저서로는 다음과 같은 것들이 있다. 정한경은 1918년 5월 재미 중국 유학생 영문잡지인 《중국학생월보(*Chinese Students' Monthly*)》에 〈일본 아래의 한국(Korea Under Japan)〉이라는 짧은 글을 실었다. 이것은 '조선과 중국은 입술과 이[齒] 같은 관계인데, 조선은 정

105) 《신한민보》(1912. 6. 17), 3면 ; 방사겸, 《평생일기》 제1권, 19쪽.

106) Dae-Sook Suk, *The Writings of Henry Cu Kim*. '우남'은 이승만의 호이고, '우성'은 박용만의 호이며, '검은'은 정순만의 호이다. 세 사람 모두 이름이 '만' 자로 끝나기 때문에 보통 '삼만'이라고 한다.

〈그림 109〉 박용만이 쓴 표제들

치·경제·군사·문화적으로 일본 제국주의 통치 밑에서 아주 멸망할 위기에 있으니, 중국은 이 절박한 위협을 언제 깨달을 것인가'라는 요지의 유창한 영어 논문이었다.[107] 그는 또한 1919년에 《한국의 조약들(*Korean Treaties*)》과 《미국의 극동정책(*The Oriental Policy of the United States*)》을, 1921년에는 《한국의 경우(*The Case of Korea*)》를 발간하였다. 유일한도 자신의 자서전 《내가 한국에서 어린 시절을 보냈을 때(*When I was a Boy in Korea*)》를 1928년에 출판하였다. 이 책은 미국 청소년을 위하여 《디트로이트 데일리 뉴스(*Detroit Daily News*)》에서 기획한 것으로, 미국에 이민을 온 외국인들 가운데 성공한 인사들에게 각자 어린 시절의 모국 이야기를 쓰도록 한 것이다. 뛰어난 문장력으로 상까지 받았던 유일한의 유연한 글 솜씨가 이 책에서도 잘 드러난다(〈그림 110〉). 다음으로는 귀국한 소년병학교 출신들의 행적을 살펴보자.

소년병 출신들의 귀국과 활동

소년병학교 출신들 가운데 지금까지 알려진 미국 대학 졸업생 11명의 귀국 뒤 행적은 다음과 같다. 9명은 교육계에 헌신하였고 1명은 귀국하자마자 상해로 망명하였으며, 1명은 사업에 투신하였다. 교편을 잡은 사람들은 연희전문에 4명, 세브란스 의과대학에 1명, 숭실전문에 3명, 그리고 협성실업학교에 1명이었다.

107) 일본외무성 외교사료관 소장 〈不逞團關係雜件, 鮮人部, 在歐美 3-2(1918. 12~1919. 3)〉; Henry Chung, *Korea Under Japan*(A. M. Economic Fellow in Economics, Northwestern University), 101~110쪽.

〈그림 110〉 유일한의 자서전

• 이희경(1890~1941)

제일 먼저 1918년 1월에 귀국한 이희경은 국내에 정착하지 못하고 그해 12월에 상해로 망명하였다. 상해임시정부 조직 뒤 대한적십자회를 1919년 8월에 발족시켰고, 제1차 세계대전 뒤 극동 문제를 살피기 위하여 미국 의회시찰단이 상해에 머무는 동안 진정서를 전달하였다. 1921년 4월에는 모스코바로 파견되어 레닌에게 독립운동 자금으로 40만 루블을 기증받았으나, 이동휘의 비서 김립(金立)이 유용하여 임시정부에 내분이 일어났다. 이 일로 실망한 이희경은 1927년 1월에 베를린을 거쳐 미국으로 건너갔다. 그 뒤 그는 미국 현지 법인인 '유한주식회사'에서 활약하였다. 1935년 10월에 미국 제약회사의 동양 특파원을 가장하고 귀국하다가 일본에서 체포되어 국내로 압송되었다. 압송 도중 혹독한 고문을 당한 탓에 병을 얻어 신음하다가, 1941년 6월 12일에 서울에서 별세하여 순천 본향에 안장되었다.[108)]

- 구영숙(1892~1976)

구영숙은 1920년 귀국하여 미국 감리교에서 세운 개성의 제중원병원에서 일하였으며, 1923년에 다시 미국으로 가 인디애나폴리스에서 소아과를 전공하고 귀국하였다. 그는 세브란스 병원에 소아과를 창설하고 후진 양성에 힘썼다. 1931년에는 남감리교회 4년 총회에 한국 대표 가운데 일원으로 미국을 다녀왔다.[109)] 1934년에 일본말로 강의하라는 총독부의 강요를 받자 교수직을 사퇴한 뒤 개업하였다. 그러나 곧 흥업구락부 사건에 연루되어 많은 미국 유학생들과 함께 고초를 겪었고, 그 뒤 병원을 서울 교외로 옮겨 해방될 때까지 지냈다. 광복 뒤 구영숙은 미 교육 시찰단을 데리고 미국을 방문하였고, 1947년에는 죽마고우인 유일한을 대신하여 유한양행 사장직을 맡았으며, 1948년에는 이승만 정부의 초대 보건사회부 장관에 취임하였다. 1951년에는 세계보건

---

108) 《공훈록》 5(서울 : 국가보훈처, 1986), 748~749쪽 ; 《신한민보》(1941. 7. 3), 2면.
109) 《신한민보》(1931. 2. 5).

기구 한국 대표, 1952년에는 대한적십자사 대표로 활약하였으며, 1980년에 88세를 일기로 타계하였다.[110)]

• 홍승국(1889~1963)

1920년에 오하이오 주립대학을 졸업한 그는 아내가 위독하다는 소식을 듣고 귀국하였다. 그 뒤 개성 송도중학교 영어교사를 하다가, 1925년부터 1943년까지 연희전문 교수로 재직하였다(〈그림 111〉). 흥업구락부 사건에 관련되기도 하였으며, 1943년에는 조선어학회 사건에 연루되어 6개월의 옥고를 치르고 연희전문 교수직에서 축출되었다(〈그림 112〉). 해방 뒤 복직하여 1948년부터 5년 동안 연대 상과대학 학장으로 복직하였으며, 1960년에 정년으로 은퇴하였다. 1962년에 명예교수로 복직하였지만, 이듬해 74세를 일기로 타계하였다.

• 김려식(1888~1950, 납북)

김려식은 한인으로서는 세번째로 박사학위를 받은 인물이다. 그는 1924년 11월에 귀국하였는데, 조국이 일제의 발밑에 눌린 처지라 처음에는 취직할 의향이 없었으며, 고향인 평안남도로 가서 주로 연설을 하고 다녔다.[111)] 사립학교 사업에 관심을 가지고 배화여자학교 이사로 있다가, 1907년에 서북학회(西北學會)가 세운 오성학교(五星學校)가 재정난으로 문을 닫게 되자 연희전문 원한경의 기부를 받아 인수하였다(〈그림 113〉).[112)] 학교 이름을 협성실업학교로 고치고 전문 기술을 가르치는 고등학교로서 10년 동안 운영하였다. 그러다가 1938년 수양동우

110) 구영숙의 장남 구연철과 가진 1998년 7월의 인터뷰(서울).

111) 《신한민보》(1924. 10. 3), 1면 ; 《조선일보》(1924. 11. 27), 2면.

112) 《동아일보》(1927. 5. 5), 3면.

POST CARD

COLUMBUS OHIO MAY 23 11-AM 1922

CORRESPONDENCE HERE

Hello Doc. Do you recall the days of this picture? Happened to run across this one so I thought I would send it to you. How are you getting along? Will see you in Sept. on my way to Frisco. Be good.
Yours, S.K. Hong

NAME AND ADDRESS HERE

Mr. D. Y. Kim
302 E. 51st St.
Chicago, Ill

〈그림 111〉 홍승국이 1922년 귀국길에 오르며 김일신(용대)에게 보낸 엽서. 우연히 소년병학교 야구 팀의 사진엽서를 찾아 옛날을 추억하며 보낸다는 내용이 담겨 있다

〈그림 112〉 홍승국이 연희전문에서 영어로 강의하는 모습

〈그림 113〉 김려식의 오성학교 교장 취임식

회 사건에 연루되어 투옥되었다.[113)]

그 뒤 김려식은 일제의 '대동아경영권'을 찬양하고, 독립운동 한 것을 뉘우친다는 내용의 성명서에 서명한 미국 유학생 18명 가운데 한 명이 되었다.[114)] 이 사건 이후 그는 서울 자하문 밖으로 거처를 옮기고 연락을 일절 끊은 채 지냈다. 한편 일본 형사는 그를 매일같이 방문하여 행동을 감시하였다.[115)]

광복 뒤에는 한국민주당에 가입하여 공산 진영과 대립하였고, 1945년 11월의 임시정부 요인 환영회와 1947년 서재필 박사 귀국 환영회의

113) 김세한, 《배화육십년사》(서울 : 배화여자중고등학교, 1958), 225쪽 ; 김려식의 아들과 가진 1996년 6월의 인터뷰.

114) 《기독교신보》(1938. 8. 16).

115) 김려식 장남 김상갑과 가진 1996년 7월의 인터뷰.

준비위원으로 활동하였다(〈그림 114〉).[116] 이어서 하지 중장의 천거로 미군정청 정책 선정과 미군정을 이양받을 신정부를 구성하는 자원으로 임명되었다. 시간이 흐름에 따라 그는 중간노선을 취하며 세력을 단합하였다. 그러면서 재미 한인연합회와 군소 정당 네 개를 하나로 묶어 신진당을 창당하고 부당수가 되었다. 1948년의 첫 국회의원 선거 때는 한반도에 분단 정부가 서는 것을 반대하며 참가하지 않았다. 1950년 선거에는 출마하였으나 낙선하였고, 6·25 전쟁 때 납북되었다.

● 박길용 · 이종희 · 김호연 · 이용규 · 이노익 · 박처후

박길용은 1923년 오하이오 주립대학을 졸업하고 귀국하여 연희전문 상과대학에서 약 2년 동안 교편을 잡았으며, 그 뒤로는 자영업을 하였다(〈그림 115〉). 한편 이종희는 1920년부터 1925년까지, 김호연은 1920년부터 1928년까지, 그리고 이용규는 1921년부터 1927년까지 평양 숭실대학에서 교편을 잡았다.[117] 이들은 1927년경 모두 교단에서 물러났는데, 그 이유는 분명하지 않다.

1914년 네브래스카 웨즐리언 대학을 졸업한 이노익은 1915년 귀국하여 연희전문에서 화학을 가르쳤다. 1921년에는 더 심도 있는 연구를 위하여 다시 미국으로 건너갔으며, 친구인 하와이의 임준호 목사에게 이듬해 귀국할 것임을 알렸다. 임준호 목사는 하와이 감리교 감리사인 프라이(William H. Fry)에게 이노익을 소개하고, 교회에 영어가 가능한 일꾼이 모자라니 하와이에서 일해볼 것을 권해달라고 부탁한 듯하다.[118]

116) 국사편찬위원회, 《자료 대한민국사》 1(1968), 62쪽.

117) 《숭실대학교 백년사》(서울 : 숭실대학교, 1977), 151~152쪽, 294쪽 ; 《동아일보》(1920. 6. 23/6. 26/6. 27/9. 17).

118) 이노익은 프라이 감리사에게 보낸 1922년 1월 10일자 서신에서 자기의 경력을

이노익은 프라이 감리사에게 보낸 두번째 서신에서, 자신은 귀국하기로 마음을 굳혔고 샌프란시스코에서 배를 타기 전에 레너드 감리교 감독을 만나보겠다고 썼다. 이노익은 아마도 교회 일에 관심이 많았던 것 같다. 또한 그는 하와이 사탕수수 농장에서 함께 일하였던 옛 친구들을 만나 회포를 풀겠다고 적고 있다.[119]

이노익·신태림은 서울에서부터 친구였다. 그들과 하와이 이민선을 함께 타고 왔다는 임준호 목사는 "이노익은 독한 약 공부를 해가지고 요긴한 데 뿌려서 모두 결단을 낼 결심을 하고 평양 쪽에 가서 뭘 좀 하다가 잡혀 죽었습니다"라고 회고하였다.[120] 소년병학교 출신 교사들이 숭실전문을 떠난 것은 아마도 이노익으로 말미암은 모종의 화학약품 사건과 관련이 있었던 것 같은데, 구체적 단서는 아직 못 찾고 있다. 김호연은 1926년에 다시 미국으로 가서 1년 동안 화학공장들을, 특히 인조고무 제조 공장들을 시찰하고 연구하였으며, 영국을 거쳐 귀국하였다.[121] 그러나 그 뒤의 행적은 아직 밝히지 못하고 있다. 앞에서 밝힌 것처럼 박처후도 1916년에 귀국하여 연희전문에서 가르치다가 1919년에 블라디보스토크로 망명하였다.

임준호 목사를 통해서 잘 알 것이므로 따로 이력서를 안 보내겠다고 하였다. 프라이 감리사는 미국에서 대학을 나온 한인 교역자를 오랫동안 구하고 있었다. 이노익에 대해서는 대학을 졸업한 뒤 사진사로 일한 경력만 《신한민보》를 통해 추적할 뿐, 8년 동안 어디서 무엇을 하며 지냈는지는 자료가 없어 알 수 없다.

119) 이노익이 프라이 감리사에게 보낸 1922년 1월 16일자 서신. 이노익의 서신들은 호놀룰루 연합감리교 감리사 사무실에 있는 Correspondence of Superintendent File에 있다.

120) 강신표, 《단산사회와 한국이주민》, 11쪽. 임준호 목사의 인터뷰 참조.

121) 《신한민보》(1926. 8. 5), 1면/(1926. 9. 2), 1면/(1927. 9. 8), 1면/(1927. 10. 27), 1면.

〈그림 114〉 1947년 서재필 귀국환영회. 앞줄 왼쪽부터 장리욱, 춘원 이광수, 김홍서(임정 출신), 서재필의 딸, 서재필, 김려식 박사, 오정수. 뒷줄 왼쪽부터 김병언(재미 교포), 성명 미상, 김려재, 김병언(평남 출신), 백인제 의사, 김백, 성명 미상, 주요한, 정일형 박사, 노기정, 이용설 의사, 백기호 의사, 안동원, 홍억일, 오경수

〈그림 115〉 1920년대 중반 연희전문 상과대학에서 교편을 잡은 박길용

• 유일한(1895~1971)

1927년 1월 초에 귀국한 유일한은 정안회사가 마련해준 송별 파티에서 "미국에서 우리는 풍족한 삶을 누리고 있지만 백인들과 자유자재로 섞이지 않는 것을 느낀다. 그러나 내가 귀국하는 것은 백인들의 따돌림이 아니고 조국에 가서 나의 사업을 내 힘으로 세워 조국에 보탬이 되는 것이 보람 있어 귀국하는 것이다"라고 말하였다.[122] 그는 세브란스 의대 학장 에비슨이 권고한 연희전문 교수직을 사양하고, 서울 YMCA 빌딩 안에 미국식 약방을 차렸다. 미국에서 수입한 염색약·페인트·위생용품·화장품·약 등의 광고를 일간신문에 내고, 한국 특산 공예품을 미국에 수출하였다.[123] 1930년에 유한양행은 미국 제약회사들의 대리점으로서, 국내의 주요 제약회사로 자리 잡았다(〈그림 116〉). 1934년에는 시장조사도 하고 견문도 넓힐 겸 세계일주를 하였으며, 중국 대련에 미국과 공동으로 출자하여 공장과 창고를 지었다. 그러나 일본은 본격적으로 중국을 침략하면서, 극동에 거주하는 미국 시민들에게 대련을 떠나도록 압력을 넣었다. 이 때문에 능력 있는 사업가로서 한창 일에 열중하고 있던 유일한은 1938년에 가족들을 데리고 미국으로 돌아가야 했다.[124]

위에 서술한 소년병학교 출신들 외에도 이명섭·호시한 등이 귀국하였으나, 이명섭이 평양에서 결혼하였다는 《신한민보》의 기사 외에는 아직 그들의 행적을 밝혀줄 만한 자료가 없다.[125] 다음은 제2차 세계대전 때 소년병학교 출신들의 활동을 살펴보자.

---

122) 《신한민보》(1927. 1. 12), 1면.
123) 유한양행, 《柳一韓》(서울 : 동아출판사, 1995), 582~585쪽.
124) 같은 책, 608쪽.
125) 《신한민보》(1929. 2. 14).

〈그림 116〉 1936년 서울에서 유한양행 주주총회를 마치고(앞줄에서 네번째가 유일한)

태평양전쟁과 그 영향

일본의 중국 침략이 노골화하던 1940년 9월, 재미 한인들은 호놀룰루에 모여 오래된 분열을 종식시키고 1941년 4월 20일에 해외한족연합회를 창설하고자 하였다. 그러나 중국동포들이 참석할 수 없어서 재미한족연합회를 발족시켰다. 문자 그대로, 이는 기존 단체들의 연합회였지, 통합된 단체가 아니었다. 편의상 호놀룰루와 로스앤젤레스에 따로 본부를 두었으며, 로스앤젤레스 본부는 미국 본토와 멕시코 그리고 쿠바를 관할하였다.[126]

126) 김원용, 앞의 책, 403쪽.

일본의 진주만 폭격은 재미 한인들에게 일본 멸망의 신호탄이었다. 그것은 동시에 조국의 해방을 의미하는 것이었다. 재미 한인들은 1905년부터 조국의 독립을 위하여 줄기차게 투쟁하였는데, 이제는 그들이 거주하는 세계 열강 미국과 함께 일본을 공동의 적으로 마주하게 된 것이다. 뜻하지 않게 성큼 다가온 조국 광복의 현실을 바라보며, 한인들은 다시 애국심으로 독립운동을 성원하였다. 재미 한인 독립운동은 바로 이 태평양전쟁 때 절정기를 맞았다. 소년병학교 출신들도 그들이 사는 재미 한인 지역사회의 지도자들로서 국민회 지부들을 조직하고 앞장서 헌금함으로써, 골이 깊게 분열되었던 재미 한인사회를 재조직하는 데 공헌하였다. 정양필과 안재창은 디트로이트에 국민회 지부를 조직하고, 정태은은 시카고의 한인단체들을 연합하여 재미 한족연합회를 지원하였다.[127] 미 연방정부 고위관료들과 의견을 교환하고 해외 한인들이 연합군에 적극 참가하기 위해서는 긴밀한 접촉이 필요하였다. 따라서 고등교육을 받고 유창하게 영어를 구사할 수 있는 한인사회 대표자들이 새롭게 요청되었다. 이 자리를 메울 수 있는 사람들은 바로 최고의 교육을 받고 독립정신이 투철한 소년병학교 출신들이었다.

김용성과 맹호군

진주만 폭격 뒤 재미 한족연합회는 미 연방정부에 한인으로 구성된 미 육군부대를 훈련시켜달라며 청원하였다. 그러나 군사훈련을 받을 재미 한인들이 미국 시민권자가 아닌 탓에 이 청원은 받아들여지지

---

127) 《신한민보》(1942. 1. 8).

않았다. 한편 캘리포니아 주 향토방위군(California National Guard)의 휴스 대령은 한인 중대를 조직하는 데 협력해줄 것을 재미 한족연합회에 요청하였다.[128] 이에 나이가 18세부터 64세까지인 한인들 50명이 자원하였고, 중국인과 필리핀인들로 구성된 동양인 대대가 구성되었다. 이 대대의 이름은 '맹호군(猛虎軍)'이었다. 맹호군의 훈련병들은 로스앤젤레스와 샌프란시스코에 거주하고 있었는데, 대대장은 김용성이었다.

맹호군에 대한 정식 인가는 1942년 4월 26일에 나왔으며, 대대기(旗)가 수여되었다(〈그림 117〉). 소년병학교 출신인 백일규와 유일한은 맹호군의 여름 군복을 마련하는 데 각기 65달러와 250달러를 희사하였고, 유일한은 여기에 더해서 재미 한족위원회와 국민회를 위하여 1,000달러를 기부하였다(〈그림 118〉). 다음으로 유일한이 미국 첩보부대에서 헌신하였던 내용을 살펴보자.

유일한과 재미 한족연합회 그리고 납코(NAPKO) 작전

한창 활동적인 43세의 사업가 유일한은 본의 아니게 미국으로 되돌아와 우선 건강을 회복하기 위하여 미국 서부로 요양을 떠났다. 이후 1939년 로스앤젤레스에 현지법인 회사[Ilhan New Company]를 세웠다. 또한 재미 한인사회에서 성공한 사업가로 존경받던 그는 깊게 분열된 재미 한인사회의 단결을 위하여 일하기 시작하였다. 그의 회사는 재미 중국인 신문에 한국 백삼(白參)을 광고하고 판매원들을 모집하였다. 한편 유일한의 부인 우매리(Mary Woo) 여사와 가족들은 콜로라도 주

128) 김원용, 앞의 책, 417쪽 ; 《신한민보》(1942. 1. 1), 1면.

〈그림 117〉 맹호군(1942년 8월 29일 로스앤젤레스에서)

〈그림 118〉 로스앤젤레스 국민회관 앞에서 재미 한족연합회 임원들(서 있는 사람들 가운데 오른쪽에서 세번째가 김용성)

불더(Boulder)로 가서 예전의 가게를 다시 열고 그곳에 정착하였다.[129] 유일한은 무역회사와 재미 한인 단합운동에 적극 참여하면서도 남가주대학(University of Southern California)에서 경영학 석사과정을 밟았다. 1941년에 그는 〈미국에서 생산되는 야생인삼의 상업적 가치〉라는 논문으로 석사학위를 받았다.[130]

유일한은 재미 한족연합회에 들어가서 계획·조사부의 부장을 맡고, 전 미국 한인사회를 방문하였다. 그들의 의견을 수렴하면서 나라를 잃은 뒤 절호의 기회를 맞았으니 단합하자며 역설하고, 조국의 독립을 위하여 모든 것을 바칠 준비를 하자고 권면하였다.[131] 1942년 8월 29일에 로스앤젤레스 시청에서 맹호군이 사열하고 태극기를 국기게양대에 올릴 때, 그는 중경임시정부 외교부장 조소앙이 보낸 축사와 워싱턴 구미위원에서 보낸 축전을 낭독하였다. 계획·조사부장으로 김용성과 함께 한국 독립을 홍보하기 위하여 〈한국과 태평양전쟁(Korea and Pacific War)〉이라는 팸플릿을 1943년 11월에 발행하였다(〈그림 119〉). 이 영문 팸플릿을 발행한 데는 두 가지 목적이 있었다. 하나는 재미 한인들에게 더 효과적으로 전쟁에 참여할 수 있도록 하는 것이었고, 또 하나는 한국의 현황과 전후 경제 문제 및 민주주의를 위한 계몽적 정부 수립을 이해하는 데 도움을 주고자 한 것이었다.

앞에서 말한 것처럼, 그는 일본의 패망이 확실시되는 1945년 1월에 《고려경제회보》를 발행하면서 〈한국에서의 생산 확대 가능성〉, 〈자동차 운송업〉, 〈광복 후 한국의 외교정책〉 등 다양한 제목의 글을 썼다.

129) 《中西日報》(1939), 5~7면.

130) 영문 제목은 "The Commercial Value of Wild Ginseng in the United States"이다.

131) 《신한민보》(1942. 12. 2/12. 4) ; 김원용, 앞의 책, 412쪽.

CONDENSED REFERENCE

KOREA AND THE PACIFIC WAR

★

A memorandum prepared as a partial plan for more effective participation by the Korean people in the present war

and as

a guide to an understanding of Korea's present and post-war problems, her economic status and the capacity of her people to carry on an enlightened and stable self-government

Published by

UNITED KOREAN COMMITTEE IN AMERICA
PLANNING AND RESEARCH BOARD

New Ilhan, Chairman

Kim Yongsung, M.D., Vice-Chairman　　Kim Seungnak, Ph.D., Secretary
Song Hernjue, M.A., Director　　Kim Pyengyun, Director

NOVEMBER, 1943

〈그림 119〉 재미 한족연합회의 기획조사부에서 발행한 한국 광복 홍보용 영문 팸플릿. 유일한과 김용성이 책임자이다

이들 글을 통하여 그는 광복 뒤 한국 경제 발전을 위한 미국 자본의 투자 가능성과 한국 시장을 소개하였다(〈그림 120〉).[132] 또한 그는 방계(傍系) 회사 이름으로 《신한민보》에 광고를 내어 미 연방정부 전쟁공채를 사라고 권하면서, "전쟁 승리를 위하여 모든 힘을 다할 것을 다짐하자"고 호소하였다. 광고주로는 유일한제약회사·유일한만주회사·유일한무역회사 그리고 서울·대북·천진·하얼빈·상해·대련·로스앤젤레스 지점들이 등장하였다.[133] 유일한은 정한경·전경무와 함께 1945년 1월 8일부터 18일까지 버지니아 주 핫스프링에서 태평양 국제문제연구소(Institute of Pacific Relations) 주최로 열린 전후 아시아 문제 학술대회에 한국 대표로 참석하였다. 160명의 동양 전문가들이 모인 이 대회에는 조국을 빼앗긴 나라 대표들과 식민지를 가지고 있는 서양 나라들의 대표들이 참가하여 열띤 토론을 벌였다. 이들은 토론이 끝난 뒤 모든 식민지들을 독립시키고 일본 천황과 군부를 없앨 것을 결의하고는 미국 정부에 청원하였다(〈그림 121〉).[134] 1944년에 독일이 항복하자 연합군의 목표는 태평양전쟁을 종결시키는 것이 되었다. 동남아시아에서 혁혁한 공훈을 세운 미군 육군특공대(OSS 101 부대) 지휘자 아이플러(Eifler) 중령은 잠수함으로 한인 특공대를 한반도에 침입시키는 납코(NAPKO) 작전을 OSS 최고책임자인 빌 도노반(Bill Donovan) 장군으로부터 승인받고 추진하게 되었다. 납코 작전의 목적은 다음과 같다.

> 특공대원들을 한반도에 상륙시키려고 하는 첫 목적은 일본 점령 아래에 있는 한국에서 군사 정보를 얻기 위한 것이다. 첫 목적이 이루어진

132) *Korean Economic Digest*(1945년도 1월호, 2월호, 7월호).

133) 《신한민보》(1944. 1. 1), 3면.

134) *New York Times*(1945. 1. 4), 10면, 11면, 19면.

KOREA ECONOMIC DIGEST

고려 경제 회보

Vol. II, No. 1 January, 1945

In Summer or Winter
Korea Is a Land of Breath-taking Beauty

〈그림 120〉 유일한이 편집 · 발행한 월간 《고려경제회보》

〈그림 121〉 태평양국제문제연구소(Institue of Pacific Relations)에서 전후 문제 논의를 위하여 개최한 학술대회에 참석한 정한경(오른쪽에서 첫번째)과 유일한(오른쪽에서 세번째) 그리고 전경무(왼쪽에서 첫번째)

뒤에는 한국 안에 지하정보망을 조직하고, 미군 비행기 조종사가 추락했을 때 구조하는 일도 맡으며, 일본 본토로 비밀정보망을 투입시키고, 일본 정부에 반항하는 사보타지(sabotage)와 한반도 안의 게릴라전도 지원하도록 한다.[135]

유일한은 첫번째 납코 팀의 팀장으로 선출되었고, 팀 이름은 '아이넥 미션(EINEC mission)'이라고 하였다. 이 팀에는 1925년부터 무역업을 도

135) NARA Record Group 226 Entry 92 Box 521, "NAPKO Project O. S. S. Field Experiment Unit"(1945. 3. 26).

우며 오랫동안 국민회와 《신한민보》에서 일한 최진하도 포함되어 있었다. 유일한 팀은 1945년 2월 2일에 입대 신고를 하고 OSS 캘리포니아 훈련장에서 훈련을 받았다.[136] 그런데 일본이 무조건 항복을 하면서 갑자기 종전이 됨에 따라 냅코 작전은 실현되지 않았다. 다음은 재미 한인사회 안에서 소년병학교 출신들의 구실을 살펴보자.

의견의 차이와 타협 그리고 인내

태평양전쟁 때 재미 한인사회 지도층은 예순이 넘은 초기 이민자들로 구성되어 있었고, 그 가운데 고령인 이승만은 일흔을 바라보는 노인이었다. 이승만은 임시정부 산하 주미외교위원회 위원장으로 재미 한족연합회 회장을 맡고 있었다. 미 연방정부 고위관리들과 부단한 교섭과 연락이 필요한 상황이었는데도, 그는 모든 직무를 혼자 수행하며 유능한 한인들에게 위임하지 않았다. 소년병학교 출신들은 한창 활동할 40대 후반의 나이였고, 미국 주류사회에 의사·사업가·저술가 등 전문 직업인들로 진출해 있었다. 또한 누구보다 미국 문화에 잘 적응하였다. 한편 재미 한인사회 지도자들은 농업이나 과일 도매업으로 성공한 사람들로, 그들과는 의견 차이가 있었다. 소년병학교 출신들은 일의 추진 능력과 비전을 가지고 있었지만, 기회가 주어지지 않았다. 그러나 그들은 기존 지도층에 도전하지 않고, 지도층과 마찰 없이 전쟁에 한인들이 참여할 수 있는 기회를 적극적으로 만들고 있었다. 특히 유일한은 한국 경제와 산업 구조에 관한 많은 보고서들을 OSS에 제출하였으며,

136) 같은 보고서, "EINEC plan", 42쪽.

중국에서 활약하고 있는 스틸웰(Stilwell) 장군과 쇼낼트(Chawnalt) 장군에 나름대로 직접 접촉을 시도하며 재미 한인 기성 지도층의 취약점들을 보강하였다.[137] 반면 재미 일본인 2세들은, 1세 지도자들이 일본에 더 충성심이 있다고 미국 정부로부터 의심받는 기회를 틈타, 1세들을 밀어내고 지도자들이 되었다. 우리와는 대조적이라고 하겠다. 아무튼 태평양전쟁은 한인들이 참전할 기회를 미처 가지기도 전에 아쉽게 끝나비렸다.

태평양전쟁 뒤

태평양전쟁 뒤 재미 한인사회는 계속 번창하는 미국 경제 속에서 더 나은 삶들을 누리고 있었다. 많은 재미 한인들이 광복된 뒤 조국에 다녀올 마음을 먹었지만, 영주 귀국은 생각하지 않았다. 정치적으로 불안하여 귀국할 수밖에 없었던, 중국에 있던 교포들과는 다른 양상이었다. 70세가 넘은 백일규는 하와이 《국민보》의 주필로 초빙되어 1946년까지 2년 동안 봉사하면서, 소년병학교 시절의 옛 친구들인 김현구·신태규·이명섭·남정헌 등을 만나 회포를 푼 것은 물론, 주말마다 많은 국민회 친구들의 초청을 받으며 즐거운 시간을 보냈다.[138] 초기 이민 1.5세인 김용성은 1947년에 처음으로 1세가 아닌 사람으로서 대한인국민회 회장에 당선되었다.[139] 김용성은 해방된 조국을 방문하려고 하였

137) 유일한이 박상렵에게 보낸 영문 서신들(1943. 4. 27/5. 23/6. 24).

138) 김원용, 앞의 책, 266쪽 ; 백일규의 아들 George Paik과 가진 1994년 4월 3일의 인터뷰.

139) 같은 책, 130쪽.

〈그림 122〉 로스앤젤레스 동쪽 휘티어 공동묘지에 있는 김용성의 묘비

으나, 이승만 정부가 반대파 사람이라며 입국 허가를 내어주지 않아 끝내 귀국하지 못하였다.[140] 김용성은 1963년에 암으로 작고하여 로스앤젤레스 동쪽 로스힐 공동묘지에 안장되었다(〈그림 122〉). 김용성의 묘비에 따르면, 그는 백인들로 구성된 메소닉 소사이어티(Masonic Society)의 회원이었다. 메소닉 소사이어티는 서로서로 돕고자 하는 상류층의 사회단체로, 미국 남북전쟁(1862~1865) 전에 대통령들의 다수가 이 단체 회원이었다. 가히 단체의 영향력을 상상할 수 있는데, 김용성이 전문 의사로서 백인사회에서도 존경받는 인물이었고, 미국 주류사회에 깊숙이 진출해 있었음을 증명해주는 것이라고 하겠다.

해방 뒤 두 정부를 세우는 것에 반대한 김현구도 이승만 정부로부터 입국 허가를 못 받아 귀국하지 못하였다. 더구나 6·25 전쟁 때 연합군의 무차별 폭격을 반대하면서 사회주의자나 공산주의 동정자로 낙인이

140) 고 박기벽과 그의 리들리 집에서 가진 1995년 5월의 인터뷰.

〈그림 123〉 대전 현충원 독립유공자 묘역에 있는 김현구의 묘

찍히기도 하였다. 그는 4·19 혁명으로 이승만 정권이 무너진 뒤 1962년에야 고향을 방문할 수 있었다(〈그림 123〉).[141)]

유일한은 1947년 7월, 8년 만에 다시 해방된 조국으로 돌아올 수 있었다. 그는 서울 상공회의소 의장에 선출되었으며, 그해 12월 한국에 투자할 미국 회사를 찾기 위하여 미국으로 다시 갔는데, 이승만 정부의 첫 내각 상공장관 자리를 거절하였다는 이유로 정부로부터 입국 허가가 나지 않아 1953년까지 귀국하지 못하였다.[142)]

몇 년을 해외에 머물다 귀국하게 된 유일한은 유한실업학교를 다시 복구하고, 유한공업고등학교와 유한전문대학을 합쳐 7,000명의 학생이 다니는 큰 교육기관으로 성장할 수 있도록 기초를 마련하였다. 그는 건강 관련 물품으로 판매 영역을 넓히는 한편, 선진국의 유명 제약회사와 제휴하고 한국 독점 판매업체가 되어 유한양행을 성장시켰다. 1965년에는 연세대학교에서 명예박사학위를 받았다. 유일한은 자신의 회사를 한국 굴지의 제약·건강 관리회사로 발전시키고, 1971년 76세를 일기로 타계하였다(〈그림 124〉).

유한양행은 창업주의 경영철학에 따라, 한국에서는 첫번째로 주식을 개방하였다. 이는 창업주들이 주식을 독점하는 다른 기업과는 대조적인 모습이다.[143)] 유일한은 양심껏 세금을 낸 사업가로서, 그의 이야기가 1970년대에 초등학교 교과서에 실리기도 하였다. 또한 KBS 라디오 방송에서는 〈외로운 횃불〉이라는 연속극으로 그의 일생을 재조명하였다. 그는 자신의 지분 주식을 유한재단에 기증하고 소유하고 있던 부동산

141) Dae Sook Suh, 앞의 책, xix쪽.

142) 《신한민보》(1946. 7. 16) ; 유한양행, 《柳一韓》, 588~589쪽 ; 유승흠(유일한 조카)과 가진 2000년 6월의 인터뷰(서울).

143) 유한양행, 같은 책 참조.

〈그림 124〉 유한공업전문대학 교정의 유일한 동상

을 한국여자기독청년회(YWCA)에 기증함으로써 모든 재산을 사회에 환원하였다.

김려식은 혼란스러운 해방 정국에서 민족주의 노선을 개척하고 그 길을 따라가려고 노력하였다. 처음에는 한국민주당에 입당하여 반공의 기치를 높이 들었다.[144] 앞에서도 말한 것처럼, 그는 임시정부 요인 귀국 환영회 준비위원과 서재필 박사 귀국 환영회 준비위원으로 활약하였다.[145] 그는 미군 총사령관 하지 중장으로부터 사회 안정을 위한 대책위원회 임원으로 선정되어, 물가 안정을 위한 쌀값 조정, 식량정책, 일본

144) 《자료 대한민국사》 1(서울 : 국사편찬위원회, 1968), 62쪽.

145) 같은 책, 63쪽.

말을 한국말로 바꾸는 문제, 입법 의원 수립과 미군정 이양 준비 등을 하였다.[146] 김려식은 중간노선을 단합시킬 목적으로 서울에 나와 있던 재미 한족연합회와 협동하여 군소 정당 네 개를 통합하고 신진당(新進党)을 창당하여 부당수가 되었다.[147] 그는 두 정부 수립에 반대하며 1948년 국회의원 선거에는 출마하지 않았다. 1950년 선거에는 서울 서대문구에서 출마하였으나 낙선하였고, 6·25 전쟁 때 납북되었다.[148]

구영숙은 해방 뒤 1946년에 한국 시찰단을 이끌고 미국에 가서 보건·교육시설을 시찰하였다. 그 뒤 그는 이승만의 방해로 한국에 입국하지 못하는 유일한을 대신하여 유한양행 사장직을 2년 동안 맡았다. 앞에서 말한 것처럼, 그는 남한에 정부가 서자 초대 보건부장관이 되었다. 1952년에 세계보건기구에 한국 대표로 참석하였고, 그해에 한국적십자사 이사장으로 추대되어 2년 동안 봉사하였다. 그 뒤 공직을 물러나 서울 남쪽에서 개업을 하였으며, 1980년에 88세를 일기로 타계하였다.

광복 뒤 홍승국은 연희전문에 복직되어 상과대학에서 영어를 가르쳤다. 환갑이던 1949년에 자신의 호를 딴 '모운장학회(暮雲奬學會)'를 세우고, 상과대학 학생들에게 장학금을 주었다. 상과대학 학장을 거쳐 1960년에 정년은퇴하고 명예교수로 있던 그는 1962년에 연세대학교로부터 명예법학박사 학위를 받았다. 그리고 이듬해인 1963년에 74세를 일기로 세상을 떠났다.

소년병학교 출신들은 재미 한인 지역사회의 지도자들로, 민족운동이 계속 유지될 수 있도록 뒷바라지를 하였다. 한편 귀국한 사람들은 각자

146) 같은 책, 2권, 94쪽, 283쪽, 322쪽, 325쪽, 329쪽.

147) 같은 책, 4권, 862쪽. 신진당 당수는 재미 한족연합회 집행위원장 김호였다.

148) 김려식의 장남 김상갑과 가진 1996년 6월의 인터뷰.

전문 분야 교육에 몸담았고, 일제 아래 핍박을 받으면서도 조국 근대화에 이바지하였다. 박용만이 1928년에 북경에서 암살되고 이승만의 동지식산회사가 1930년에 실패하자, 소년병학교 출신들은 전체 재미 한인들의 동향과 마찬가지로 이승만을 지지하는 쪽과 반대하는 쪽으로 나뉘었다. 김현구와 백일규는 자기 일신의 명예를 위하여 독선적으로 행동하는 이승만을 독재자라고 비판하였다. 정태은과 그의 동업자들 그리고 정양필과 그의 동업자들은 중립적 입장에 있었으나 이승만을 조용히 도왔고, 정한경은 거리를 두면서 이승만을 도왔다. 유일한과 김용성은 이승만에게 비판적이고 불만이 많았으나, 재미 한인사회의 화합을 위하여 그리고 태평양전쟁의 승리를 위하여 침묵을 지켰다. 그들은 모두 조국 광복과 근대화 그리고 문화 발전을 향한 지속적인 민족운동을 위하여 '인내'하였고, 그들 스스로 합리적인 지도자의 모습을 보여주었다.

제10장 맺는 말

소년병학교의 목적은 한인들이 많이 사는 남만주나 연해주로 졸업생들을 보내어 광복군을 조직하고, 그들에게 군사훈련을 실시함으로써 미국 독립전쟁 때 영국에 대항한 민병대(Minuteman)같이 자급자족하는 둔전병(屯田兵)을 양성하는 것이었다. 박용만이 독창적으로 이러한 장기 무력투쟁을 구상하고 추진하였다고는 해석할 수 없다. 그는 상동청년회 동지들과 해외 광복운동 방향에 관한 상의를 하였다. 예컨대, 만주 '서전서숙'의 민족교육 정신을 이어 '소년병학교'를 구상하였는지도 모를 일이다. 감옥에 있을 때 동지들과 함께 고안한 윤회통신(輪迴通信) 외에도 박용만은 극동 여러 곳에 흩어져 활동하던 동지들과 서신 연락을 하며 광복운동 상황을 파악하고 있었다. 가령, 헤이그로 밀사들이 파견되자 박용만은 윤병구와 송헌주를 그리로 보내어 밀사들을 돕게 하였다. 윤병석 교수는 박용만이 설립하고 주도한 한인소년병학교와 관련하여 "미국에서 자신이 독자적인 사업으로 추진한 것이라기보다는 국내와 극동 그리고 미주 온 한민족이 망라되어 추진한, 1910년 독립전쟁 논의의 구현을 위한 한 선도 사업이었다고 지적할 수 있을 것이다"라고 하였다.[1] 이러한 장기 계획을 실천하려면 미국·만주·연해주에 흩어져 있는 해외동포들을 조정하고 통솔할 기구가 있어야 할 터인데, 그러한 조직과 기구가 없었다. 먼저 박용만은 간성학교 실패를 거울삼아 가능한 한 외부의 도움을 받지 않고 네브래스카에서 한인 청소년에게 은밀하게 군사훈련을 시키기 시작하였다. 비교적 취약한 조건에서 훈련을 받았으나, 소년병학교 출신들은 그들이 배운 이상과 가치관을 일생 동안 간직하며 실천에 옮겼다. 그들은 조국 광복운동에 투신하였고, 조국의 근대화를 위하여 교단에 섰으며, 학교를 세우고 민족운동을 계속할 터전을 마련하였다.

재미 한인 역사가인 방선주 박사가 지적한 것처럼, 이러한 소년병학교의 역사적 의의는 우선 날로 국운이 쇠퇴해가던 시기에 장기적 안목으로 독립운동의 방향을 설정하고 군사학교를 세워 교포들의 응집력을 높였다는 데 있다. 그리하여 군사학교는 먼저 망국의 좌절감과 굴종감을 씻어버리고 다시 일어나 조국 광복이라는 큰 목적을 위하여 중요한 한 걸음을 내딛는 발판이 되었다. 그것은 한국을 유린한 일제와 대결할 투쟁의식을 한국 젊은이들에게 심어주었다. 둘째, 한인소년병학교가 목표한 대로, 예컨대 김장호는 1910년에 만주로 가서, 박처후는 1919년에 블라디보스토크로 가서, 박용만 자신도 1912년에 하와이로 그리고 1920년에 북경으로 가서 무장 독립운동에 심혈을 기울였던 점을 들 수 있다. 셋째, 이 학교 출신들이 1920년부터 1960년까지 재미 한인사회의 중견 지도자로서 활약하였다는 점이다. 그들은 문화적으로는 개방되었으나 경제적으로는 폐쇄된 미국사회의 어려운 조건 아래에서도 각자가 거주하는 지역 한인사회에서 한인단체를 조직하거나 한인교회

1) 윤병석, 《국외한인사회와 민족운동》(서울 : 일조각, 1993), 407쪽.

와 한국어학교들을 후원하여, 명실공히 지역 한인사회의 주역으로 부상하였다. 넷째, 소년병학교 출신들은 미국 주류사회에 각 분야의 전문인으로 진출하여 그 사회 안에서 모범이 되었고, 때로는 새 사업을 창출하여 소수민족도 성공할 수 있다는 전례를 남겼다. 다섯째, 미국을 해외 독립운동의 근거지로 삼고 활동하던 재미 중국인들로부터는 신식 군사훈련을, 아일랜드 사람들로부터는 문화운동과 동포 규합 방식 그리고 무형정부의 개념을 배워 국내외 민족운동의 실정에 맞게 개량하여 실천하였다는 것이다. 다음은 네브래스카 한인들의 집단행동(group behavior)을 분석해보자.

네브래스카의 한인사회는 정력적이고 믿음이 가는 박용만을 카리스마를 갖춘 지도자로 삼았으며, 젊은 지성인들인 소년병학교 교사들은 그를 따랐다. 게다가 이들의 일이 옳다고 생각하며 실천하는 생도들과 그들을 지원하는 후원자들로 구성되어 있었다. 100명 미만의 이들 한인들은 같은 목적을 바라보며 결속하였고, 네브래스카 주의 서로 다른 도시에 거주하고 있었으나 소년병학교라는, 그들의 이상을 실현하는 공동체로 말미암아 상부상조하며 모국의 대가족처럼 끈끈한 유대를 유지하고 있었다.

네브래스카 한인들의 성향과 가치관을 이해하기 위해서는 막스 베버(Max Weber)의 유교인(儒教人)과 청교도(清教徒)의 비교를 참고해볼 수 있겠다. 네브래스카 한인들은 먼저 전통적 유교 가치관인 옳은 것[正義]과 바른 행동을 중시하는 교육을 받으며 자라난 사람들이다. 막스 베버는 유교인의 이해에서 두 가지를 지적하였다. 첫째, 청교도와 같이 유교인들은 근엄한 사람들이다. 그들은 본능을 통제하고 욕구충족의 지연을 훈련하는 사람들이다. 둘째, 유교인들은 현실적 합리론을 배우면서 자란 사람들로서, 기독교 윤리의 죄의식은 없으나 부적합한 행동으로 수치스러워지는 것을 최대의 모욕으로 느꼈다. 따라서 체면 손상은 최대의 수치이며, 이는 기독교의 죄의식과 동등한 효과를 가지고 있다.[2] 그러므로 유교인들은 외향적이고 상대방과 관계를 중요시한다. 만일 네브래스카 주에 거주하는 한인들 가운데 소년병학교 지원을 반대하거나 조국 독립운동 참여를 거절하는 사람이 있었다면, 그는 한인으로서 마땅히 해야 할 일을 외면하는 수치스러운 사람으로 다루어졌을 것이다. 이와 같이 여러 모로 검토해볼 때, 네브래스카 주의 한인들은 공통의 문화적 유산과 사고방식 그리고 가치관을 지닌 결속력이 강한 집단이었다. 그러므로 그들의 집단행동은 그들이 처해 있는 환경과 당면한 문제들을 어떻게 관조하였는지 잘 보여준다.

미국의 역사가 로버트 벅호퍼(Robert F. Berkhofer)는 《행동방향적 역사분석(*Behavioral Approach to Historical Analysis*)》에서 세 종류의 집단행동을 정의하였다. 첫째, 공동의 '집단현상(Collective Phenomena)'으로, 여러 개인들이 비슷한 정세 판단 아래 각자 다른 행동으로 대응하면서도 전체적으로는 단합하여 그들의 공동 목적을 성취하는 것이다. 이러한 단체행동은 규율이나 법안 채택을 하게 되거나, 아니면 사회운동이나 정치혁명을 요구하게 된다.[3] 둘째, 단체행동은 '집합(Aggregate)현상'으로, 각자의 행위가 축적되어 생기는 것이다. 가령, 출산율·범죄율처럼 각자의 독자적 행위가 축적된 것이다. 셋째, 집단행위는 '연결(Conjunctive)현상'으로, 서로 관계가 있는 개인이나 단체들이 나름대로 현황을 파악한 결과에서 비롯되는데, 그들의 행위는 사회 부분이나 전체에 영향을 미

2) Il-Soo Kim, *Urban Immigrants : The Korean Community in New York*(New York : Princeton University Press, 1976), 299쪽.

3) Robert F. Berkhofer, *A Behavioral Approach to Historical Analysis*(New York : Free Press, 1969), 76쪽.

치게 된다. 경기순환(景氣循環)이 그 예라고 할 수 있다.[4]

위에서 살핀 벅호퍼의 단체행동 정의에 따르면, 네브래스카의 한인들은 첫번째에 속하며, 그들은 각자의 능력에 따라 스스로 단체 목적에 맞추어 자기가 할 수 있는 대로 알아서 자원하여 참여하였다. 그러므로 그들의 행동은 연결적 행동이기도 하다. 벅호퍼는 집단적 단체행동을 다음과 같이 더 구체적으로 설명하였다.

> 집단적 단체행동은 참여하는 사람들이 그들 사이의 사회관계를 자각적으로 정한다. 그들은 마치 심포니 오케스트라의 연주처럼 각자의 구실을 알고 있다.[5]

네브래스카의 한인들은 그들이 쓴 글에서 보여주는 것처럼, 타국에서 자신들이 처해 있는 처지와 날로 기울어져가는 조국을 바라보는 눈이 같았고, 그 해결책에 의견을 같이하였음을 알 수 있다.

박용만은 모든 한인들에게 단체행동의 목적을 이해시키고, 스스로 자신의 몫을 실행함으로써 모범이 되었다. 그들은 스스로 자기 능력에 맞는 구실을 담당하여 박용만이 앞장선 대열에 동참하였다. 마치 모국 대가족제도에서 촌수와 항렬에 따라 서열이 정해지듯, 서로 설 자리를 정하였던 것이다. 모국에서 교사가 어버이 버금가는 자리를 차지하였듯이, 생도들은 교사들의 지도를 따랐다. 그들은 자신들의 이상인 서양 교육을 받고 조국에 돌아가 조국의 광복을 위해서 그리고 근대화를 위해서 공헌하겠다고 다짐하며, 고생 속에서도 서로서로 도우며 결속

4) 같은 책.
5) 같은 책, 78쪽.

된 단체가 되었던 것이다.

박용만은 조국이 존망의 위기에 다다르자 큰선비답게 일어나 민족의 나아갈 방향을 제시하였다. 그리고 해외동포들의 결속을 바탕으로 쓰러져가는 조국을 새로 세울 원대한 방략을 세웠다. 첫째, 민족의 얼을 지키고 수난기에 한몫을 감당하며 조국을 다시 찾을 젊은 선비들을 길러내기 위하여 한인소년병학교를 세웠다. 둘째, 해외동포 단체들을 통합하여 대한인국민회를 창출해낼 이념을 제시하였다.

이와 같은 방략과 구체적인 방법론은 그의 저술인 《군인수지》와 《국민개병설》에 잘 드러나고 있으며, 《신한민보》 주필 시절에 임시정부에 대한 개념들을 제시한 사설에서도 확인할 수 있다. 특히 박용만은 해외 한인들의 집단 거주 지역마다 지방회를 조직하여 자치제를 실시하고, 여러 지방회를 총괄하는 지방총회들을 세우며(북미·하와이·시베리아·만주), 나아가 지방총회들을 통괄하는 중앙총회를 결성하여 최고 기관으로 관할·통치할 수 있도록 하는 연방제 대한인국민회를 창출함으로써 자신의 임시정부 개념을 실현하였다.[6] 1912년경 대한인국민회는 116개의 지방회를 거느린, 해외동포들을 대표하는 범민족적 기구가 되었다. 민족운동을 규합하고 실행하는 '무형정부(임시정부)'는 동포들이 민주주의를 체험하고 배우는 교실이자 실험실 구실을 하였다. 동포들은 이 새로운 형태의 정부에 참여하여, 회의진행법(會議進行法)에 따른 절차를 밟아 중론을 모으고 조직을 운영하였다. 그는 모든 동포들이 국민회 회원으로서 민주주의를 익히기를 바랐다. 그럼으로써 광복운동이 한층 넓은 기반과 성원을 얻게 되기를, 또 독립 뒤 국민국가를

6) 김원용, 《재미한인오십년사》(Reedly, California : Charles Ho Kim, 1959), 107~116쪽.

세우고 운영할 때 자주적으로 민주주의를 실행할 수 있도록 준비하는 과정이 되기를 바랐던 것이다. 박용만이 주도하여 설립한 소년병학교는 조국 광복운동을 이끌 젊은 선비 양성에 주력하였다.

소년병학교와 관련된 사람들은 다양한 배경을 가지고 있었다. 유일한·정한경·이관수 등은 서양의 개화 물결이 밀려오는 20세기 초에 일찌감치 시대의 흐름을 읽은 부모로 말미암아 10여 세의 나이로 유학길에 올랐던 경우이고, 김용성·구영수·조오흥 등은 하와이 노동 이민 가족을 따라 미국에 건너온 경우이다. 그 밖에도 진취적인 생각을 품고 유학생으로 건너오거나 하와이 노동 이민자 혹은 중국을 경유하여 탄광노동자로 들어온 사람들도 있었다. 이 학교의 구성원은 모두 고학하는 유학생들이었다. 대학생은 어린 중·고등학생을 가르치고, 장년들은 젊은이들에게 한국 고유의 선비관을 가르쳤다. 이들은 재주보다 덕망과 인격을 중시하고 개인보다 조국을 위하는, 새로운 가치관을 가진 창조적인 젊은 지도자들을 길러냈다.

소년병학교가 가르친 것은 군사훈련만이 아니다. 오히려 자기를 이기고 민족을 위하여, 그리고 고유문화를 보존하면서 조국 근대화를 위하여 끊임없이 노력하는 것을 가르쳤다. 소년병학교 졸업생들은 남에게 의존하지 않고 자립하여 각자 택한 길에서 민족의 자강(自強)을 위하여 헌신하였다. 소년병학교는 스스로 깨닫고 자의로 행동할 수 있도록 지도하고, 그들이 나아갈 방향을 제시하였을 뿐이다.

박용만은 우리말을 지키기 위한 연구를 하였고, 초등학교 교과서도 집필하였으며, 국민성을 바꾸기 위해서는 모든 국민이 군인이 되어야 한다는 내용의 《국민개병설》을 저술하였다. 교사들과 생도들은 박용만을 본받아 각자 민족문화를 지키기 위한 많은 글들을 남겼다. 소년병학교 생도들은 해외에 있던 의병(義兵)들이 아니었다. 의병들이 외친

"위정척사(衛正斥邪)"의 혼 속에는 살아서 끝까지 한국인이 되고 죽어서도 변함없이 한국의 귀신이 되겠다는 비장한 애국심이 있었으나, 그들의 사상은 전통적인 군자사상(君子思想)에만 바탕을 둔 것이어서, 서양 과학기술 문명의 도입을 일종의 도덕적 타락으로 보고 위험한 것이라 생각하였다. 다시 말해서, 의병들은 과학기술의 본질과 그 활용성을 잘 이해하지 못한 것이다.[7]

소년병학교 교사들은 서양의 과학기술을 이해하였다. 이들은 과학기술이 조국의 근대화와 민족문화의 보존·발전에 유용하다고 믿고 열심히 배웠으며, 또 생도들에게 가르쳤다. 따라서 소년병학교는 단순한 해외 무장운동 단체가 아니라 서양 문명을 받아들여 새로운 '선비'들을 길러내는 곳이었다. 소년병학교 생도들이 화학과 농학을 전공한 것은 우연이 아니다. 그런데 여기서 선비란 어떠한 사람들인가?

선비라는 단어는 순수한 우리말로 '어질고 지식 있는 사람'을 뜻한다.[8] 선비는 한국 전통사회의 양심이요 지성이며 인격의 기준으로 인식되었고, 비록 삼국시대부터 조선시대까지 그 시대적 양상에서 차이가 있다고 하더라도, 선비는 각 시대에 지도적 구실을 담당하는 지성으로서 책임을 다해왔다.[9]

소년병학교는 '개국진취(開國進取)'의 요구에 따라 미국에 온 선비들에게, '독립투쟁'과 '조국 근대화'라는 시대 이념을 수호하고 이끌어갈 주체로서 가져야 할 이상과 목표를 설정해주었다. 그리고 각자가 스스로 깨달아 새시대의 요구를 충족시키는 지도자들이 되도록 교육하였던

---

7) 《민족의 시련과 영광》(서울 : 한국정신문화연구원, 1983), 67쪽.

8) 《한국민족문화대백과사전》(서울 : 한국정신문화연구원, 1990), 228쪽.

9) 같은 책, 236쪽.

것이다. 구체적으로 20세기 초 독립투쟁기에는 의사(義士)·열사(烈士)와 무장운동이 요구되었고, 민족자본을 바탕으로 한 산업성장기에는 경영자·과학자·기술자가 요구되었다. 선비는 언제나 사회가 요구하는 이념적 지도자요 지성인 것이다. 새시대의 선비는 과거 전통사회의 신분적 존재가 아니라, 인격의 모범이자 당대의 양심이어야 한다. 선비는 현실적·감각적 욕구에 매몰됨이 없이 더욱 높은 가치를 향해 끊임없이 나아가고자 하는 자질을 갖추어야 한다. 그런 자질을 지닌 선비는 자신의 신념을 실천하는 데서 꺾이지 않는 용기를 발휘한다.[10)]

지금까지 살펴본 것처럼, 소년병학교 출신들은 사업가·경영인·과학자·언론인·교육자로서 자신들의 삶을 통하여 새시대가 요구하는 선비의 모범을 보여주었다. 다시 말해서, 소년병학교를 세운 선비들은 그들의 목적인 새시대를 열어갈 '새로운 선비'들을 양성해내는 데 성공하였던 것이다. 1910년대에 재미 한인들은 고학하면서 그 어려운 학업을 성취해나가는 소년병학교 출신들에게 선망의 눈길을 보냈다. 박용만도 창의적이며 지적인 영향력 있는 지도자로서 위상이 굳어져갔다. 박용만은 재미 한인사회뿐만 아니라 해외 교포사회에서 독립의 방향과 길을 제시하며 그 일을 담당할 젊은이들을 길러낸 첫 지도자였다.

그리면 박용만이 소년병학교를 세우고 쓰러져가는 조국을 다시 일으키려 분투하는 동안 다른 재미 한인 지도자들은 무엇을 하였는지 살펴보도록 하자. 우선 박용만의 의형인 이승만의 행적을 총괄적으로 분석해보겠다.

이승만은 1904년 12월 5일 샌프란시스코에 도착하였으며, 1910년 9월 뉴욕을 떠나 유럽을 거쳐 귀국할 때까지 6년 동안 학업에 전념하였

10) 같은 책, 236쪽.

다. 그는 1907년 6월에 조지 워싱턴 대학에서 학사학위를 받았고, 1910년 2월에 하버드 대학에서 석사학위를 받았으며, 그해 7월에 박사학위를 받았다.[11] 이승만은 미국에서 공부하는 동안 국제무대에 나섰다. 1905년 8월에는 윤병구의 통역을 맡아 러일강화회담의 한인 참관인 문제로 시어도어 루스벨트 대통령과 면담하였고, 1906년 7월에는 메사추세츠 주 노스필드에서 개최된 세계기독교대회에 한국 학생대표로 참석하였다. 한편, 박용만이 주선한 콜로라도 주 덴버 시의 애국동지대표회에 참석하러 1908년 7월 샌프란시스코로 왔을 때 한인사회에서 장인환·전명운 두 의사의 법정 통역을 부탁하였는데, 그는 시간도 없고 기독교인 신분으로서 살인 재판의 통역을 하고 싶지 않다고 거절하여 물의를 일으키기도 하였다.[12] 그는 1910년 9월 뉴욕을 떠나 그해 10월 유럽을 거쳐 일본에 합병된 조국 서울에 도착하였다. 그는 서울 YMCA 총무로 일하면서 1911년에 전도를 위하여 전국을 순회하였다. 1912년 5월에 미국 미네소타 주 미네아폴리스 시에서 열린 국제기독교감리교 4년 총회에는 한국 평신도 대표로 참석하였으며, 1913년 2월 3일에는 박용만의 초청으로 하와이에 도착하였다.[13]

지금까지 살펴본 것처럼, 이승만은 미국에 체류하는 6년 동안 독립 방안을 발표한 적도 없고, 재미 한인사회의 당면 문제를 해결하려고 헌신한 적도 없다. 그는 국제회의에 한국 대표로 참석하기도 하였고, 빨리 박사학위를 받고 귀국하여 토박이 전도사로서 기독교를 전파하며 YMCA를 통한 청년교육운동을 해야 한다고 역설하기도 하였다. 그러

---

11) 유영익, 《이승만의 삶과 꿈》(서울 : 중앙일보, 1996), 242~243쪽.

12) 같은 책, 242쪽 ; 김원용, 앞의 책, 326쪽.

13) 유영익, 같은 책, 243쪽.

면서 많은 영향력 있는 미국인들을 설득하여 석사학위를 받은 지 다섯 달 만에 전무후무한 속성 과정으로 박사학위를 받을 수 있었다. 이것이 조국이 합병된 뒤라도 귀국해야만 하는 외적인 상황이었다. 그가 귀국한 또 하나의 이유는 내적인 것이었다. 그는 미국 정부의 한국정책과 미국 북감리교의 한국 선교정책을 비판 없이 받아들였다. 미국은 한국이 일본을 본받아야 한다고 여겼으며, 일본이 한국에 영향력을 행사하고 합병해도 묵인하였다. 이승만은 독립협회 청년회원으로서 개혁을 외치던 독립투사가 아니라, 검은 두루마기를 입은 목사와 교사들 앞에서, 최고의 학위를 최초로 받고 최신식 스리피스 양복을 걸친 토박이 전도사로 행세하였던 것이다. 다음은 소년병학교가 도산 안창호와 흥사단(興士團) 창립에 끼친 영향을 살펴보자.

도산 안창호는 1902년 부인 이혜련과 함께 샌프란시스코에 도착하여 공립소학교에 입학하였다.[14] 그는 1903년에 샌프란시스코에서 '한인친목회'를 조직하고 회장이 되었다. 이듬해에는 생계를 위하여 남부 캘리포니아 주 리버사이드로 이주하였다. 하와이에 이민 갔던 동포들이 미국 본토로 이주하기 시작하면서 샌프란시스코의 한인 수가 늘어나자 그는 '한인친목회'를 '공립협회(共立協會)'로 확장하고 초대 회장이 되었다. 1907년 1월에는 국내 구국운동을 목적으로 귀국하여 '신민회'를 조직하였다. 1908년 1월에 '서북학회'를 창립하였으며, 그해 9월 평양에 '대성학교'를 설립하였다. 1909년 8월에는 신민회의 청년 조직으로 '청년학우회'를 창립하고 청년운동을 전개하였다. 안중근 의사의 의거 뒤 국내에서 일제의 탄압이 심해지자 중국 위해위로 갔다가 청도를 거쳐 블라디보스토크로 갔다. 그리고 1911년 9월에 러시아를 지나 베를

14) 《수난의 민족을 위하여》(서울 : 도산안창호선생기념사업회, 1999), 233쪽.

린·런던·뉴욕을 거쳐 같은 해 9월 28일 샌프란시스코로 돌아왔다. 이듬해에는 11월 창립한 국민회중앙총회 회장으로 선출되었고, 1913년 5월에는 동지들을 규합하여 '흥사단'을 세우고 이사장이 되었다.[15]

지금 살펴본 것처럼, 도산 안창호는 1902년 말에 미국으로 와서 1907년 1월에 귀국하였다가, 1911년 9월에 샌프란시스코로 돌아왔다. 그는 1902년부터 1911년까지 4년 동안 미국에 있었고 나머지 약 5년은 한국과 중국 그리고 해외 동포사회를 방문하였다. 그는 지도자로서 가계와 한인사회에 봉사하기 위하여 학업을 포기한 경우이다. 그는 달변가이자 웅변가였다. 자신의 주장으로 남들을 설득하고 포섭하여, 가는 곳마다 단체를 만들어냈다. 그러나 그는 이론적으로 구국의 방향과 방법을 제시하고 자기가 조직한 단체들이 자립하여 소기의 목적을 달성할 수 있도록 체제를 만들 만한, 더 구체적이고 세밀한 구상과 추진력을 갖춘 지도자는 아직 못 되었다. 안창호가 세운 단체들은 그의 웅변과 이국만리를 찾아온 열성에 감동받은 동포들로 말미암아 만들어진 한시적인 것들이었다. '청년학우회'가 바로 그 좋은 예이다. 그는 계몽사상과 애국사상을 고취시키는 유세자였던 것이다.

도산 안창호가 되돌아온 1911년 가을경의 재미 한인사회는 그가 떠나던 약 5년 전과는 완전히 다른 집단이었다. 박용만이 제창하여 덴버에서 애국동지대표회를 연 뒤 미국 본토의 공립협회와 대동보국회 그리고 하와이의 한인협성회가 통합하여 대한인국민회가 되었고, 박용만이 구상한 대로 대한인국민회는 멕시코·시베리아·만주 등에 지부를 둔, 해외동포들 규합한 범해외동포 단체로 패망한 대한제국을 대신하여 동포의 권익을 보호하고 있었다. 또한 재미 한인들은 미국 농업에

15) 같은 책, 233~237쪽 ; 김원용, 앞의 책, 183~184쪽.

익숙해져 있었다. 이들 가운데는 농장 노동자와 소작인 신세를 벗어나 추수 뒤 농산물을 팔아서 농장주와 이윤을 절반씩 나누어 가지는 캐시 크로퍼(cash cropper)도 있었다. 박용만이 활동하던 네브래스카 주는 서부 지역보다 인종차별이 적고 인심이 후하였다. 한인들은 이곳을 중심으로 한 미국 중서부 지역에서 한층 높아진 경제적 지위를 누렸다.

도산 안창호가 미국으로 되돌아온 1911년에 박용만은 학업을 중단하고 《신한민보》 주필로 샌프란시스코에서 일하면서 자신의 정치 이념과 독립운동의 방향·방법 등을 구체적으로 써나가고 있었다. 그는 이미 《군인수지》와 《국민개병설》을 집필하여 출판한 상태였다. 박용만은 자기의 사상을 논리 정연하게 서술하고 한시와 시조도 훌륭하게 지을 줄 아는 문필가이자 사상가였다. 게다가 한글 연구가로 그리고 앞장서서 일을 추진하는 헌신적인 지도자로, 재미 한인사회뿐만 아니라 하와이와 연해주·만주를 포함한 해외동포사회에서 확고한 위치를 굳히고 있었다.

한편 도산 안창호는 30대 초반의 청년 지도자로서 해외에 흩어져 사는 나라 잃은 동포사회를 방문하고 독립정신을 고취하여 명성은 얻었으나, 구국을 위한 구체적인 이론과 방법을 제시하지는 못하였고, 그의 세력 기반이던 공립협회가 대한인국민회로 통합되면서 기반도 없어지고 말았다. 미국 본토의 대한인국민회 회원들 다수가 과거 공립협회의 회원들이었기 때문에, 그는 박용만이 제안하고 발기문을 써서 창출해낸 대한인국민회의 중앙총회 회장에 피선될 수 있었다. 그러나 그는 자기 나름대로 독립운동을 계속하기 위한 공고한 세력 기반이 필요하였다. 이때 하와이에서 한학자이자 중국말을 잘하는 홍언이 《신한민보》 주필로 샌프란시스코에 왔다. 그는 한인보다 반세기 전에 이민 온 화교들로부터 많은 이야기를 들었고, 그들의 결속·상부상조·계몽·개혁을 위하여 분투하던 치공당과 보황회 활동을 잘 이해하고 있었다. 특히 남녀가 개화에 관한 책들을 읽고 토론하며 독후감을 교환하는, 친목과 계몽을 위한 화교 기독교인들의 독서회는 홍언과 도산 안창호에게 깊은 인상을 주었을 것이다.

1910년대 초반, 미국 본토의 재미 한인들은 농사 조건이 좋은 중서부에 흩어져 살고 있었다. 이들의 여가를 위하여 한인소년서회라는 사업체는 한국에서 수입한 책들을 《신한민보》에 광고하며 우편으로 책장사를 하고 있었다. 신한민보사 역시 따로 책을 수입하여 우편으로 판매하고 있었다. 홍언은 샌프란시스코 치공당 건물에 있던 중서일보사의 편집인 등 중국 화교 지성인들과, 하와이에서 목격한 치공당 활동에 관해서는 물론 각자의 조국 개혁과 재미 동포들의 계몽·애국정신 고취에 관하여 활발하게 의견을 교환하였다. 화교들의 진취적 사고는 활동가인 도산 안창호에게도 전해졌다. 그가 세운 흥사단은 19세기 말 유길준이 세웠던 '흥사단'의 이름을 그대로 딴 것이다. 그는 동지들과 공립협회 회원들 그리고 국민회의 핵심 간부들을 흥사단에 입단시켰다. 그럼으로써 국민회는 흥사단이 움직이게 되었고, 흥사단은 도산 안창호의 해외 독립운동을 재정적으로 담당하는 조직체가 되었다.[16]

미국으로 유학을 간 친미 개화파의 젊은 선비들은 우리 겨레의 민족주의를 연구하고 그 기초 이론과 나아갈 방향을 제시하였을 뿐만 아니라, 허물없이 생도들과 천막 군영(軍營) 생활을 하며 말과 행동에서 '선비의 마음가짐', '장부의 몸가짐', '남자로서 큰 생각'을 생도들이 배울 수 있도록 문화 공간을 마련하였다. 소년병학교가 바로 그것이다.

16) 김원용, 같은 책, 183쪽 ; 송종익의 아들 송위리와 가진 1996년 7월의 인터뷰(로스앤젤레스).

소년병학교는 생도들로 하여금 인격을 도야하고 나라를 되찾으며 민족주의를 발전시킬 선비들로서 살아가게끔 각자 길을 정하도록 하는 데 큰 구실을 한 것이다.

그들은 박용만이 믿고 기대하였던 만큼 새시대 선비들로서 조국의 얼과 정신을 고취하며 품위 있는 행적을 남겼다. 이는 불우한 역경의 시대를 굳세게 헤쳐나간 재미 한인의 역사를 잘 보여주는 결정체라고 할 것이다.

백일규는 1928년 11월 8일자 《신한민보》(제1103호)에 〈박용만선생을 영결〉이라는 제목으로 박용만의 행적을 정리한 추도문을 발표하였다. 그런데 1959년에 《신한민보》의 첫 마이크로 필름을 찍기 전, 원본을 1년씩 묶어 제본해놓은 데서 누군가 그 부분을 깨끗이 찢어가는 바람에 지금으로서는 내용을 알 수 없다.[17] 박용만의 죽음에 관한 재미한인들의 글로는 한준상(한시대의 아버지)의 한시 〈추도 박용만〉과 '하와이에서 한 친구'(김현구로 추정)라는 익명으로 발표된 〈원한가〉가 있을 뿐이다.[18] 소년병학교 생도였던 남정헌은, 박용만을 후원하며 가까이 지냈던 문양목의 추도사를 〈우운선생츄도문〉이라는 제목으로 《태평양주보》에 세 번에 걸쳐 발표하였는데, 이 글은 한인소년병학교를 경영할 당시 박용만의 활동에 대한 이야기를 많이 담고 있는데다 또한 명의 소년병학교 선비가 문양목과 박용만이라는 두 선비에 대하여 쓴 것이므로, 이 책 말미에 부록으로 소개한다.

---

17) 《신한민보》(1931. 5. 21), 4면 ; 백일규, 〈태평양주보에 허무한 긔사에 대하야〉 ; 필자는 1994년에 로스앤젤레스 제퍼슨 불로바드의 대한인국민회에 보관된 《신한민보》 원본(제본)들을 조사·확인하였다.

18) 《신한민보》(1930. 5. 1), 3면.

참고 문헌

자료는 국문·일문·한문·영문으로 크게 나누고, 종류별로 구별하였다. 배열 순서는 먼저 시간순으로 하고, 다음으로 글쓴이의 이름에 따라 가나다순 또는 알파벳순으로 하였다.

국 문

• 신 문

《제국신문》, 1905, 서울.

《황성신문(皇城新聞)》, 1906, 서울.

《대한매일신보(大韓每日申報)》, 1906~1907, 서울.

《공립신문》, 1906~1908, 샌프란시스코.

《대동공보(大同共報)》, 1907~1908, 샌프란시스코.

《신한민보》, 1909~1947 ; 샌프란시스코, 1909~1936 ; 로스앤젤레스, 1936~.

《국민보》, 1913~1950, 호놀룰루.

《조선일보》, 1926, 서울.

《태평양주보》, 1941, 호놀룰루.

• 잡지에 실린 글

박용만, 〈교는 정치의 근본〉, 《신학월보》, 1904년 5월.

______, 〈십자군의 격서〉, 《신학월보》, 1904년 6월.

______, 〈대도〉, 《대도(大道)》, 1908년 12월호.

______, 〈國文字母音略解〉, 《대도》, 1909년 5월호.

______, 〈그리스도교와 문학〉, 《대도》, 1909년 5월호.

이항우, 〈奇朴容萬先生〉, 《대도》, 1909년 10월호.

박용만, 〈연설을 어떻게함〉, 《대도》, 1910년 10월호.

______, 〈교육상의 주의〉, 《대도》, 1911년 10월호.

한영호, 〈대도보를 위ᄒᆞ야 한번 연구ᄒᆞᆯ 일〉, 《대도》, 1911년 10월호.

유기원, 〈北美洲同胞實業界覇王 鄭安株式會社〉, 《우라키》 제4호, 1930.

박영석, 〈韓人少年兵學校研究〉, 《한국독립운동사연구》 제1집, 1987.
김원모, 〈張仁煥의 스티븐즈 射殺事件研究〉, 《東洋學》18집, 1988.
방선주, 〈미주지역에서 한국독립운동의 특성〉, 《독립운동사연구》1993.
안형주, 〈박용만의 한인소년병학교〉, 《한국민족학연구》1998.
윤병석, 〈李東輝의 亡命活動과 大韓光复軍政府〉, 《한국독립운동사연구》1991. 11.

• 단행본
이승만, 《독립정신》, 호놀룰루, 태평양잡지사, 1917.
《密城朴氏族譜》, 密城朴氏宗中, 1920.
김세한, 《배화육십년사》, 배화여자중고등학교, 1958.
姜信杓, 《壇山社會와 韓國移住民》, 韓國研究院, 1959.
김원용, 《재미한인오십년사》, Reedley, California Charles Ho Kim, 1959.
국사편찬위원회, 《자료 대한민국사》, 1968.
李庭植, 《金圭植의 生涯》, 신구문화사, 1974.
윤치호, 《윤치호일기 : 1897~1902》, 국사편찬위원회, 1975.
柳韓洋行, 《柳韓五十年史》, 1976.
숭실대학교 편, 《숭실대학교 백년사》, 숭실대학교 출판사, 1977.
이광린, 《한국개화》, 일조각, 1977.
전택부, 《한국기독교 청년운동사》, 정음사, 1978.
《古文眞寶》, 서울, 景文社, 1979.
김구, 《백범일지》, 교문사, 1979.
박영석, 《한민족 독립운동연구》, 일조각, 1982.
尙洞教會歷史編纂委員會, 《民族運動의 先驅者 全德基牧師》, 1982.
이희승, 《국어대백과사전》, 민중서관, 1982.
한국정신문화연구원 편, 《민족의 시련과 영광》, 한국정신문화연구원, 1983.
尹炳奭, 《李相卨傳》, 一潮閣, 1984.
《기독교대백과사전》, 기독교문사, 1985.
방선주, 〈박용만평전〉, 《재미한인의 독립운동》, 한림대학교, 1989.
《독립유공자공훈록》 제9권, 국가보훈처, 1991.
한국정신문화연구원, 《한국민족문화백과사전》, 한국정신문화연구원, 1991.
李基白, 《韓國史新論》, 一潮閣, 1992.
임재찬, 《구한말 육군무관학교 연구》, 제일문화사, 1992.
尹炳奭, 《國外韓人社會와 民族運動》, 一潮閣, 1993.
선우학원, 《아리랑 그 슬픈 가락이여》, 대흥계획, 1994.
전택부, 《한국기독교청년회 운동사》, 범우사, 1994.
유한양행, 《柳一韓》, 동아출판사, 1995.
《창가집》, 국가보훈처, 1996.
유영익, 《이승만의 삶과 꿈》, 중앙일보, 1996.

李承晩, 《雩南李承晩文書 東文選》, 중앙일보, 1998.
좌옹 윤치호 문화사업회, 《윤치호의 생애와 사상》, 을유문화사, 1998.
도산안창호선생기념사업회, 《수난의 민족을 위하여》, 1999.
서중석, 《신흥무관학교와 망명자들》, 역사비평사, 2001.

• 학위논문

김강령, 〈신흥무관학교연구〉, 성신여자대학교 석사학위논문, 1988.

• 인터뷰

박기벽과 안형주 인터뷰, 캘리포니아 주 리들리 자택에서, 1995년 5월.
박용경(박용만의 사촌누이동생)과 안형주 인터뷰, 서울 조선호텔, 1995년 7월.
송위리(송종익의 아들)와 안형주 인터뷰, 로스앤젤레스, 1996년 7월.
홍준식(홍승국의 장남)과 안형주 인터뷰, 뉴욕, 1997년 5월.
김상갑(김려식의 장남)과 안형주 인터뷰, 서울, 1997년 7월.
유승흠(유일한의 조카)과 안형주 인터뷰, 서울, 1998년 4월.
홍메리(홍한식의 딸)와 안형주 인터뷰, 호놀룰루, 1998년 4월.
홍준현(홍승국의 막내딸)과 안형주 인터뷰, 서울, 1998년 6월.
구연철(구영숙의 장남)과 안형주 인터뷰, 서울, 1998년 7월.

• 기 타

하와이 대한인국민회 회계장부, 1913~1914, 천안 독립기념관 소장.
상항한인임시공동회, 《兩義士合傳義捐金總決算公告書》, 융희3년.
《평생일기》(방사겸의 원고), 천안 독립기념관 소장.
〈장인환 전명운 양의사 모금 광고〉, U.C.L.A. Special Collection 소장.
《미주 국민회 자료》.

일 문

日本外務省 外交史料館 所蔵, '歐美不逞鮮人' 보고서들.
조선통감부의 헌병기밀문서들.
《斎藤實文書》 9권, 高麗書林, 1990.

한 문

《中西日報》, 1900~1939, 샌프란시스코.

영 문

• 신 문

San Francisco Call, 1905~1908.
San Francisco Chronicle, 1905~1908.
San Francisco Examiner, 1905~1908.
Los Angeles Times, 1905~1947.
New York Times, 1905~1947.
Denver Times, 1908.
Honolulu Commercial Advertiser, 1908.
Rocky Mountain Daily News, 1908.
Kearney Daily Hub, 1909~1912.
Hastings Daily Tribune, 1909~1915.
New Era-Standard, 1910.
Hemet News, 1913.

• 잡지에 실린 글

"New York Military School", *Scribner's Magazine*, June, 1902.
R. L. Ginilliate, "Education of Boys by the Military", *Scientific American*, 1905.
Harold Garnet Black, "The Church of the Lighted Cross : History of First Methodist Church of Los Angeles, California", *Horizon*, 1932.
John Edward Wily, "Did the United States Betray Korea in 1905", *Pacific Historical Review*, Angust, 1985.
Rengui Yu, "Chop Suey : From Chinese Food to Chinese American Food", *Chinese America : History and Perspective*, 1987.
Jane Leung Larson, "New Sources Materials on Kang Youwei and Bauchuanghui : The Tan Zhangxiao (Tom Leung) Collection of Letters and Documents at U.C.L.A. East-Asian Library", *Chinese America : The History and Perspective*, Los Angeles : Chinese Historical Society of America, 1993.
Magaret Neilson, "Roots of Buffalo County-the English Buffalo Tales", *Buffalo Tales*, Kearney, Nebraska : Buffalo Historical Society, 1993.
Thelma Fleming, "Homer Lea and the Decline of West", *American Heritage*, vol. 39, no. 4.

• 학교 졸업앨범과 교지

Harvester, Los Angeles : First Methodist Church of Los Angeles, October, 1904.
Cornhusker, Lincoln, Nebraska : University of Nebraska, 1909~1915.
Blees Military Academy Yearbook, Macon, Missouri, 1910.
The Echo, Kearney, Nebraska : Kearney High School, 1912~1917.

Outlook, Hastings, Nebraska : Hastings College, 1913.

Tiger, Hastings, Nebraska : Hastings High School Yearbook, 1913~1914.

The Blue and Gold, Kearney, Nebraska : Kearney Normal School, 1914~1917.

Liason, Kearney, Nebraska : Kearney Military, Academy Yearbook, 1921.

Historical News, Hastings, Nebraska : Adams County Historical Society, January, 1978.

• 잡지

Korean Economic Digest, New York : Il-Han New, January~December, 1945.

• 정부간행물

Manifest for Commissioner of Alien Immigrants in San Francisco, Ships Arriving in San Francisco, 1904~1905.

Kearney School District Annual Student Survey Buffalo County, Nebraska, 1907~1910.

The U. S. Census 1910, Kearney, Buffalo County(Nebraska) ; Linwln, Lancaster County (Nebraska) ; Hastings, Adams County(Nebraska).

샌프란시스코 일본총영사에게 보낸 K. S. Inui의 영문보고서, 《美國不逞鮮人》, 제2책.

• 도시주소록

Los Angeles City Directory, R. L. Polk & Co., 1904~1911.

Denver City Directory, R. L. Polk & Co., 1906~1908.

Kearney City Directory, R. L. Polk & Co., 1906~1916.

Lincoln City Directory, R. L. Polk & Co., 1909~1913.

Hastings City Directory, R. L. Polk & Co., 1909~1916.

• 단행본

Homer Lea, *The Valor of Ignorance*, New York : Harper and Brothers, 1909.

William R. Burton, *Past and Present of Adams County, Nebraska*, Chicago : S. J. Clark, 1916.

Alfred E. Stern and R. L. Ginislliate, *Types of Schools for Boys*, Indianapolis : Dobbs-Merriel Company, 1917.

Carl Abbott, *A Colorado History of the Centeniel State*, Boulder, Colorado : Associated University Press, 1917.

Roswell P. Barns, *Militarizing Our Youth*, New York : Committee on Militarism in Education, 1927.

Il-han New, *When I Was A Boy in Korea*, Boston : Lothrop, Lee, & Shepard Co., 1928.

Carl Glick, *Doubl Ten : Captain O'banions Story of the Chinese Revolution*, New York : Whittlessy House, 1945.

Tyler Dennet, *Roosevelt and the Russo Japan War*, Gloucester, Mass. : Peter Smith, 1959.

Harold Seymour, *Baseball : The Early Years*, New York : Oxford Press, 1960.

Giovanni Costigan, *A History of Modern Ireland : with Scatch of Earlier Times*, New York : Pegasus, 1962.

Carl Ubbelohde, *A Colorado History*, Boulder, Colorado : Prett Press, 1965.

Merrill J. Malts, *The Great Platte River Road*, Lincoln, Nebraska : Nebraska State Historical Society, 1969.

Robert F. Berkhofer, *A Behavioral Approach to Historical Analysis*, New York : Free Press, 1969.

Robert Mitehell Henry, *The Evolution of Sinn Fein*, London : Kennikat Press, 1970.

Dorothy Weyer Creigh, *Adams County : The Story 1887~1972*, Hastings, Nebraska : Adams County Centeniel Mission, 1972.

Masako Herman, *The Japanese in America, 1843~1973*, New York : Ocenea Publication, 1973.

Sonia Shinn Sunoo, *Korea Kaleidoscope*, Davis, California : Sierra Mission Area, United Presbyterian Church, 1982.

Key Ray Chong, *Americans and Chinese Reform and Revolution, 1888~1922 : The Role of Private Citizens in Diplomacy*, New York : University Press, 1984.

Il-Soo Kim, *Urban Immigrants : The Korean Community in New York*, New York : Princeton University Press, 1986.

Dae Sook Suh, *The Writings of Henry Cu Kim*, Honolulu : University of Hawaii Press, 1987.

Yugi Ichioka, *Issei : The World of the First Japanese Immigrants, 1885~1924*, New York : Free Press, 1988.

Wayne Patterson, *The Korean Frontier in America*, Honolulu : University of Hawaii Press, 1988.

Eve L. Ma, *Revolutionaries, Monarchists, and Chinatown : Chinese Polities in Americas, and the 1911 Revolution*, Honolulu : University of Hawaii, 1990.

The Korea Review, 국가보훈처, 1994.

John Thorn, *Baseball : Our Game*, New York : Penquin Books, 1995.

The Korean Students Bulletin, 국가보훈처, 2000.

NAPKO Project of OSS, 국가보훈처, 2001.

• 논 문

Flanklin Ng, "The Western Military Academy in Fressco", *Origins and Destinations*, Los Angeles : Chinese Historical Society and U.C.L.A. Asian American Studies Center, 1994.

• 학위논문

Hyung-Joon Moon, "The Korean Immigration in America The Quest for Identity in the Formative Years 1903~1918", Reno, Nevada : University of Nevada, 1976.

• 인터뷰

Edna Basten Donald interviewed by Jim Smith and David Clark in 1980 at for home in Grand Island, Nebraska. The Manuscript of the interview is deposited at University of Nebraska in Kearney.

Alberta Shultz(안재창의 큰딸)와 안형주 인터뷰, 전화 녹음, 1991년 11월 10일.

Ellen Thurn(전경무의 사촌누이동생)과 안형주 인터뷰, 로스앤젤레스 자택, 1993년 4월.

Katherin Kim(김일신의 외동딸)과 안형주 인터뷰, 시애틀, 1998년 7월.

• 남북감리교 연회록

Journal of Pacific Japanese Mission, Methodist Episcopal Church, 1906~1910.

• 서신과 기타

Root y. Lee(이노익)가 William H. Fry에게 1922년 1월 10일과 16일자로 보낸 서신들.

Thelma Lyon(Buffalo County Historical Society)이 안형주에게 1993년 2월 14일자로 보낸 서신.

Margaret Neilson(Buffalo County Historical Society)이 안형주에게 1994년 12월 22일자로 보낸 서신.

Ilhan New가 Muriel Jaisohn(서재필 작은딸)에게 1926년 5월 11일자로 보낸 서신, 천안 독립기념관소장.

Ilhan New가 Sang-Syup Park에게 1943년 4월 27일, 5월 23일, 6월 24일자로 보낸 서신들.

P. L. Johnson's note on Korean summer Military School at Hastings College Archives.

Frank E. Weyer's note on Korean Summer Military School at Hastings College Archives dated January 12, 1987.

부록 1_ 〈상동청년회〉(보고서 〈조선 독립운동의 근원〉 가운데)[1]

1904년(메이지 37년) 가을, 그러니까 러일전쟁이 한참일 때, 기독교 전도라는 이름 아래 상동청년회라는 것이 생겼다. 이 회는 미국인 선교사인 아펜젤러의 알선으로 출옥한 이승만을 원장으로 청년학원이라는 것을 경영하는데, 전적으로 뜻있는 청년들에게 신학문을 가르치는 것처럼 가장하고 있다. 그러나 실은 러일전쟁의 대세가 친러파의 세력 감퇴라는 경향을 드러내자, 독립협회가 기독교라는 가면을 쓰고 일어나게 된 것이다.

청년회의 간부로는 이동녕(李東寧)·이승만(李承晩)·정순만(鄭淳萬)·이희간(李喜侃)·박용만(朴容萬)·조성환(曺成煥) 등이 있으며, 그 밖에 기독교 목사인 전덕기(全德基)를 회장으로 현 상해 가정부의 국무총리인 이동휘(李東輝) 등도 참가하고 있다. 여기에 민영환(閔泳煥)·이시영(李始榮)·이상설(李相卨) 등 대관(大官)들의 후원도 있어, 그 회원은 4만 명을 자랑한다. 그 주의·주장은, 물론 조선에서 러시아 세력을 배척하는 것도 있지만, 러시아를 대신하여 심각하게 침입하는 일본의 대한

1) 조선총독부 관계 자료, 《齋藤實文書》 9(高麗書林, 1990), 354~360쪽.

(對韓) 정책에 반대하는 데 있다.

이 회의 사업으로는 청년학원을 경영하여 뜻있는 젊은이들을 양성하는 일 외에, 이민이라는 이름을 빌려 미국으로 유학생을 파견하기 위하여 이민 개발회사와 묵계를 맺고, 이희간이 러일전쟁 때 고등군사탐정으로 종군해서 얻은 6만 8,000원 가운데 1만 3,000원을 유학생의 미국 상륙 휴대금으로 유용하기로 하였다. 그래서 박용만·이희건(李喜健, 이희간의 동생)을 미국에 보내어 그 수지(상륙 뒤 휴대금은 바로 반환하게 하는 방법)의 임무를 맡게 하였다. 그리고 이승만도 유학생 감독으로 미국에 건너갔고, 이희간 또한 상황 시찰을 위하여 일시 도미하였다.

러일전쟁도 끝나고 포츠머스 조약에 따라 한국에 대한 일본의 우월권이 인정되어 1905년(메이지 38년) 11월 일한협약(즉, 보호조약)이 막 체결되려 하자, 서울〔漢城〕의 세론이 분분하여 조선 반도의 천지 물정이 소란하였다. 그 즈음 상동청년회는 조국의 위급함을 구하기 위해서 분연히 궐기하여, 한편으로는 민론의 환기에 힘쓰고 한편으로는 한규설(韓圭卨)·민영환·이상설 등 요로의 대관과 연결하여 어디까지나 보호조약에 반대하려 움직였다. 그리하여 당시 외무대신이었던 박상순(朴尙純)이 밖으로 강하고 안으로 약한 성질이 있음을 알고, 정순만·이희간 두 사람은 비수를 품은 채 박 외상의 집을 찾아가 조약에 조인하지 말도록 결심할 것을 촉구하였다. 그리고 일본공사가 조인을 강요할 경우에는 관인을 연못에 던지고 자살하라고 협박하였다.

민간에서도 열렬히 반대열을 부추기던 최재학(崔在學, 현 평남 유림회장)은 황제에게 조약 반대의 상소문을 올렸으며, 또 안병찬(安秉瓚, 현 상해 가정부 법무부장)과 전석준(田奭畯) 등도 반대 운동에 참가하였으나, 이미 대세는 기울어 조약은 체결되었다. 이에 통감부가 설치될 것이었고, 이듬해인 1906년(메이지 39년) 2월에는 이등 공〔伊藤博文〕이 통감으로 부임하였으며, 보호조약 반대의 급선봉이었던 상동청년회는 이등공의 선교사 회유정책에 따라 아주 기골 없는 처지가 되어 해산하기에 이르렀다. 그리하여 상동청년회의 종교적 방면은 뒤에 경성기독교청년회가 되었으며, 정치적 방면은 서북학회가 된 것이다.

이렇듯 상동청년회는 일단 해산하였지만, 이것은 회 자체의 해산일 뿐 정치운동에 광분하던 사람은 여전히 남아 있다. 겉으로는 통감부를 거리껴 공공연한 운동은 하지 않았지만, 비밀결사로서 가공할 음모는 그들 회원들로 말미암아 쉬지 않고 되풀이되었다. 그 주된 것은 다음과 같다.

1905년(메이지 38년) 11월의 일한협약은 전문 5개 조항으로 된 것이라 하여 이것을 '오조약(五條約)'이라고 칭하고, 당시의 정부 대신 5명은 매국노라 하여 이를 오적(五賊)이라고 부른다.

앞에서 말한 음모단은 못된 청년들을 사주하여, 이른바 오적의 암살을 비롯해 이등 통감도 암살하여 보호정치 반대의 기세를 드높이려 하였다. 그 뒤 1907년(메이지 40년) 헤이그 밀사사건이라는 대음모가 계획되었다. 그것은 보호정치 반대의 국서를 가지고 가서 헤이그 세계평화회의에 전하여 일본의 굴레에서 벗어나려는 운동으로, 음모의 우두머리는 박영효(朴泳孝)이다. 이동녕·이시영·이희간·전덕기·정순만·이상설 등 그 방책을 세운 사람들은 이준(李儁, 상동청년회의 외교부장이었던 사람)과 이상설 두 사람을 사절로 파견할 것을 대내적으로 결정하였지만, 여비와 황제의 국서를 얻기가 어려워 한규설에게 부탁하였다. 그러나 그가 쾌히 승낙하지 않아 이희간과 정순만이 협박한 결과, 한규설은 궁내부 비서인 조남걸(趙南桀, 황제 모친의 누이 아들)에게 이를 소개하고 다시 김명준(金明俊, 현 국민협회장)의 알선으로 내관 강석호

(姜錫鎬)에게 다리를 놓아, 드디어 국서와 여비를 얻게 되었다.

그러나 국서가 발각될까 두려워 당시 학부의 고문이었던 미국인 하버드에게 전달하였다. 하버드는 이것을 가지고 먼저 미국에 건너가 샌프란시스코에서 두 밀사를 기다려 함께 헤이그로 갈 것을 약속하고, 황제로부터 하사금 25만 원을 받아 이 음모를 도왔던 것이다.

그리고 이 음모가 획책되는 가운데, 안창호(安昌浩)는 미국에서 한국에 돌아와 이갑(李甲)·유동열(流東悅) 등과 함께 이에 참가하였다. 이리하여 두 밀사는 하버드의 알선으로 헤이그의 평화회의에 갔으나, 회의에서는 황제의 국서를 접수하지 않았다. 이 때문에 이준은 그 땅에서 자살하였으며, 이상설은 보람 없이 발길을 돌렸지만 조선으로는 돌아올 수 없어 블라디보스토크에서 유랑의 객이 되었다.

헤이그로 가는 밀사가 출발하고 얼마 지나지 않아 조남걸이 체포되어 일이 발각되자, 음모를 획책하였던 사람들은 혹은 체포되고 혹은 사방으로 흩어져 블라디보스토크로 망명하였다. 그러나 거두 박영효는 제주로 유배 가는 몸이 되었고, 황제는 왕위를 황태자에게 이양하였으며, 내정 개선이라는 명목 아래 1907년(메이지 40년) 7월 제2의 일한협약이 체결되었다. 이것이 이른바 7조약으로, 못된 자들은 요로의 여러 대신과 앞의 '오적'을 합하여 '칠적(七賊)'이라 부르고 있다.

부록 2_ 우운선생츄도문(憂雲先生追悼文) / 남정헌(南廷憲)

선싱은 우리샤회 초창시대에 개척(開拓)ᄒᆞ신 여러명샤(名士)들즁에 한분이시다. 선싱이 토대(土台)를 싸아노은 샤회(社會)밋헤셔 싱활(生活)ᄒᆞ는 우리로서 선싱의 과거력사(過去歷史)를 회고(回顧)안을리오.

선싱이 셔세(逝世)ᄒᆞ신지가 발셔 삼사삭(三四朔)이 된 오날에 추도문(追悼文)이 느졋지만 이 추문(追文)으로 일반동포(一般同胞)에게 소개(紹介)ᄒᆞ고 선싱의 가족(家族)들에게 위안(慰安)을 주고져하ᄂᆞ니다.

선싱의 셩(姓)은 문(文)이오 관향(貫鄕)은 남평(南平)이오 휘(諱)는 양목(讓穆)이오 자(字)는 영렬(永烈)이오 당호(堂号)는 우운(憂雲)이라. 서력(西曆) 1866(一八六六)년 12(十二)월 23(二十三)일에 츙청도(忠清道) 틱안군(泰安郡) 유림가(儒林家)에서 츌싱(出生)ᄒᆞ셧고 삼우당(三憂堂) 익졈(益漸) 선싱의 후손(後孫)이라. 항상 혁명샤샹(革命思想)이 잇는 셔적(書籍)을 샤랑ᄒᆞ고 셩품(性品)이 관후(寬厚) 인자(仁慈)ᄒᆞ야 친구(親旧)를 조와ᄒᆞ시고 민족(民族)을 샤랑ᄒᆞ시다. 우리나라이 졈졈 부패(腐敗)히감을 개탄(慨歎)ᄒᆞ고 울울분분(欝欝憤憤)ᄒᆞᆫ 마음을 금(禁)치 못ᄒᆞ야 경향각쳐(京鄕各処)로 두류(逗留)ᄒᆞ면서 긔회(機會)를 엿보시더니 이때에 하와이로 다수동포(多數同胞)가 건너옴을 긔회로 아시고 1903(一九〇三)년에 하와이로서 오셨다가 1906(一九〇六)년에 미주 상항(桑港)으로 오신후에 대동보국회(大同保國會)의 총회장(總會長)이 되셨고 대동공보(大同共報) 주필(主筆)을 겸임(兼任)ᄒᆞ야 몽매(蒙昧)ᄒᆞᆫ 우리를 경성(警省)식히시더니 이ᄣᅢ에 미국인 스티븐이 일본졍부 뇌물(賂物)에 팔이여 우리나라를 모욕(侮辱)ᄒᆡ셔 악션젼(惡宣傳)을 ᄒᆞ는고로 션ᄉᆡᆼ이 분노(憤怒)ᄒᆞ야 최정익(崔正益) 정ᄌᆡ관(鄭在寬) 몃몃 유지(有志)로 더부러 스티분을 방문(訪問)ᄒᆞ고 질칙(質責)ᄒᆞᆯ새 혈긔방장(血氣方壯)ᄒᆞᆫ 정ᄌᆡ관 몃몃 유지는 의쟈로 스티븐을 란타(亂打)ᄒᆞ고 회관(會館)에 도라와서 그경과(經過)를 말삼ᄒᆞᆯ새 여러 유지들이 다 토의(討議)가 면서 청즁(聽衆)을 향(向)ᄒᆞ야 애국셩(愛國性)을 고취(鼓吹)ᄒᆞ는지라. 한편에셔 조용히듯든 뎐명운(田明雲), 장인환(張仁煥) 량의사(兩義士)는 애국셩이 북밧쳐서 스티븐의 뒤를 살피더니 하로는 스티분이 긔차(汽車)를 타러가는 긔미(機微)를 알고 장, 뎐 량의샤가 각각 뒤를 ᄯᅡ라가서 상쾌(爽快)하게도 총살(銃殺)ᄒᆞᆫ고로 이ᄯᅢ에 우리의 애국셩을 세계만방(世界萬邦)에 크게 뵈였다. 선ᄉᆡᆼ은 항샹 애국졍신(愛國精神)잇는 서적(書籍)을 샤랑ᄒᆞ심으로 우남리승만션ᄉᆡᆼ이 7(七)년 동안 감옥(監獄)에셔 고초(苦楚)를 당ᄒᆞ시면서 져술(著述)ᄒᆞ신 독립졍신(獨立精神)을 출판ᄒᆞ셧고 ᄯᅩ 우셩박용만선ᄉᆡᆼ(又醒朴容萬先生)이 저술ᄒᆞ신 국민개병셜(國民皆兵說)과 군인수지(軍人須知)를 출판ᄒᆞᆫ것도 션ᄉᆡᆼ이 도음이다. 1907(一九〇七)년에 우셩박용만션ᄉᆡᆼ이 덴바(Denver)에서 애국동지(愛國同志) 대표소집(代表召集)ᄒᆞᆯᄯᅢ 선생이 극진(極盡)히 후원(後援)ᄒᆞ셧고 방샤겸(方四謙)동지를 파송(派送)ᄒᆞ야 우성과 련락(連絡)을 취(取)ᄒᆞ셧고 우성은 네부라스카에 가서 공부ᄒᆞ는 여가에 소년병학교(少年兵學校)를 셜시(設始)ᄒᆞ고 청년학ᄉᆡᆼ(青年學生)들을 지도(指導)ᄒᆞᆯ

ᄣᅢ에 우운은 상항에서 샤회일에 활동(活動)ᄒᆞ는 여가(余暇)에 청년들을 권고(勸告)ᄒᆞ야 우성에게로 지도ᄒᆡ 보ᄂᆡ인 결과로 미주안에서 박학사(朴學士)가 뎨一몬져 출세(出世)ᄒᆞ고 제일만히 출세ᄒᆞ기도 소년병학교에서 지도밧은 학ᄉᆡᆼ들이다.

이네들즁에 혹은 ᄂᆡ지(內地)에 드러가서 교편(教鞭)도잡고 혹은 샤회에서 활동도ᄒᆞᆫ다. 미주(美洲)에 잇서서는 혹은 샤회에 두령(頭領)이고 혹은 샤업(事業)이라도 모ᄃᆞ 영예(榮譽)잇는 사업가인고로 우리일반에게 영광(榮光)이 되노라. 선ᄉᆡᆼ은 항샹 박우셩(朴又醒)을 못 이져ᄒᆞ셧다.

션ᄉᆡᆼ은 병셕(病席)에 누시기젼에 편지ᄒᆞ시기를 "여보 남형(南兄) 세월이 졈졈 오ᄅᆡ가고 나의 몸이 피곤ᄒᆡ셔짐으로 우성의 생각(生覚)이 간절(懇切)ᄒᆞ구려. 그 몹슬 흉한(兇漢)에게 암살(暗殺)당ᄒᆞᆫ것이 참 원통(寃痛)ᄒᆞ구려. 이에 대ᄒᆞ야 셜원(雪寃)못해주니 엇지 친구(親旧)의 도리(道里)라 하리오." 이와갓치 우의(友誼)깁ᄒᆞᆫ 편지를 보ᄂᆡ신고로 나의 마음에도 비감(悲感)ᄒᆞᆷ을 금(禁)치 못ᄒᆞ고 우셩에게 지도밧은 친구들을 차례로 손곱아본즉 모다 상당ᄒᆞᆫ 인물(人物)이라. 혹은 샤회두령이고 혹은 상당ᄒᆞᆫ 사업가들이고 하와이에는 선생의 계통(係統)인 독립단(獨立團)이 잇고 산넘어에서 조련(操鍊)밧은 군인(軍人)도 잇고 우성학교(又醒學校)도 잇슨즉 션ᄉᆡᆼ의 정신(精神)이 샤방(四方)에 살아잇도다. 넷날부터 어굴ᄒᆞ게 역률(逆律)노몰인 집안이 당대(當代)에는 신원(伸寃)이 못되엇스나 몃대후에라도 그 츙성(忠誠)이 증명(証明)될터인고로 신원이 되여서 츙신렬샤(忠臣烈士)의 시호(諡号)ᄭᆞ지 밧게된즉 우셩의 셜원(雪寃)도 시일(時日)을 요구(要求)ᄒᆞᆯ ᄲᅮᆫ이라 ᄒᆞ고 스사로 마음을 위로(慰勞)ᄒᆞᆯ ᄲᅮᆫ이로다.

션ᄉᆡᆼ은 항상의 합동(合同)을 유의(有意)ᄒᆞ더니 1911년에 각 샤회가 합ᄒᆞ야 대한인국민회(大韓人國民會)가 셩립(成立)되여서 지금 광복운동(光復運動)에 대대적(大大的)으로 원조(援助)ᄒᆞ는것도 션ᄉᆡᆼ의 공노(功勞)인즉 션ᄉᆡᆼ을 다시 긔억(記憶)ᄒᆞ라. 이때에 션ᄉᆡᆼ은 국민회의 총회장이 되셧고 대동보국회에서 활동ᄒᆞ는 백일규(白一圭), 류홍조(柳鴻朝) 몃몃 동지는 네브래스카에서 와서 박용만션ᄉᆡᆼ과 한가지로 학업을 연구ᄒᆞ고 방샤겸(方四兼), 장인명 몃몃 동지는 동방(東方)으로 향(向)ᄒᆞ엿더라. 차차 사회의 범위(範位)가 널버 짐으로 상당한 인물을 요구(要求)ᄒᆞ게 되는지라. 이ᄯᅢ에 재학즁에 잇는 우남 이승만박ᄉᆞ와 우셩 박용만 선생을 청빙(請聘)코져 ᄒᆞ엿는데 두분션ᄉᆡᆼ은 배운ᄂᆞᆫ것 목적(目的)인고로 배우지 못ᄒᆞ고 샤회에 드러가면 아모 효과(效果)를 줄수업슨즉 학업(學業)을 필(畢)ᄒᆞᆫ후에 샤회(社會)일을 한다고 구지 사양(辭讓)ᄒᆞ셧더라. 아모렴 두선생들의 주장(主張)이 압일을 공고(鞏固)히 ᄒᆞ려는 원대(遠大)ᄒᆞ신 목적(目的)이지만은 문선ᄉᆡᆼ(文先生)은 당장(當場)에 샤회일을 감당(勘當)ᄒᆞᆯ만ᄒᆞᆫ 인물(人物)이 업ᄂᆞᆫ것을 한탄(恨歎)ᄒᆞ고 친히 박우성을 뵈라 네부라스카 주 링컨 시에 오셧다.

이곳은 션ᄉᆡᆼᄭᅴ셔 일즉이 지도(指導)히 보ᄂᆡ신 청년학ᄉᆡᆼ들이 만히잇슬ᄲᅮᆫ만 안니라 먼-곳에셔 오신 션ᄉᆡᆼ님ᄭᅴ 엇지 환영(歡迎)의 절차(節次)가 업스리오. 이ᄯᅢ에 한편에셔 농사(農事)ᄒᆞ시면셔 학ᄉᆡᆼ들을 만히 협조ᄒᆡ주시든 안ᄌᆡ창(安載昌)선ᄉᆡᆼ이 경영(經營)ᄒᆞ시는 농장(農場)으로 모아셔 대셩황(大盛況)을 일울ᄯᅴ 선ᄉᆡᆼᄭᅴ서 몹시 깃버ᄒᆞ신고로 오날ᄭᅡ지 긔억이되고 새로운 감상(感傷)이 나노라. 이 환영석상(歡迎席上)에서 선ᄉᆡᆼ의 열열(烈烈)ᄒᆞ신 웅변(雄辯)으로 박선ᄉᆡᆼ을 권고(勸告)ᄒᆞ야 국민회(國民會)의 보아달라고 ᄒᆞ신즉 박션ᄉᆡᆼ이 쾌(快)히 승낙(承諾)ᄒᆞ시되 6(六)개월동안만 회무(會務)를 돈정(敦定)히 ᄒᆡ노코 다시 공부를 계속ᄒᆞᆫ다 ᄒᆞ시고 즉시 국민회에 드러가서 신한민보(新韓民報) 주필(主

筆)이 되엿고 두분선ᄉᆡᆼ이 국민회헌장(國民會憲章)을 수정(修整)ᄒᆞ되 미주에 잇는 우리 거류민(居留民)으로서는 일제히 일년의 의무금(義務金)을 5(五)원식을 국민회에 밧쳐서 광복운동을 원조(援助)ᄒᆞ게ᄒᆞᆫ것이 선ᄉᆡᆼ들의 원대ᄒᆞᆫ 주창(主唱)이 엇더라.

션ᄉᆡᆼ의 가뎡ᄉᆡᆼ활(家庭生活)은 본국(本國)에서 간곤(艱困)ᄒᆞ셧다. 원체 안빈낙도(安貧樂道)ᄒᆞ는 유림가에서 출생ᄒᆞ셧슬ᄲᅮᆫ 아니라 항상 객지생활(客地生活)ᄒᆞ신 연고(緣故)이다. 일즉이 부인 김ᄒᆡ김씨(金海金氏)를 취(取)ᄒᆞ셧스나 즁년에 상배(喪配)ᄒᆞ셧고 미주에 오신후로 어지신 부인 단양리씨(丹陽李氏)와 속현(續絃)ᄒᆞ야 3(三)자 1(一)녀를 두시고 1940(一九四○)년 12(十二)월 25(二十五)일에 서세(逝世)ᄒᆞ시니 향수(享寿)가 72(七十二)이시라.

슬프다. 션ᄉᆡᆼ은 영원(永遠)히 가셨도다. 선ᄉᆡᆼ을 뵈온지가 20(二十)여년(余年)이 되엿고 그간에 셔신(書信)으로는 종종(種種) 정의(情誼)를 소통(疏通)ᄒᆡᆺ지만은 다시 뵈올길이 업슨즉 이를 슬퍼ᄒᆞ노라.

션ᄉᆡᆼ은 조상(祖上)의 력사(歷史)를 존중(尊重)히 ᄉᆡᆼ각(生覚)ᄒᆞ심으로 그 가승(家乘)을 항상(恒常) 품고 다니시다가 그 자손(子孫)에게 젼ᄒᆡ주셧도다. 이것이 그 자손들에게 조국정신(祖國精神)을 느어준 보감(寶鑑)이로다. 혹(或)이 ᄉᆡᆼ각ᄒᆞ기를 대한사람이면 모다 단군(檀君) 하라바지의 쟈손(子孫)이라 ᄒᆞᆯ것이지 편협(偏狹)ᄒᆞ게 1(一)부 문중주의(門中主意)를 가진 가승이 소용(所用)이 잇느냐 하겟지만은 단군하라바지의 력사를 상고(尙古)ᄒᆞ려면 즉접으로 쟈기의 시조(始祖)로 부터 쟈쟈손손(子子孫孫) 전(傳)ᄒᆞ래려온 가승을 상고ᄒᆡ보면 단군황족(檀君皇族)의 교화(教化)가 얼마나 굉장(宏壯)하ᄒᆞᆫ것을 더 소샹(昭詳)히 차져낼수잇고 조국정신(祖國精神)이 일층 더 분발(奮発)ᄒᆞ리라. 더구나 외양(外洋)에셔 출생(出生)ᄒᆞᆫ 우리에 쟈손이리오. 근자(近者)에 종종들은 즉 일본(日本)사람으로도 우리나라와서 ᄒᆞ는말이 혹(或)은 자긔의 선영(先塋)이 경샹도(慶尙道)라는 자(者)도 잇고 혹 츙청도(忠清道)라는 자도 잇다고ᄒᆞᆫ다. 이자들이 어렴푸시 경샹도라 충청도라고 ᄒᆞ지만은 만약(萬若) 자긔들 시조의 분명(分明)한 력사를 가젓스면 시조의 분묘(墳墓)가 아모곳 아모산론에 쟈좌오향(子坐午向)이라던지 묘좌유향(卯坐酉向)이라던지 분명히 알터인즉 선영의 성묘(省墓)라도 ᄒᆞ면 선영의 감화력(感化力)으로 대한국혼(大韓國魂)이 뇌수(腦髓)에 들어가셔 지금 이시긔(時期)에 우리나라를 위ᄒᆞ야 즉접으로 독립운동(獨立運動)에 참가(參加)라도 ᄒᆞ게되리라.

덕소군(德昭君)에게 츙고(忠告)하노라. 년만(年晩)하신 로친상(老親喪)을 당(當)ᄒᆞ는것은 인간공도(人間公道)의 순리오 부모(父母)의 샹사(喪事) 못 당ᄒᆡ본 사람은 인간법도(人間法道)에 어긋난고로 이러ᄒᆞᆫ 샤람이 제일 슬픈샤람이니라. 과도(過度)히 슬러말고 생존(生存)ᄒᆞ신 로모(老母)ᄭᅴ 지성(至誠)으로 효양(孝養)ᄒᆞ며 출가(出家) 누나와 미셩(未成)ᄒᆞᆫ 동ᄉᆡᆼ(同生)들 합소(合昭)·한소(韓昭) 여러남매(男妹)와 우애(友愛)ᄒᆞ고 부모ᄭᅴ셔 ᄉᆡᆼ장(生長)ᄒᆞ신 부모국(父母國)에 츙셩을 다ᄒᆞ라. 그대가 부국강병(富國強兵)ᄒᆞᆫ 나라에서 ᄉᆡᆼ장(生長)ᄒᆞᆫ것이 다ᄒᆡᆼ(多幸)이지만 단군하라바지가 개척(開拓)ᄒᆞ신 대한사람이 혈통(血統)인것을 영광(榮光)으로 알지어다. 그대 선친(先親)ᄭᅴ셔 젼ᄒᆡ주신 가승은 부모국의 정신(精神)을 젼ᄒᆡ주신 보감이니 단군황조ᄭᅴ서 건셜(建設)ᄒᆞ신 나라에셔 그대의 시조로 부터 그대의 부모ᄭᅡ지 쟈쟈손손ᄒᆞ야 복락(福樂)을 누리시든 긔록(記録)이라. 그대의 즁시조상[中始祖上] 우당(憂堂) 션ᄉᆡᆼᄭᅴ셔 중원(中源)에 단여 오실ᄯᅢ에 목화(木花)씨를 갓다가 젼국(全國)에 심ᄭᅴᄒᆞ셧고 그대의 방조(傍祖) 문래(文來)·문○형제(兄弟)분ᄭᅴ서 한분은 실자어ᄂᆡ는 긔계(機械)를 발명(発明)ᄒᆞ셧고 한분은 필목(疋木)

ᄶᅡᄂᆞᆫ 긔계를 발명ᄒᆞ신고로 두분 일흠을 후세(後世)에 젼키위하야 실쟈어ᄂᆡ는 기계는 문래라ᄒᆞ고 필목은 문영이라고 아즉것 불르니라. 그대가 의학박사(醫學博士)인즉 화학(化學)을 만히 연구(研究)ᄒᆡ서 부모국을 즁흥(中興)케ᄒᆞ고 부모국동포들과 동락(同樂)ᄒᆞ라. 이나라 출생으로셔 부모국의 언어(言語) 품행(稟行)을 배흐는 것과 부모국에 츙셩ᄒᆞ는것이 출ᄉᆡᆼ국 시민권(市民權)에 대하야 도져히 위반(違反)이 되지안노라.

우리나라에가서 ᄉᆡᆼ장ᄒᆞᆫ 션교샤(宣教師)들의 자녀들을 보라. 쟈긔부모국에 대ᄒᆞ야 츙셩을 다ᄒᆞ고 출ᄉᆡᆼ국에 대ᄒᆞ야 독립을 항상 희망(希望)ᄒᆞ고 활동(活動)ᄒᆞ노라. 이러ᄒᆞᆫ것을 본바다셔 부모국과 츌생국에 대하야 츙셩을 다ᄒᆞ는것이 그대이 선친(先親)씌서 바라던 바인즉 명명(冥冥)한 구텬지하(九泉地下)에 가신 령혼(靈魂)이 실지라도 흡연(洽然)이 깃버ᄒᆞ시리라.

부록 3_ 우성(于醒) 박용만 연보(1881~1928)

1881. 8. 26

강원도 철원읍 중리(中里) 224번지에서 부친 박선병(朴善秉, 1851~1905)과 모친 경주 김씨 사이에서 독자로 태어났다(고종 신사 윤7월 2일생). 일어학교 일본 유학.

1905. 2. 1

이승만의 아들 네 살 반의 태산(泰山, 일명 鳳秀)과 정순만의 아들 열한살 반의 충모(양필)를 데리고 '사이베리아' 호로 일본 고베를 떠나다.

1905. 2. 13

호놀룰루에 도착하여 친구들에게 정충모를 맡기다.

1905. 2. 19

태산을 데리고 '사이베리아' 호로 샌프란시스코에 도착하다.

1905. 4.

로스앤젤레스에 가서 옥중동지 신흥우를 만나 앞으로 고학할 것을 의논하다.

1905. 9월

9월 27일, 샌프란시스코에 도착한 삼촌 박희병(朴羲秉, 일명 朴長玹) 그리고 안정수(安定洙)와 함께 동부로 떠나다.

1905. 가을

네브래스카 주 커니 시에 유니온 퍼시픽 철도회사의 용역을 얻어 정착하고, 한인들을 네브래스카에 취업시키기 시작하다.

1906. 봄

삼촌 박희병과 콜로라도 주 덴버 시로 이주하여 하와이에서 건너오는 한인들의 노동 주선업과 여관을 경영하며 덴버 사범학교 겸 대학준비학교에서 대학 편입 준비를 하다.

1908. 2. 7

해외 한인단체들을 통합하고 독립운동의 방향을 정하기 위하여 〈애국동지대표대회 발기 취지서〉를 발표하다.

1908. 3.

장인환·전명운 의사의 변호를 위한 모금운동을 하다.

1908. 7. 11~15

콜로라도 주 덴버 시 그레이스 감리교회에서 애국동지대표대회를 열다. 여기서 한인 거주지마다 연락원을 두고 한 달에 한 번씩 서로 소식을 전하며, 네브래스카 주에 거주하는 청년들은 여름에 커니 시에 모여 군사훈련을 받을 것을 결정하다.

1908. 9.
네브래스카 주 링컨 시의 네브래스카 주립대학에 편입하고, 간부후보생(ROTC) 과목들도 택하다.

1909. 6.
네브래스카 주 커니 시의 조진찬 농장에 하기군사학교(summer military camp)인 한인소년병학교(Young Korean Military School)를 세우고 13명의 생도를 훈련하다. 헤이스팅스에 한인소년병학교를 이전하다.

1909. 9.
링컨 시 'P'가(街) 1724번지에 2층 주택을 임대하여 학생 기숙사를 만들고 유은상을 관리인으로 채용하다. 학생들을 각자 실력에 맞는 학급에 편입시키고 지도하다.

1910. 6.
미국 서부 각처의 한인 거주지를 방문하여 군사훈련을 할 수 있는 여건과 광무(光武)군인들을 파악하고, 소년병학교를 위한 모금을 하다.

1910. 12. 8
샌프란시스코에서 발행하는 월간잡지 《대도》의 편집을 잠시 돕기 위하여 떠나다.

1911. 1.
링컨을 방문한 대한인국민회 회장 문양목의 환영회 때 문 회장이 박용만에게 샌프란시스코로 와서 《신한민보》의 주필이 되어줄 것을 부탁하다. 아울러 대한인국민회가 해외 단체의 대표 기구로 구실을 할 수 있도록 대한인국민회헌장을 고쳐달라고 간청하다. 이에 박용만은 휴학하고 6개월 동안 봉사 할 것을 약속하다.

1911. 4.
《국민개병설(國民皆兵說)》을 저술·발간하다.

1911. 6.
네브래스카 주에 돌아와 소년병학교를 지도하면서 계속 논설을 써서 《신한민보》에 보내고 대한인국민회헌장을 수정하다.

1911. 7.
《군인수지(軍人須知)》를 출간하다.

1912. 7.
네브래스카 주립대학에서 학사학위를 받고, 소년병학교 제3회 졸업식을 거행하다.

1912. 11.
대한인국민회 '중앙총회결성선포문'을 작성하여 북미 대표로 중앙총회에 참석하다.

1912. 12. 9
호놀룰루에 도착하여 《신한국보》 주필에 취임하다.

1913. 5.
이승만과 하와이 군도에 산재해 있는 한인 교포사회를 방문하고 그를 소개하다.

1914. 6.
오아후 섬 동북쪽 카할루 지방 아후마누의 파인애플 농장에 대한인국민회 연무부를 확장한 국민군단을 세우다. 하와이 미국총독부는 소수민족 단위 민병대를 구상하고 있었기 때문에 쉽게 묵허가 나다.

1915. 9.
《아미리가혁명(亜美里加革命)》 상권을 출간하다.

1917. 10. 29~31
뉴욕 시 맥컬린 호텔에서 '약소국동맹(League for Small and Subject Nationalities)' 모임(세계 약소국 민족들의 의사와 요구를 종합하여 전후 평화회의에 제출할 의안 작성을 준비하는 것이 목적임)이 열렸는데, 한국 대표로 참석하여 한국 문제를 제기하고 연설하여 큰 갈채를 받다.

1918. 11.
《태평양시사》를 창간하고 주필이 되다.

1919. 3. 3
호놀룰루에서 대조선독립단을 설립하다.

1919. 4.
대한민국 임시정부 외무총장에 피선되다.

1919. 5. 19
미육군운송함 토머스(Thomas) 호를 타고 호놀룰루를 떠나 마닐라를 거쳐 블라디보스토크로 가다.

1920. 4.
중국 북경에서 군사통일회를 조직하다.

1925. 7. 8
하와이 호놀룰루에서 열린 범태평양연안 신문기자대회에 한인 대표로 참석하다.

1926. 1.
군사운동의 근거지 확충을 목적으로 북경에 대본공사를 설립하다.

1927. 2.
《초등국어》 교과서를 저술·발간하다.

1928. 10. 17
흉한의 습격을 받아 별세하다.